22번째 설교집

여호와의 나무 같은 성도

김정호 지음

쿰란출판사

여호와의 나무 같은 성도

머리말

"내게 주신 모든 은혜를 내가 여호와께 무엇으로 보답할까"(시 116:12).

모든 것이 하나님의 은혜입니다. 생명과 건강과 목회와 설교와 교회와 가정… 다 하나님의 은혜이고 풍성한 은혜입니다(고전 15:10; 고후 12:9). 하나님의 은혜 가운데 22번째 설교집을 펴냅니다. 나의 공로나 노력이나 자랑이 아니라 하나님의 풍성하신 은혜와 사랑 덕분입니다. 이제야 사람이 되고 더 깊은 은혜를 깨닫게 됩니다. 매일마다 성경을 읽고 암송하고 묵상하고 연구하면서 설교를 하였습니다. 책 출판이 목적이 아니라 책임 있는 설교를 하기 위함입니다.

설교집을 기다리며 분에 넘치는 칭찬을 해주시는 분들의 사랑을 받아 설교집 출판을 계속하고 있습니다. 목사로서 설교와 출판은 특권이고 은혜이고 최고의 축복입니다.

"일의 결국을 다 들었으니 하나님을 경외하고 그의 명령들을 지킬지어다 이것이 모든 사람의 본분이니라 하나님은 모든 행위와 모든 은밀한 일을 선악 간에 심판하시리라"(전 12:13-14).

이 설교집이 조금이라도 하나님을 경외하고 명령들을 지키어 사람의 본분을 다하는 데 도움되는 도구가 되기를 소원합니다. 특별히 매주 설교를 경청하고 기도해 주시는 번동제일교회 존경하는 성도님들께 뜨거운 감사를 드립니다. 더욱 성경적이고 은혜 충만한 설교가 되도록 더욱 연구하고 무릎 꿇고 기도하겠습니다.

언제나 설교집을 펴낼 수 있도록 사랑해주시고 배려해주신 쿰란출판사 이형규 장로님과 모든 직원들께 한없는 감사를 드리며 쿰란의 창성을 기도합니다. 늘 기도하며 충고를 아끼지 않는 사랑하는 아내와 온 가족들과 열악한 조건 속에서도 충성하는 교역자와 교직원 모두에게 감사를 드립니다. 이 작은 설교집을 통하여 하나님의 나라가 확장되고 구원 받는 사람들이 날마다 늘어나고 하나님의 음성이 더 많은 분들에게 들려지기를 기도합니다.

2019년 4월 21일
부활절에 김정호 목사

차례

머리말 … 4

1부 다시 세상 속으로

라마 나욧 같은 교회(사무엘상 19:18~24)	12
다시 세상 속으로(요한복음 3:16-17)	21
만나 신앙(출애굽기 16:13-20)	31
가라지에서 들리는 하나님의 음성(마태복음 13:24-30)	41
의인에게 주시는 축복(시편 37:25-26)	50
다윗을 충동한 사탄(역대상 21:1-8)	59
예수님의 평안(요한복음 14:25-27)	69
구원받은 믿음(마가복음 10:46-52)	79
인생 아둘람 굴(사무엘상 22:1-2)	89
여호와의 나무 같은 성도(시편 104:15-17)	99
오직 믿음으로(히브리서 11:1-6)	108
네가 형통하리라(여호수아 1:1-9)	116
자신을 버리신 하나님의 아들(갈라디아서 2:20-21)	126

2부 일어나라

세상 끝날까지(마태복음 28:16-20)	136
풍부한 곳으로(시편 66:10-12)	145
그리스도의 일꾼(고린도전서 4:1-5)	154
높으신 하나님(이사야 55:6-13)	162
미쁘신 하나님(고린도전서 10:1-13)	172
천국에서 큰 자니라(마태복음 18:1-6)	182
행복한 가정(골로새서 3:18-21)	189
기도의 사람이 됩시다(다니엘 6:10)	198
빛과 소금이 되라(마태복음 5:13-16)	207
축복의 선택(여호수아 8:30-35)	216
마음으로부터 용서하라(마태복음 13:21-35)	225
이삭의 르호봇(창세기 26:12-22)	235
영혼의 목자와 감독(베드로전서 2:18-25)	245

3부 장신구를 떼어내라

일어나라(여호수아 7:1-10)	256
돈을 사랑함이 일만 악의 뿌리(디모데전서 6:7-10)	266
패배에서 승리의 인생으로(사무엘상 30:1-20)	275
진리를 순종하는 성도(베드로전서 1:22)	285
영원한 영광에 들어가는 신앙(베드로전서 5:7-11)	294
누가만 나와 함께 있느니라(디모데후서 4:9-11)	303
회복되어 깨끗하라(열왕기하 5:1-14)	312
십사만 사천(요한계시록 14:1-5)	323
나의 하나님 여호와(스바냐 3:14-20)	333
어찌 그리 아름다운지요(시편 8:1-9)	342
불쌍히 여기시는 예수님(마가복음 6:30-44)	352
장신구를 떼어내라(출애굽기 33:1-6)	362
셋집에 머물면서(사도행전 28:30-31)	372
우리에게 요단강을 건너지 않게 하소서(민수기 32:1-5)	382

4부 나와 함께 깨어 있으라

발견하게 하려 하신 하나님(사도행전 17:24-27)	392
브솔의 은혜(사무엘상 30:21-25)	401
나와 함께 깨어 있으라(마태복음 26:36-46)	411
내 영혼을 살게 하소서(시편 119:175-176)	420
새벽이슬 같은 주의 청년들(시편 110:1-7)	429
너희 중에 표징이 되리라(여호수아 4:1-9)	439
떠나지 아니한 구름과 불기둥(출애굽기 13:17-22)	449
겨울 전에 어서 오라(디모데후서 4:19-22)	458
닫고 여시는 하나님(사무엘상 1:1-11)	469
큰 구원을 등한히 여기지 말라(히브리서 2:1-4)	479
예배를 방해하는 것들(출애굽기 10:21-29)	489
임마누엘(이사야 7:10-14)	499
영광과 평화의 예수님(누가복음 2:8-14)	509
엔학고레의 하나님(사사기 15:12-20)	517

라마 나욧 같은 교회(사무엘상 19:18~24)

다시 세상 속으로(요한복음 3:16-17)

만나 신앙(출애굽기 16:13-20)

가라지에서 들리는 하나님의 음성(마태복음 13:24-30)

의인에게 주시는 축복(시편 37:25-26)

다윗을 충동한 사탄(역대상 21:1-8)

예수님의 평안(요한복음 14:25-27)

구원받은 믿음(마가복음 10:46-52)

인생 아둘람 굴(사무엘상 22:1-2)

여호와의 나무 같은 성도(시편 104:15-17)

오직 믿음으로(히브리서 11:1-6)

네가 형통하리라(여호수아 1:1-9)

자신을 버리신 하나님의 아들(갈라디아서 2:20-21)

1부
다시 세상 속으로

라마 나욧 같은 교회

사무엘상 19:18~24

¹⁸다윗이 도피하여 라마로 가서 사무엘에게로 나아가서 사울이 자기에게 행한 일을 다 전하였고 다윗과 사무엘이 나욧으로 가서 살았더라 ¹⁹어떤 사람이 사울에게 전하여 이르되 다윗이 라마 나욧에 있더이다 하매 ²⁰사울이 다윗을 잡으러 전령들을 보냈더니 그들이 선지자 무리가 예언하는 것과 사무엘이 그들의 수령으로 선 것을 볼 때에 하나님의 영이 사울의 전령들에게 임하매 그들도 예언을 한지라 ²¹어떤 사람이 그것을 사울에게 알리매 사울이 다른 전령들을 보냈더니 그들도 예언을 했으므로 사울이 세 번째 다시 전령들을 보냈더니 그들도 예언을 한지라 ²²이에 사울도 라마로 가서 세구에 있는 큰 우물에 도착하여 물어 이르되 사무엘과 다윗이 어디 있느냐 어떤 사람이 이르되 라마 나욧에 있나이다 ²³사울이 라마 나욧으로 가니라 하나님의 영이 그에게도 임하시니 그가 라마 나욧에 이르기까지 걸어가며 예언을 하였으며 ²⁴그가 또 그의 옷을 벗고 사무엘 앞에서 예언을 하며 하루 밤낮을 벗은 몸으로 누웠더라 그러므로 속담에 이르기를 사울도 선지자 중에 있느냐 하니라

"일본 초등학생들의 한국 수학여행"

어느 가을날, 불국사 앞뜰은 관광객으로 붐비고 있었다. 많은 사람들 중에 내 눈에 띄는 것은 초등학교 어린이들의 행렬이었다. 초등학교 교장이라는 직업의식이 이렇게 작용하는가 싶었다. 불국사 앞에는 수학여행단으로 보이는 일본 어린이 두 학급과 우리나라 어린이 네 학급 정도가 나란히 모여 있었다. 가만히 두 나라 어린이들이 하는 모습을 지켜보았다. 일본 어린이들은 질서정연한 반면, 우리나라 어린이들은 김밥, 과자 등을 서로 던지고 피하느라 아수라장이었다.

어머니가 정성껏 싸준 김밥을 돌멩이처럼 던지고 장난하는 것도 그렇지만 던져서 흩어진 김밥을 어떻게 하란 말인가? 걱정이 되었다. 그때 일본 어린이 한 명이 일어나서 "선생님, 저 아이들이 왜 저렇게 야단을 하는 거예요?" 하고 물었다.

선생님은 곁에 있던 내가 일본말을 알아들으리라고는 생각하지 않았는지, 아니면 일부러 들으라고 한 말인지 "응, 조선은 옛날 우리의 하인과 같은 나라였는데 지금 조금 잘살게 되었다고 저 모양이구나. 하는 짓을 보니 저러다가 다시 우리 하인이 되고 말 것 같구나"라고 했다.

일본 선생님의 얼굴은 진지했다. 순간 등줄기를 타고 흐르는 진땀을 느꼈다. 우리나라가 다시 일본의 압박을 받게 될 것이라는 말을 아이들 앞에서 저렇게 당당하게 하다니, 어쩌면 지금도 저들은 그런 생각을 가지고 우리나라를 대하고 있는 것은 아닐까 싶었다. 서글픔과 걱정이 뒤섞인 채 어린이들을 계속 지켜보았다.

역시 걱정했던 일이 벌어지고 있었다. 우리나라 선생님은 아무 일도 없다는 듯 아이들을 데리고 그 자리를 떠났다. 아이들이 떠난 자

라마 나욧 같은 교회(사무엘상 19:18~24)

리는 김밥과 과자들로 온통 난장판이 되어 있었다. '아이들을 나무라지도 않더니, 어쩌면 저렇게 더럽혀진 모습을 보고도 그냥 떠날 수 있단 말인가?' 하는 원망이 앞섰다. 그렇지만 당장 청소를 하고 떠나라고 그 선생님을 꾸짖을 용기는 나지 않았다. 일본 아이들은 선생님의 지시가 없었는데도 음식 부스러기들을 주워서 쓰레기통에 버리기 시작했다.

나는 김밥덩이를 줍는 일본 아이에게 "저애들은 함부로 버리고도 그냥 갔는데, 왜 너희들이 이렇게 치우느냐?"라고 물었다. 그 아이는 내가 일본말로 묻는 것이 이상했는지 힐끔 쳐다보며 "모두가 이웃이 아닙니까? 우리가 버린 것이 아니라도 더러운 것을 줍는 것이 뭐가 이상합니까?"라며 되물었다. 나는 너무나 창피해서 귀 밑까지 빨개졌다.

"우리가 이대로 교육하다가는 큰일 나겠군." 혼잣말을 하며 쓰디쓴 얼굴이 됐다.

"하인과 같은 나라… 다시 우리 하인이 될 것 같구나"라는 일본 교사의 말이 귓가를 맴돌면서 "왱왱" 하는 불자동차 소리를 내고 있었다.

새해에는 개인과 가정과 교회와 국가의 변화가 있어야 합니다. "하인과 같은 나라, 다시 우리 하인이 될 것 같구나"라는 말을 잊어서는 안 됩니다. 우리는 2017년을 보내고 2018년을 맞는 송구영신 예배를 드리고 있습니다. 나이는 더 들고 해는 바뀌지만 어린아이들처럼 마음이 들뜨거나 설레지는 않습니다. 오히려 마음이 무겁고 여러 생각들이 앞섭니다. 이 힘들고 험한 세상을 어떻게 살아가야 하는지… 교회는 하나님이 인도하시고 기뻐하셔야 합니다. 창립 54주년을 맞는 우리 교회가 새해에 라마 나욧과 같은 교회가 되기를 기도하면서 교회와 사명을 위하여 눈물로 기도하고 죽도록 충성하시는 우리 성도들이 되시기를 축원드립니다.

1. 말씀이 충만한 교회입니다

"다윗이 도피하여 라마로 가서 사무엘에게로 나아가서 사울이 자기에게 행한 일을 다 전하였고 다윗과 사무엘이 나욧으로 가서 살았더라"(18절).

라마는 선지자 사무엘의 고향이자 활동 중심지입니다. 나욧은 거처, 거주지, 초원 지대의 의미를 가지고 있는데 오늘날의 기숙사와 같은 숙소 시설을 가리킵니다. 나욧은 사무엘이 자신의 주변에 모여드는 제자들을 수용하기 위해 세운 기숙 시설 이상의 '교육의 집' 또는 '선지학교'의 의미를 내포하고 있습니다. 여러 동으로 구성된 교육용 숙소 시설이 있었음을 알 수 있습니다. 라마 나욧은 사무엘이 기도하고 말씀을 가르치고 제자들을 교육하는 오늘의 교회와 같은 곳입니다.

선교사인 스콧(E P Scott) 목사님은 인도 오지에 복음을 한 번도 들어 본 적 없는 사람들이 있다는 말을 듣고 수일 동안 여행해 그곳을 찾아갔습니다. 하지만 원주민들은 목사님을 보자마자 떼 지어 달려들어 시퍼런 창끝을 겨누었습니다. 순간 죽음을 예감한 목사님은 모든 것을 하나님께 맡기기로 했습니다. 마지막 찬송을 드린다는 심정으로 항상 소지하고 다니던 바이올린을 꺼내 들었습니다. 그리고 눈을 감고 "주 예수 이름 높이어"라는 찬송가 36장을 연주했습니다.

라마 나욧 같은 교회(사무엘상 19:18~24)

"주 예수 이름 높이어 다 찬양하여라/ 금면류관을 드려서 만유의 주 찬양/ 금면류관을 드려서 만유의 주 찬양/ 주 예수 당한 고난을 못 잊을 죄인아/ 네 귀한 보배 바쳐서 만유의 주 찬양/ 네 귀한 보배 바쳐서 만유의 주 찬양."

이렇게 2절까지 연주를 마친 뒤 눈을 떴습니다. 그러자 놀라운 일이 일어났습니다. 기세등등했던 원주민들이 창을 내려놓은 채 눈물을 흘리고 있었습니다. 찬양으로 하나님의 주권을 인정하고 높여 드리자 그곳에 하나님 나라가 임한 것이었습니다. 이후에 목사님은 수많은 원주민을 하나님께로 인도했습니다.

이것이 하나님의 주권적 역사입니다. 그분은 우리 생명을 위협하는 대적과 환경까지도 능히 다스리십니다. 위험과 환난 가운데 있을 때에 온 우주 만물을 다스리시는 하나님께 나아가십시오. 그분의 보호하심을 믿고 찬양할 때에 놀라운 은혜와 능력이 임할 것입니다. 라마 나욧은 사무엘과 제자들이 기도하고 말씀을 공부하고 찬송하는 곳입니다. 말씀과 성령이 충만한 곳입니다. 이 새해에 우리 모두가 사무엘과 제자들처럼 말씀 충만합시다. 우리 교회가 라마 나욧 같은 교회가 되시기를 축원드립니다.

2. 위로가 충만한 교회입니다

"어떤 사람이 사울에게 전하여 이르되 다윗이 라마 나욧에 있더이다 하매"(19절).

다윗은 미갈의 도움으로 인해 사울을 피하여 도주할 수 있었습니다. 그러나 이스라엘 영토 내에 있는 한 그의 목숨은 사울의 처분에 달려 있음이 분명합니다. 사울은 그 당시에 온 이스라엘을 움직이는 절대 권력자였고 3,000명의 군사들을 거느리고 다윗을 찾아 죽이려고 하였습니다.

이런 상황에서 다윗이 사무엘이 있는 라마 나욧을 찾은 것은 당연한 일이었습니다. 사무엘은 다윗에게 기름부은 하나님의 선지자였기 때문입니다(삼상 16:13). 다윗은 사무엘의 도움을 받을 것으로 기대하였습니다. 라마 나욧은 하나님의 신실한 종 사무엘이 있고, 말씀과 안식과 위로가 있는 곳입니다. 이 세상에는 우리에게 안전한 곳이 없습니다. 그 누구도 믿을 수 없는 세상입니다. 그러나 라마 나욧처럼 믿고 위로 받을 수 있는 우리 교회가 되기를 바랍니다.

1490년 알브레히트 뒤러는 젊은 화가였고 그의 절친인 프란츠 나이스타인과 같이 화가 활동을 하였습니다. 너무 가난하여 교육은커녕 먹고사는 문제가 시급하였기 때문에 일을 하다 보니 미술 공부와 일을 병행하여 할 수 없음을 깨달았습니다. 둘 다 공부와 일 중 하나는 포기해야 하는 상황에 이르게 된 것입니다. 그리하여 절친이었던 두 명은 상의 끝에 한 명은 공부에 전념하고 한 명은 일을 하여 친구의 학비를 대신 내어 주기로 했습니다. 그리고 나중에 일한 친구에게 학비를 갚는 것으로 결정하였습니다. 제비뽑기로 뽑은 결과 프란츠 나이스타인이 일을 하게 되었고 뒤러가 미술 공부를 시작하게 되었습니다. 뒤러는 자신을 위해 힘들게 일하는 친구를 위하여 더욱 미술 공부에 전념했으며, 나이스타인은 공부하는 뒤러를 위하여 더욱 열심히 일하였습니다.

그렇게 알브레히트 뒤러는 뛰어난 화가가 되었으며 부와 명예를 얻고 나서 친구에게 진 빚을 갚기 위하여 프란츠 나이스타인을 만나러 갔습니다. 그는 나이스타인이 다시 공부를 시작해서 자신과 같이 뛰어난 화가가 되길 바라며 찾아간 것입니다. 나이스타인의 집에서 뒤러는 자신의 친구를 보고 눈물을 흘립니다. 프란츠 나이스타인은 그때 마침 기도를 하고 있었으며 그의 기도를 듣고 뒤러는 무릎을 꿇고 맙니다. "하나님, 이제 저의 손은 오랫동안 고달픈 육체노동으로 인하여 너무 굳어 버려서 이제 더 이상 그림을 그릴 수 없습니다. 하지만 저 대신에 제 친구인 뒤러가 뛰어난 화가가 되었으니 저는 그것으로 더 이상 바랄 것이 없이 감사하고 감사합니다." 뒤러는 그 순간 바로 종이를 꺼내 친구인 나이스타인의 굳고 거칠어진 기도하는 손을 그리기 시작하였습니다.

바로 독일 뉴른베르크 박물관에 소장되어 500년 이상 우리에게 감격을 전해 주는 알브레히트의 작품 "기도하는 손"이 탄생하는 순간이었습니다. 나이스타인은 친구를 위하여 자신의 꿈을 버리면서까지 모든 것을 희생하였습니다.

친구와 누군가를 위해 기도하는 손이 되어야 합니다. 오늘날 아픔과 상처가 너무도 많습니다. 불안하고 두렵습니다. 위로와 안식이 없습니다. 이 시대에 교회가 위로가 되고 성도가 위로가 되어야 합니다. 다윗이 라마 나욧에 있는 사무엘을 찾아간 것처럼 세상 사람들과 성도들이 마음껏 쉬고 안식하고 위로받고 치료받는 라마 나욧과 같은 우리 교회가 되시기를 축원드립니다.

3. 은혜가 충만한 교회입니다

"사울이 라마 나욧으로 가니라 하나님의 영이 그에게도 임하시니 그가 라마 나욧에 이르기까지 걸어가며 예언을 하였으며 그가 또 그의 옷을 벗고 사무엘 앞에서 예언을 하되 하루 밤낮을 벗은 몸으로 누웠더라 그러므로 속담에 이르기를 사울도 선지자 중에 있느냐 하니라"(23-24절).

사울은 라마 나욧에 다윗이 있다는 소식을 듣고 군사들을 보내었는데 하나님의 영이 그들에게 임하매 그들이 예언을 하게 되었습니다. 사울 왕은 세 번이나 전령들을 보내었으나 그들 모두가 하나님의 신에 사로잡혀 예언을 하게 되었고 다윗을 체포하기를 포기하게 되었습니다. 죽으면 죽으리라고 왕의 명령에 거역하였습니다. 다윗은 더 이상 피할 곳도 없는 절체절명의 위기 속에서 성령의 도우심으로 인해 완벽하게 구원을 받게 되었습니다.

이제는 사울이 직접 라마 나욧으로 갔으나 사울 왕에게도 하나님의 영이 임하여 걸어가며 예언을 하게 되었습니다. 그는 사무엘 앞에서 옷을 벗고 예언을 하며 벗은 몸으로 누워 있게 되었습니다. 성령의 역사는 강퍅하고 살인적인 사울의 심령 상태를 완전히 녹이고 불태워 버렸던 것입니다. 라마 나욧에서 사울 왕 같은 사람까지도 은혜 받고 변화되는 역사가 일어났습니다.

미국 시골의 통나무집에 한 병약한 남자가 살고 있었습니다. 그의 집 앞 골목에는 큰 바위가 있어 사람들이 드나드는 데 여간 불편한 것이 아니었습니다. 어느 날 하나님이 꿈에 나타나셔서 이렇게 말씀하셨습니다. "사랑하는 아들아, 너희 집 앞길에 있는 바위를 매일

밀어라." 그때부터 그 병약한 남자는 매일 성실하게 바위를 밀었습니다. 8개월이 지났을 무렵, 그 남자에겐 점차 회의가 생기기 시작했습니다. 아무리 봐도 바위의 위치가 변하지 않은 것 같았기 때문입니다. 그는 길가에 앉아 지난 8개월의 헛수고가 원통해서 울기 시작했습니다. 바로 그때 하나님이 찾아오셔서 그에게 물으셨습니다.

"사랑하는 아들아, 왜 그렇게 슬퍼하지?" 그가 대답했습니다. "하나님이 말씀하셔서 지난 8개월 동안 희망을 품고 열심히 바위를 밀었는데 바위가 전혀 옮겨지지 않았습니다." 하나님이 말씀하셨습니다.

"나는 네게 바위를 옮기라고 한 적이 없단다. 그냥 바위를 밀라고 했을 뿐이다. 이제 거울로 가서 네 모습을 보렴." 거울 앞에 선 남자는 깜짝 놀랐습니다. 거울에 비친 그의 모습은 병약한 환자가 아니라 근육질의 남성이었기 때문입니다.

교회에는 다양한 사람들이 있습니다. 사무엘 같은 사람도 있고 다윗과 같은 사람도 있고 사울과 같은 사람도 있습니다. 모두가 다 같이 교회를 통해서 은혜 받고 변화되어야 합니다. 사울의 전령들과 사울에게 하나님의 영이 임하고 예언을 한 것처럼 우리 교회에서도 이런 은혜와 변화가 있어야 합니다. 특별히 사울 같은 우리 자신이 변화되고 교회가 변화되는 새해가 되시기를 축원드립니다.

사랑하는 번동 가족 여러분!
2018년 새해가 밝았습니다. 성찬예식을 거행합니다. 말씀과 위로와 은혜가 충만한 이 시대의 라마 나욧과 같은 우리 교회와 가정과 성도들이 되시기를 축원드립니다.

다시 세상 속으로

요한복음 3:16-17

¹⁶하나님이 세상을 이처럼 사랑하사 독생자를 주셨으니 이는 그를 믿는 자마다 멸망하지 않고 영생을 얻게 하려 하심이라 ¹⁷하나님이 그 아들을 세상에 보내신 것은 세상을 심판하려 하심이 아니요 그로 말미암아 세상이 구원을 받게 하려 하심이라

중국 주나라 선왕은 닭싸움을 매우 좋아했습니다. 한번은 왕이 당대 최고의 투계 조련사인 기성자를 불러서 자신의 싸움닭을 맡기며 최고의 싸움닭으로 훈련해 달라고 부탁했습니다. 열흘이 지나자 왕은 기성자에게 닭싸움을 할 수 있는지 물었습니다.

"지금은 한창 사납고 제 기운만 믿고 있어 기다려야 합니다."

열흘이 다시 지나고 왕이 묻자 기성자가 대답했습니다.

"다른 닭의 소리를 듣거나 그림자만 보아도 바로 달려드니 아직은 더 기다려야 합니다."

다시 열흘이 지나고 왕이 묻자 기성자가 대답했습니다.

"죄송하지만 아직도 다른 닭을 보면 곧 눈을 흘기고 기운을 뽐내고 있으니 기다려야 합니다."

그렇게 40일이 지났을 때 왕이 그를 불러 물었습니다. "이제는 닭싸움에 내보낼 수 있겠느냐?"

그러자 기성자가 왕에게 대답했습니다.

"이제는 다른 닭이 소리 지르고 위협해도 쉽게 동요하지 않고 평정심이 있어 마치 나무로 만든 닭인 목계와 같습니다. 그래서 그 덕이 온전하여 다른 닭이 가까이 오지 못하고 보기만 해도 달아나 버리고 맙니다."

목계는 나무로 만들어진 닭이라는 뜻으로 상대의 도발에도 동요하지 않고 평정을 유지하는 상태를 말합니다.

지도자가 되면 유난히 조급해지는 경우가 있습니다. 부하 직원들이 자신을 욕하고 있는 건 아닌지, 동료 중에 자신을 제치고 올라오는 사람은 없는지 끊임없이 의심하고 염려하고 불안해합니다. 리더는 목계처럼 의연해질 필요가 있습니다. 그래야 그 덕이 온전해지며 조직이 동요 없이 잘 운영될 수 있습니다.

"신중하되 천천히 하라. 빨리 뛰는 것이야말로 넘어지는 것이다" (셰익스피어).

2018년 새해가 시작되었습니다. 오늘은 신년 주일입니다. 너무 조급하거나 쫓기거나 서두르지 맙시다. 처음부터 달리면 계속 뛸 수 없습니다. 인생과 신앙도 단거리가 아닌 마라톤이기 때문입니다. 신중하게 기도하면서 걸어가다 보면 가속도가 붙게 됩니다. 어떠한 상황에서도 흔들리지 않고 믿음을 지키며 사명을 잘 감당합시다.

2018년 우리 교회 표어는 "다시 세상 속으로"입니다. 지역을 교회로 만들고 주민을 교인으로 만들어야 합니다. 지역이 필요로 하는 교회가 되어야 하고 지역을 복음화해야 합니다. 우리의 선교 대상은 멀리만 있는 것이 아니라 바로 우리 가족이며 주민입니다.

이 새해에도 하나님의 풍성하신 은혜와 사랑이 우리 자신과 가정과 교회에 흘러 넘쳐서 지역과 주민을 감동시키고 복음화하는 역사가 일어나기를 축원 드립니다.

1. 하나님이 세상을 사랑하십니다

"하나님이 세상을 이처럼 사랑하사 독생자를 주셨으니 이는 그를 믿는 자마다 멸망하지 않고 영생을 얻게 하려 하심이라"(16절).

'세상'의 헬라어 '코스모스'는 유대인과 이방인을 포함한 온 인류를 가리킵니다. 유대인의 전통적인 방식으로는 하나님의 사랑은 선민 이스라엘에게만 국한되는 것으로 여겨집니다. 그러나 요한은 하나님의 사랑이 민족이나 지역이나 계급이나 모든 조건을 초월하여 전 인류에게 미친다는 사실을 분명히 밝히고 있습니다. 이는 곧 복음의 보편성과 우주성과 초월성을 뜻합니다. 모든 사람에게 하나님의 은혜와 사랑과 구원이 개방되어 있지만, 그 복음과 은혜를 받을 수 있게 하는 것은 오직 믿음뿐입니다.

하나님의 사랑은 지역이나 단체가 아니라 어느 곳에 있든지 살아 있는 모든 사람에게 해당됩니다. 세상에는 수많은 차별이 있습니다. 지역이나 민족이나 사랑고- 이념과 수만 가지의 차별이 있으나 하나님의 사랑은 너무 커서 그 모든 것을 초월합니다. 우리는 다만 감사하고 감격할 뿐입니다. 하나님의 차별하지 않는 사랑이 우리를 구원하셨고, 오늘 바로 이 자리에 있게 하는 것입니다. 하나님의 전적인 은혜입니다. 은혜 아니면 불가능한 것입니다. 은혜로만 이해되고 가능한 것입니다. 이 세상은 구체적으로 '나'를 뜻하는 것입니다. 이 사랑에 아멘으로 화답하시기를 바랍니다.

이란은 인구의 97%가 이슬람을 믿는 회교 국가입니다. 그런데 이란 중부의 옛 도읍이며 상공업도시인 이스파한에는 반크 교회라는 유명한 유적지가 있습니다. 이곳은 90%가 넘는 인구가 이슬람을 믿는 사람들 속에서 당당히 교회를 짓고 하나님을 예배하는 성도들이 있었음을 나타냅니다. 그러나 지금은 교회로서의 기능을 하지 못하고 단지 유적지로 변하고 말았습니다. 교회를 세운 성도들의 믿음은 대를 따라 내려오지 못했고, 이 교회는 단지 한때 이란에서도 당당히 그리스도인임을 나타내는 성도들이 있었다는 사실만 알려주고 있습니다.

미국 캘리포니아에는 허스트라는 백만장자가 지은 집이 있습니다. 방이 200개 가까이 있는 대저택인 이곳은 오로지 허스트 본인의 가족을 위해서만 20년에 걸쳐 지어졌습니다. 그러나 허스트가 죽은 뒤에 2대째 사업이 기울어 이 집은 경매에 넘어갔고, 지금은 사람들이 돈을 내고 구경하는 관광지가 되었습니다.

성도가 없는 교회는 의미가 없고 사람이 머물지 않는 집은 쓸모가 없는 것처럼 외형적인 것보다는 내실이 중요합니다. 그러기 위해서는 나부터 성경적 교회 중심의 믿음 생활이 중요합니다. 큰 성공을 바라는 삶보다는 믿음과 신앙이 성장하는 삶을 위해 노력하면 큰 성공도 따라옴을 기억하십시오. 반드시 창대하게 될 것입니다.

지금도 하나님은 역사와 지역과 모든 것을 초월하여 모두를 사랑하십니다. 이란과 유럽과 미국과 한국을 사랑하십니다. 세상을 차별 없이 사랑하시는 하나님처럼 우리의 생각과 사랑과 믿음을 넓혀야 합니다. 나와 다른 이들을 제외하거나 배척해서는 안 됩니다. 모두를 품고 수용하고 사랑해야 합니다. 그들은 저주나 경쟁의 대상이 아니라 사랑의 대상입니다. 하나님이 사랑하셨고 지금도 사랑하시는 세상을 사랑하기 위하여 다시 세상 속으로 들어가는 교회와 성도들이 되시기를 축원 드립니다.

2. 하나님이 독생자를 주셨습니다

"하나님이 세상을 이처럼 사랑하사 독생자를 주셨으니 이는 그를 믿는 자마다 멸망하지 않고 영생을 얻게 하려 하심이라"(16절).

'사랑'의 헬라어 '아가페'는 요한복음에서 가장 중요한 단어입니다. 하나님 편에서 선수권과 주도권을 가지고 인간의 연약함과 죄성을 끝없이 감싸 안으신다는 뜻을 내포하고 있습니다. 사랑은 바로 하나님의 본성이며, 인류를 향한 하나님의 사랑은 예수 그리스도의 십자가 고난을 통해 그 절정에 이르게 했습니다. 그리고 본질상 하나님과 동등하신 예수님의 생애를 보면, 그 사랑을 구체적으로 이해할 수 있습니다. 이 사랑은 결코 타율적인 것이 아니라 자발적인 성격의 것이며, 막연한 이론이나 말로써 하는 것이 아니라 반드시 응분의 대가를 아낌없이 지불하는 것입니다.

'독생자'라는 표현은 아버지와 아들 사이의 관계의 특수함을 강조하는 말이며, 마틴 루터의 말을 빌리면 예수님은 참 하나님이시며 영원 전부터 계시는 하나님의 독생자이십니다. 결국 예수님의 탄생은 영원 전부터 독생자로 존재하셨던 성자 하나님의 성육신이었다는 점에서 유일무이한 사건입니다.

'독생자'에 해당하는 헬라어 '모노케베스'는 외아들이라는 뜻 외에 그 속성과 성품에 있어서 유일무이하신 분이라는 뜻입니다. 독생자를 주셨다는 것도 성육신을 의미할 뿐만 아니라 십자가에 달리심까지도 의미합니다.

하나님은 인류 구원을 위하여 최상의 값도 지불하셨습니다. 하나님은 모든 인류를 독생자 예수님보다 더 가치 있는 존재로 여기셨고 사랑하셨습니다.

해리 콜린스라는 미국의 유명한 세일즈맨에게 어떤 신참 세일즈맨이 찾아와 질문을 했습니다.

"당신 같은 판매왕도 고객에게 거절을 당합니까?"

"그럼요, 그런 경험은 아주 많이 있습니다. 세일즈맨 일을 시작한 뒤로는 한 번도 거절을 안 당해본 날이 없습니다."

"그럼 한 명의 고객에게서 몇 번의 거절을 당한 뒤에 포기해야 합니까? 저는 거절을 한 고객에게 다시 연락을 하는 일이 너무 두렵습니다."

해리는 잠시 생각을 한 뒤 대답했습니다.

"곰곰이 생각해 보니 이건 제 성공의 비결이기도 한 것 같습니다. 당신이 제 고객이라고 해보죠. 그리고 당신이 거절했다고 합시다. 그러나 저는 포기하지 않고 조만간 연락을 또 할 겁니다. 사실 당신이 죽거나 내가 죽지 않는 이상 나는 포기하지 않습니다."

모든 일의 성취에 가장 중요한 것은 능력이나 요령보다도 끈기입니다. 그리스도인들은 특히나 주위 사람들을 향한 전도에 끈기를 가져야 합니다. 거절하고 싫어한다고 전도와 중보를 멈춰서는 안 됩니다. 성도가 끈기를 잃는 순간 영혼도 잃게 된다는 사실을 기억하십시오. 한 영혼을 포기하지 않을 때 반드시 창대하게 될 것입니다. 영혼구원의 의무를 포기하거나 소홀히 여기지 말고 전도대상자들을 위해 계속해서 중보하며 전도의 기회를 유지해야 합니다.

하나님이 우리에게 독생자 예수 그리스도를 주신 것은 최고의 사랑인 동시에 마지막 사랑입니다. 최고의 계시이며 최후의 계시입니다. 이후에는 심판만이 있을 뿐입니다. 더 이상 사랑하고 보여줄 수 있는 것이 없습니다. 우리 모두가 독생자 예수 그리스도를 믿는 것은 최고의 축복이고 행복입니다. 하나님이 기뻐하시고 고마워하십니다. 우리는 하나님께서 독생자를 주신 그 사랑을 세상에 알리고 전해야 합니다. 독생자를 주신 하나님의 사랑을 굳게 믿고, 이 사랑을 가지고 담대하게 다시 세상 속으로 들어가는 교회와 성도들이 되시기를 축원 드립니다.

3. 하나님이 믿는 자들만 구원하십니다

"하나님이 그 아들을 세상에 보내신 것은 세상을 심판하려 하심이 아니요 그로 말미암아 세상이 구원을 받게 하려 하심이라"(17절).

예수님의 초림의 목적은 심판보다는 구원에 더 큰 비중을 두고 있습니다. 하나님의 공의로운 심판과 자비로운 용서와 구원은 마치 동전의 양면과 같아서 하나님의 은혜에 대해 반응하는 인간의 태도에 따른 전적인 결과입니다. 하나님은 항상 모든 사람이 구원에 이르게 되기를 원하시며, 이 구원을 위해 독생자를 십자가에 못 박히시게 하기까지 하셨지만 인간의 불순종과 완악함이 끝내 구원의 문을 막아버린 것입니다. 심판이 주된 목적이라면 하나님은 굳이 독생자를 보내지 않고도 물이나 불이나 다른 것으로도 심판하실 수 있습니다. 구원은 인간을 향한 하나님의 적극적인 의도와 목적입니다.

'구원'의 헬라어 '소테리아'는 본래 아주 무서운 멸망의 위기 속에 빠진 자를 건져주는 것입니다. 마치 물에 빠져 죽어 가는 자를 급하게 구출해 주는 행위를 가리킵니다. 본 구절의 구원의 의미는 죄악된 불의의 삶으로부터 야기되는 모든 불안과 죄책감에서 예수 그리스도를 믿음으로 말미암아 죄 사함과 의롭다 하심을 받고 성화의 삶을 살아가는 것과 아울러 장래에 하나님 앞에서 평강과 희락의 영원한 천국의 삶을 누리는 것을 뜻합니다. 제한적이고 일시적인 현세의 구원뿐만 아니라 영원하고 완전한 내세적인 영생을 의미하는 것입니다.

여러분들은 정말 구원받았습니까? 확인해 보도록 하겠습니다. 다음 문제를 듣고 '예'라고 생각되면 아멘으로 대답하시기 바랍니다.

① 예수님을 나의 구주로 믿고, 살아 계신 하나님의 아들로 믿어집니까?
② 이 세상에서 나의 삶이 끝나면 하나님 앞에서 나의 삶을 가지고는 심판을 견딜 수 없고 예수님의 도우심이 필요하다고 느낍니까?
③ 때때로 '내가 비록 부족하여도 성령께서 도우시는구나' 하고 느껴집니까?

④ 성경 말씀을 들을 더 힘을 얻고 용기를 얻습니까?
⑤ 하나님께 기도드리려고 앉으면 '나는 참 죄인이구나' 하는 회개의 마음이 듭니까?
⑥ '성경 말씀대로 살지는 못하지만 그렇게 살아야 할 텐데' 하는 마음이 생기고 범죄하였을 때 부끄러운 마음이 듭니까?
⑦ 하나님의 집인 교회에 나가고 싶고 기도하고 싶은 마음이 들고, 예배를 드린 후에 마음이 평화롭고 그 심령이 물가에 심겨진 나무처럼 싱싱해지는 경험을 하였습니까?
⑧ 막연하지만 살아 계신 하나님께서 나를 지키시고 도우신다는 믿음이 있습니까?

영국 웨스트민스터 교회 로이드 존스 목사님은 8개의 질문 가운데 단 하나라도 동그라미를 쳤다면 그는 이미 구원받은 사람이며 생명책에 그 이름이 기록되었다고 하였습니다. 왜냐하면 하나님의 백성이 아니면 절대로 예수님이 구주로 믿어지지도 않고, 믿고 싶지도 않고, 느껴지지도 않기 때문입니다.

하나님의 사랑은 무조건적이고 무제한적이지만 하나님의 구원은 제한적입니다. 단 하나의 조건이 있는데, 그것은 독생자 예수 그리스도를 믿는 자만이 구원을 받는 것입니다. 믿음 외에 무엇으로도 구원을 받을 수 없습니다. 구원의 값을 지불할 수 있는 사람은 이 세상에 누구도 없기 때문에 거저 주시는 것입니다. 값이 싸기 때문이 아니라 워낙 비싸기 때문이며 무엇으로도 구원의 값을 치를 수 없기 때문에 거저 그리고 선물로 주신 것입니다. 하나님이 주신 독생자 예수 그리스도를 믿는 자만이 구원을 받는다는 진리를 세상 속으로 들어가서 담대하게 전해야 합니다. 다시 세상 속으로 들어가

복음을 담대하게 전하는 우리 교회와 성도들이 되시기를 축원 드립니다.

사랑하는 번동 가족 여러분!
2018년 새해를 주신 하나님께 감사하며 모든 영광을 돌립시다. 세초부터 세말까지 하나님께서 여러분의 삶과 가정을 축복해 주시기를 바랍니다. 하나님이 세상을 사랑하셔서 독생자를 주셨고, 이것을 믿는 자를 구원하십니다. 다시 세상 속으로 담대하게 들어가 세상을 구원하고 변화시키는 우리 교회와 성도들이 되시기를 축원 드립니다.

만나 신앙

출애굽기 16:13-20

¹³저녁에는 메추라기가 와서 진에 덮이고 아침에는 이슬이 진 주위에 있더니 ¹⁴그 이슬이 마른 후에 광야 지면에 작고 둥글며 서리 같이 가는 것이 있는지라 ¹⁵이스라엘 자손이 보고 그것이 무엇인지 알지 못하여 서로 이르되 이것이 무엇이냐 하니 모세가 그들에게 이르되 이는 여호와께서 너희에게 주어 먹게 하신 양식이라 ¹⁶여호와께서 이같이 명령하시기를 너희 각 사람은 먹을 만큼만 이것을 거둘지니 곧 너희 사람 수효대로 한 사람에 한 오멜씩 거두되 각 사람이 그의 장막에 있는 자들을 위하여 거둘지니라 하셨느니라 ¹⁷이스라엘 자손이 그같이 하였더니 그 거둔 것이 많기도 하고 적기도 하나 ¹⁸오멜로 되어 본즉 많이 거둔 자도 남음이 없고 적게 거둔 자도 부족함이 없이 각 사람은 먹을 만큼만 거두었더라 ¹⁹모세가 그들에게 이르기를 아무든지 아침까지 그것을 남겨두지 말라 하였으나 ²⁰그들이 모세에게 순종하지 아니하고 더러는 아침까지 두었더니 벌레가 생기고 냄새가 난지라 모세가 그들에게 노하니라

스티븐 코비의 《오늘 내 인생 최고의 날》에 나오는 이야기입니다.
"일상 속의 힘은 '세 가지 선택'에 달려 있다.

첫 번째는 '행동의 선택'이다. 주도적으로 행동할 것인가 아니면 반사적으로 끌려가면서 반응할 것인가 하는 행동의 방향을 선택하는 것이다. 시간의 흐름에 몸을 맡기고 물 위를 떠다니는 나무토막처럼 살 것인지, 자신의 행동 목표를 스스로 알고 책임질 것인지 그것을 선택해야 한다.

두 번째는 '목적의 선택'이다. 안타깝게도 많은 사람들은 자신이나 다른 사람에게 아무런 가치도 없는, 심지어 해가 되는 선택을 아무런 생각 없이 하기도 한다. 따라서 행동의 선택만으로는 충분치 않으며, 그와 더불어 우리는 일상적인 선택이 어떤 목적 혹은 어떤 결과에 이르는지 생각해 보아야 한다.

세 번째는 '원칙의 선택'이다. 이는 비전, 혁신, 겸손, 탁월함, 공감, 아량, 끈기, 균형 같은 원칙은 개개인의 향상을 유도하고 삶의 만족을 높여줄 수 있는 지렛대이다.

결과적으로 진짜 행복한 사람이란 이 세 가지 선택을 일상 속에서 활용함으로써 삶의 순간들을 다른 사람들과 다르게 채색한다는 것이다."

선택의 중요성은 아무리 강조해도 지나침이 없습니다. 삶과 신앙은 선택입니다. 우리가 하나님을 선택한 것은 최고와 최상의 선택입니다.

이스라엘은 애굽을 떠나온 지 2개월이 지났을 때에야 비로소 신 광야에 도착했습니다. 그런데 문제가 생겼습니다. 출애굽의 백성들이 가지고 나왔던 양식이 모두 떨어져 굶주리게 되었습니다. 하나님은 굶주리는 자기 백성들을 내버려 두지 않으시고 백성을 위하여 특별한 전무후무한 양식을 제공하셨습니다. 하늘로부터 내려진 신령한 음식인 '만나'를 내려주셨습니다.

하나님께서는 이 음식을 공급하시면서 백성들에게 몇 가지 엄격한 말씀을 하셨습니다. '만나'는 항상 매일 아침 거두어야 하며, 반드시 하루 분량만 거두라고 하셨습니다. 이 말씀은 우리에게 중요한 영적 교훈을 의미하고 있습니다. 무한히 주실 수 있는 하나님께서 단 하루분만 거두게 하셨고, 더 거두면 벌레가 생기고 냄새가 나게 하셨습니다. '만나'를 통해서 주시는 하나님의 크고 분명한 음성을 들으시기를 축원 드립니다.

1. 여호와를 의뢰하라

"이스라엘 자손이 보고 그것이 무엇인지 알지 못하여 서로 이르되 이것이 무엇이냐 하니 모세가 그들에게 이르되 이는 여호와께서 너희에게 주어 먹게 하신 양식이라"(15절).

만나의 모양은 작고 둥글며 서리같이 가는 것이라고 하였습니다. 만나의 뜻은 '이것이 무엇이냐'입니다. 만나는 하나님께서 초자연적 방법으로 이스라엘 백성들에게 공급하신 하늘의 양식입니다. 40년 동안 이스라엘 백성들이 행진하는 곳마다 사철 구분 없이 주셨으며, 일정한 시간과 제한된 장소에서만 200만 명의 인구에 부족함 없이 풍성하게 주셨습니다. 더군다나 주 6일간만 내려 주시고 안식일 전날은 평일의 2배가 내려졌다는 것은 전적으로 하나님만이 하실 수 있는 일입니다.

날마다 하나님께서 내리시는 일용한 양식을 거두게 하심으로써 매일 매순간 먹고 사는 문제에 대한 염려를 하나님께 전적으로 의뢰하는 신앙을 길러주려고 하셨습니다. 이스라엘 백성이 매일 아침 이슬과 더불어 내린 만나를 모으면서 하나님을 기억했듯이, 우리도 매일 아침 부지런히 일어나서 활동하고 음식을 대할 때마다 모든 것을 공급하시는 하나님을 의지하는 믿음의 성도가 되어야 합니다.

남을 지나치게 의지하지 마십시오. 너무 상담하러 다니지도 마십시오. 그 시간에 하나님께 상담을 받으십시오. 하나님은 상담 받으실 준비가 다 되어 있습니다. 물론 누군가의 지혜로운 충고는 경청하십시오. 그러나 선택은 하나님이 주신 감동을 따라 자신이 하십시오.

성도는 기도를 통해 여전히 하나님의 세미한 음성을 들을 수 있습니다. 그처럼 하나님과의 직통 라인이 구축되어 있는데, 자꾸 사람을 통한 간접통화만 시도하지 마십시오. 남의 의견을 참고는 하되 최종 결정은 하나님과 자신이 하십시오.

어느 날, 한 예쁜 자매가 와서 말했습니다.

"목사님! 요새 한 청년이 저를 따라다녀요. 그 청년은 하나님이 제가 그와 결혼하라고 말씀하셨대요. 어떻게 해야 하나요?"

그때 목사님이 말했습니다.

"자매님! 정식으로 프러포즈를 할 자신이 없어서 '하나님의 이름'을 파는 그런 비겁하고 무책임한 청년의 말은 그냥 무시하세요."

그런 무책임한 언행이 영성으로 포장되어 얼마나 많은 부작용을 낳습니까? 가끔 누군가 이런 말을 합니다.

"하나님이 당신이 이렇게 하라고 말씀하셨어요."

심지어 사람 바로 앞에서 방언까지 하며 말합니다.

"아루아루아루…삼바라삼바라…하나님이 당신이 이렇게 하라고 말씀해요."

그런 무속적인 언행이 얼마나 한국 교회를 망치고, 수많은 사람들로부터 한국 교회에 대한 신뢰를 잃게 만들었습니까? 지금부터 3500년 전 이전의 고대에는 신비한 영성을 가장하고 하나님의 이름을 내세워 남의 영혼을 속박하는 일이 흔했습니다. 책이 부족하고 교육과 문명이 덜 발달한 그대는 그 해악이 지금과는 비교할 수 없을 정도로 심했습니다. 결국 그런 언행이 영혼을 파괴하고 인간사회와 인간관계를 파괴하는 큰 해악이 됨을 알고, 하나님은 모세를 통해 십계명의 3번째 계명으로 "내 이름을 망령되어 일컫지 말라!"는 계명을 주신 것입니다.

누군가 "하나님이 이렇게 하라고 하셨어요"라고 마치 자신이 하나님이 된 것처럼 말할 때, 그런 말은 조심해서 듣고 자기 영혼을 스스로 지키십시오. 어떤 일을 선택할 때는 하나님이 주신 기도의 특권을 가지고 자신이 기도하고, 하나님의 세미한 음성을 들은 후에 선택하십시오. 하나님이 마음속에 주시는 기쁜 감동과 그 감동에 뒤따라오는 지극한 평안이 바로 하나님이 여러분들에게 말씀하시는 음성입니다. 사람을 지나치게 의지하면 오히려 하나님이 주실 최선의 것을 놓칠 수 있습니다.

모든 만나는 하나님이 주신 것입니다. 하늘로부터 내려옵니다. 모든 선물과 좋은 것은 하나님이 우리에게 직접 주신 것입니다. 일용할 양식은 음식뿐만 아니라 물건, 건강, 사람, 지혜, 능력, 신령한 모든 것을 뜻합니다. 모든 것을 주시는 하나님을 바라보고 의뢰해야 합니다. 사람에게 속지 말고, 사람을 의지하지 말고, 사람에게 휘둘리지 마십시오. 사람은 만나는커녕 하나도 못줍니다. 만 가지 은혜는 하나님이 주십니다. 만나를 주시는 하나님을 평생 의뢰하시기를 축원 드립니다.

2. 여호와께 감사하라

"이스라엘 자손이 그같이 하였더니 그 거둔 것이 많기도 하고 적기도 하나 오멜로 되어 본즉 많이 거둔 자도 남음이 없고 적게 거둔 자도 부족함이 없이 각 사람은 먹을 만큼만 거두었더라"(17-18절).

만나는 한 사람이 하루에 한 오멜씩 거두라고 하셨습니다. 성경에서 유일하게 본장에서만 나오는 도량형입니다. 본래 오멜(omer)은 마른 곡식의 양을 측정하던 조그만 토기 사발입니다. 그런데 점차 물건의 부피를 재는 단위로 그 의미가 바뀌게 되었습니다. 한 오멜은 오늘날의 도량형으로 환산하여 대략 2-4리터에 해당됩니다. 대략 눈짐작으로 거두어 들였기 때문에 과부족 현상으로 많기도 하고 적기도 하였습니다. 고의성이 있었던 것은 아니었습니다. 백성들이 하나님께서 명령하신 양대로만 거두면 하루 양식으로 전혀 부족함이 없음을 가리킵니다.

만나 기사는 모든 물건의 원 소유권자와 공급자가 하나님이심을 분명히 전하고 있습니다. 모든 인간은 본성적으로 소유욕이 강합니다. 누구만 그런 것이 아니라 모두에게 해당됩니다. 이 소유욕을 절제하지 못하면 하나님과 이웃을 떠나게 되고 물질이 우선이 되게 됩니다. 만나 규례가 의미하는 교훈은 재물에 대한 욕심과 탐욕을 버리라는 것입니다. 욕심은 죄를 짓고 결국은 사망에 이르게 됩니다 (약 1:15). 하나님은 사랑으로 백성들에게 필요한 모든 것을 적절하고 풍성하게 공급하십니다. 그러므로 욕심을 부리는 것은 불순종이고 불신앙입니다. 하나님에 대한 신뢰가 부족한 것입니다. 우리는 물건의 소유주가 아니라 그 물건을 맡아 다스리는 청지기입니다.

사람의 뇌 속에서는 여러 가지 뇌파가 나오는데, 깨어 있는 낮 동안에는 우리 몸에 해로운 베타파가 나옵니다. 사람에게 스트레스를 주는 뇌파입니다. 그래서 오감으로 아무리 좋은 것을 먹고 듣고 본다고 할지라도 남는 것은 점점 스트레스와 피곤뿐입니다. 그런데 밤에 잠을 자는 동안에는 알파파가 나옵니다. 엔도르핀(endorphin)이라는 호르몬이 분비되는데, 이것은 모든 병을 고치는 기적의 호르몬입니다. 이 엔도르핀이라는 호르몬은 피로도 회복하고, 병균도 물리치고, 암 세포도 이기게 합니다. 그래서 잠을 푹 자고 나면 저절로 병이 낫기도 하고 기분도 좋아지는 것입니다. 잠을 자는 것은 오감이 차단되는 것입니다. 아무것도 먹지 않고 듣지도 않고 생각도 안 하는데 도리어 편안하고 더 쉼이 되는 것입니다.

그런데 깨어 있을 때에도 알파파가 나올 때가 있는데, 그것은 사랑할 때라고 합니다. 사랑할 때 마음이 흐뭇하고 기분이 좋은 것은 뇌 속에서 알파파가 나오면서 동시에 엔도르핀이 분비되기 때문입니다. 사랑을 하면 병도 빨리 낫고 사랑하는 사람을 위해 움직이면 피곤한 것도 모르고 손해나는 것도 모릅니다. 그러므로 깨어서 할 수 있는 것 중에 가장 중요한 것이 사랑하는 일입니다.

남을 배려하고 항상 긍정적인 마음으로 많이 웃고 많이 사랑하세요. 세상을 힘들게만 생각하지 마세요! 늘 좋은 일이 있을 것만 같은 부푼 기대와 용기 있는 도전만이 쟁취할 수 있습니다. 그런데 엔도르핀의 4,000배 효과인 다이돌핀(didorphin)을 아십니까? 최근 의학이 발견한 호르몬 중에 다이돌핀이라는 것이 있습니다. 엔도르핀이 암을 치료하고 통증을 해소하는 효과가 있다는 것은 이미 알려진 이야기지만, 이 다이돌핀의 효과는 엔도르핀의 4,000배라는 사실이 발표되었습니다.

그러면 이 다이돌핀은 언제 우리 몸에서 생성될까요? 바로 마음이 감동 받을 때입니다. 아름다운 노래를 듣거나 경치를 볼 때, 진리를 깨닫거나 행복한 일이 있을 때 생성됩니다. 감동과 감사하는 마음에서 다이돌핀이 많이 생성이 되어 기적과 건강과 행복함이 풍성하게 됩니다. 감동과 감사가 사람을 건강하고 행복하게 합니다. 만나 신앙도 하나님이 말씀하신 그대로 믿고 감사하는 것입니다. 마음 속에 불편과 원망을 다 버리고 오로지 감사만 하는 만나 신앙이 되시기를 축원 드립니다.

3. 여호와께 순종하라

"모세가 그들에게 이르기를 아무든지 아침까지 그것을 남겨두지 말라 하였으나 그들이 모세에게 순종하지 아니하고 더러는 아침까지 두었더니 벌레가 생기고 냄새가 난지라 모세가 그들에게 노하니라"(19-20절).

만나를 아침까지 남겨두지 말라고 하나님은 모세를 통해서 말씀하셨습니다. 이 명령 속에 담긴 의미는 내일의 의식주 문제에 대한 모든 염려는 전적으로 하나님만 의지하라는 뜻입니다. 그런데 이스라엘 백성들이 모세에게 순종하지 않고 더러는 아침까지 두었습니다. 그 만나에서 벌레가 생기고 냄새가 났습니다. 백성들의 탐욕과 불순종의 모습입니다. 식량난에 대한 과거의 체험과 트라우마가 불순종하게 하였습니다.

믿음과 하나님에 대한 신뢰 부족이 불순종을 낳게 되었습니다. 하나님은 불순종의 대가로 벌레가 나고 냄새가 나게 하셨습니다. 만나의 축적을 저지하기 위하여 초자연적인 현상이 나타난 것입니다.

모든 불순종의 결과는 벌레가 나고 악취가 풍기게 되어 모든 것이 쓰레기가 되는 것입니다. 사람이 하나님의 은혜와 능력과 사랑을 잊어버리면 즉각적으로 불순종하게 됩니다. 자기 교만이 생기고 자기 공로를 앞세우게 됩니다. 우리는 하나님이 말씀하신 그대로 살아가야 합니다. 말씀에 인간적인 것을 더하거나 빼서는 안 됩니다. 절대적인 말씀에 순종해야 하고 말씀으로 돌아가야 합니다.

성 어거스틴의 일화입니다. 하루는 그가 잠을 자다가 꿈을 꾸었습니다. 꿈에서 천국 문 앞에 도착한 그를 천사가 가로막으며 물었습니다.

"너는 누구냐?"

"저는 그리스도인 어거스틴입니다."

그러자 천사는 그를 유심히 살펴보고는 이렇게 답했습니다.

"아니다. 너는 그리스도인이 아니다. 너는 그리스도의 말씀과 교훈이 아니라 철학자 키케로의 사상으로 가득 찼구나."

그렇게 그는 천국 문 앞에서 쫓겨나고 말았습니다. 그는 화들짝 놀라 잠에서 깨어 통곡하며 회개했습니다. 자신을 깊이 성찰하는 기회로 삼았던 것입니다. 그래서 그는 자신의 지나온 삶의 여정들을 돌아보며 하나님은 어떤 분이시고, 자신은 어떤 존재이며, 또 자신이 어떤 잘못을 했고, 어떻게 돌이켰는지를 아주 소상하고 솔직하게 글로 남겼습니다. 이것이 바로 성 어거스틴의 《참회록》입니다. 이와 관련해 아주 유명한 명구가 있습니다.

"성자는 참회록을 쓰고, 악인은 자서전을 쓴다."

당신은 그리스도인입니까? 그렇다면 이제 "나는, 나는" 하며 자신을 자랑하는 일을 멈추십시오. 오직 그리스도만을 자랑하고 자신의 삶을 깊이 성찰해 나만의 참회록을 써내려 가십시오.

매일 아침에 한 오멜씩만 거두어야 합니다. 다음 날 아침까지 남겨두지 말아야 합니다. 그대로 순종해야 합니다. 세상이나 나 자신을 하나님보다 앞세울 때 불순종하게 됩니다. 불순종하는 사람은 하나님께 쓰임 받을 수 없고 결국은 버림받게 됩니다. 가장 불행하고 처절한 인생이 됩니다. 지옥에서 슬피 울며 이를 갈게 됩니다. 우리 모두가 하나님 말씀 앞에 '예'와 '아멘'으로 절대 순종하는 만나 신앙을 소유하게 되기를 축원 드립니다.

사랑하는 번동 가족 여러분!

이 새해에 새롭게 삽시다. 만나 신앙으로 거듭나고 변화됩시다. 여호와를 의뢰하고 감사하고 순종하는, 하나님이 가장 기뻐하시고 귀하게 사용하시는 성도들이 되시기를 축원 드립니다.

가라지에서 들리는
하나님의 음성

마태복음 13:24-30

²⁴예수께서 그들 앞에 또 비유를 들어 이르시되 천국은 좋은 씨를 제 밭에 뿌린 사람과 같으니 ²⁵사람들이 잘 때에 그 원수가 와서 곡식 가운데 가라지를 덧뿌리고 갔더니 ²⁶싹이 나고 결실할 때에 가라지도 보이거늘 ²⁷집 주인의 종들이 와서 말하되 주여 밭에 좋은 씨를 뿌리지 아니하였나이까 그런데 가라지가 어디서 생겼나이까 ²⁸주인이 이르되 원수가 이렇게 하였구나 종들이 말하되 그러면 우리가 가서 이것을 뽑기를 원하시나이까 ²⁹주인이 이르되 가만 두라 가라지를 뽑다가 곡식까지 뽑을까 염려하노라 ³⁰둘 다 추수 때까지 함께 자라게 두라 추수 때에 내가 추수꾼들에게 말하기를 가라지는 먼저 거두어 불사르게 단으로 묶고 곡식은 모아 내 곳간에 넣으라 하리라

어느 사업가가 출장을 가서 호텔에 투숙하게 되었습니다. 사업가는 당시 아주 힘든 상황에 처해 있었습니다. 그는 우연히 창밖을 내

다보았습니다. 바로 그때에 파리 한 마리가 창문 밖으로 나가려고 맹렬하게 돌진하고 있었습니다. 그러나 이내 파리는 유리창에 부딪쳐 튕겨 나오고 말았습니다. 또다시 날아서 유리창으로 돌진했지만 이번에도 역시 마찬가지였습니다. 그때 사업가의 눈에 현관문이 활짝 열려 있는 것이 보였습니다. 사업가는 웃음이 나왔습니다.

'저 파리가 방향을 틀어서 10초만 날면 밖으로 그냥 나갈 수 있는데, 그걸 못하고 죽게 생겼구나!'

그 순간, 그는 어리석은 파리에게서 자신의 모습을 발견하게 되었습니다.

'내 고집만 부리다가는 나도 저 파리처럼 죽겠구나!'

그는 지금까지 살아온 삶의 패턴을 바꿔 볼 생각을 하지 못하고 앞으로만 돌진하려 몸부림쳤던 자신의 어리석음을 깨닫게 되었습니다. 우리가 오로지 자기 뜻대로만 하려다 보니 주변에 열려 있는 문들이 보이지 않는 것입니다. 가던 길이 잘못된 길일 수 있습니다. 돌아서는 것, 철회하는 것은 부끄러운 일이 아닙니다. 오히려 자기 고집을 피우면서 파멸의 길로 치닫는 것이 더 부끄러운 일입니다. 우리는 주님의 종입니다. 자기 생각을 버리고 주님이 가라고 하시는 길로만 가는 것이 충성된 종의 모습입니다.

오늘 말씀은 가라지 비유입니다. 다른 복음서에는 기록되지 않은 마태의 특종 기사입니다. 본문에 나오는 가라지는 독보리의 일종입니다. 가짜 밀이라고 불리기도 합니다. 싹의 모습이 밀이나 보리와 아주 흡사하여 실제로 이삭이 피기까지는 식별하기가 어렵습니다. 가라지를 먹으면 급한 설사와 구토로 고생을 하며 심한 경우 목숨을 잃을 수도 있습니다.

예수님의 설명에 의하면 가라지는 악한 자의 아들로서 사람들을 의의 자리에서 넘어지게 하는 자이며, 또한 불법과 부정을 저지르는 자입니다. 오늘 가라지의 비유를 통해서 이 시대에 살고 있는 성도들에게 들려주시는 하나님의 음성을 듣는 시간이 되시기를 축원 드립니다.

1. 원수가 가라지를 덧뿌린다

"사람들이 잘 때에 그 원수가 와서 곡식 가운데 가라지를 덧뿌리고 갔더니"(25절).

사람들은 누구나 잠을 자야 합니다. 본문에서 '잘 때에'는 농부의 태만함을 꼬집는 말이 아니라 원수가 슬그머니 악행을 저지를 수 있는 절호의 기회를 암시하는 말입니다. 악한 어둠의 세력은 주로 사람들이 일하지 않고 경계하지 않는 평화와 안식의 시간인 밤에 활동합니다. 여기 농부의 원수도 농부가 휴식을 취하는 밤에 몰래 들어와 악한 씨를 뿌리고 간 것입니다.

원수의 헬라어 '에크드로스'는 미움과 증오의 뜻입니다. 원수는 예수님이 그리스도인 것을 부정하는 자이며, 예수님이 다시 오실 때까지 성도들을 미혹하고 박해하는 적그리스도입니다. 오늘 본문에서는 25절과 28절에 원수가 와서 가라지를 뿌렸다고 분명히 말씀하고 있습니다. 인생과 신앙의 모든 가라지는 원수인 사탄과 마귀가 뿌린 것입니다. 지금도 가라지를 성도들 마음과 가정과 교회에 뿌리고 있습니다.

호주 시드니에 사는 교민이 고국을 다녀가는 길에 개나리 가지를 꺾어다가 자기 집 마당에 옮겨 심었습니다. 이듬해 봄이 되었습니다. 맑은 공기와 좋은 햇볕 덕분에 개나리 가지와 잎은 한국에서보다 무성했지만 꽃은 피지 않았습니다. 첫해라 그런가 보다 여겼지만 2년째에도, 3년째에도 꽃은 피지 않았습니다. 한국처럼 혹한의 겨울이 없는 호주에서는 개나리꽃이 아예 피지 않는다는 사실을 나중에야 알게 되었습니다. 저온을 거쳐야만 꽃이 피는 것을 전문 용어로 '춘화 현상'(vernalization)이라 하는데 튤립, 히아신스, 백합, 라일락, 철쭉, 진달래 등이 여기에 속합니다. 인생은 마치 춘화 현상의 꽃과 같아서 눈부신 인생의 꽃은 인생의 혹한을 거친 뒤에야 꽃망울이 맺히는 법입니다. 봄에 씨를 뿌리는 '봄보리'보다 가을에 파종해 겨울을 나는 '가을보리'의 수확이 훨씬 더 많습니다. 인생의 열매는 마치 가을보리와 같아서 인생의 겨울을 치치면서 그 열매가 더욱 풍성하고 견실해집니다.

주님이 사랑하시는 자녀들에게 때로 고난을 거치게 하시는 까닭이 이것입니다. 인생의 꽃과 열매가 맺히는 봄은 고난의 매듭 위에 임합니다. 우리가 자신의 연약함을 스스로 인정할 때에 전적으로 의지할 수밖에 없는 주님으로 인해 비로소 강해질 수 있다는 믿음의 역설을 삶으로 터득하게 됩니다.

성도들이 원수 때문에 힘들고 고통스러워합니다. 원수는 성도들에게 시험과 상처와 갈등과 슬픔을 가져다줍니다. 한두 번이 아니라 계속적으로 반복합니다. 한꺼번에 여러 가지 시험을 줄 때도 있습니다. 그러나 원수들 때문에 성도는 더욱 강해지고 기도하고 겸손해지며 하나님을 의지하게 됩니다. 그래서 시편 기자는 고난이 유익이라고 하였습니다(시 119:71).

오늘날도 성도들이 편히 쉴 때에 느닷없이 원수들이 찾아옵니다. 여러 가지 가라지를 뿌리고 갑니다. 그래서 늘 깨어 있어야 하며 하나님께 기도해야 합니다. 우리의 힘으로는 원수를 이길 수 없습니다. 하나님의 능력으로만 이길 수 있습니다. 원수들에게 가라지를 뿌릴 수 있는 틈을 주지 말고 하나님의 능력을 힘입어서 원수들과 싸워 승리하는 성도들이 되시기를 축원 드립니다.

2. 곡식을 뽑지 말라

"주인이 이르되 가만두라 가라지를 뽑다가 곡식까지 뽑을까 염려하노라" (29절).

하나님은 곡식 하나하나에 대한 애정과 염려 때문에 가라지를 뽑지 않고 기다리고 있습니다. 가라지는 보통 곡식보다 더 강한 뿌리를 가지고 있기 때문에, 가라지를 뽑을 때는 종종 어리고 약한 곡식이 함께 뽑힙니다. 따라서 곡식에 대한 주인의 관심이 가라지에 대한 관심에서 생겨난 종들의 열의보다 우선적인 것입니다.

가라지의 특징은 첫째로, 위장성입니다. 곡식과 가라지는 싹이 난 초기부터 결실을 거둘 때까지 사람들의 눈에 잘 분별되지 않습니다. 이와 마찬가지로 이 세상 끝이 올 때까지는 성도들과 잘 분간되지 않도록 위장되어 있습니다.

둘째로, 잠복성입니다. 이삭이 나오기까지 평상시에는 곡식과 같은 외형과 성장과정을 보이는데, 일단 이삭이 피면서부터 알곡과 확연한 차이를 드러냅니다. 가라지들은 평소에는 잠복해 있다가 결정적 순간에 그 감춰진 본성을 드러내 놓고 알곡에게 해를 끼칩니다.

셋째로, 해독성입니다. 가라지는 알곡뿐 아니라 인체에까지 큰 피해를 끼칩니다. 가라지는 곡식이나 농부나 어느 누구에게도 도움이 되지 않습니다. 아프게 하고, 병들게 하고, 죽게 하며, 망하게 합니다. 가라지가 그렇고, 원수들이 하는 모든 일은 성도와 가정과 교회와 사회에 심각한 피해를 끼치는 것입니다.

그러므로 원수의 미끼에 넘어가는 일이 일어나서는 안 됩니다. 원수 마귀는 오늘날도 위장성과 잠복성과 해독성을 가지고 성도들을 우는 사자처럼, 그리고 광명한 천사로 가장하여 넘어뜨리고 삼키려 하고 있습니다.

언젠가 신문에서 인도에 사는 어느 부자가 1조 6천억 원을 들여 집을 지었다는 기사를 보았습니다. 집안에 영화관이 두 개이고, 집에서 일하는 사람 수만 640명이라고 적혀 있었습니다. 그런데 저는 그 사람이 하나도 부럽지 않았습니다. 그렇게 살면 행복할까요? 사람은 자신이 쓸모 있는 존재임을 확인할 때 만족과 기쁨을 누립니다. 행복하기 위해서는 진심으로 나를 사랑해 주고, 진심으로 나를 필요로 해주는 사람들이 있어야 합니다. 이것은 단순히 물질적인 소유가 많다고 되는 것이 아닙니다. 자기가 몸담은 곳에서 덕을 쌓은 사람이 우군을 만날 수 있습니다. 왜냐하면 사람은 누구나 너그러운 태도를 지닌 사람과 가까이하고 싶어 하기 때문입니다.

어떤 이는 자기에게 은혜를 구하는 사람이 많으면 피곤해질 것이라고 생각하지만 그렇지 않습니다. 그것은 괴로움이 아니라 인생을 사는 보람이요 기쁨입니다. 도움을 받기보다는 도움을 주고, 위로를 받기보다는 위로를 베풀고, 구제를 받기보다는 구제를 하는 사람이 되는 것이 얼마나 감사한 일입니까? 무엇보다 반대급부를 바라지 말고 사랑을 베푸십시오. 나눌 것이 있으면 나누고, 흘려보낼 것이 있으면 흘려보내십시오. 그러면 당신을 사랑하는 친구들을 많이 얻게 될 것입니다. 예수 그리스도로부터 온 것을 사람들에게 베풂으로 아름다운 연합을 이루는 것이 행복입니다.

우리 교회는 예수님의 피로 값 주시고 사신 예수님의 몸입니다. 모든 성도들은 예수 그리스도가 십자가 위에서 피 흘리심으로 구원받은 온 천하보다 귀한 분들입니다. 나만 귀한 것이 아니라 모두가 나만큼 귀합니다. 우리의 가족과 교회의 성도 모두가 귀합니다. 한 사람 한 사람이 귀합니다. 유일한 사람들입니다. 한 사람도 가라지 때문에 사탄에 뽑히지 않도록 서로 위로하고 기도하며 사랑하는 성도들이 되시기를 축원 드립니다.

3. 추수 때까지 기다리라

"둘 다 추수할 때까지 함께 자라게 두라 추수 때에 내가 추수꾼들에게 말하기를 가라지는 먼저 거두어 불사르게 단으로 묶고 곡식은 모아 내 곳간에 넣으라 하리라"(30절).

현세에는 선과 악이 공존합니다. 보이는 교회 또한 선과 악이 함께 자라는 곳입니다. 악에 대한 선명한 분별력과 강한 증오감을 견제하면서도 악인에 대한 인내가 필요합니다. 추수 때는 가라지에 대한 오랜 인내가 끝나는 때입니다. 추수의 주인이신 그리스도만이 그 때를 알고 그 처리 방법을 아십니다.

이 세상에서의 인간의 삶은 예수 그리스도의 재림으로 끝나게 됩니다. 최후의 대심판에 의해 악한 원수는 영원히 멸망당하고 의인은 추수가 끝난 마당에서 펼쳐지는 축제와 같이 기쁨과 평화가 가득한 하나님의 나라에서 영원히 살게 됩니다.

이 영원한 순간, 바로 그 하나님 나라에 들어가기 위해서 참고 기도하고 전도하고 순종하며 충성하는 것입니다. 모든 아픔과 슬픔과 억울함이 한순간에 다 풀리고 만족함을 얻게 되는 것입니다.

성 어거스틴은 말하기를 "교회는 완전히 순수하고 깨끗한 사람들만이 모이는 완벽한 곳이 아니다. 그렇기 때문에 순수하지 못한 자들을 함부로 제거해서 교회가 분리되어서는 안 된다"라고 하였습니다. 교회는 예수 그리스도에 대한 신앙 고백(마 16:16-18)을 토대로 하여 세워진 하나의 거룩한 몸입니다.

교회는 절대 완전한 상태에 있다기보다는 세상 끝날까지 알곡과 가라지, 의인과 악인의 복합체의 상태로 존재하는 것입니다. 하나님의 나라는 죄인이 완전히 도말되는 것으로부터 완성됩니다. 예수 그리스도께서 예비하신 하나님의 집으로 의인 된 성도만이 들어가기를 허락 받는 것입니다. 바로 그 순간까지 참고 기다려야 합니다. 절대 인내해야 합니다.

염일방일(拈一放一)이라는 말이 있습니다. 하나를 얻으려면 하나를 놓아야 한다는 말입니다. 하나를 쥐고 또 하나를 쥐려 한다면 그 두 개를 모두 잃게 된다는 말입니다.

약 1천 년 전 중국 송나라 시절에 사마광이라는 사람의 어릴 적 이야기입니다. 한 아이가 커다란 장독대에 빠져 허우적거리고 있었는데, 어른들이 "사다리 가져와라, 밧줄 가져오라"고 야단법석을 떠는 동안에 물독에 빠진 아이는 꼬로록 숨이 넘어갈 지경이었습니다.

그때 작은 꼬마 사마광이 옆에 있던 돌멩이를 주워 들고 그 커다란 장독을 깨트려 버렸습니다. 치밀한 어른들의 잔머리로 단지 값, 물 값, 책임소재를 따지며 시간 낭비하다가 정작 사람의 생명을 잃게 하는 경우가 허다합니다. 더 귀한 것을 얻으려면 덜 귀한 것을 버려야 합니다.

우리가 살아가면서 정작 돌로 깨부숴야 할 것은 무엇입니까? 생각해 보면 많기도 하고 어렵기도 합니다. 여러 가지로 어렵고 힘든 일도 많이 있습니다. 인내하고 참기 어려운 일들이 얼마나 많습니까? 그래도 잘 참으셨습니다. 개인생활과 신앙생활에 견디기 어려운 일들이 많아도 끝까지 잘 참으세요. 하나님이 추수하시는 그 순간까지, 하나님 앞에 서는 그 순간까지 기도하고 충성하고 믿음을 잘 지키는 승리하는 성도들이 다 되시기를 축원 드립니다.

사랑하는 번동 가족 여러분!
오늘도 예수님은 가라지 비유를 통해서 확성기처럼 들려주시는 음성이 있습니다. 원수가 가라지를 뿌립니다. 그러나 가라지를 뽑다가 곡식까지 뽑지 맙시다. 추수할 때까지 참으라는 말씀을 듣고 그대로 순종하는 성도들이 되시기를 축원 드립니다.

의인에게 주시는 축복

> 시편 37:25-26
>
> ²⁵내가 어려서부터 늙기까지 의인이 버림을 당하거나 그의 자손이 걸식함을 보지 못하였도다 ²⁶그는 종일토록 은혜를 베풀고 꾸어 주니 그의 자손이 복을 받는도다

1878년, 미국 버지니아 주에 살던 앤드류 캠벨이라는 사람이 언덕을 지나가다가 찬바람이 나오는 작은 구멍 하나를 발견했습니다. 호기심에 일행과 함께 구멍 주변을 파보았습니다. 그들은 네 시간에 걸쳐 구멍을 판 끝에 석회암 동굴을 발견했습니다. 그 후 전문적인 기술자들이 본격적인 탐사를 시작해서 파고 들어갈수록 동굴은 계속 이어졌고, 숨이 멎을 듯한 장관이 구석구석에서 모습을 드러냈습니다.

세계적으로 유명한 셰넌도어 국립공원의 '루레이 동굴'은 이렇게 해서 발견되었습니다. 캠빌이 지나가기 전에 수많은 사람이 그곳을 지나갔을 것입니다. 하지만 시원한 바람이 나오는 그 구멍에 관심을 기울인 사람은 캠벨 일행이 처음이었습니다. 하나님의 바람은 언제나 우리 가운데 불고 있지만, 그것에 관심을 보이는 사람은 많지 않습니다.

하나님은 우리에게 그분의 존재를 알려 주시고자 여러 가지 통로로 다가오십니다. 때로는 어떤 사건과 상황을 통해, 때로는 어떤 사람을 통해 하나님을 경험하게도 하십니다. 우리를 일깨우시고자 때로는 거친 파도를 일으키실 수도 있습니다. 하나님을 알아 가려는 열망이 있다면 우리는 어디서든 하나님을 만날 수 있습니다. 하나님이 내 삶에 어떻게 찾아오실지 기대하며 매일매일 살아야 합니다.

이제 나이가 든 시편 기자 다윗은 자신의 경험에 의지해서 하나님이 의인을 축복하시는 것을 깨닫게 되었습니다. 인간의 눈으로 보면 의인이라고 특별히 잘될 일이 없을 것이라고 생각했는데, 결과는 하나님이 축복하셨습니다. 하나님의 살아 계심을 보게 되었고 찬양하게 되었습니다. 의인이란 하나님을 믿는 사람입니다. 하나님으로부터 죄 사함을 받은 사람입니다. 하나님을 위해 순종하고 충성하는 사람입니다. 하나님을 위해서라면 목숨까지도 기꺼이 드릴 수 있는 순교자입니다.

하나님은 언제나 의인을 주도하시고 반드시 책임지시며 축복하십니다. 악인이 잘되고 성공하는 것 같으나 다 망하게 되고 지옥에 갑니다. 지옥에서 슬피 울며 이를 갈게 됩니다. 의인은 천국에서 영원히 해같이 찬란하게 빛납니다. 어떠한 상황과 조건 속에서도 믿음과 사명을 포기하지 않고 끝까지 충성하는 의인의 삶을 살아가는 성도들이 되시기를 축원 드립니다.

1. 버림을 당하지 않습니다

"내가 어려서부터 늙기까지 의인이 버림을 당하거나 그의 자손이 걸식함을 보지 못하였도다"(25절).

의인이 버림을 당하는 것을 보지 못하였다고 하였습니다. 이 말씀을 문자 그대로 절대적인 의미로 받아들여서는 안 됩니다. 시편 기자는 의인의 고통에 관한 언급을 많이 하였습니다. 그러므로 시편 기자가 말씀하는 핵심은 경건한 의인은 하나님에 의하여 영원히 버림받지 않는다는 사실입니다. 잠시 동안은 이런저런 일로 고난을 당하고 버림을 받는다 할지라도 하나님으로부터 영원히 버림을 당하지는 않습니다. 특별히 하나님을 믿고 기도하고 예배하며 충성하는 의인을 한 사람도 버리지 않습니다. 하나님이 다 기억하시고 찾으시고 축복하십니다. 사람은 할 수 없어도 하나님은 반드시 하십니다. 우리는 하나님의 전지전능하심과 그분이 특별한 사랑을 소유하신 분임을 분명히 믿습니다.

요즘같이 반기독교 분위기가 강한 시대에 성도로 살기란 쉽지 않습니다. 십일조를 하는 것도, 신앙 훈련을 받는 일에 시간을 내는 것도 결코 쉽지 않습니다. 더욱이 남들이 거짓말하고 속이는 상황에서 홀로 정직하고 하나님 말씀대로 살기란 정말 어려운 일입니다.

이종격투기 챔피언들이 이구동성으로 하는 말이 있습니다. 링에 올라갈 때면 항상 두렵다는 것입니다. 그리고 한참 싸우다가 '도저히 안 되겠다. 이제 그만 항복해야지' 하고 포기하려는 순간, 상대방이 먼저 포기하는 바람에 자신이 이기는 경우가 많다는 것입니다. 믿음 생활도 그러합니다. 늘 성령 충만해서 항상 쉽게 승리만 하는 그리스도인은 찾아보기 힘듭니다. 우리 역시 항상 최고의 영적 컨디션으로 살아온 것은 아닙니다

저도 주일마다 강단에서 씩씩한 척 외치지만 속으로는 두렵고 떨리고 외롭고 힘들어서 도망가고 싶은 적이 한두 번이 아니었습니다. '내가 이렇게 약한 마음으로 과연 하나님의 일을 할 자격이 있는가?'라고 반문한 적도 많습니다. 이런 저에게 위로가 되는 것은 믿음의 영웅들도 하나같이 겁 많고 실수투성이였다는 사실입니다. 또한 결말을 모르고 싸우는 세상 사람들과 다르게 우리는 최후 승리를 믿음의 눈으로 볼 수 있다는 사실입니다. 자신의 무능함과 부족함을 인정하는 사람에게 하나님은 힘과 도움이 되어 주십니다. 연약하기 때문에 하나님을 의지할 수밖에 없는 사람을 높이 들어 사용하십니다.

세상과 사람들과 나 자신이 나를 버린다고 하여도 결단코 하나님은 우리를 버리지 않으십니다. 부모가 자녀를 버린다고 할지라도 하나님은 결코 의인을 버리지 않으십니다(시 27:10). 우리의 의로움이나 자격 있음이 아니라 하나님의 무조건적인 용서와 사랑으로 우리를 오늘 여기에 있게 하신 것입니다. 전적인 하나님의 은혜와 사랑입니다.

우리는 공로의식이 아니라 은혜의식으로 살아야 합니다. 은혜 아니면 우리는 아무것도 아닙니다. 은혜 아니면 누구도 하나님 앞에 설 수 없습니다. 의인이 된 것은 하나님의 은혜입니다. 의인은 하나님의 은혜를 많이 받는 사람이며, 하나님의 은혜를 깨닫고 찬양하는 사람입니다. 우리를 버리지 않으신 하나님을 찬양하는 이 시대의 의인이 되시기를 축원 드립니다.

2. 은혜를 베풀고 꾸어 줍니다

"그는 종일토록 은혜를 베풀고 꾸어 주니 그의 자손이 복을 받는도다" (26절).

의로운 사람은 계속해서 사랑을 베푸는 습관을 지니고 있습니다. 이 은혜를 베풀고 꾸어 주는 습관 때문에 다른 사람에게 널리 알려지게 된 것입니다. 성도는 아름답고 좋게 알려져야 합니다. 모든 성도는 예수 그리스도의 향기와 편지와 대사가 되어야 합니다. 의인은 번성할 뿐만 아니라 그의 풍성함을 사용하는 방법을 알고 있는 자입니다. 풍성함의 목적과 이유를 알고 하나님의 의도대로 사용하는 지혜로운 사람입니다.

계속 번성하기 위해서는 나누고 섬겨야 합니다. 꾸어 주는 것은 사업의 수단이 아니라 가난한 사람을 돕는 방편입니다. 히브리의 율법에 의하면 가난한 자에게 빌려준 돈에 대한 이자는 받지 않도록 되어 있습니다(출 22:25). 은혜를 베풀고 꾸어 주는 사람이 행복한 사람이고 복 받는 사람입니다. 은혜를 받고 구제를 받는 사람도 행복하지만, 은혜를 베풀고 꾸어 주는 사람은 더욱 행복한 사람입니다. 미리내 가게 주인은 누군가로부터 대접을 받는 사람보다도 누군가를 대접하는 사람들이 더욱 행복하고 얼굴이 밝았다고 이야기했습니다.

미국에 사는 제레미는 학비를 벌기 위해 농장에서 일했습니다. 하지만 너무도 가난했던 제레미는 농장에서 일하면서도 도시락을 싸갈 형편이 되지 못해 점심시간만 되면 수돗물로 고픈 배를 채워야만 했습니다. 제레미는 여느 때와 같이 수돗물로 배를 채우기 위해 향하는데, 인부 감독의 큰소리가 들려왔습니다.

"집사람은 내가 돼진 즐 아나 봐! 도시락을 왜 이렇게 많이 싸서 줬는지 알 수가 없네. 누구 나랑 함께 도시락 나눠 먹을 사람 없어?"

제레미는 부끄러웠지만 점심을 먹을 수 있겠다는 생각으로 감독의 도시락을 나눠 먹겠다그 나섰습니다. 그런데 다음 날도 또 감독의 큰 소리가 들려왔습니다.

"아무래도 집사람은 나를 뚱뚱보로 만들 생각인가 봐! 이번에도 뭐 이렇게 많이 싸서 보낸 거야? 나랑 도시락 나눠 먹을 사람 없어?"

제레미는 또 아무 부담 없이 그 도시락을 먹었습니다. 그렇게 한 달 동안 감독의 도시락을 계속해서 나눠 먹을 수 있어 배고플 걱정은 하지 않았습니다. 새 학기가 시작되어 농장을 그만두게 된 제레미는 감독 내외분께 감사의 인사를 표하고 싶었습니다. 그러나 농장 안이 넓어 감독 내외분을 찾을 수 없었습니다. 그래서 경리 아가씨에게 감독 내외분께 대신 인사를 전해달라고 했습니다. 그러자 경리 아가씨가 말했습니다.

"그 감독께서는 부인이 안 계세요. 몇 해 전에 돌아가셨어요."

주변에 소외된 이웃을 돕는 것은 아무리 해도 지나치지 않습니다. 그러나 돕는 방법은 언제나 조심스러운 것이 사실입니다. 말 한 마디나 부주의한 작은 행동으로 돕겠다는 순수한 마음과 달리 상대에게 상처를 줄 수 있기 때문입니다. 누군가를 돕겠다는 생각과 계획이 있다면 상대의 마음까지 헤아려야 합니다.

은혜를 베풀고 구어 주는 것은 너무도 귀한 일입니다. 그러나 더욱 겸손한 태도와 지혜로운 자세가 요구됩니다. 의인은 사람들과도 좋은 관계를 유지합니다. 은혜를 베풀기 위해서 더욱 기도하고 섬겨

의인에게 주시는 축복(시편 37:25-26)

야 합니다. 은혜를 누군가에게 베풀 때에 하나님이 기뻐하시고, 존경받게 되고, 필요한 모든 것을 채워 주십니다. 베푸는 것보다 더 많은 것을 누리고 받게 됩니다. 이 땅에서도 받지만 진짜는 하늘나라에서 영생과 면류관을 받는 것입니다.

하나님에 대한 절대 신뢰와 하나님 나라에 대한 믿음이 없는 한 은혜를 베풀고 구제하는 것은 불가능한 것입니다. 의인은 반드시 은혜를 베풉니다. 은혜를 베푸는 사람은 하나님이 반드시 축복해 주십니다. 의인이 된 것이 축복이고, 은혜를 베푸는 것 자체가 절대적인 축복입니다. 이미 우리 모두는 예수 그리스도를 통해서 구원받은 의인입니다. 더욱 이웃에게 은혜를 베풀고 꾸어 주는 의인의 삶을 살아가시기를 축원 드립니다.

3. 자손이 복을 받습니다

"그는 종일토록 은혜를 베풀고 꾸어 주니 그의 자손이 복을 받는도다" (26절).

'자손'의 히브리어 '제라'는 '씨 뿌리다, 열매 맺다'에서 유래한 용어로 '열매, 자손, 아이' 등을 뜻합니다. 의인의 자손은 걸식하지 않습니다. 의인의 자손은 하나님의 다양한 복을 받게 됩니다. 물질, 건강, 번영, 생육, 충만, 지혜, 믿음, 섬김의 다양한 복을 받게 됩니다. 교인들의 자녀들이 잘되었습니다. 하나님 나라를 위해서 고생하고 수고한 목회자와 선교사들의 자녀들이 대부분 잘되었습니다. 부모에게 효도하고 하나님을 잘 섬깁니다. 하나님이 천 대에 이르도록 복을 주십니다. 하나님이 주시는 복은 누구도 빼앗을 수 없습니다.

복이 화가 되지 않습니다.

  부모는 자손들이 잘된다면 어떤 희생도 할 수 있습니다. 참을 수 있고 견딜 수 있습니다. 마지막에 웃고 천국에서 웃는 자가 최후의 승리자이며 행복한 사람입니다. 세상에서 모든 것을 다 가진 사람이라도 하나님을 섬기지 않는다면 영적으로 거지이고 저주인 것입니다. 많은 사람들이 우울하다고 부르짖고, 불행하다고 아우성칩니다. 우울하고 불안해서 자살을 합니다. 한순간에 모든 것이 무너지고 끝납니다. 우울증은 부정적인 것입니다. 자신과 자신의 미래와 주변 환경에 대하여 부정적인 생각으로 가득 차 있습니다. 무엇으로도 우울과 불행을 이길 수 없습니다.

  그러나 하나님을 잘 믿는 믿음이 이깁니다. 자녀를 위한 기도와 구제를 할 때 하나님이 자손들에게 복을 주십니다.

  오래전 어느 마을에 있는 작은 세탁소에서 불이 났습니다. 불은 순식간에 세탁소 전부를 태웠고, 며칠이 지난 후 마을 벽보에는 '사과문' 한 장이 붙었습니다. 세탁소에 불이 나 옷이 모두 타서 죄송하다는 이야기와 옷을 맡기신 분들은 종류와 수량을 알려달라는 내용이 적혀 있었습니다. 공고가 붙은 후에 한 주민이 공고문 아래에 글을 적고 갔습니다. 당연히 옷 수량을 적어 놓은 글인 줄 알았지만 뜻밖에도 "아저씨! 저는 양복 한 벌인데 받지 않겠습니다. 그 많은 옷을 어떻게 하시겠습니까? 용기를 내세요"라는 말이 적혀 있었습니다. 그 주민이 남긴 댓글에 마을 주민들도 속속 배상을 받지 않겠다고 나서기 시작했습니다.

  그 후 누군가 금일봉을 전했고, 금일봉이 전달된 사실이 알려지자 또 다른 누군가도, 또 다른 누군가도 세탁소에 도움의 손길을 보

의인에게 주시는 축복 (시편 37:25-26)

내왔다고 합니다. 그리고 마을 벽보에 또 한 장의 종이가 붙었다고 합니다. 이번에는 다름 아닌 세탁소 주인의 '감사문'이었습니다.

"주민 여러분! 고맙습니다! 그동안 정직하게 세탁소를 운영해 오면서 어렵게 일궈 온 삶이었는데, 화재로 인해 한순간에 모두 잃고 말았습니다. 하지만 여러분의 따뜻한 사랑이 저에게 삶의 희망을 주었고, 저는 다시 일어설 수 있었습니다. 꼭 은혜에 보답하겠습니다."

나비의 날갯짓처럼 작은 변화가 폭풍우와 같은 커다란 변화를 유발하는 현상을 나비효과라고 합니다. 나비효과처럼 혼자만의 작은 선행과 배려로 시작한 일이지만, 작게는 우리 가족, 크게는 세상 전체를 변화시킬 만큼 큰 힘을 가질 수도 있는 것입니다.

어려워도 믿음으로 살고 끝까지 믿음을 지키면 반드시 하나님이 자손들에게 다양하게 복을 주시고 인생을 책임져 주십니다. 세상과 하나님을 위해서 큰일을 할 수 있도록 능력과 명성을 주십니다. 아브라함이 하나님을 잘 섬겼을 때 믿음의 조상이 되게 하셨고, 후손들에게 놀라운 은혜를 베풀어 주셨습니다.

우리가 믿는 하나님은 약속을 반드시 지키시는 하나님이십니다. 하나님의 축복이 믿음으로 의인이 된 여러분과 후손들에게 함께하시기를 축원 드립니다.

사랑하는 번동 가족 여러분!
목숨 걸고 하나님을 잘 섬기고 의인이 됩시다. 그리하여 버림을 당하지 않고, 은혜를 베풀고 꾸어 주고, 여러분의 자손이 복을 받으시기를 축원 드립니다.

다윗을 충동한 사탄

역대상 21:1-8

¹사탄이 일어나 이스라엘을 대적하고 다윗을 충동하여 이스라엘을 계수하게 하니라 ²다윗이 요압과 백성의 지도자들에게 이르되 너희는 가서 브엘세바에서부터 단까지 이스라엘을 계수하고 돌아와 내게 보고하여 그 수효를 알게 하라 하니 ³요압이 아뢰되 여호와께서 그 백성을 지금보다 백 배나 더하시기를 원하나이다 내 주 왕이여 이 백성이 다 내 주의 종이 아니니이까 내 주께서 어찌하여 이 일을 명령하시나이까 어찌하여 이스라엘이 범죄하게 하시나이까 하나 ⁴왕의 명령이 요압을 재촉한지라 드디어 요압이 떠나 이스라엘 땅에 두루 다닌 후에 예루살렘으로 돌아와 ⁵요압이 백성의 수효를 다윗에게 보고하니 이스라엘 중에 칼을 뺄 만한 자가 백십만 명이요 유다 중에 칼을 뺄 だ한 자가 사십칠만 명이라 ⁶요압이 왕의 명령을 마땅치 않게 여겨 레위와 베냐민 사람은 계수하지 아니하였더라 ⁷하나님이 이 일을 악하게 여기사 이스라엘을 치시매 ⁸다윗이 하나님께 아뢰되 내가 이 일을 행함으로 큰 죄를 범하였나이다 이제 간구하옵나니 종의 죄를 용서하여 주옵소서 내가 심히 미련하게 행하였나이다 하니라

많은 신앙 서적을 집필한 달라스 윌라드 목사에게 어떤 사역자가 자신의 어려움을 토로하며 편지를 보냈습니다. 그는 위기를 맞은 사역과 자신을 힘들게 하는 사람들에 대해 구체적으로 나눈 뒤에 '알지도 못하는 분에게 괜히 편지를 보냈나?' 하며 불편한 마음으로 답장을 기다렸습니다. 두 달 만에 도착한 달라스 윌라드 목사의 답신에는 딱 두 문장이 적혀 있었습니다.

"매일 아침에 일어나 하나님이 원하신다고 생각되는 일을 하십시오. 그리고 남들이 어떻게 생각하는지에 대해서는 그만 걱정하셔야 될 것 같습니다."

하나님의 인도를 받고 싶습니까? 그렇다면 매일 아침에 일어나 하나님을 묵상하며 하나님이 원하시는 일을 하기 시작하세요. 남들이 어떻게 생각하든 하나님께 순종하겠다고 결단하며 기도로 나아가는 사람을 위해 하나님은 일하십니다.

《믿음의 항해》를 쓴 레이 프리처드는 이렇게 말했습니다.

"우리는 '하나님, 공식을 주세요' 하며 삶의 문제를 풀 수 있는 공식을 하나님께 요청하지만 그런 것은 없습니다."

하나님을 알고, 하나님과 시간을 보내고, 삶의 모든 분야에서 하나님을 최우선순위에 두십시오. 그러면 하나님이 모든 삶을 책임지십니다. 기도로 하나님께 모든 것을 올려 드리고 순종하는 것이 성도에게 주어진 삶의 방식입니다.

사람들은 누구나 성공하기를 원합니다. 하지만 성공을 원하는 사람 모두가 성공하는 것은 아닙니다. 성공은 성실히 노력하는 자에게 주어지는 삶의 결과입니다. 그러나 성도에게는 성공을 위한 중요한 원칙이 있습니다. 오직 하나님께서 성공하도록 이끄셔야 성공할 수 있다는 사실입니다. 수많은 사람들이 성공한 후에 이 사실을 망각합니다. 자신이 성공할 수 있었던 원인을 망각합니다.

오늘 본문에는 다윗의 실수가 기록되어 있습니다. 다윗은 누가 보기에도 대단히 성공한 사람입니다. 그러나 성공 때문에 넘어졌고 실패하였습니다. 긴장감이 풀렸습니다. 성공 때문에 하나님의 모습이 보이지 않았고, 하나님의 음성이 들리지 않았습니다. 다윗의 성공 이후의 실수를 통해서 들려주시는 하나님의 음성을 들으시기를 축원 드립니다.

1. 대적을 충동한 사탄

"사탄이 일어나 이스라엘을 대적하고 다윗을 충동하여 이스라엘을 계수하게 하니라"(1절).

다윗이 인구 조사를 하였습니다. 하나님의 섭리에 의해 움직여지는 결과적 측면에서 그 주체를 사탄으로 기록하였습니다. 사탄은 하나님께서 사용하시는 도구입니다. 사탄이 다윗을 충동한 것은 고소와 기만과 파멸을 일삼는 사탄의 역할을 강조한 것입니다. 사탄의 역할이 인간을 파멸시키는 것인데, 이러한 활동을 하나님께서 심판과 연단의 도구로 사용하신 것입니다.

다윗이 통일 왕국을 이르기까지는 하나님의 도우시는 손길만을 의지하였습니다. 인구를 계수하는 것 자체는 큰 문제가 되지 않습니다. 인구 계수는 어느 나라, 어느 시대에도 시행하였습니다. 그러나 본문에 나타난 다윗의 경우는 달랐습니다. 더 이상 하나님을 의지하기보다는 가시적 현상을 의지하고 싶었습니다. 국가의 영토나 백성의 숫자를 보면서 안심하고 싶었습니다. 다윗은 모든 영광과 은혜를 망각하였습니다. 사탄이 다윗에게 대적하는 영을 집어넣었습니다. 사탄을 대적해야 하는 다윗이 이제는 하나님과 대적하고 모든 사람들과 대적하는 사탄의 종으로 전락하게 된 것입니다. 대적하도록 사탄이 다윗을 성공의 환상을 이용하여 충동하게 하였습니다.

모든 대적의 뒤에는 언제나 사탄이 충동하고 조절합니다. 그 당시에는 전혀 보이지 않지만 시간이 지나고 보면 배후에는 반드시 사탄이 대적하도록 충동질을 하였습니다.

'음악의 아버지'로 불리는 요한 제바스티안 바흐는 나이가 들어 시력이 매우 나빠졌습니다. 앞이 거의 보이지 않을 정도가 되자 의사를 찾아갔습니다. 의사는 수술이 필요한 상황이지만 수술을 한다 해도 시력이 회복된다는 보장은 없다고 말했습니다. 어차피 잃을 것은 없었기에 바흐는 수술을 받겠다고 말했습니다. 수술을 마치고 며칠 뒤에 눈에 두른 붕대를 푸는 순간이 찾아왔습니다. 바흐의 가족과 친구들 앞에서 의사가 물었습니다.

"어떻습니까? 앞이 좀 보이시나요?"

"아니요, 전혀 보이지 않습니다. 온통 검은색으로 보입니다."

수술이 잘못되어 눈이 완전히 멀어버린 것입니다. 자리에 모인 사람들은 슬퍼하며 눈물을 보였습니다. 그러나 바흐는 사람들에게 미소를 지으며 말했습니다.

"여러분, 울지 마십시오. 저는 어차피 시력을 잃을 운명이었습니다. 그리고 시력을 잃은 것이 반드시 나쁜 것만은 아닙니다. 저는 이제 음악에만 집중할 수 있게 되었습니다."

우리가 주님께 집중하기 위해 포기해야 할 것이 무엇입니까? 내가 원하는 것이 정말로 주님께 더욱 가까이 나아가게 하는 것인지, 아니면 세상의 즐거움에 빠져 살게 하는 것인지 생각해 보십시오. 그리고 더욱 주님께 집중하기 위해 필요한 선택을 하십시오. 반드시 창대하게 될 것입니다. 세상살이의 즐거움보다도 주님과의 교제를 더욱 즐거워해야 합니다. 하나님께 충분히 집중하는 삶을 사십시오.

성공할수록 하나님께 집중하고 가까이 나아가야 합니다. 성공한 바로 그 순간에 사탄이 틈을 탑니다. "그런즉 선 줄로 생각하는 자는 넘어질까 조심하라"(고전 10:12)고 하셨습니다. 사람들은 성공했을 때 하나님을 안 봅니다. 자신이 커집니다. 자신의 능력과 지혜로 이루었다고 착각합니다. 그래서 성공이라는 이름으로 하나님과 사람들을 대적하고 싸우고 멀어지게 됩니다. 사탄이 성공한 다윗을 충동하여 인구 조사를 하게 하였고, 하나님과 사람들과 대적하도록 하였습니다. 다윗은 사탄의 계략에 춤을 추었던 것입니다. 언제나 하나님에게 집중함으로 사탄의 대적 충동을 물리치는 지혜로운 성도들이 되시기를 축원 드립니다.

2. 교만을 충동한 사탄

"다윗이 요압과 백성의 지도자들에게 이르되 너희는 가서 브엘세바에서부터 단까지 이스라엘을 계수하고 돌아와 내게 보고하여 그 수효를 알게 하라 하니"(2절).

다윗이 요압과 지도자들에게 인구 조사 명령을 내린 것은 공식석상에서 명령을 시달한 것입니다. 브엘세바는 유다의 남쪽 경계지이며 단은 이스라엘의 북쪽 경계지이기 때문에, 이 지명들은 '이스라엘의 온 영토'를 지칭하는 것입니다. 다윗은 인구 조사 명령을 내림으로 인하여 국가적인 큰 재앙을 받게 되었습니다. 그 원인은 다윗이 하나님 보시기에 악한 동기를 가지고 인구를 조사하였다는 데 있었습니다. 다윗은 군사적인 목적과 왕권을 강화시키기 위해 인구 조사를 한 것입니다. 그래서 이 인구 조사는 하나님보다 자신의 세력을 의지한 그의 교만함과 불신앙을 보여준 죄악 된 행위였습니다. 자신의 교만을 인구 조사로 덮으려고 했던 것입니다.

인간의 계획과 의도된 모든 악한 음모는 하나님 앞에 적나라하게 드러납니다. 다윗은 겸손하여서 하나님이 왕으로 세우시고 복을 넘치도록 부어 주셨습니다. 사탄이 다윗을 교만하도록 하여 인구 조사를 통하여 충동하자 다윗은 쉽게 사탄에게 넘어간 것입니다. 인간은 지혜롭고 똑똑한 것 같지만 사탄에게 한순간에 넘어지고 쓰러지는 것입니다. 마치 고목나무가 쓰러지듯 스스로 넘어간 것입니다.

《오늘 하루》라는 책에 나오는 성공의 비결이라는 글입니다.
"오늘 하루 성공하려면 어떻게 살아야 할까요?
창문은 말했습니다. '틀에 부딪히는 고통을 참아야죠.'
얼음은 말했습니다. '차갑게 냉정을 유지해야죠.'
망치는 말했습니다. '열심히 두드려 일해야죠.'
칼은 말했습니다. '베일 듯이 날카로워야죠.'
불은 말했습니다. '화끈하게 뜨거워야죠.'
비누는 말했습니다. '때를 잘 제거해야죠.'
형광등은 말했습니다. '빛을 밝게 비춰야죠.'"

세상의 모든 것들은 만들어진 목적이 있고, 그 목적을 이룰 때 행복합니다. 사람도 목적을 이루는 것이 성공이며 행복입니다. 그렇다면 하나님이 말씀하시는 사람의 목적은 무엇이며, 성공은 무엇일까요? 하나님을 찬양하는 목적을 달성하는 삶, 이웃을 사랑하고 복음을 전하는 삶, 말씀을 듣고 실천하는 성실한 삶이 성경이 말하는 성공한 그리스도인의 삶입니다.

오늘 하루를 그리스도인으로서 성공하는 삶을 사십시오. 반드시 창대하게 될 것입니다. 하나님 말씀의 나침반을 통해 인생의 방향을 찾아야 세상의 성공이 아닌 주님이 기뻐하시는 성공을 사는 것입니다.

사람은 끊임없이 자신의 힘을 과시해 보려는 솟구치는 욕망을 짓눌러야 합니다. 하나님을 의지하기보다는 자신의 힘으로 국가와 민족을 다스려 보려는 욕망에 사탄이 바람을 집어넣는 것입니다. 하나님의 목적에서 벗어나면 실패하는 것입니다. 하나님은 교만한 사람을 버리십니다. 미워하시고 사용하지 않습니다. 사울이 교만할 때 하나님이 버리셨고 떠나셨습니다. 하나님이 떠나면 끝장인 것입니다.

하나님은 모든 시대를 통하여 겸손한 사람을 사랑하시고, 사용하시며, 은혜를 베푸십니다. 사탄이 다윗을 충동하여 교만하게 하였고 인구 조사를 하게 하였습니다. 오늘도 사탄은 우리를 충동하여 교만하게 만듭니다. 더욱 기도하고 겸손하여 사탄의 교만 충동을 담대히 물리치는 겸손한 성도들이 되시기를 축원 드립니다.

3. 독선을 충동한 사탄

"요압이 아뢰되 여호와께서 그 백성을 지금보다 백 배나 더하시기를 원하나이다 내 주 왕이여 이 백성이 다 내 주의 종이 아니니이까 내 주께서 어찌하여 이 일을 명령하시나이까 어찌하여 이스라엘이 범죄하게 하시나이까 하나"(3절).

군대장관 요압이 다윗의 인구 조사 명령에 반발하여 강력히 자신의 견해를 표명하는 장면입니다. 요압은 신정 국가는 오직 여호와 하나님의 능력으로 세워지고, 또한 앞으로 더 크게 세워질 것을 알고 있었습니다. 그런데 다윗 왕이 신정국가의 원리를 무시하고 자기의 힘을 의지하려는 동기에서 인구 조사를 실시하려 하자, 이에 강력히 반발하고 나섰던 것입니다. 요압도 다윗의 용장으로서 다윗과 갈등이 있었음에도 불구하고 하나님의 뜻에 합당하고 신실한 조언을 하였습니다.

요압은 다윗의 인구 조사가 이스라엘을 형벌 가운데로 나아가게 하는 것이라고 말했습니다. 다윗 왕은 요압의 충언에 대해 매우 위압적인 자세로 단호하게 물리쳤습니다. 이처럼 사탄의 유혹 아래 있는 자들은 그 귀가 무디어져 버리기 때문에, 아무리 유익한 충고를 듣더라도 받아들이지 않습니다. 사탄이 판단 능력을 마비시킵니다. 오히려 독선과 분노를 더욱 높이게 됩니다.

어떤 사람이 아직 동이 채 뜨기 전 강가로 산책을 나갔습니다. 어둠 속에서 강가를 거닐던 중 커다란 가방을 주웠습니다. 호기심에 그 가방을 열어보니 캄캄하여 볼 수는 없으나 돌들로 가득 차 있었습니다. 심심하던 차에 그는 강가에 앉아서 가방 속의 그 돌들을 하나씩 꺼내서 강물 속으로 던지기 시작했습니다. 던질 때마다 어둠 속에서 첨벙 첨벙 들려오는 물소리를 재미있게 즐기며 그는 해가 떠오르기를 기다리고 있었습니다.

드디어 마지막 한 개의 돌을 무심코 던지려는 순간에 그는 깜짝 놀랐습니다. 손에 들고 있는 돌멩이가 떠오르는 태양 빛에 반짝이고 있는 것이었습니다. 너무나 놀란 그는 돌을 들여다보고서 가슴을 쳤습니다. 그것은 다이아몬드였습니다. 조금 전만해도 가방 속에 수십 개의 다이아몬드가 들어 있었는데도 그는 그것이 다이아몬드인 줄 모르고 그동안 강물 속에 다 던져 버리고, 이젠 마지막 한 개가 그의 손에 들려 있었습니다. 너무나 아쉬워 가슴을 치고 머리를 짓찧으며 넋이 나가 서 있었습니다. 이런 모습이 오늘 나의 모습이 아닐런지요?

　수많은 감사의 조건들과 수많은 행복한 순간들을 무심코 던져버리고, 또 이러한 것들을 흘러가는 세월이라고 하는 강물에 마구 던져버리고 후회하고 있지 않습니까? 나의 가족들이 건강해서 좋고, 내가 만나는 주변 사람들을 사랑할 수 있어서 좋고, 내가 대접 받기보다 내가 먼저 섬길 수 있어서 좋은 그런 하루하루를 만들어 보시는 것은 어떠신지요? 그리고 마지막 남은 다이아몬드 한 개라도 갖게 된 것을 감사하는 마음으로 살아가시길 기도하며, 행복한 하루하루를 만들어 가시기를 기원합니다.

　하나님이 주신 은혜와 사랑을 감사할 때 아집과 고집은 물러갑니다. 아집과 고집이 신앙과 감사를 방해합니다. 고집 때문에 하나님과 멀어지고 모든 축복을 상실하게 됩니다. 사탄이 다윗을 충동하여 고집 센 사람으로 만들었습니다. 고집 때문에 하나님과 주의 종과 충신과 사람들의 말을 듣지 않고 사탄의 말만 듣게 된 것입니다. 그 결과 전염병으로 인하여 죄 없는 이스라엘 백성 칠만 명이 죽었습니다.

　다윗은 하나님께 회개하고 오르난의 타작마당에서 여호와를 위하여 제단을 쌓아 전염병이 그치게 되었습니다. 사탄이 충동하면 고집을 부리고 독선하게 됩니다. 사탄이 충동하면 하나님의 음성이 들리지 않는 불신앙과 불행이 임하게 됩니다. 우리 모두 말씀 충만하

다윗을 충동한 사탄(역대상 21:1-8)

여 고집과 독선을 내려놓는 성령의 사람이 되시기를 축원 드립니다.

사랑하는 번동 가족 여러분!
사탄은 과거에 다윗을 충동하여 대적하고 교만하며 독선하도록 하였습니다. 그런데 오늘도 그렇게 우리를 충동하여 대적하고 교만하고 독선하도록 뒤에서 조정합니다. 우리 모두가 말씀과 성령으로 충만하여 사탄의 종이 아닌 하나님의 신실한 종들이 될 수 있기를 축원합니다.

예수님의 평안

요한복음 14:25-27

²⁵내가 아직 너희와 함께 있어서 이 말을 너희에게 하였거니와 ²⁶보혜사 곧 아버지께서 내 이름으로 보내실 성령 그가 너희에게 모든 것을 가르치고 내가 너희에게 말한 모든 것을 생각나게 하리라 ²⁷평안을 너희에게 끼치노니 곧 나의 평안을 너희에게 주노라 내가 너희에게 주는 것은 세상이 주는 것과 같지 아니하니라 너희는 마음에 근심하지도 말고 두려워하지도 말라

성경에 나오는 신앙 인물의 인생을 들여다보면 모두 같은 학교의 동문입니다. 그 학교의 이름은 바로 '광야 학교'입니다. 이 학교의 동문들은 대단합니다. 굉장한 인맥을 갖고 있습니다. 심지어 예수님도 이 학교의 동문이십니다. 그분은 광야에서 40일간 금식하시고 마귀의 시험을 통과하셨습니다. 기간과 시험 과목에 차이가 있을 뿐이지 그 과정이 모두에게 힘든 시간이었다는 공통점이 있습니다.

다윗도 수많은 세월을 광야에서 보냈습니다. 놀라운 사실은 죽음의 위협을 받으며 앞날을 기약할 수 없는 광야의 시간들 속에서, 눈물겹도록 아름다운 신앙 고백이 담긴 시가 만들어졌다는 것입니다. 이는 그가 의지할 것이 하나도 없는 절망적인 광야에서 소망과 구원의 하나님을 만났기 때문에 가능한 일이었습니다. 가장 힘든 순간, 아무도 나에게 도움이 되지 않는 순간, 그때 우리는 비로소 하나님을 가장 분명하게 만날 수 있습니다.

우리 삶에 가장 확실한 것은 하나님은 선하시며, 그분이 나와 함께하신다는 사실입니다. 지금 나에게 무슨 일이 일어나느냐가 아니라, 지금 내가 누구와 함께하고 있느냐에 모든 것이 달려 있습니다. 하나님은 우리 인생의 어려운 순간에 더 가까이 다가오시는 분입니다. 고통이 깊으면 깊을수록 하나님은 우리 곁을 떠나지 않으시고 우리와 더 밀착하시는 분입니다.

〈뉴욕 타임즈〉(New York Times)의 집계에 의하면, 지난 17년 동안 세계에서는 50회 이상의 전쟁이 있었다고 합니다. 이 전쟁들 중에서 적어도 스물한 번의 전쟁들은 규모가 큰 것이었습니다. 주전 36년 이후부터 따진다면, 이 세계에서는 1,454회의 전쟁들이 있었다고 합니다. 요즘은 매년 평균 3회의 전쟁이 일어난다고 합니다.

〈뉴욕 타임즈〉의 전쟁에 관한 기사 가운데 "평화란 꾸며낸 거짓말에 불과합니다"라고 기록하였습니다. 이 세상을 살고 있는 사람들에게 참된 평화와 평안은 없는 것일까요? 누구나 평화를 위해서 애쓰고 노력한다고 하는데, 평화가 가장 귀하고 그리운 세상이 되었습니다. 개인과 가정과 교회, 국가, 세계 어디에서도 참된 평안을 찾기가 쉽지 않습니다. 오늘 본문을 통하여 평안을 갈구하는 모든 성도들에게 예수님의 평안이 충만하게 임하시기를 축원 드립니다.

1. 예수님이 평안을 주십니다

"평안을 너희에게 끼치노니 곧 나의 평안을 너희에게 주노라 내가 너희에게 주는 것은 세상이 주는 것과 같지 아니하니라 너희는 마음에 근심하지도 말고 두려워하지도 말라"(27절).

'평안'의 헬레어 '에이레네'의 번역으로 '평화'라는 뜻을 나타내며, 이 말과 동의어로 사용될 수 있는 히브리어 '샬롬'은 '평화, 번영, 안녕'의 의미를 나타냅니다. '샬롬'은 일반적으로 구약에서 작별인사나 문안인사로 사용되었습니다. 유대 사회에서 누군가에게 '샬롬'을 기원하는 것은 축복의 의미를 담고 있습니다. '샬롬'은 하나님이 임재하신 결과로 나타난 충만한 평안의 상태를 묘사합니다.

신약 시대에 와서 성령의 임재를 경험하게 되는 사람들도 역시 이 '샬롬'으로 충만하게 됩니다. 예수님께서는 3년 동안 제자들과 완전한 관계를 유지해 오셨습니다. 친구와 스승과 종으로서 어떤 면에서든지 예수님께서는 제자들과의 관계를 완전히 이루셨습니다. 하나님께서 맡기신 사명을 모두 성취하시고 마지막으로 십자가에 달리시는 일만 남겨 놓고 계셨습니다. 이렇게 하심으로써 예수님께서는 완전한 '샬롬'을 드러내시어 충만한 평안을 제자들에게 선물로 주신 것입니다.

진정한 평안의 근원과 시작과 출처는 예수님이십니다. 진정한 평안은 예수님으로부터 시작되어 예수님에게서 완성되는 것입니다. 예수님은 평안의 왕이십니다. 예수님 자신이 평안이시고, 예수님만이 참된 평안을 사람들에게 주실 수 있습니다.

스페인 마드리드의 시내버스에 이런 광고문이 붙었습니다.
"하나님은 아마 존재하지 않을지도 모릅니다. 그러니 당신의 삶을 즐기십시오"(God probably does not exist, so enjoy your life).

스페인의 무신론자 단체가 낸 광고입니다. 그 광고문에서 주목해야 할 단어가 있습니다. 그것은 '아마'(probably)입니다. 무신론자들도 하나님이 계시지 않는다고 확실히 말하지는 못하는 것입니다. 그렇다면 그 '아마'라는 불확실한 단어에 영원한 운명을 맡기는 것과 같습니다. 또 하나는 '삶을 즐긴다'(enjoy life)입니다. 'enjoy'는 요즘 사람들이 가장 자주 사용하는 말입니다. 즐긴다는 것 자체가 나쁜 것은 아닙니다. 즐기는 것은 좋은데 어떻게 즐기는지가 문제입니다. 그들은 하나님이 존재하는 것과 삶을 즐기는 것은 결코 함께할 수 없다고 판단한 것입니다. 하나님이 쾌락에 방해가 되니 하나님이 안 계셔야 한다는 것입니다.

마드리드에 있는 푸엘라브라다 복음교회가 무신론자의 광고문에 맞서 이런 광고문을 붙였습니다.
"하나님은 살아 계십니다. 그러니 그리스도 안에서 삶을 즐기십시오"(God does exist, so enjoy life in Crist).

그리스도 안에서 즐기는 삶이 최고의 삶입니다. 웨스트민스터 소요리 문답의 첫 질문 "사람의 제일 되는 목적이 무엇입니까?"에 대한 답은 이렇습니다.
"하나님을 영화롭게 하는 것과 영원히 하나님을 즐거워하는 것입니다."

사람은 그 목적을 따라 살 때 진정한 행복을 누리게 됩니다.

사람들은 평안의 가치를 잘 모릅니다. 열심히 살려고 하지만 평안이 없습니다. 때로는 평안을 공부, 물질, 부모, 자녀, 이웃, 출세, 성공, 부귀영화로 착각하기도 합니다. 또한 이러한 것을 소유하고 이루면 그 자체가 평안으로 착각하게 됩니다. 세상 무엇이나 누구도 진정한 평안을 줄 수 없고 평안이 될 수도 없습니다. 오직 예수님만이 진정한 평안이시고, 영원한 평안을 주시는 유일한 분이십니다. 그래서 성도들이 예수님을 믿고 경배하고 순종하고 충성하며 순교를 하는 것입니다.

세상이나 사탄이나 마귀나 귀신들이 달콤하게 유혹을 하지만 다 거짓 평안이고 오히려 근심과 염려만 더해집니다. 평안이 아닌 모든 것을 제거하고 정리하고 으직 예수님만 선택하고 섬겨야 합니다. 여호수아처럼 "오직 나와 내 집은 여호와를 섬기겠노라"(수 24:15)고 선포해야 합니다. 더 이상 방황하거나 미련을 갖거나 머뭇거려서는 안 됩니다. 예수님이 주시는 평안만이 참된 평안임을 믿고 예수님만 선택하는 평안의 성도들이 되시기를 축원 드립니다.

2. 예수님의 평안은 세상 것과 다릅니다

"평안을 너희에게 끼치노니 곧 나의 평안을 너희에게 주노라 내가 너희에게 주는 것은 세상이 주는 것과 같지 아니하니라 너희는 마음에 근심하지도 말고 두려워하지도 말라"(27절).

"내가 너희에게 주는 것은 세상이 주는 것과 같지 아니하니라"고 하였습니다. 제자들은 예수님을 따르기 위해 모든 것을 버렸으며 가족과도 이별했습니다. 그런데 이제 와서 예수님은 눈에 보이는 어떤 확실한 증거도 남겨주지 않고 이별할 것이라는 말씀에 그들은 아연 실색할 수밖에 없었으며 심각한 고민에 빠지게 되었습니다. 이러한 제자들의 심정을 간파한 예수님은 그들에게 선물로써 평안을 주실 것을 약속하셨습니다. 세상적인 평안은 사람이 그것을 얻을 수는 있으나 어디까지나 순간적이며 유한하고 조건적인 것입니다. 그러나 예수님께서 제자들에게 주시는 평안은 영원하고 완전한 것입니다. 이 영원한 평안은 예수님이 제자들에게 주시는 최고의 선물입니다.

이 선물은 예수님께서 약속하시고 보혜사 성령에 의해 제자들에게 보장된 것입니다. 제자들은 예수님이 십자가에 죽으신 후 두려워하고 있었습니다. 이는 사느냐 죽느냐 하는 실존적인 두려움입니다. 이런 상황에서 약속하신 평안은 성령께서 강림하심으로 확실하게 주어졌음을 알 수 있습니다. 이제 예수님께서는 제자들에게 마지막 유산으로써 '새 계명'을 주시고(요 13:34), 선물로는 자신이 가지고 계신 아무도 빼앗을 수 없는 평안을 주셨습니다.

옛날 독일에서 있었던 이야기입니다. 어느 해인가 그 땅에 극심한 흉년이 들었습니다. 그래서 많은 사람들이 굶주리게 되었습니다. 그때 어떤 돈 많은 노인 부부가 날마다 빵을 만들어서 동네 어린아이들에게 나누어 주었습니다. 그들은 아이들로 하여금 매번 빵을 한 개씩만 가지고 가도록 했습니다. 그러다 보니 아이들은 서로 더 커 보이는 빵을 차지하겠다고 난리를 떨었습니다.

그러나 그 가운데서 한 여자아이만큼은 예외였습니다. 언제나 맨 끝에 섰습니다. 자연히 그 아이에게 돌아가는 빵은 항상 제일 작은 것이었습니다. 아이들은 저마다 더 큰 빵을 차지하는 것에 정신이

팔려서 자기에게 빵을 나누어 준 노인 부부에게 고맙다는 말조차도 제대로 할 겨를이 없었습니다. 그러나 그 여자아이는 제일 작은 빵을 차지하면서도 언제나 깍듯하게 그 노인 부부에게 감사하다고 말하는 것을 잊지 않았습니다.

그러던 어느 날이었습니다. 그날따라 그 여자아이에게 돌아온 빵은 유난히 더 작아 보였습니다. 그럼에도 불구하고 그 여자아이는 여느 때와 마찬가지로 노인 부부에게 빵을 주셔서 감사하다고 마음에서 우러나오는 말을 하고서 집으로 돌아갔습니다. 여자아이는 집에 와서 빵을 먹으려고 하다가 그만 깜짝 놀랐습니다. 빵 속에 금화 한 닢이 들어 있었기 때문입니다. 그 옆의 메모지에는 이렇게 적혀 있었습니다.

"이것은 너처럼 작은 것일지라도 잊지 않고 감사하는 사람을 위해서 우리가 마련한 선물이란다."

양보하고 섬기고 감사하는 사람은 반드시 선물을 받게 됩니다. 자세와 태도가 준비되었기 때문입니다. 이런 자에게는 누구도 가장 귀한 선물을 주고 싶은 것입니다. 예수님을 믿고 충성하고 희생한 제자들과 성도들에게 최고의 선물인 평안을 주시는 것입니다. 세상의 것과는 질이 다르고 차원이 다릅니다. 세상의 선물과 평안은 잠깐이지만 예수님이 주시는 선물과 평안은 영원한 것입니다. 우리 모두 끝까지 예수님을 믿고 순종하고 충성하며 목숨을 다 바쳐서 사명을 감당하여 세상의 것과 다른 예수님의 평안을 선물로 받으시기를 축원 드립니다.

3. 마음에 근심하거나 두려워하지 맙시다

"평안을 너희에게 끼치노니 곧 나의 평안을 너희에게 주노라 내가 너희에게 주는 것은 세상이 주는 것과 같지 아니하니라 너희는 마음에 근심하지도 말고 두려워하지도 말라"(27절).

"너희는 마음에 근심하지도 말고 두려워하지도 말라"고 예수님께서 말씀하셨습니다. '마음'은 지성과 감성과 의지의 중심을 가리킵니다. 성도가 마음에 근심한다는 것은 곧 영혼의 질병을 뜻하는 것으로서, 지속적이고 심한 마음의 근심은 영적인 죽음을 유발하게 되는 치명적인 질병이 될 수 있습니다. 그러므로 '근심하거나 두려워하지 말라'는 이 명령은 마음이 생명의 근원이기에(잠 4:23), 사탄이 가져다주는 유혹, 불안, 낙망, 좌절 등 온갖 해된 것으로부터 제자들을 보호하기 위함입니다. 예수님이 주시는 평안을 겸손하게 받아들이면 마음속에 있던 근심과 두려움은 금세 사라져 버립니다.

빛이 있으면 어둠은 물러가듯 어둠의 세력인 근심과 두려움은 한 길로 갔다가 열두 길로 도망치게 됩니다. 성도들 마음에 믿음이 부족하거나 기도가 부족할 때 근심과 두려움이 몰려오게 됩니다. 수천 수만 가지의 근심과 두려움이 들러붙습니다. 또 다른 근심과 두려움과 더 크고 많은 근심과 두려움이 임하게 되는 것입니다. 근심하거나 두려워할수록 더 많아집니다.

1999년 홍콩 캐세이퍼시픽 항공사 승무원들은 '노 스마일'(no smile) 파업을 해 해외 언론의 주목을 받았습니다. 승무원의 노동계약 내용엔 '미소' 부분이 구체적으로 포함되어 있지 않았습니다. 따라서 미소를 보여줘도 되고 그렇지 않아도 되었습니다. 항공서비스의 핵심은 안전과 친절인데, 그중 친절의 상징인 웃음을 없앰으로써 사업주에게 항의한 것입니다. 그것은 초강수의 항의 수단이었습니다. 미소 없는 승무원들의 모습은 항공 매출에 직접적인 영향을 미쳤고, 그 결과 임원진은 승무원들의 손을 들어줄 수밖에 없었습니다.

우리의 내면은 얼굴빛으로 나옵니다. 얼굴은 마음의 초상화입니다. 웃는 얼굴은 화살을 피해가며 상대방의 마음도 열게 합니다. 웃음은 다른 사람에게 전염되고 감염됩니다. 이미지코칭 전문가 정연아 씨는 그의 저서 《행복한 크리스천에겐 표정이 있다》에서 이런 말을 했습니다.

"선한 크리스천의 이미지는 선한 얼굴에서 나온다. 한 사람의 얼굴이 그 사람의 상징이듯 크리스천의 얼굴은 곧 '믿음의 깊이'를 대변한다."

하나님의 미소가 얼굴에 핀 사람은 신앙의 깊이가 얼굴로 나타납니다. 얼굴이 전도를 합니다. 많이 웃으십시오. 그것이 신앙입니다.

"여호와는 그 얼굴을 네게로 향하여 드사 평강 주시기를 원하노라 할지니라 하라"(민 6:26).

예수님이 주시는 평안이 마음에 충만할 때 미소와 웃음이 얼굴에 나타납니다. 근심과 두려움은 사라지게 됩니다. 여러분의 마음과 가정과 인생과 교회에서 근심과 두려움이 사라지고 평안과 기쁨과 미소와 웃음이 충만하시기를 축원 드립니다.

사랑하는 번동 가족 여러분!

평안이 없는 시대입니다. 그러나 예수님을 제대로 섬길 때에 세상 것과 다른 영원한 평안을 예수님이 직접 선물로 주십니다. 여러분의 마음과 삶 속에 있는 모든 근심과 두려움이 물러가서 평안의 사람, 가정, 교회, 인생이 되시기를 축원 드립니다.

구원받은 믿음

마가복음 10:46-52

⁴⁶그들이 여리고에 이르렀더니 예수께서 제자들과 허다한 무리와 함께 여리고에서 나가실 때에 디매오의 아들인 맹인 거지 바디매오가 길가에 앉았다가 ⁴⁷나사렛 예수시란 말을 듣고 소리 질러 이르되 다윗의 자손 예수여 나를 불쌍히 여기소서 하거늘 ⁴⁸많은 사람이 꾸짖어 잠잠하라 하되 그가 더욱 크게 소리 질러 이르되 다윗의 자손이여 나를 불쌍히 여기소서 하는지라 ⁴⁹예수께서 머물러 서서 그를 부르라 하시니 그들이 그 맹인을 부르며 이르되 안심하고 일어나라 그가 너를 부르신다 하매 ⁵⁰맹인이 겉옷을 내버리고 뛰어 일어나 예수께 나아오거늘 ⁵¹예수께서 말씀하여 이르시되 네게 무엇을 하여 주기를 원하느냐 맹인이 이르되 선생님이여 보기를 원하나이다 ⁵²예수께서 이르시되 가라 네 믿음이 너를 구원하였느니라 하시니 그가 곧 보게 되어 예수를 길에서 따르니라

세 살배기 아이가 엄마에게 무언가 달라고 조르는 것을 보았습니

다. 그런데 엄마는 아이가 아무리 울며 졸라도 그것을 주지 않았습니다. 아이가 선반에 놓인 부엌칼을 달라고 졸랐기 때문입니다. 그럴 때 "엄마가 졌다. 이거 줄 테니까 조심해서 갖고 놀아라" 할 엄마가 있을까요? 아이를 사랑하기 때문에 엄마는 위험하거나 해로운 것을 절대 주지 않습니다. 이때 만약 아이가 자신이 원하는 것을 엄마가 주지 않는다고 다른 대상에게 조른다면 어떻겠습니까?

저는 미성숙한 그리스도인들이 하는 행동이 그와 비슷하다는 생각을 했습니다. 우리 조상들이 '지성이면 감천'이라면서 아이가 생기지 않으면 성황당 같은 데서 정한수를 떠놓고 백일기도와 천일기도를 한 것처럼 하나님께 자기가 원하는 것만 구합니다. 만약 하나님이 그것을 주시지 않으면 다른 신에게 구해서라도 받을 태세입니다. 내 필요를 채워준다면 기도의 대상은 상관없는 듯한 모습입니다. 이것이 우상 숭배입니다.

이처럼 우리 신앙인도 우상 숭배를 할 수 있습니다. 바로 하나님을 내 필요를 채워 주는 존재로만 생각하고 섬기는 것입니다. 그러나 어머니가 아이와 사랑의 관계를 맺고 싶어 하는 것처럼, 하나님은 우리와 인격적인 관계를 맺고 싶어 하십니다. 우상 숭배를 버리고 살아 계신 하나님과 마음을 나누며 깊이 교제함으로 친밀하게 동행하는 자녀가 되십시오.

오늘 본문에 기록된 여리고의 소경 바디매오의 태도가 이 세대를 살고 있는 우리들에게 큰 감동과 교훈을 주고 있습니다. 그는 맹인인데다 길거리에서 구걸로 연명하고 있던 거지이기도 합니다. 하지만 어느 날 여리고를 지나가시던 예수님을 만나 감격스럽게 눈을 뜨는 기적을 경험하게 되었습니다. 누구든지 예수님을 만나면 축복 받고 기적을 체험하게 됩니다.

우리 모두는 예수님을 만남으로 변화되었고, 계속 성화되어야 합니다. 평생 예수님과 동행하는 삶을 살아야 합니다. 소경 바디매오는 믿음으로 눈을 뜨고 구원을 받게 되었습니다. 영육 간에 최고의 축복을 받았습니다. 구원받은 바디매오의 믿음을 배워서, 이 시대에 우리 모두 영육 간에 구원과 놀라운 축복을 받으시기를 축원 드립니다.

1. 기회를 붙잡으라

"그들이 여리고에 이르렀더니 예수께서 제자들과 허다한 무리와 함께 여리고에서 나가실 때에 디매오의 아들인 맹인 거지 바디매오가 길가에 앉았다가 나사렛 예수시란 말을 듣고 소리 질러 이르되 다윗의 자손 예수여 나를 불쌍히 여기소서 하거늘"(46-47절).

예수님께서 제자들과 함께 공생애의 최후가 기다리는 예루살렘을 향하여 가던 도중에 여리고를 지나시게 되었습니다. 이때 허다한 무리도 함께 동행하고 있었기 때문에 일행은 떠들썩한 행렬이 되었습니다. 그러다 마침 길거리에서 구걸하고 있던 맹인 바디매오는 놀라면서 누구의 행렬이냐고 물었고, 나사렛 예수시란 말을 듣고 "다윗의 자손 예수여 나를 불쌍히 여기소서"라고 외쳤습니다.

다윗의 자손이란 말은 예수님을 메시아로 믿고 고백하며 외친 것입니다. 바디매오는 기회를 놓치지 않았습니다. 예수님께서 여리고를 지나가시는 것은 드물었지만, 맹인으로서 예수님을 만나기도 결코 쉽지 않은 것입니다. 게다가 예수님께서 여리고를 지나시는 일도 그것이 마지막 길이었습니다. 바디매오에게 있어서 예수님을 만나게 된 것은 처음이자 마지막 기회였던 것입니다. 맹인 바디매오는 그런 기회를 놓치지 않고 예수님을 향하여 자기를 불쌍히 여겨 달라고 소리를 쳤습니다. 누구에게나 기회는 쉽게 오지 않습니다. 기회는 한 번 놓치면 다시는 주어지지 않습니다. 기회는 앞에 있을 때에는 머리자락이 있어서 잡기가 쉽지만, 뒤에는 대머리여서 잡기가 어렵다고 합니다.

한 자동차 대리점에 노인이 찾아왔습니다. 노인은 긴 장화를 신고 생선 냄새가 풍기는 옷을 입고 있었습니다. 지배인이 물었습니다.
"어떻게 오셨습니까?"
"자동차를 사러 왔습니다."
"어떤 차를 원하시는데요?"
"이 대리점 안에 있는 차 전부를 살 생각입니다."
그러자 지배인의 안색이 급변했습니다.
"난 당신 같은 늙은이와 시간 낭비할 수 없소."
그는 노인을 밖으로 밀어냈습니다. 자신과 장난하는 것이라고 생각했기 때문이었습니다. 노인은 바로 옆에 있는 다른 자동차 대리점으로 들어갔습니다. 그는 대리점 안의 12대의 차를 모조리 사들였습니다. 노인은 이탈리아 해안 도시의 유명한 원양어선 프로르스라는 선주였습니다.

사람을 외모로 판단하지 말아야 합니다(삼상 16:7). 외모가 찬란하지 못해도 귀하고 존중히 여겨야 합니다. 존경하는 것만큼 존경받습니다. 대리점 지배인은 경솔하여 돈을 벌 수 있는 기회를 상실하였습니다. 어리석기 짝이 없습니다. 기회를 붙잡기 위해서는 기회를 값을 주고 사는 것입니다. 정확한 분별력과 판단력이 있어야 기회를 기회로 알고 안전하게 붙들 수 있습니다. 그러기 위해서는 겸손과 지혜와 인내력이 필요합니다.

맹인 바디매오가 자기에게 온 한 번의 기회를 선용하여 예수님을 만나 눈을 뜨고 구원받은 것처럼, 여러분에게 주신 기회를 붙잡음으로 다양한 축복과 구원의 은혜를 받으시기를 축원 드립니다.

2. 사람들의 벽을 뛰어 넘으라

"많은 사람이 꾸짖어 잠잠하라 하되 그가 더욱 크게 소리 질러 이르되 다윗의 자손이여 나를 불쌍히 여기소서 하는지라"(48절).

나사렛 예수님이 지금 그곳을 지나가고 있다는 말을 듣고서 바디매오가 얼마나 목이 터져라 소리쳤겠습니까? 사람들이 꾸짖었습니다. 잠잠하라고 하였습니다. 그럴수록 맹인 거지 바디매오는 더욱 크게 소리를 질렀습니다. "다윗의 자손이여 나를 불쌍히 여기소서"라고 외쳤습니다. 사람들의 방해는 예수님과 맹인 거지 바디매오와의 사이를 차단시키는 벽이었습니다. 바디매오는 사람들이 만든 벽을 넘으려고 눈물겹게 애를 썼습니다.

바디매오가 사람들의 장벽에 무너졌다면 눈뜸과 구원의 은혜는 없었을 것입니다. 바디매오가 예수님 앞까지 갈 수 있었던 것은, 사람들의 수많은 장벽을 뛰어넘었기 때문입니다. 사람들의 장벽을 뛰어넘어야 합니다. 바디매오는 장벽을 두려워하지 않았고 끝까지 완주하였습니다. 결코 포기는 없었습니다.

사람을 바라보지 않고 시선과 초점을 예수님께 두었습니다. 바디매오에게 사람들은 언제나 벽이었고, 담이었습니다. 사람은 부딪히는 존재가 아닌 뛰어넘는 존재입니다. 뛰어넘어야 할 벽은 밖뿐만 아니라 가정이나 교회에도 많습니다. 어떤 경우에는 자기 자신이 벽이 되고 담이 될 수도 있습니다.

미국 캔자스시티에 사는 노숙자 빌리(Billy Ray Harris)는 2013년을 잊지 못합니다. 비록 누추한 차림의 노숙자였지만, 누구보다 선한 마음을 가진 빌리에게 기적과도 같은 일이 일어났기 때문입니다. 그해 어느 날, 사라(Sarah Darling)는 거리에서 구걸하던 노숙자 빌리를 보고 그에게 적선했습니다. 동전 지갑을 열어 그 안에 있던 동전을 그의 앞에 놓인 컵 안에 모두 쏟아주었습니다. 몇 시간 뒤에 집에 돌아온 사라는 엄청난 실수를 저질렀음을 깨달았습니다. 동전지갑에 넣어둔 약혼반지까지 빌리에게 모두 털어준 것입니다. 당황한 그녀는 급히 차를 몰고 빌리를 만났던 거리로 갔습니다. 하지만 그는 이미 종적을 감춘 뒤였습니다.

그 사이 빌리는 보석 가게에 있었습니다. 자신의 컵에 들어온 반지를 보고는 진짜인지 궁금한 마음에서였습니다. 보석 가게 주인의 말을 들은 그는 깜짝 놀랐습니다. 그가 받은 반지가 진짜 다이아몬드 반지였던 것입니다! 그리고 가게 주인은 그 자리에서 4,000달러(약 480만 원)을 줄 테니 반지를 팔라고 말했습니다. 빌리는 순간 갈등했습니다. 그 돈이라면 이제 지긋지긋한 거리에서 벗어나 새 인생을 살 수 있을 것 같았습니다. 하지만 이건 아니라는 생각이 들어서 고민하던 그는 결국 반지를 돌려받고 가게를 떠났습니다.

다음날, 사라는 절실한 마음으로 빌리가 있던 자리를 다시 찾았습니다. 빌리는 그곳에 있었습니다. 사라는 초조하게 그에게 다가가 자신을 기억하는지 물었습니다. 조용히 고개를 끄덕이던 빌리는 주머니에서 반지를 꺼내 사라에게 주었습니다. 사라와 그의 남자친구는 정직한 빌리에게 크게 감동했고, 곧 빌리를 돕기 위한 모금 활동을 시작했습니다. 기적처럼 찾아온 기회를 마다하고 반지를 돌려준 한 노숙자의 사연은 금세 화제가 되어 많은 사람들의 가슴을 울렸습니다.

모금이 시작된 지 얼마 안 돼 무려 2억 3천만 원이라는 큰돈이 모였고, 빌리는 새로운 삶을 시작할 수 있었습니다. 언론의 도움으로 빌리는 16년 동안 연락이 끊긴 형제들과도 재회했습니다. 빌리가 죽었다고만 생각했던 형제들은 눈물을 흘리며 그를 얼싸안았습니다. 아름다운 선행이 불러온 훈훈한 결과에 얼어붙은 마음이 녹아내립니다. 비록 거리를 전전하던 노숙자였지만, 빌리는 진실하고 정직한 마음을 가진 매우 멋진 분입니다. 새로운 출발을 꿈꾸는 그의 힘찬 앞날을 응원합니다. 거짓으로 가득하고, 양심이 화인 맞은 인생들이 영혼을 오염시키고 있는 이때 신선한 감동을 줍니다.

세상과 사람의 벽을 넘으면 반드시 새로운 세계가 펼쳐집니다. 불신, 경쟁, 거짓, 이익, 욕심, 성공이라는 벽을 넘으면 참된 평안과 기쁨과 행복을 맛보게 됩니다. 얼마나 힘들고 고통스럽습니까? 뭐 때문이라고, 누구 때문이라고, 세상 때문에 못살겠다고 아우성치고 있지는 않습니까? 벽에 부딪히거나 벽 앞에서 포기하지 말고 뛰어넘어야 합니다. 우리 모두는 뛰어넘을 수 있는 힘과 능력이 있습니다. 하나님이 힘을 주시고 능력을 주십니다. 여러분의 앞을 가로막는 모든 벽을 뛰어넘는 용기와 능력으로 범사에 구원 받는 축복이 임하시기를 축원 드립니다.

3. 소원을 분명하게 말하라

"예수께서 말씀하여 이르시되 네게 무엇을 하여 주기를 원하느냐 맹인이 이르되 선생님이여 보기를 원하나이다 예수께서 이르시되 가라 네 믿음이 너를 구원하였느니라 하시니 그가 곧 보게 되어 예수를 길에서 따르니라"(51-52절).

바디매오는 예수님이 자기를 부르신다는 소리를 듣고 생명과 같은 겉옷을 내버리고 뛰어 일어나 예수님께로 달려갔습니다. 맹인이 달려갔다는 것은 죽을 각오로 뛰는 것입니다. 예수님을 만나기 위해서 모든 것을 내던지고 달려간 것입니다. 버려야 얻는 것입니다. 배설물처럼 버려야 최고의 고상한 가치를 체험할 수 있는 것입니다. 이런 바디매오를 향하여 "네게 무엇을 하여 주기를 원하느냐"고 물으셨을 때, 맹인 바디매오는 "선생님이여 보기를 원하나이다"라고 분명히 대답하였습니다. 이 대답을 들으신 예수님께서 "네 믿음이 너를 구원하였느니라" 하셨고, 동시에 맹인이 보게 되어 예수님을 길에서 따르게 되었습니다. 순간적으로 모든 것이 이루어졌습니다.

보기를 원한다는 분명한 목적이 있었습니다. 자신의 평생 목적을 분명히 고백하였습니다. 우물쭈물하거나 엉뚱한 옷이나 음식을 구하지 않았습니다. 근본적이고 본질적인 것을 제대로 구했습니다. 솔로몬이 '지혜'를 구하므로 부귀영화와 영광을 부산물로 받았듯이 보는 것과 구원을 받게 되었고, 예수님을 따르는 축복까지 받게 되었습니다. 분명한 고백이 중요합니다. 바디매오는 많은 것을 구하기보다는 가장 중요한 것을 구하였습니다. 급한 것이 아닌 근본적인 것을 구하였습니다. 바디매오는 구원받은 감격과 은혜를 잊지 못하여 예수님을 따르며 영광과 찬송을 드렸습니다. 은혜를 받고 배신하거나 은혜를 잃어버린 사람들도 많은데, 바디매오는 그 은혜에 응답하고 헌신으로 반응하고 성숙한 성도의 모습을 보여주고 있습니다(시 116:12).

찰스 스펄전은 청년 시절에 죄 문제로 무척 고민했습니다. 그러던 어느 날 한 평신도의 설교를 듣게 되었습니다. 설교를 담당한 목사가 눈 때문에 길이 막혀서 오지 못하는 바람에 그 평신도가 대신 단에 서게 된 것입니다. 그는 깡마른 체구에 좀 어수룩해 보였고 발음도 정확하지 않았습니다. 그는 좀처럼 고개를 들지 않고 설교 원고를 조용하게 읽어 나갔습니다.

"나를 바라보라! 내가 핏방울을 엄청나게 흘리고 있노라. 나를 바라보라. 나는 십자가에 매달려 있노라. 나를 바라보라…오 불쌍한 죄인이여, 나를 바라보라!"

설교자의 외모 때문이었던지 처음에 스펄전은 설교에 집중하지 못했습니다. 그러나 곧바로 말씀 속으로 빨려 들어갔습니다. 말씀이 마치 불같이 그의 영혼을 뜨겁게 태웠습니다. 그날의 체험에 대해서 스펄전은 이렇게 고백했습니다.

"그때 그곳에서 구름이 걷혔습니다. 어둠은 물러가고 나는 태양을 보았습니다…나의 영혼을 옭아매고 있던 쇠사슬이 끊기는 것을 보았습니다…그 예배당에 들어갔던 시간에 나에게는 분명 하나의 변화가 있었습니다. 단지 십자가에서 피 흘리며 죽으신 예수님을 바라보는 것만으로 나에게 변화가 일어났습니다."

십자가에는 폭발적인 능력이 있습니다. 십자가는 영혼을 재창조하는 공장입니다. 십자가에는 사람을 변화시키는 능력이 있습니다.

십자가는 하나님의 능력입니다.

　예수님의 말씀은 능력이 있습니다. 말씀으로 천지를 창조하시는 능력입니다. 예수님은 말씀으로 바디매오를 영적으로 구원하셨고, 육신적으로는 맹인의 눈을 뜨게 하여 보게 하셨습니다. 누구도 할 수 없는 일을 예수님은 말씀으로만 동시에 해결하셨습니다. 예수님은 우리의 영적인 것은 물론 육신과 현실 문제에 대해서도 관심을 갖고 계시고 해결 능력을 가지고 계십니다.

　오늘도 우리가 바디매오처럼 소원을 분명히 고백하면, 예수님은 무엇이든지 반드시 응답하시고, 더 좋은 것, 더 많고 영원한 것으로 기적을 일으키십니다. 예수님 앞에는 그 무엇도 어렵거나 불가능한 것이 없습니다. 큰 믿음으로 고백하여 영육 간에 구원받는 은혜가 넘치시기를 축원 드립니다.

　사랑하는 번동 가족 여러분!
　이제 사순절이 시작됩니다. 더욱 기도하고 경건하게 삽시다. 예수님의 고난에 동참하고 날마다 십자가를 집시다. 바디매오처럼 기회를 붙잡고 사람들의 벽을 뛰어넘고, 소원을 분명히 고백함으로 영육이 구원받는 은혜와 기적의 성도들이 되시기를 축원합니다.

인생 아둘람 굴

> 사무엘상 22:1-2
>
> ¹그러므로 다윗이 그곳을 떠나 아둘람 굴로 도망하매 그의 형제와 아버지의 온 집이 듣고 그리로 내려가서 그에게 이르렀고 ²환난 당한 모든 자와 빚진 모든 자와 마음이 원통한 자가 다 그에게로 모였고 그는 그들의 우두머리가 되었는데 그와 함께한 자가 사백 명 가량이었더라

'정상에 서 있는 기업인들의 생각'에 대해서 합동으로 연구를 한 글이 있습니다. 실험 방법은 500대 기업에 있는 CEO들, 억대 연봉을 받는 세일즈맨, 벤처 창업자, 교수들과 같은 사람들을 대상으로 해당 직종의 상위 10%에 있는 사람들을 선정한 뒤에 일주일 중 하루에 무작위로 연락을 해서 지금 하고 있는 생각이 무엇인지 물었습니다. 그렇게 2년 동안 조사한 대답을 토대로 목표, 문제, 가족, 회사

등으로 나누어 무엇에 대한 생각을 가장 많이 하는지 분석했습니다. 그 결과 상위 10%에 있는 사람들이 가장 많이 하는 생각은 '내가 원하는 것'을, 그리고 '그것을 어떻게 이룰지에 대한 방법'이었습니다. 저마다 비율은 조금씩 달랐지만 정상에 서 있는 사람들은 자신의 목표와 달성방법에 대한 생각을 가장 많이 했습니다.

존 러스킨은 "인생은 하루하루를 채워나가는 것"이라고 말했습니다. 성공하는 사람들은 자신의 목표로 하루를 가득 채웁니다. 성공하는 성도들의 하루에는 주님을 위한 시간이 항상 들어 있어야 합니다. 하루 중 가장 많이 하는 생각이 무엇인지 정리해 보고 주님을 위한 시간을 채우십시오. 반드시 창대하게 될 것입니다.

"과부 사정은 홀아비가 안다"는 속담이 있습니다. 같은 사정에 처한 사람이라야 그 사정을 안다는 뜻입니다. 오늘 본문에서 우리는 같은 사정에 처한 사람들의 모임을 목격할 수 있습니다. 환난 당한 자와 빚진 자와 마음이 원통한 자들이 사울 왕 때문에 환난을 당하고 심히 마음이 원통한 다윗에게 모여들었던 것입니다.

여기에 귀한 영적 교훈이 있습니다. 다윗이 그에게 피해 온 자들을 보호하며 그들의 지도자가 된 것처럼, 예수 그리스도께서도 예수님께 피한 자들을 보호하시며 그들의 왕이 되셔서 그들의 문제를 다윗 이상으로 해결해 주십니다. 다윗에게 모여든 자들이 어떤 사람들이었는가를 살펴보면서, 우리 모두가 주님께로 더 가까이 나아가서 새로운 사람들로 변화되는 역사가, 아둘람 굴과 같은 이 시대의 교회를 통해서 변화되는 역사가 임하시기를 축원 드립니다.

1. 환난 당한 자들입니다

"환난 당한 모든 자와 빚진 모든 자와 마음이 원통한 자가 다 그에게로 모였고 그는 그들의 우두머리가 되었는데 그와 함께한 자가 사백 명 가량이었더라"(2절).

본문 2절에서는 "환난 당한 자"들이 다윗을 좇았음을 분명히 알려주고 있습니다. 환난 당한 자들은 사울 왕의 학정 밑에서 다윗을 섬기고 따랐던 의로운 자들이었습니다. 환난 당한 자들은 사울 왕과 그의 측근들로부터 온갖 박해와 환난을 당했던 것입니다. 이와 마찬가지로 성도들이 이 세상의 죄악과 불의에 편승하지 않고 의를 따르려 할 때, 성도들에게는 반드시 환난이 필수적으로 따라옵니다.

그러나 그들이 외롭거나 낙심하지 않을 것은 주께서 환난 당하는 자와 함께하시겠다고 약속하셨기 때문입니다(시 91:15). 예수님께서도 이 땅에 오셔서 모든 환난과 고초를 당하셨습니다. 그러므로 예수님은 환난 당한 모든 자들의 형편을 아주 잘 아십니다. 여러분 가운데 모진 환난과 고통으로 아파하고 울고 있는 분들과 주님이 가장 가까이 계시고 함께하시고 반드시 환난에서 건져 주십니다.

어느 교회 교인 중에 암에 걸린 분이 글 한 편을 썼습니다.

"암이 제멋대로 할 수 없는 게 있습니다. 암은 사랑을 병들게 할 수 없습니다. 희망을 깨뜨릴 수 없습니다. 믿음을 녹슬게 할 수 없습니다. 평화를 앗아갈 수 없습니다. 자존감을 파괴할 수 없습니다. 우정을 죽일 수 없으며, 추억을 지워 버릴 수도 없습니다. 용기를 없앨 수 없고, 영혼을 침범할 수 없고, 영원한 생명을 축소시킬 수 없습니다. 성령의 불을 끌 수 없습니다. 암은 부활의 능력을 약화시킬 능력이 절대 없습니다!"

그 성도는 암이라는 큰 병과 싸우고 있지만 그 안에 진정한 믿음이 있었습니다. 무엇보다 하나님을 신뢰함으로 변치 않는 영원한 소망을 갖고 있습니다. 우리가 고난에 대해 어떻게 반응하고 이해하느냐에 따라 고난은 우리에게 축복이 될 수도 있고 그저 고통만 줄 수도 있습니다. 그러므로 우리는 고난의 유익을 적극적으로 믿어야 합니다. 고난이 하나님 사랑의 증거임을 믿는 적극적인 인내가 우리의 몸과 영혼에 힘과 용기를 줍니다. 만약 죄로 인한 고난 때문에 고통당하고 있다면 자복하고 회개하며 하나님께 돌아오십시오.

고난을 통해 훈련을 잘 받으면 남은 인생에 능력과 평강의 열매를 맺을 수 있습니다. 이후에 어떤 고난이 오더라도 그 속에서 하나님 사랑의 손길을 발견하고 이전보다 더 많은 유익을 누릴 수 있습니다.

우리들 가운데 환난이 없는 분은 없습니다. 환난의 산전, 수전, 공중전, 지하전, 핵전쟁까지 다 겪었습니다. 야베스도 "주의 손으로 나를 도우사 나로 환난을 벗어나 내게 근심이 없게 하옵소서 하였더니 하나님이 그가 구하는 것을 허락하셨더라"(대상 4:10)고 하였습니다. 로마서 5장 3-4절에 "우리가 환난 중에도 즐거워하나니 이는 환난은 인내를, 인내는 연단을, 연단은 소망을 이루는 줄 앎이로다"라고 하였습니다. 환난 속에서 기도하면 하나님이 환난에서 건져주시고, 또한 환난은 곧 소망을 이루게 됩니다. 환난은 뿌리이고 소망은 열매입니다. 환난 당한 자들이 다윗을 따라 아둘람 굴에 들어갔고, 다윗을 통해 훈련 받았을 때 이스라엘의 지도자들이 되었습니다. 이처럼 이 시대에 환난 당한 우리들이 아둘람 굴과 같은 교회를 통하여 우리의 인생과 신앙의 대장 되시는 예수 그리스도를 믿고 따르고 충성해야 합니다. 그리하여 하나님 나라를 위해 쓰임 받는 성도와 이 세상을 변화시키는 영적 지도자들이 되시기를 축원 드립니다.

2. 빚진 자들입니다

"환난 당한 모든 자와 빚진 모든 자와 마음이 원통한 자가 다 그에게로 모였고 그는 그들의 우두머리가 되었는데 그와 함께한 자가 사백 명가량이었더라"(2절).

2절에 보면 "빚진 모든 자와"라고 하였습니다. 다윗에게 모였던 빚진 자들은 당시 사울의 그릇된 경제 정책으로 말미암아 고리대금업자에게 시달리던 가난한 백성들을 가리킵니다. 그들은 채무자로서 채권자들의 위협과 과세 등으로 인해 극심한 고통과 부담을 안고 살았던 자들입니다. 따라서 그들은 견디다 못해 다윗을 따르게 되었던 것입니다. 이 빚진 자들은 신약의 신학적 맥락에서 볼 때 사탄의 폭정 아래서 죄짐을 지고 신음하는 온 인류 백성들을 의미합니다(마 11:28).

따라서 예수님은 우리를 향해, 죄짐을 지고서 피곤하여 쓰러진 자들은 모두다 내게로 오라고 초청하십니다. 이미 예수님께서 여러분의 죄짐을 지고 십자가에서 죽으셨기 때문입니다(롬 5:8). 예수님께서 친히 인류의 죄를 담당하셨기 때문에, 죄짐을 지고서 고통스러워하는 우리들의 아픔을 너무 잘 아십니다. 예수님만이 우리의 죄의 문제를 해결해 주실 수 있습니다. 죄 없으신 예수님만이 죄인의 죄를 용서하실 수 있는 유일한 분입니다.

예수님은 인간의 죄와 경제적인 빚까지도 해결하시는 분입니다. 인생의 짐이 너무 무거워서 쓰러진 우리를 일으키시고, 가볍게 하시고, 걷고 뛰고 달려갈 수 있도록 힘과 능력을 주시는 유일하신 분입니다. 이러한 예수님을 믿고 그분께로 나아가시기를 바랍니다. 예수님은 어떤 사람이라도 거절하지 않으시고, 가장 따뜻하고 부드럽고 뜨겁게 맞아주시며 환영해 주시는 분입니다. 예수님을 만나면 누구든지 변하고 새로운 인생을 살게 됩니다.

이런 예수님을 소개하고 전하기 위해서 다시 세상 속으로 담대하게 나아가는 우리 교회와 성도들이 되시기를 바랍니다. 예수님을 만나면 빚진 자가 빛 된 자, 빛 된 가정, 빛 된 교회로 변하게 됩니다. 사무엘 존슨에 대한 일화가 있습니다.

사무엘 존슨은 장터 한쪽에서 몇 시간을 서 있었습니다. 사람들이 인사를 하거나 말을 걸어도 아무런 대답도 하지 않았습니다. 그저 서서 눈물만 흘리고 있었습니다. 반나절이 지나자 걱정이 된 제자가 스승의 낯선 행동에 대한 이유를 물었습니다.

"스승님, 무슨 일이 있으셨나요?"

그러자 사무엘 존슨이 대답했습니다.

"사실은 오래전 우리 아버지께서 이 자리에서 헌책방을 하셨다네. 그날도 아버지는 장사를 위해 일어나셨지만 몸이 안 좋으셨는지 나에게 하루만 대신 장사를 해줄 수 있느냐고 물으셨었지."

제자는 궁금해서 물었습니다.

"그래서 스승님은 뭐라고 대답하셨나요?"

사무엘 존슨은 한참 있다가 이렇게 말했습니다.

"우리 집이 시장에서 헌책방을 운영하는 것도 창피한데 내가 어떻게 그런 일을 하느냐면서 거절했다네."

"고마워요!" 1초의 한마디에서 사람의 따뜻함을 알 때가 있습니다. "힘내세요!" 1초의 한마디에서 용기가 되살아날 때가 있습니다. "축하해요!" 1초의 한마디에서 행복이 넘치는 때가 있습니다. "용서하세요!" 1초의 한마디에서 인간의 약한 모습을 볼 때가 있습니다.

우리는 한순간에 말을 잘 선택하고 행동해야 됩니다. 그렇지 않으면 반드시 후회하고 고통을 당합니다. 우리 모두는 우리의 대장 되시는 예수님께 절대적으로 순종하고 헌신해야 합니다. 우리 모두는 부모님과 어르신들, 교회와 성도들, 하나님께 너무나도 많은 빚을 졌습니다. 무슨 빚을 졌느냐고 한다면 아직도 철이 덜 든 사람들입니다. 많은 빚을 졌지만 갚을 것이 없습니다. 앞으로 갚아야 할 빚이 너무 많고 다 갚을 수도 없습니다.

빚진 자들이 다윗을 따라 아둘람 굴에 들어갔고, 다윗을 따름으로써 그들의 삶과 인생이 변하고 이스라엘의 지도자로 거듭난 것처럼, 아둘람과 같은 교회에서 예수 그리스도를 믿고 충성함으로 변화되고 새로운 일꾼들로 거듭나는 은혜가 있기를 축원 드립니다.

3. 마음이 원통한 자들입니다

"환난 당한 모든 자와 빚진 모든 자와 마음이 원통한 자가 다 그에게로 모였고 그는 그들의 우두머리가 되었는데 그와 함께한 자가 사백 명가량이었더라"(2절).

본문 2절에 "마음이 원통한 자가 다 그에게로 모였고 그는 그들의 우두머리가 되었는데 그와 함께한 자가 사백 명가량이었더라"고 하였습니다. "마음이 원통한 자"는 하나님의 뜻을 거스려 시행되고 있는 사울의 폭정과 적패에 대해 고통을 느끼고 있는 의식 있는 사람들입니다. 사울의 폭정에서 아부하고 사느니 자원하여 다윗과 함께 고난의 길을 걷고자 했던 용기 있는 사람들이었습니다. 이처럼 스스로 뜻을 세우고 다윗에게로 모여든 여러 사람들 중에는 용사들과 선지자와 의식이 있는 사람들이 많았습니다.

이들은 하나님의 뜻을 거스려 점점 타락하고 쇠퇴해가던 사울 왕국에서 침묵하고 안주하기보다는, 장차 이스라엘을 새롭게 할 자로 부름받은 다윗과 더불어 고난당하기를 기뻐한 자들로 사백 명가량이 모였습니다. 이 숫자는 얼마 안 가서 육백 명으로 불어났습니다.

1946년 뉴욕의 헬스 키친이라는 빈민가에서 한 아이가 태어났습니다. 그 아이는 의사의 실수로 왼쪽 눈 아래가 마비되는 사고를 당했습니다. 이로 인해 왼쪽 뺨과 입술을 정상적으로 움직일 수 없었고 치명적인 발음 장애까지 가지게 되었습니다. 어눌한 말투와 이상한 생김새 때문에 학교에서 왕따를 당했으며, 학교를 12번이나 옮기는 등 학창시절도 불행으로 얼룩졌습니다. 그리고 아홉 살 때는 부모님이 이혼까지 하게 되었습니다. 하지만 그에게는 꿈이 있었습니다. 바로 영화배우가 되겠다는 꿈이었습니다.

그러나 보잘것없는 그에게 돌아오는 배역은 별로 없었습니다. 단역 배우로는 먹고 살기 힘들었기 때문에 닥치는 대로 일했습니다. 영화관 안내인, 경비원, 피자 배달부, 식당 종업원, 동물원 잡역부, 보디가드…. 어느덧 서른 살이 된 그는 이대로는 안 되겠다고 생각했습니다. 뭔가 변화가 있어야 한다고 직감적으로 느꼈습니다.

그리고 1975년 3월, 전설적인 헤비급 챔피언 무하마드 알리와 무명의 복서 척 웨프너가 벌인 복싱 경기를 보고 비장한 각오로 각본을 쓰기 시작했습니다. 마침내 완성한 시나리오를 들고 제작자들을 찾아다녔습니다.

"이 대본을 사용해 주시고 저를 주연으로 써주세요!"

그의 허무맹랑한 제안에 대부분의 제작자는 고개를 저었지만 한 곳에서 그의 제안을 받아들였습니다. 그러나 무명배우를 쓰며 도박을 하고 싶지 않았던 제작자는 조건을 달았습니다.

"좋습니다. 대신 제작비를 최소한으로 줄이세요."

영화는 불과 28일 만에 만들어졌습니다. 그렇게 만들어진 영화였지만 개봉 후의 반응은 엄청났습니다. 영화가 상영되는 극장에서는 예외 없이 우레와 같은 기립박수가 터졌고, 관객 중 태반은 눈가에 이슬 같은 눈물이 맺힌 채 극장 문을 나섰습니다. 그리고 그해 미국에서만 제작비의 50배가 넘는 5,600만 달러를 벌어들였습니다. 전 세계적으로 큰 성공을 거둔 그 영화의 이름은 '록키'였고, 그의 이름은 실베스터 스탤론입니다. 열악한 조건과 환경이지만 자신의 꿈을 포기하지 않은 실베스터 스탤론은 부정적인 환경에서 좌절하기보다 할 수 있다는 긍정적인 마음으로 도전한 사람이었습니다.

누구나 인생의 원통함이 있습니다. 그 원통함에서 일어나야 합니다. 긍정적이고 상승하는 자세와 태도를 가져야 합니다. '원통함'이 '간절함'으로 변해야 합니다. 우리의 원통함을 풀어주시고 이루어 주시는 하나님께 기도하고 능력을 받아야 합니다. 가정과 교회와 사회에 대한 원통함을 하나님께 맡기고, 새로운 기쁨과 감사의 삶을 시작해야 합니다. 모든 원통함을 아둘람 굴에 다 묻어야 합니다. 그리고 아둘람 굴에서 하나님과 함께 새로운 희망의 삶을 시작해야 합니다. 결코 늦지 않았습니다. 지금부터 시작해도 충분합니다. 성공할 수 있습니다. 행복할 수 있습니다.

마음이 원통한 사백 명이 아둘람 굴에서 변화되었고, 다윗으로 인하여 이스라엘의 지도자가 되었던 것처럼, 오늘의 아둘람인 우리 교회를 통하여 예수 그리스도를 믿음으로 새로운 승리의 일꾼들이 되시기를 축원 드립니다.

사랑하는 번동 가족 여러분!

사울과 삼천 명의 군사들이 다윗을 죽이려 했던 것처럼, 우리들은 불안하고 무서운 시대를 살아가고 있습니다. 그러나 아둘람 굴에 있던 다윗과 사백 명이 변하여 이스라엘의 지도자가 되었습니다. 우리 모두 환난을 당하고 빚을 지고 원통한 사람들이지만, 오늘의 아둘람인 우리 교회를 통하여 하나님의 능력으로 세상을 이기고 사명을 감당하는 위대한 성도들이 되시기를 축원 드립니다.

여호와의 나무 같은 성도

시편 104:15-17

¹⁵사람의 마음을 기쁘게 하는 포도주와 사람의 얼굴을 윤택하게 하는 기름과 사람의 마음을 힘있게 하는 양식을 주셨도다 ¹⁶여호와의 나무에는 물이 흡족함이여 곧 그가 심으신 레바논 백향목들이로다 ¹⁷새들이 그 속에 깃들임이여 학은 잣나무로 집을 삼는도다

사회학자들은 우리 시대에 중요한 4가지 가치가 점점 사라지고 있다고 합니다.

첫째, 감동입니다. 감정이 병들어 이성이 둔감해지기 때문에 기뻐할 때 기뻐할 줄 모르고, 무엇 때문에 슬퍼할 줄을 모르게 됩니다. 그래서 감동을 주는 프로그램과 사연들을 찾아서 눈물을 흘리며 보지만 정작 주변의 일들에서는 감동을 느끼지 못하고 살아갑니다.

둘째, 책임입니다. 무책임은 곧 도덕적 질병을 의미합니다. 서로 책임을 회피하기만 하기에 잘못된 것에 대해서 책임지는 사람이 아무도 없습니다. 병든 사회에서는 책임을 질 줄 모릅니다. 실패에 대한 책임을 모두 남한테 전가시킵니다.

셋째, 관심입니다. 극단적 이기주의가 낳은 결과로 모든 사람들이 이기적인 생각으로 가득 차 있기 때문에 자기 말고는 아무에게도 관심을 기울일 수 없게 된 것입니다.

넷째, 목적입니다. 유물론적 사고방식에 빠져 영혼과 신앙에 점점 관심이 없어집니다. 눈앞의 삶을 전부로 착각하기에 굉장히 애쓰고 수고하는 것 같으나 무엇을 위한 것인지 알 수 없습니다. 그래서 가치도 목적도 분명치 않은 수고를 합니다. 이렇듯 인간에게 중요한 4가지 가치가 사라지기에 사회는 점점 혼란해지고 삭막해집니다.

수많은 나무들이 있지만 오늘 본문에는 여호와의 나무로 레바논의 백향목과 잣나무를 예로 들고 있습니다. 얼마나 영광스러운 나무입니까? 수많은 사람들 가운데 하나님이 기억하시고 사랑하시는 사람이라면 최고의 영광일 것입니다. 우리 모두 하나님이 기뻐하시는 성도가 됩시다. 그리하면 풍성한 열매가 맺어지는 것입니다.

좋은 나무가 아름다운 열매를 맺게 됩니다. 하나님이 기뻐하시는 좋은 나무가 되려고 기도하고 노력합시다. 이 시대에 감동과 책임과 관심과 목적을 소유한 좋은 나무가 됩시다. 그리하여 하나님이 주시는 풍성한 은혜와 축복을 누리는 여호와의 나무 같은 성도들이 되시기를 축원 드립니다.

1. 사람의 얼굴을 윤택하게 합니다

"사람의 마음을 기쁘게 하는 포도주와 사람의 얼굴을 윤택하게 하는 기름과 사람의 마음을 힘있게 하는 양식을 주셨도다"(15절).

사탄은 사람의 마음을 슬프게 하고 사람의 얼굴을 어둡게 하고 썩게 만듭니다. 사람에게서 힘과 능력을 빼버린 것입니다. 사람에게 있어서 마음과 얼굴은 너무나도 중요합니다. 얼굴은 마음의 표현이고 거울입니다. 하나님의 소원은 사람들이 기뻐하고 얼굴이 윤택하게 되는 것입니다. 여호와의 사람은 마음이 포도주같이 기쁘고 사람의 얼굴을 기름과 같이 윤택하게 합니다. 이런 사람은 참으로 존귀한 사람이고 필요한 사람입니다. 우리 자신이 이런 사람이 되어야 합니다.

우리 주변에는 기쁨이 충만하고 다른 사람의 얼굴을 윤택하게 하는 사람들이 많습니다. 우리 모두가 여호와의 나무인 백향목과 잣나무와 같이, 우리 자신은 기쁘고 다른 사람들의 얼굴을 윤택하게 하는 성도가 됩시다. 가시나무같이 얼굴이 흉하고 다른 사람들을 찔러 웃음이 아닌 눈물이 나게 하고 죽음의 얼굴이 되게 해서는 안 됩니다.

독일의 와인버그라는 도시에는 아주 옛날에 지은 요새가 있습니다. 와인버그 사람들은 이 요새와 관련된 흥미로운 전설을 자랑스럽게 이야기합니다. 전설에 따르면 15세기경에 기사도와 명예가 중요시되던 시절에 적군이 요새를 포위하고 성읍 사람들을 그 안에 가두었다고 합니다. 그리고 적군 대장은 여자와 어린이는 요새에서 나와 어디든지 가도 좋다는 전갈을 보내왔습니다. 그 다음에 요새를 공격하겠다는 말이었습니다. 잠시 협상이 오간 끝에 적군 대장은 여자들이 직접 옮길 수 있다면 각자 가장 고귀한 보물을 갖고 떠나게 해준다고 명예를 걸고 약속했습니다. 성읍의 여자들이 요새에서 걸어 나오기 시작했을 때, 그 광경을 지켜보던 적군 대장이 얼마나 놀랐을지 상상해 보십시오. 여자들은 저마다 자신의 남편을 등에 업고 나왔습니다.

아내들이 남편을 살렸고, 남편들의 두렵고 떨리고 파리해진 얼굴을 기쁘게 하였고 윤택하게 하였습니다. 남편이 무거워도 결코 무겁지 않았습니다. 가장 고귀한 보물보다 비교할 수 없는 영원한 보물입니다. 남편에 비하면 다른 모든 것은 배설물과 같은 것이었습니다(빌 3:8). 여호와의 나무 같은 사람들은 가족과 성도를 살립니다. 기쁘게 하고 힘이 됩니다. 우리 모두 여호와의 나무가 되어 마음을 기쁘게 하고 얼굴을 윤택하게 하여 영과 육을 살리는 성도가 되시기를 축원 드립니다.

2. 물을 흡족하게 합니다

"여호와의 나무에는 물이 흡족함이여 곧 그가 심으신 레바논 백향목들이로다"(16절).

여호와의 나무는 인간의 보살핌을 적절하게 받지 않는 야생 수목으로 봅니다. 인간의 경작과 관리 하에 있는 포도나무와 올리브나무와 대조를 이루는 산야에서 자생하는 나무들입니다. 사람들이 관리하거나 물을 주지 않지만 하나님이 관리하시고 물을 흡족하게 하십니다. 인간의 손은 작지만 하나님의 손은 크십니다. 하나님은 백향목이나 잣나무를 흡족하게 하시지만, 모든 나무들을 흡족하게 하시고 다양한 모든 사람들을 흡족하게 하십니다. 하나님은 영적, 물질적 축복인 건강, 사랑, 은혜, 지혜, 기쁨을 흡족하게 하시는 분입니다.

인간은 지혜와 능력과 사랑이 부족하여 모두를 흡족하게 할 수 없으나 하나님은 지혜와 능력과 사랑이 풍성하여 모두를 흡족하게 하십니다. 때때로 우리는 광야에서 혼자인 것처럼 살지만, 거기에도 하나님은 우리와 함께 계셔서 우리를 보호하시고 모든 면에서 반드시 흡족하게 하십니다. 광야에서 우리를 더욱 강하게 훈련하셔서 순금같이 나오게 하시고, 하나님을 귀로만 듣게 하지 아니하시고 눈으로 직접 뵙게 하십니다(욥 42:5).

사람은 누구나 그 사람만이 지니고 있는 '마음씨'가 있습니다. 없으면서도 '남을 도우려고' 하는 사람, 자기도 바쁘면서 순서를 '양보'하는 사람, 어떠한 어려움도 꿋꿋하게 '이겨내는' 사람, 어려울 때 보기만 해도 '위로'가 되고 어려움을 함께 '해결해' 주려는 사람, 남의 허물을 '감싸주고 나의 미흡한 점을 고운 눈길'로 봐주는 사람, 자기의 몸을 태워 빛을 밝히는 '촛불'과도 같이 상대를 '배려하고 도움'을 주는 사람, '인연'을 깨뜨리지 않는 사람, 삶을 진실하게 함께하는 사람은 '잘 익은 진한 과일향'이 나는 사람입니다. 세상을 바라보는 눈이 곱고 밝은 사람, '항상 웃고 있는' 사람은 마음을 상쾌하게 하는 진한 '커피향' 같습니다. 오늘은 그런 마음, 그런 향기, 그런 진실, 그런 사람을 나에게서 찾고 싶습니다. 향수를 뿌리지 않아도, 촛불을 켜지 않아도, 넉넉한 마음과 진한 과일향이 풍기는 그런 사람이 되었으면 참 좋겠습니다. 그런 사람이 바로 당신입니다.

　남의 것을 빼앗고 섬김을 받으려고 하는 사람이 아니라 남을 섬기고 베푸는 남을 흡족하게 하는 사람이 되어야 합니다. 백향목이나 잣나무는 사람이 가꾸지 않아도 스스로 물이 흡족하여 잘 자라납니다. 하나님이 직접 키우십니다. 하나님을 잘 섬기면 하나님이 풍성하게 하시고, 필요한 만나를 내려 주십니다. 하나님으로부터 받은 은혜와 사랑을 또 다른 사람과 나누고 흡족하게 채워 줍니다. 물건, 사랑, 은혜, 관심, 필요한 것을 흡족하게 합니다. 하나님께 받은 것을 이웃에게 나누어 줍니다. 복이 되는 것입니다. 남을 복되게 하는 것입니다. 이 시대에 여호와의 나무 같은 성도가 되어 굶주리고 목마른 많은 사람들을 흡족하게 하는 성도가 되시기를 축원 드립니다.

3. 새들이 깃들게 합니다

　"새들이 그 속에 깃들임이여 학은 잣나무로 집을 삼는도다"(17절).

　여기서 '학'은 경건한 새라는 뜻을 가지고 있으며, 문맥상 보통 새보다 몸통이 큰 새라는 면에 그 강조점이 있습니다. 새들이란 나뭇가지 위에서 요란하게 울어대는 몸집이 작은 새입니다. 본 구절은 하나님이 주신 비를 받아 잘 자란 잣나무 숲에서 새들과 학이 보금자리를 두고 사는 크고 작은 새들의 모습을 그리고 있습니다.
　나무는 크기만큼 공헌해야 합니다. 누군가를 시원하게 하는 그늘이 되어야 합니다. 크고 작은 새들이 와서 쉴 수 있는 편안한 안식처가 되어야 합니다. 나무만을 위한 나무가 아닌 사람과 새들을 위한 나무가 되어야 합니다.

하나님께서 우리 자신과 가정과 교회에 주신 것들이 많습니다. 우리 자신만을 위한 것이 아니라 크고 작은 수많은 사람들에게 편안한 안식이 되도록 섬겨야 합니다. 사랑과 섬김의 도구가 되어야 합니다. 누군가 깃드는 인생이 되어야 합니다. 나누고 섬기는 인생이 되어야 합니다. 새와 학을 쫓는 인생이 아닌 새와 학이 찾아오는 인생과 교회가 되어야 합니다. 사탄의 나무가 아닌 여호와의 나무가 되어야 합니다.

기원전 4세기경, 그리스에 '피시아스'라는 사람이 억울한 일에 연루되어 교수형을 당하게 되었습니다. 그는 부모님께 마지막 인사를 하게 해달라고 간청을 했습니다. 하지만 왕은 만일 허락할 경우 선례가 될 뿐만 아니라 그가 멀리 도망간다면 국법과 질서를 흔들 수 있으므로 허락하지 않았습니다. 그런데 피시아스의 친구인 '다몬'이라는 사람이 왕을 찾아왔습니다.

"폐하! 제가 친구의 귀환을 보증하겠습니다. 그를 집으로 잠시 보내주십시오."

왕이 그에게 물었습니다.

"만일 피시아스가 돌아오지 않는다면 어떻게 하겠느냐?"

"친구를 잘못 사귄 죄로 대신 교수형을 받겠습니다."

"너는 진심으로 피시아스를 믿느냐?"

"네, 폐하! 그는 제 친구입니다."

왕은 허락하는 조건으로 다몬을 감옥에 가두었습니다. 그런데 약속했던 날이 되었는데도 피시아스는 돌아오지 않았습니다. 정오가 가까워지자 다몬은 교수대에 끌려왔습니다. 사람들은 우정을 저버린 피시아스를 질책했습니다. 그러나 다몬이 사람들에게 큰소리로 외쳤습니다.

"제 친구 피시아스를 욕하지 마세요. 분명 사정이 있을 겁니다."

왕이 집행관에게 교수형 집행을 명령했습니다. 그런데 바로 그때 멀리서 피시아스가 고함을 치며 달려왔습니다.

"폐하, 제가 돌아왔습니다. 다몬을 풀어주십시오."

두 사람은 서로 끌어안았고 작별을 고했습니다. 이들을 지켜보던 왕은 아름다운 그들의 우정에 감동하여 자리에서 벌떡 일어나 큰소리로 외쳤습니다.

"피시아스의 죄를 사면해 주노라."

왕은 그 같은 명령을 내린 뒤 나직하게 혼잣말을 했습니다.

"내 모든 것을 다 주더라도 이런 친구를 한번 사귀어 보고 싶구나."

세상이 아무리 '그렇다' 해도 '이렇다'고 믿어주는 사람, 무거운 짐을 기꺼이 나누어 지고 기쁠 때나 슬플 때나 시간이 흘러도 한결같이 곁을 지켜주는 사람, 그 이름은 '친구'입니다. 하지만 그런 진정한 '친구'는 세상 모든 것을 다 주더라도 억지로 만들 수 없습니다. 따라서 조건 없는 우정을 나누는 '친구' 한 사람만 있다면 누구보다 성공한 인생입니다.

피시아스와 다몬 같은 친구와 성도가 많기를 바랍니다. 나무와 새와 같이 서로에게 쉼이 되고 안식이 되고 믿음이 되는 사람이 되어야 합니다. 배반과 상처와 비난이 아닌 서로를 위해 사랑하고 기도하는 진정한 친구가 되어야 합니다. 예수님이 나 같은 죄인을 사랑하신 것같이 모두를 사랑해야 합니다. 새들이 깃드는 여호와의 나무같이 많은 사람들에게 쉼과 안식을 주는 이 시대의 여호와의 나무 같은 교회와 성도가 되시기를 축원 드립니다.

　사랑하는 번동 가족 여러분!
　사탄이나 가시나무가 되지 마십시오. 사람의 얼굴을 윤택하게 하고, 물을 흡족하게 하고, 새들이 깃드는 여호와의 나무 같은 우리 교회와 성도들이 되시기를 축원 드립니다.

오직 믿음으로

히브리서 11:1-6

¹믿음은 바라는 것들의 실상이요 보이지 않는 것들의 증거니 ²선진들이 이로써 증거를 얻었느니라 ³믿음으로 모든 세계가 하나님의 말씀으로 지어진 줄을 우리가 아나니 보이는 것은 나타난 것으로 말미암아 된 것이 아니니라 ⁴믿음으로 아벨은 가인보다 더 나은 제사를 하나님께 드림으로 의로운 자라 하시는 증거를 얻었으니 하나님이 그 예물에 대하여 증언하심이라 그가 죽었으나 그 믿음으로써 지금도 말하느니라 ⁵믿음으로 에녹은 죽음을 보지 않고 옮겨졌으니 하나님이 그를 옮기심으로 다시 보이지 아니하였느니라 그는 옮겨지기 전에 하나님을 기쁘시게 하는 자라 하는 증거를 받았느니라 ⁶믿음이 없이는 하나님을 기쁘시게 하지 못하나니 하나님께 나아가는 자는 반드시 그가 계신 것과 또한 그가 자기를 찾는 자들에게 상 주시는 이심을 믿어야 할지니라

두 사람이 캄캄한 밤중에 다이아몬드가 떨어져 있는 길을 가게 되었습니다. 한 사람은 다이아몬드에 걸려 넘어지거나 발에 채일 때마다 신경질과 짜증을 내면서 집어 던져버렸습니다. 하지만 또 한 사람은 '내 뒤의 사람이 오다가 혹시라도 다칠 수 있는데, 내가 먼저 이 돌을 줍게 되어서 감사합니다' 하며 돌을 주워 담았던 것입니다. 새벽이 되니 한 사람의 자루에만 다이아몬드가 한 가득이었습니다.

오늘 하루 가는 길에 하나님께서 다이아몬드를 뿌려 놓았습니다. 시시때때로 범사에 감사하는 사람은 그 다이아몬드를 줍는 사람과 같고 불평하는 사람은 다이아몬드를 던져버리는 어리석은 사람과 같습니다.

오늘도 그리고 평생을 범사에 감사하며 살기를 바랍니다. 그리하면 매일 다이아몬드가 가득할 것입니다. 믿음으로 살면 믿음이 되고 축복이 됩니다. 믿음은 하나님의 최고의 선물입니다. 구하는 자에게 주시는 최고의 선물은 성령입니다(눅 11:13). 믿음으로 기도하고 응답 받고 성령 받는 것은 은혜입니다. 내 공로가 아닌 전적인 하나님의 은혜입니다. 믿음으로 구원받는 것은 하나님의 은혜입니다. 은혜 없이 되는 것은 아무것도 없습니다.

오늘 본문에도 믿음으로 살고 축복을 받은 사람들의 이름이 기록되어 있습니다. 아벨, 에녹, 노아, 아브라함, 이삭, 야곱, 사라… 그 다음에 여러분의 이름이 꼭 기록되기를 바랍니다. 하나님을 믿는 것은 최고의 축복이며 영원한 축복입니다. 우리가 하나님을 믿지 않았다면 무슨 소망이 있겠습니까. 믿음은 최고의 행운이고 축복입니다. 우리 모두는 최고의 축복을 받은 사람임을 확실히 믿고 감사하며, 오직 믿음으로 사는 성도들이 되시기를 축원 드립니다.

1. 바라는 것들의 실상입니다

"믿음은 바라는 것들의 실상이요 보이지 않는 것들의 증거니"(1절).

실상에 해당되는 헬라어 '휘포스타시스'는 사람의 생각에 좌우되는 주관적인 실체가 아니라, 그것으로부터 독립되어 있는 객관적인 실체를 가리킵니다. 이러한 객관적인 실체는 그리스도인들의 믿음에 확신을 더하는 근거입니다. 믿음은 그리스도인이 객관적 실체를 확신하는 것입니다. 믿음과 바람(hope)을 동일시하였습니다. 믿음의 미래지향적인 특성을 강조한 것입니다. 여호수아와 갈렙은 가나안 땅을 손에 잡은 것처럼 확실한 실상을 가지고 있었습니다. 바라는 그대로 가나안의 실상이 이루어졌습니다.

성도들은 하나님 나라라는 실상을 붙잡기 위해 나그네 길을 가고 있습니다. 하나님 나라를 손에 이미 잡고 있는 것처럼 확실하게 믿고 나그네 길을 가는 성도는 항상 즐거움과 감사로 가득한 삶을 끝까지 걸어가야 합니다. 아브라함은 하나님께서 약속하신 실상을 믿었기에, 독자 이삭을 번제로 바치라는 하나님의 일방적인 명령에 주저 없이 순종하였습니다.

믿음은 실상이고 순종입니다. 믿음은 '여호와 이레'입니다(창 22:14). 실상이 없는 믿음은 진정한 믿음이 아니며, 열매와 기적이 나타나지 않습니다. 무정란을 아무리 품은들 병아리는 나오지 않습니다. 실상은 유정란을 품는 것입니다.

하버드 대학교의 데이비드 맥클레란트 교수는 사회적으로 크게 성공한 사람들의 성격과 기질을 연구했습니다. 그 결과 꾸준히 교류하는 준거집단(소속집단)이 장래의 성공이나 실패를 결정짓는 중요한 요소임을 발견했습니다. 인간관계가 풍부한 사람들과 사귀면 인간관계도 풍부해지고 성공한 사람들과 사귀면 성공할 가능성이 높아진다는 것입니다. 사람은 혼자서는 온전할 수가 없습니다. 적당한 경쟁은 생활의 활력이 됩니다. 혼자서 달리기를 하는 것보다 둘이서 경쟁하며 달릴 때 신이 납니다. 좋은 사람들과 어울려야 합니다. 좋은 사람을 사귀어야 합니다. 사람을 고를 때에는 즐거움만 같이 나눌 사람인지, 아니면 고난까지도 나누어 짊어질 사람인지를 잘 판단하십시오. 마크 트웨인은 "당신의 야망을 꺾으려고 하는 사람을 멀리 하라"고 했습니다.

내 야망을 꺾을 사람은 주위에 많습니다. 열 명의 친구가 이익을 주는 것보다 단 한 명의 적이 더 많이 해칠 수 있습니다. 사람을 사귈 때는 실수하거나 무례할 때에 주저하지 않고 잘못을 지적해 주는 사람과 사귀십시오. 허울만 좋은 관계는 잠깐 동안 뜨겁게 달아오를지 몰라도 머잖아 곧 식어버립니다. 주위에 손바닥을 마주칠 사람이 있어야 합니다. 혼자서 완전한 인간이 되는 길이란 없습니다. 아름다운 인생은 관계 속에서만 열매를 맺습니다. 사람은 자신을 이해해 주는 사람을 따르고 좋아합니다. 이해하면 친구가 됩니다. 오해하면 원수가 됩니다.

여러분이 바라는 실상에 합당한 사람과 함께하십시오. 함께 기도하고 달리는 사람들과 함께하면 인생과 신앙이 달라집니다. 행복해지고 풍성한 열매를 맺게 됩니다. 실상에 도달하기까지는 결코 쉽지 않습니다. 장애물이 여기저기에 많습니다. 방해하는 자들이 생각보다 많은 것입니다. 그러나 여러분은 할 수 있습니다. 믿음을 소유한 성도는 다 참을 수 있고 반드시 승리하게 됩니다.

시편 66편 12절에 "사람들이 우리 머리를 타고 가게 하셨나이다 우리가 불과 물을 통과하였더니 주께서 우리를 끌어내시사 풍부한 곳에 들이셨나이다"라고 하였습니다. 풍부한 곳에 이르기까지는 사람과 불과 물을 통과해야 합니다. 믿음은 바라는 것들의 실상입니다. 여러분의 실상이 풍성한 열매와 축복이 되시기를 축원 드립니다.

2. 보이지 않는 것들의 증거입니다

"믿음은 바라는 것들의 실상이요 보이지 않는 것들의 증거니 선진들이 이로써 증거를 얻었느니라"(1-2절).

믿음은 보이지 않는 것들의 증거라고 하였습니다. 증거의 헬라어 '엥렝코스'는 법률 용어로 사용되기도 하는데 '객관적인 증거, 증명'을 의미합니다. 믿음이 보이지 않는 것들의 확실한 증거임을 말하고 있습니다. 우리는 하나님 나라와 영생을 아직 보지 못했습니다. 그러나 믿음을 통해서 증거를 얻었고, 성령을 통해서 주어집니다. 우리가 하나님 나라에 들어갈 수 있는 것은 장래 일이지만 믿음으로 이미 증거를 받았기에 하나님 나라에 들어간 것과 같은 삶을 살 수 있습니다. 물과 성령으로 거듭난 사람들이 하나님 나라에 들어갈 수 있습니다(요 3:5). 우리는 장차 영생을 얻게 되지만 믿음으로 이미 영생을 받은 자가 되었습니다(요 5:24).

이스라엘 백성들은 하나님의 말씀을 따라 성 주위를 돌았습니다. 그들이 여리고 성 주위를 돌 때 이미 그 성은 무너진 것이나 다를 바 없습니다. 성도는 하나님의 약속을 믿기만 하고 나아가면 되는 것입니다. 믿고 나가면 성벽이 무너지는 증거가 일어납니다. 믿고 나아가면 나아만 장군처럼 문둥병이 깨끗해지는 증거가 나타납니다. 믿고 나아가면 물이 포도주가 되는 증거가 나타납니다. 믿고 나아가면 구원과 영생과 천국의 증거가 나타납니다. 이미 우리 모두는 신앙생활을 하면서 보이지 않는 것들의 증거가 너무나도 많습니다. 수많은 기도의 응답을 이미 받았습니다. 예수 예수 믿는 것은 받은 증거가 많기 때문입니다(찬송 542장).

돈도 없고 학력도 별 볼 일 없는 평범한 남자가 있었습니다. 그런데 이 남자가 어느 날 어떤 결심을 한 뒤에 계속해서 성공을 하기 시작했습니다. 이 남자가 새로운 결심을 한 뒤 11년이 지나고 펩소던트 컴퍼니라는 대그룹의 사장 자리에까지 올랐습니다. 사장의 취임식에서 그는 자신의 성공 비결인 11년 전의 결심이 무엇인지를 밝혔습니다.

"많은 사람들이 저 같은 사람이 어떻게 이런 성공을 거두었는지 궁금해합니다. 저는 11년 전에 한 가지 결심을 했는데, 그것은 일을 중요한 순서대로 처리하는 것이었습니다. 그러나 막상 실천하려니 바쁜 출근시간에 쫓겨 제대로 순서를 정할 수가 없었습니다. 그래서 새벽 5시에 일어나 오늘 가장 중요한 일이 무엇이며, 어떤 순서대로 일을 처리해야 하는지 계획을 세우기 시작했습니다. 그 일의 우선순위는 하나님께서 기뻐하시는 일을 최우선으로 하는 것이었습니다."

하나님께서 기뻐하시는 일을 우선순위에 두면 보이지 않던 것들이 보이게 되고 증거가 나타납니다. 열매가 열리고 응답이 보입니다. 믿음은 보이지 않는 것을 보는 것입니다. 종달새 알에서 종달새의 소리를 듣는 것입니다. 누구도 부정하거나 반대할 수 없는 놀라운 증거들이 생기는 것입니다. 이삭이 하나님을 섬기면서 농사를 지었을 때 백 배의 열매가 맺어졌습니다. 증거가 너무나도 확실하게 보이고 나타났습니다. 오직 믿음으로 살아 보이지 않는 것들의 증거가 계속 나타나기를 축원 드립니다(창 26:12-13).

3. 상 주시는 이심을 믿어야 합니다

"믿음이 없이는 하나님을 기쁘시게 하지 못하나니 하나님께 나아가는 자는 반드시 그가 계신 것과 또한 그가 자기를 찾는 자들에게 상 주시는 이심을 믿어야 할지니라"(6절).

믿음이 있어야 하나님께 나아갈 수 있습니다. 믿음이 있어야 하나님을 기쁘시게 합니다. 하나님이 계신 것을 믿어야 합니다. 하나님을 찾는 자들에게 상 주시는 이심을 믿어야 합니다. 하나님의 상은 다양하고 영원합니다. 각 개인에게 필요한 것을 주시는 맞춤형 상입니다. 하나님이 주시는 기쁨과 즐거움으로 살고, 남을 섬기는 사람은 가장 큰 상을 받는 것입니다. 여러 가지로 하나님을 기쁘시게 하기를 바랍니다. 특별히 믿음으로 하나님을 기쁘시게 하기 바랍니다. 세상적인 방법이 아닌 오직 믿음으로만 하나님을 기쁘시게 할 수 있습니다. 구원과 영생과 면류관의 상을 받으시기 바랍니다.

나이가 많아 은퇴할 때가 된 한 목수가 어느 날 고용주에게 이제 일을 그만두고 남은 삶은 가족과 보내고 싶다고 말했습니다. 고용주가 말렸지만 목수는 "이제 그만두겠습니다" 했습니다. 고용주는 "훌륭한 일꾼을 잃게 되어 무척 유감이다"라고 말하면서 "마지막으로 집을 한 채 더 지어줄 수 있는가?" 하고 물었습니다. 목수는 "물론입니다"라고 대답했지만 그의 마음은 이미 일에서 멀어져 있었습니다.

그는 형편없는 일꾼들을 모으고 조잡한 자재를 사용하여 집을 지었습니다. 집이 완성되었을 때 고용주가 목수에게 현관 열쇠를 쥐어 주면서 "이것은 당신의 집입니다. 오랫동안 당신이 나를 위해 일해 준 보답입니다"라고 말했습니다. 충격적인 일이었습니다. 만일 목수가 자신의 집을 짓는다는 사실을 알았더라면 아마도 그는 완전히 다른 방식으로 집을 지었을 것입니다.

어려운 세상에서 믿음을 지키고 죽도록 충성한 성도들을 하나님은 다 기억하십니다. 다양한 면류관을 주십니다. 생명과 의의 면류관을 주십니다. 하나님은 비교할 수 없는 영광의 상을 주십니다. 불 가운데서 받은 것 같은 부끄러운 구원이 되어서는 안 됩니다(고전 3:15). 지금은 힘들고 어렵고 고난이 있어도 반드시 상 주시는 하나님을 믿으면서 끝까지 충성하는 성도들이 되시기를 축원 드립니다.

사랑하는 번동 가족 여러분!
믿음은 바라는 것들의 실상이며 보이지 않는 것들의 증거입니다. 믿음으로 충성한 성도는 반드시 하나님의 상을 받게 됩니다. 아벨과 에녹과 노아와 아브라함처럼 오직 믿음으로 살아서, 세상 속으로 들어가 세상을 변화시키며 죽어 가는 사람들을 구원하는 우리 교회와 성도들이 되시기를 축원 드립니다.

네가 형통하리라

여호수아 1:1-9

¹여호와의 종 모세가 죽은 후에 여호와께서 모세의 수종자 눈의 아들 여호수아에게 말씀하여 이르시되 ²내 종 모세가 죽었으니 이제 너는 이 모든 백성과 더불어 일어나 이 요단을 건너 내가 그들 곧 이스라엘 자손에게 주는 그 땅으로 가라 ³내가 모세에게 말한 바와 같이 너희 발바닥으로 밟는 곳은 모두 내가 너희에게 주었노니 ⁴곧 광야와 이 레바논에서부터 큰 강 곧 유브라데 강까지 헷 족속의 온 땅과 또 해 지는 쪽 대해까지 너희의 영토가 되리라 ⁵네 평생에 너를 능히 대적할 자가 없으리니 내가 모세와 함께 있었던 것같이 너와 함께 있을 것임이니라 내가 너를 떠나지 아니하며 버리지 아니하리니 ⁶강하고 담대하라 너는 내가 그들의 조상에게 맹세하여 그들에게 주리라 한 땅을 이 백성에게 차지하게 하리라 ⁷오직 강하고 극히 담대하여 나의 종 모세가 네게 명령한 그 율법을 다 지켜 행하고 우로나 좌로나 치우치지 말라 그리하면 어디로 가든지 형통하리니 ⁸이 율법책을 네 입에서 떠나지 말게 하며 주야로 그것을 묵상하여 그 안에 기록된 대로 다 지켜 행하라 그리하면 네 길이 평탄하게 될 것이며 네가 형통하리라 ⁹내가 네게 명령한 것이 아니냐 강하고

담대하라 두려워하지 말며 놀라지 말라 네가 어디로 가든지 네 하나님 여호와가 너와 함께 하느니라 하시니라

연세가 지긋한 노인이 값이 비싸 보이는 도자기를 들고 조심스럽게 길을 가고 있었습니다. 길을 지나가는 사람들이 그 도자기를 보고 아름다움에 놀라 모두 감탄했습니다. 그런데 길을 조심스럽게 가던 노인이 그만 돌부리에 걸려 몸을 휘청거리다가 길바닥에 넘어지고 말았습니다. 그 바람에 들고 있던 귀한 도자기가 땅에 떨어져 산산조각이 나고 말았습니다. 지나가던 사람들은 안타까운 눈빛으로 노인을 바라보았습니다.

그러나 노인은 담담한 표정으로 툭툭 털며 자리에서 일어났습니다. 그리고 깨진 도자기 조각들을 조심스럽게 치우더니 아무 일도 없었다는 듯 다시 길을 갔습니다. 그때 이 모습을 본 한 젊은이가 노인에게 다가가 물었습니다.

"어르신, 제가 보기에 상당히 값나가는 도자기인 것 같은데, 그 보물 같은 귀한 것을 깨뜨리고 어찌 뒤도 안 돌아보고 담담하게 가실 수 있습니까?"

그러자 노인은 허허 웃으며 말했습니다.

"이미 깨어진 도자기를 보고 아무리 후회한들 그 무슨 소용이 있겠습니까? 뒤늦게 후회하느니 차라리 앞을 잘 보고 조심하며 걸어가는 것이 더 낫지 않겠습니까."

우리는 후회 없는 일만 하며 살아갈 수는 없습니다. 다만 그 후회를 교훈으로 삼고 착실하게 앞을 보며 걸어가는 것이 중요합니다. 삶은 뒤를 보는 것이 아니라 앞을 보며 달려가는 긴 여정이기 때문

입니다. 흘러간 물로는 결코 물레방아를 돌릴 수 없습니다. 손에 쟁기를 잡고 뒤를 돌아보지 마십시오. 오직 앞으로만 나아가십시오.

이스라엘 백성에게 슬픔이 찾아왔습니다. 40년간이나 그들을 이끌던 지도자 모세가 죽었기 때문입니다. 가나안 입성을 앞두고 일어난 일이었기에 큰 충격과 아픔이었습니다. 이러한 상황에서 하나님은 새로운 지도자 여호수아를 지목하셨습니다. 가나안까지 이스라엘 백성들을 인도하시는 하나님의 계획은 계속되었습니다.

이렇게 어려운 순간에 하나님은 여호수아를 향해서 "강하고 담대하라"(6, 7, 9절)고 세 번이나 거듭 말씀하셨습니다. 그만큼 중요하고 어렵기 때문입니다. 예전이나 오늘이나 강하고 담대하지 않으면 아무런 일도 할 수 없습니다. "강하고 담대하라"는 말씀은 이 시대를 두렵게 살고 있는 우리 한 사람 한 사람을 향하여 주시는 하나님의 말씀이고, 명령이며, 약속입니다. 강하고 담대해야 형통하기 때문입니다. 두렵고 떨면 만사 불통입니다. 이 시간 하나님의 형통한 은혜가 넘치시기를 축원 드립니다.

1. 슬픔의 자리에서 일어나라

"내 종 모세가 죽었으니 이제 너는 이 모든 백성과 더불어 일어나 이 요단을 건너 내가 그들 곧 이스라엘 자손에게 주는 그 땅으로 가라"(2절).

모세의 임종 시기는 주전 1405년경으로 추정할 수 있습니다. 모세의 죽음은 신명기의 마지막 부분인 34장에 언급되어 있습니다. 여호수아는 40년 동안 모세의 보좌관이었습니다. 여호수아가 성경 역사의 표면에 처음 나타난 것은 출애굽 직후 아말렉과 맞붙은 르비딤 전투에서였습니다.

그때 이후 그는 시내 산 율법 수여 시 모세와 동행했고, 가나안 정탐 시에는 갈렙과 더불어 신앙적 보고를 하며 모세 곁에서 충실히 모세를 보좌하면서, 이스라엘의 차기 지도자로서의 수업을 쌓아갔습니다. 마침내 모세 말년에 하나님께서 모세의 후계자로 여호수아를 공식 지명하여 이스라엘을 이끌고 요단강을 건너게 하셨습니다.

모세가 약속의 땅 가나안에 들어가지 못하고 죽은 것은 가데스에서의 비신앙적 행위 때문이었습니다(민 20:10-12). 모세가 죽었으나 하나님은 여호수아를 향하여 모든 백성들과 더불어 일어나 요단강을 건너 가나안 땅으로 들어가라고 하셨습니다. "일어나"의 히브리어 '쿰'은 신체적 행위를 뜻할 때 사용되는 동사이지만, 군사적 개념으로 자주 사용되어 전쟁을 위한 준비와 전쟁 수행과 전쟁의 승리를 뜻하기도 합니다. 요단강은 해발 2,852미터인 헬몬 산에서 발원하여 갈릴리 호수까지 23킬로미터를 흐르고, 다시 사해까지 104킬로미터를 흘러내려가는 팔레스타인 최대의 강입니다.

하나님은 모세가 죽은 슬픔 가운데 있는 여호수아를 향하여, 모든 백성과 더불어 일어나 요단강을 건너 가나안 땅으로 가라고 명령하셨습니다. 하나님이 일어나라고 하시면 반드시 일어나야 합니다. 더 이상 엎드리거나 누워 있거나 울고 있으면 안 됩니다. 가장 어려울 때 정신을 차려야 새로운 기회를 잡게 되는 것입니다.

요즘 미국의 정신병원에서는 우울증 환자들을 치료하기 위해서 약물치료보다는 소위 '감사치유법'을 더 많이 사용한다고 합니다. 환자들로 하여금 자신의 삶에서 감사한 일들을 찾아내게 하고, 감사를 회복하도록 돕는 것입니다. 그런데 놀랍게도 약물치료와 함께 이 감사치유법을 시행하면 훨씬 더 효과가 탁월하다는 것입니다. 이 감사치료법은 단지 정신과적인 치료에만 효과가 있는 것이 아니라 육체의 질병에도 대단한 효과가 있다고 합니다.

일본 해군 장교인 가와가미 기이찌 씨는 2차 세계 대전이 끝난 후 고향에 돌아오고 나서 하루하루 사는 것이 짜증이 났고 불평불만이 쌓여 갔습니다. 결국 그는 전신이 굳어져 조금도 움직일 수 없는 불치병에 걸리고 말았습니다. 그때에 그는 정신 치료가인 후찌다 씨를 만나게 되었습니다. 후찌다 씨는 그에게 "매일매일 하나님께 '감사합니다'라는 말을 반복하세요"라고 처방했습니다. 기이찌 씨는 자리에 누운 채로 매일 계속해서 "감사합니다"라는 말만 계속했습니다. 이렇게 매일 "감사합니다"를 했기 때문에 감사가 몸에 배여 있게 되었습니다.

어느 날 아들이 두 개의 감을 사와서 "아버지, 감을 잡수세요"라고 말했는데, 그때 아들에게 '감사합니다'라고 말하면서 손을 내밀었는데 신기하게도 손이 움직였고, 뻣뻣하게 굳어져 있었던 목도 차츰 움직여지게 되었습니다. 말로만 하던 감사가 실제 감사가 되었고, 불치병도 깨끗이 낫게 한 것입니다. 감사의 능력이고 기적입니다.

세상에 어려움과 아픔과 슬픔이 없는 사람은 없습니다. 그러나 그 자리에 주저앉아 있는 사람과 그 자리에서 일어나는 사람이 있을 뿐입니다. 하나님께서 여호수아와 이스라엘 백성들을 향하여, 모세가 죽은 슬픔의 자리에서 더 이상 슬퍼하고 울며 낙심하지 말고 '일어나' 요단을 건너 가나안 땅으로 가라고 말씀하셨던 것같이, 오늘 우리의 아픔과 고통과 좌절과 실패의 자리에서 일어나 요단강을 건너 약속의 땅 가나안으로 가라고 하시는 하나님의 음성에 아멘으로 순종하여, 하나님의 형통케 하시는 기적과 은혜를 체험하시기를 축원 드립니다.

2. 사람은 죽으나 하나님은 영원하시다

"네 평생에 너를 능히 대적할 자가 없으리니 내가 모세와 함께 있었던 것같이 너와 함께 있을 것임이라 내가 너를 떠나지 아니하며 버리지 아니하리니"(5절).

하나님의 종 모세는 120살에 죽었지만 이스라엘의 운명이 중단되거나 끝난 것이 아닙니다. 언제나 새로운 시작입니다. 가나안 입성이라는 민족적 대과제이자 하나님의 계획은 여호수아를 통해서 계속 진행됩니다. 인간에 의해서 하나님의 계획이 변경되거나 중단되지 않습니다. 비록 모세의 죽음으로 인해서 이스라엘 백성들의 슬픔과 좌절이 있지만, 새로운 지도자 여호수아를 중심으로 가나안을 향하여 계속 전진하는 것입니다. 하나님은 언제나 인간의 상황을 초월하여 자신의 계획을 이르시기 위한 환경과 도구와 사람을 준비하십니다. 진정 일꾼과 사람과 지도자는 바뀌고 죽지만 하나님의 역사는 계속됩니다. 하나님은 늙거나 죽지 않으십니다.

하나님 앞에 모든 인간은 아기이며 어린이에 불과합니다. 모든 사람은 하나님 앞에서 겸손해야 하며, 지금 쓰임 받는 사실에 대하여 눈물겹도록 감사해야 합니다. 많고 많은 사람들 중에서 나를 하나님의 도구로 써주심을 찬양해야 합니다. 하나님이 이제는 '그만' 하라고 하시는 그 순간까지 죽도록 충성해야 합니다.

아프리카에서 남편과 함께 52년이나 선교를 한 엘라라는 분이 있었습니다. 타는 듯한 무더위와 불편한 환경 속에서도 그녀는 세상을 떠나는 날까지 원주민들에게 복음을 전했고, 불편한 생활이나 상황에 대해서 한마디도 불평을 하지 않았습니다. 엘라의 딸 미미는 어머님이 불평을 하는 모습을 단 한 번도 본 적이 없었다고 말할 정도였습니다. 그리고 그녀가 하늘나라로 떠난 뒤에 유품에서 발견된 한 수첩에 다음과 같이 적혀진 네 가지 좌우명을 발견할 수 있었습니다.

첫째, 하루의 어떤 상황에 대해서도 불평하지 않겠습니다.

둘째, 더 좋은 환경이나 다른 장소에 있는 나의 모습을 그리지 않겠습니다.

셋째, 나의 몫을 남의 것과 비교하지 않겠습니다.

그리고 '그때 이렇게 했더라면'이라고도 인생을 가정하지 않겠습니다.

넷째, '내일'은 하나님께 속한 것이지 내게 속한 것이 아님을 기억하겠습니다.

하나님의 관점으로 환경과 인생을 바라보았기에 평생 불평을 하지 않을 수 있었던 것입니다. 만족스럽지 못한 삶에 불평하고 있다면, 그런 마음마저도 하나님께 내려놓아야 합니다. 모든 것은 하나님께 속한 것임을 기억하십시오. 반드시 하나님께서 좋은 것으로 채워주십니다.

모든 인간은 자신의 한계를 알아야 합니다. 시간과 능력과 영역에서 자신의 위치를 알고 최선을 다해야 합니다. 불편해도 불평하지 말아야 합니다. 불평은 불신앙이고, 불행이고, 습관이고, 지옥입니다. 불평하면 사람과 하나님은 떠납니다. 은혜와 축복도 저주가 됩니다.

모세에게도 120세라는 제한이 있었고, 느보 산이라는 마지막 봉우리가 있었습니다. 가나안은 그의 영역이 아니었습니다. 여호수아의 영역이었습니다. 하나님이 맡겨 주신 영역을 넘어선 욕심을 버려야 합니다. 내가 다 할 수 있고, 나 아니면 안 된다는 착각과 교만도 버려야 합니다. 나 아니면 모든 것이 더 잘될 수 있습니다. 감사와 죄스러운 마음으로 충성해야 합니다. 영원하신 하나님 앞에 겸손하게 충성하여 형통한 성도가 되시기를 축원 드립니다.

3. 하나님 말씀에 절대적으로 순종하라

"오직 강하고 극히 담대하여 나의 종 모세가 네게 명령한 그 율법을 다 지켜 행하고 우로나 좌로나 치우치지 말라 그리하면 어디로 가든지 형통하리니 이 율법책을 네 입에서 떠나지 말게 하며 주야로 그것을 묵상하여 그 안에 기록된 대로 다 지켜 행하라 그리하면 네 길이 평탄하게 될 것이며 네가 형통하리라"(7–8절).

신앙은 말씀입니다. 강하고 담대함의 근원과 뿌리도 말씀입니다. 말씀이 부족하거나 없으면 아무리 강하고 담대하려고 해도 불안과 두려움에 사로잡히게 됩니다. 하나님의 말씀을 다 지켜 행하고, 치우치지 말고, 입에서 떠나지 말게 하며, 주야로 묵상하며 기록된 대로 다 지켜 행하라고 하였습니다. 그리하면 형통하리라고 하셨습니다. 하나님의 말씀을 듣고, 읽고, 암송하고, 묵상하고, 순종하며, 전파해야 합니다. 하나님의 말씀을 거역하거나 불순종하는 성도가 아닌 절대적으로 순종하는 성도가 되면 반드시 형통하게 됩니다. 어디를 가든지 무엇을 하든지 형통한 축복을 받게 됩니다.

옛날 미국의 청교도 역사 속에 이런 이야기가 있습니다. 뉴잉글랜드의 한 동네에서 함께 자란 두 사람이 있었습니다. 청교도인 조나단 에드워드와 불신자 맥스 쥬크입니다. 조나단 에드워드는 독실한 신앙의 여인과 결혼해서 가정을 이룹니다. 그런데 맥스 쥬크는 방탕한 여인과 결혼합니다. 그 후 두 가문은 전혀 다른 길을 걷게 됩니다.

두 사람의 가계를 추적한 연구 결과입니다. 신앙의 가정을 이루었던 조나단 에드워드는 오늘날까지 617명의 후손을 두었는데, 그중에 대학 총장을 지냈던 사람이 12명, 교수가 75명, 의사가 60명, 성직자가 100명, 군대 장교가 75명, 저술가가 80명, 변호사가 100명, 판사가 30명, 공무원이 80명, 하원의원이 3명, 상원의원이 1명이었습니다. 그리고 미국의 부통령을 1명 배출했습니다.

그러나 불행하게도 불신앙의 가정을 이루었던 맥스 쥬크는 에드워드 가계보다 두 배나 더 많은 1,292명의 후손을 두었는데, 유아에 사망한 사람이 309명, 직업적인 거지가 310명, 불구자가 440명, 매춘부가 50명, 도둑이 60명, 살인자가 70명, 그저 그렇고 그런 사람이 53명이었습니다. 세계 역사를 봐도 이런 증거가 수두룩합니다.

영국을 보아도 그들은 본래 섬나라 해적들이었습니다. 그들이 대륙을 침략해서 크리스천 귀부인들을 납치해 갔습니다. 그런데 그 부인들이 자식을 낳아 해적 민족인 영국을 신앙을 가진 민족과 신사 나라로 만들었습니다. 후에 영국의 청교도가 신앙을 찾아 신대륙으로 가서 신앙으로 나라를 일으켰는데, 그 나라가 바로 미국입니다.

그러나 남미는 유럽인들이 세웠지만 가난합니다. 왜냐하면 그들은 신앙이 아니라 금과 보석을 얻기 위해 찾아가 나라를 세웠기 때문입니다. 우리나라도 마찬가지로 남한과 북한의 차이가 무엇입니까? 옛날에는 북한이 남한보다 더 잘살던 시절도 있었습니다. 그런데 왜 이렇기 격차가 생겼습니까? 정치도 문제지만 그 이전에 영적인 문제가 있습니다. 북한은 우상 숭배의 땅입니다. 남한은 교회가 있고, 성도들이 있습니다. 이것이 가장 큰 차이점입니다.

맥스 쥬크나 북한처럼 우상을 섬기고 물질 중심의 삶을 살면 저주받고 가난하지만, 조나단 에드워드나 남한처럼 하나님을 섬기고 영적으로 충간하면 축복받고 행복한 삶을 살게 됩니다. 하나님 말씀에 절대 순종하고 충만하면 하나님이 기뻐하시고 반드시 축복해 주십니다. 여호수아처럼 하나님 말씀에 절대 순종함으로 형통한 은혜를 받으시기를 축원 드립니다.

사랑하는 번동 가족 여러분!

불안하고 두려운 시대를 살고 있습니다. 그러나 슬픔의 자리에서 일어서십시오. 사람은 죽으나 하나님은 영원하십니다. 하나님 말씀에 절대 순종하십시오. 그래서 강하고 담대하여 하나님이 주시는 형통의 복이 임하시기를 축원 드립니다.

자신을 버리신 하나님의 아들

갈라디아서 2:20-21

²⁰내가 그리스도와 함께 십자가에 못 박혔나니 그런즉 이제는 내가 사는 것이 아니요 오직 내 안에 그리스도께서 사시는 것이라 이제 내가 육체 가운데 사는 것은 나를 사랑하사 나를 위하여 자기 자신을 버리신 하나님의 아들을 믿는 믿음 안에서 사는 것이라 ²¹내가 하나님의 은혜를 폐하지 아니하노니 만일 의롭게 되는 것이 율법으로 말미암으면 그리스도께서 헛되이 죽으셨느니라

링컨 대통령은 자기의 명령에 불복종하는 장관들 때문에 좌절과 분노를 느끼면 그 사람들 앞으로 온갖 욕설과 비난을 퍼붓는 편지를 쓰곤 했습니다. 그리고 편지를 부치기 직전에 갈기갈기 찢어 쓰레기통에 버림으로써 자신을 괴롭히는 부정적인 감정을 털어냈다고 합니다. 자신만의 방법으로 분노와 증오를 극복하십시오.

미국 독립운동을 선동하였던 패트릭 헨리(Patrick Henry, 1736-1799)는 "자유가 아니면 죽음을 달라"고 외침으로써 자유의 귀중함을 역설하였습니다. 인간은 누구나 자유와 행복과 평안을 원합니다. 그러나 이것은 인간의 방법이나 인위적인 것으로는 결코 얻어질 수 없습니다. 자신을 버리신 하나님의 아들 예수 그리스도를 통해서만 가능한 것입니다. 종려주일과 고난주간을 맞이하여 우리 죄와 구원을 위하여 십자가를 지신 예수 그리스도를 믿고 만남으로 구원과 영생의 은혜를 누리는 성도들이 되시기를 축원 드립니다.

1. 예수 그리스도께서 십자가에 못 박히셨습니다

"내가 그리스도와 함께 십자가에 못 박혔나니 그런즉 이제는 내가 사는 것이 아니요 오직 내 안에 그리스도께서 사시는 것이라 이제 내가 육체 가운데 사는 것은 나를 사랑하사 나를 위하여 자기 자신을 버리신 하나님의 아들을 믿는 믿음 안에서 사는 것이라"(20절).

"내가 그리스도와 함께 십자가에 못 박혔나니"라고 하였습니다. 그리스도의 죽으심이 초대교회 가르침의 초점이었습니다. 이는 예수님을 핍박했던 바울 자신의 개인적인 삶의 변화와 율법으로부터 단절되었다는 신학적인 논증을 나타냅니다. 그토록 교만하고 자존심 강한 유대인 중에 유대인이며 바리새인 중에 바리새인이었던 바울이 예수와 함께 죽었다고 고백하는 것은, 유대교에 철저했던 그에게 있어 존재의 모든 삶과 사랑에 대한 부정이며, 새로운 삶을 향한 전환을 이루는 엄청난 변화입니다. 이 변화된 삶은 그리스도께서 지셨던 십자가를 지고 고난 가운데서도 자기를 부인하며 그리스도를 따르는 제자의 삶입니다.

  그러나 그리스도와 함께 죽은 이후에, 그가 지고 가는 십자가는 궁극적으로 고통의 삶이 아니라 오히려 영광과 승리의 삶이었습니다. "함께 십자가에 못 박혔나니"의 헬라어 '쉬네스타우로마이'는 성도가 그의 십자가를 짐으로써 그리스도의 죽음에 영적으로 동참했음을 의미합니다. 예수 그리스도께서 인간의 죄를 위해서 십자가에 못 박히심은 역사적인 사건이었습니다. 이것은 부인할 수 없는 역사 속에서 이루어진 분명한 사건입니다. 하나님의 아들이 십자가에서 죽으신 것입니다. 자신의 죄가 아닌 온 인류의 죄를 대신하여 죄 없으신 예수님이 십자가 위에서 죽으신 것입니다. 이것이 기독교입니다. 여기에 구원이 있습니다.

  훌륭한 화가는 언제 붓을 거두어야 하는 줄 알고, 훌륭한 지휘자는 어떻게 연주를 마무리해야 하는 줄 압니다. 이렇듯 우리의 삶도 어떻게 정리하고 마감하느냐를 알아야 합니다. 이를 위하여 삶의 길에서 남기지 말 것과 남길 것을 알아야 합니다.

  첫째는, 아쉬움을 남기지 말고 기쁨을 남겨야 합니다.

  우리는 때때로 놓친 고기를 아쉬워합니다. 하지만 놓친 고기는 본래 내 것이 아니었기에 내게 오지 않은 것일 뿐입니다.

  둘째는, 후회를 남기지 말고 참회를 남겨야 합니다.

  "그렇게 했으면 좋았을 것을!" "나는 왜 이렇단 말인가?" 하는 후회나 자탄을 남기지 마십시오. 후회는 삶에 실재하는 현실이 아니라 망상이며 나약함의 증거일 뿐입니다. 후회는 후회를 낳고 매순간 삶의 밑바닥에 구멍을 내버립니다. 과거는 이미 지나갔으니 후회를 버리고 참회를 하십시오. 참회는 과거를 벗고 새 날을 새롭게 맞도록 하는 영적인 힘과 은총을 얻게 합니다.

셋째는, 치적을 남기려 말고 감사를 남겨야 합니다.

자화자찬으로 치적을 남기려는 것은 영적 빈곤을 드러내는 것이며, 삶의 깊음과 은층의 높음을 알지 못하기 때문에 비롯된 것입니다. 살아서 스스로 동상을 세운 이들이 어떠한 최후를 맞이하였는가를 생각해 보십시오. 높은 하나님의 은총을 아는 이에게 남는 것은 감사뿐입니다.

나를 죄에서 구원하시기 위해 친히 십자가 위에서 고통을 당하시고 죽으신 예수님을 믿어야 합니다. 이 예수님을 기쁨과 회개와 감사함으로 목숨을 다하여 믿고 충성하는 성도들이 되시기를 축원 드립니다.

2. 예수 그리스도께서 나를 사랑하십니다

"내가 그리스도와 함께 십자가에 못 박혔나니 그런즉 이제는 내가 사는 것이 아니요 오직 내 안에 그리스도께서 사시는 것이라 이제 내가 육체 가운데 사는 것은 나를 사랑하사 나를 위하여 자기 자신을 버리신 하나님의 아들을 믿는 믿음 안에서 사는 것이라"(20절).

20절 중반절에 "나를 사랑하사 나를 위하여 자기 자신을 버리신 하나님의 아들"이라고 하였습니다. 예수 그리스도께서 하늘 보좌를 포기하고 인간의 몸으로 말구유에 나셨고 십자가를 지고 죽으신 것은, 모든 인간을 사랑하셨기 때문입니다. 나를 위하여 자신을 버리신 것입니다. 내 이름을 넣어 외쳐보시기 바랍니다.

'000을 사랑하사 0○0을 위하여 자신을 버리시고 십자가에서 죽으

신 것입니다.'

　예수님은 사랑 때문에 오셨고, 사랑 때문에 죽으셨습니다.

　사랑은 죽음보다 강한 것입니다. 이 사랑을 우리가 받았습니다. 이 예수님의 사랑 때문에 오늘 우리가 여기에 있는 것이고 성찬식에 참여하는 것입니다. 우리 모두는 보통 존재가 아니라 이토록 예수님의 큰 사랑을 받고 있는 존재입니다.

　우리는 남에게 나를 드러내기를 좋아합니다. 그러나 우리가 아무리 위대해진다 해도 저 높은 하늘에서 내려다보면 아주 작은 좁쌀 개미보다도 더 작은 존재에 불과할 뿐입니다. 그럼에도 우리는 서로 누가 위대한가를 판단하고 싶어 합니다. 자기 업적과 자기가 한 일을 드러내고 싶어 합니다. 하지만 자신의 실수나 실패는 결코 시인하고 싶어 하지 않습니다.

　"만일 여러분이 나의 마지막 날을 나와 함께 있게 된다면 장례식을 길게 하지 마십시오. 노벨상을 받았다는 이야기도 할 필요가 없습니다. 다만 킹 목사는 남에게 봉사하는 일을 힘써 했다고 말해 주십시오. 생명을 주기 위해 애쓰고, 먹을 것을 주기 위해 애쓰고, 입을 것을 주기 위해 애쓰고, 돌보아 주기 위해 애쓰고, 봉사하기 위해 노력했다고만 말해 주십시오. 나는 단지 그것으로 족합니다."

　마틴 루터 킹 목사의 마지막 설교의 한 대목입니다. 무언가 대가를 바라지 않고 남에게 도움이 되는 일을 할 수 있다면, 그 일이야말로 참으로 아름답고 보람되며 기쁜 일이라 하지 않을 수 없습니다. 나를 내세우지 않으면서 남에게 도움이 된다면, 내 마음은 이미 뿌듯해지고 행복해지기 시작합니다. 나를 채우려고만 할 것이 아니라 나를 조금씩 깎아서 남에게 베풀며 살 수 있다면 좋겠습니다. 하지만 마음으로는 쉬운데 실행하기는 왜 그리 어려운지요. 나로 인해 웃을 수 있는 얼굴들이 많아졌으면 좋겠습니다.

예수 그리스도께서 우리를 사랑하고, 우리를 위하여 십자가에서 죽으셨습니다. 사랑하면 섬기고, 충성하고, 참고, 죽을 수 있습니다. 예수 그리스도께서 자격 없는 우리를 사랑하셔서 죽으신 것처럼 우리의 남은 생애를 여수님과 교회와 사명과 이웃을 위해 사랑하며 삽시다. 예수 그리스도의 사랑하심을 믿고 감사하고, 나누고, 전하며, 예수님처럼 살아가는 성도들이 되시기를 축원 드립니다.

3. 예수 그리스도를 믿음으로 의롭게 됩니다

"내가 하나님의 은혜를 폐하지 아니하노니 만일 의롭게 되는 것이 율법으로 말미암으면 그리스도께서 헛되이 죽으셨느니라"(21절).

그리스도와 함께 십자가에 못 박혀 죽은 성도들은 그리스도의 부활과 함께 다시 삽니다. 사람이 의롭게 되는 것이 율법으로 말미암으면 그리스도의 십자가의 죽음은 헛된 것입니다. 하나님의 은혜는 독생자 그리스도를 세상에 보내신 것입니다. 그리스도의 은혜는 예수님이 십자가에 죽으심을 믿는 사람들을 구원하신 것입니다. 그러므로 그리스도의 죽음을 헛되게 만드는 것은 하나님의 은혜를 폐하는 이단입니다.

그리스도를 믿음으로만 의롭게 되는 것이 성경이고, 복음이고, 은혜입니다. '은혜'의 헬라어 '자린'은 하나님이 주시는 값없는 선물입니다. 너무 귀하고, 비싸고, 누구도 값을 지불할 수 없기에 거저 주시는 선물이고, 공짜입니다. 율법으로 구원을 얻는다고 하는 것은 예수님을 다시 십자가에 죽이는 것입니다. 하나님의 값없이 주시는 은혜를 배반하고 쏟아버리는 불신이고 배신행위입니다. 이해가 안 되어도 예수 그리스도를 믿으면 의롭게 되고, 구원받고, 기적이 일어납니다.

미국의 실업가 중에 '스탠리 탠'이라는 박사가 있습니다. 그는 회사를 크게 세우고 돈을 많이 벌어서 유명하게 되었는데, 1976년에 갑자기 병이 들었습니다. 척추암 3기라는 진단을 받았습니다. 당시 척추암은 수술로도 약물로도 고치기 힘든 병이었습니다. 이 사실이 알려지자 사람들은 그가 절망 가운데 곧 죽을 것이라고 생각하였는데, 몇 달 후에 그가 병상에서 자리를 툭툭 털고 일어나 다시 출근했습니다. 사람들은 깜짝 놀라서 "아니, 어떻게 병이 낫게 된 것입니까?" 하고 물었습니다. 그러자 스탠리 탠은 "아 네, 전 하나님 앞에 감사만 했습니다. 그랬더니 병이 다 나았습니다" 하고 대답하였습니다. 그는 이렇게 기도했다고 고백했습니다.

"하나님, 병들게 된 것도 감사합니다. 병들어 죽게 되어도 감사합니다. 하나님, 죽음 앞에서 하나님께 감사하는 믿음을 주셔서 감사합니다. 살려 주셔도 감사하고, 죽어도 감사합니다. 하나님, 무조건 감사합니다."

매 순간마다 감사하고 감사했더니 암 세포는 없어졌고 건강을 되찾게 되었습니다. 그가 다시 회복하게 된 것은 '감사' 때문이었습니다.

하나님을 믿음은 곧 감사입니다. 예수님의 십자가 구원의 은혜를 감사하는 것입니다. 믿음은 기적이고 감사입니다. 이것이 믿어지는 것이 최고의 축복이고 선물입니다. 믿음은 여리고 성도 무너뜨리고, 홍해를 육지로 만들고, 물을 포도주로 만들고, 죽은 자도 살립니다.

믿음의 사람은 어떤 상황에서도 감사하고 시선을 하나님께 둡니다. 믿음으로 죄 사함 받고, 천국 가고, 의의 면류관을 받게 됩니다. 믿음으로 의롭게 된 것을 믿고, 감사하고, 선포하며, 찬양하는 성도들이 되시기를 축원 드립니다.

사랑하는 번동 가족 여러분!
오늘 종려주일에 예수 그리스도께서 십자가에 못 박히신 것을 믿고, 사랑하며, 감사하시기를 바랍니다. 성찬의 놀라운 은혜가 모두에게 임하시기를 축원 드립니다.

세상 끝날까지(마태복음 28:16-20)
풍부한 곳으로(시편 66:10-12)
그리스도의 일꾼(고린도전서 4:1-5)
높으신 하나님(이사야 55:6-13)
미쁘신 하나님(고린도전서 10:1-13)
천국에서 큰 자니라(마태복음 18:1-6)
행복한 가정(골로새서 3:18-21)
기도의 사람이 됩시다(다니엘 6:10)
빛과 소금이 되라(마태복음 5:13-16)
축복의 선택(여호수아 8:30-35)
마음으로부터 용서하라(마태복음 18:21-35)
이삭의 르호봇(창세기 26:12-22)
영혼의 목자와 감독(베드로전서 2:18-25)

세상 끝날까지

마태복음 28:16-20

[16]열한 제자가 갈릴리에 가서 예수께서 지시하신 산에 이르러 [17]예수를 뵈옵고 경배하나 아직도 의심하는 사람들이 있더라 [18]예수께서 나아와 말씀하여 이르시되 하늘과 땅의 모든 권세를 내게 주셨으니 [19]그러므로 너희는 가서 모든 민족을 제자로 삼아 아버지와 아들과 성령의 이름으로 세례를 베풀고 [20]내가 너희에게 분부한 모든 것을 가르쳐 지키게 하라 볼지어다 내가 세상 끝날까지 너희와 항상 함께 있으리라 하시니라

시간의 두 얼굴이라는 글입니다.

"가장 현명한 시간은 위기를 슬기롭게 극복하는 시간이고, 가장 명예로운 시간은 남을 위해 봉사하는 시간이다. 가장 미련한 시간은 사소한 일도 처리하지 못하는 시간이고, 가장 떳떳한 시간은 잘못을 스스로 인정하는 시간이다. 가장 분한 시간은 모욕을 당하는

시간이며, 가장 비굴한 시간은 변명을 늘어놓는 시간이다. 가장 겸손한 시간은 분수에 맞게 행동하는 시간이고, 가장 낭비하는 시간은 방황하는 시간이다. 가장 자유로운 시간은 규칙적인 시간이며, 가장 억압받는 시간은 죄를 짓고 쫓기는 시간이다. 가장 파렴치한 시간은 남에게 피해를 끼치는 시간이고, 가장 쓸모없는 시간은 무사안일한 시간이다. 가장 불쌍한 시간은 구걸하는 시간이고, 가장 많은 시간은 사소한 시간을 활용하여 얻은 시간이다. 가장 가치 있는 시간은 최선을 다한 시간이고, 가장 소중한 시간은 바로 지금 이 순간이다."

우리의 시간을 하나님께 드리는 것은 시간을 영원으로 바꾸는 가장 지혜롭고 가치 있는 시간입니다. 인간의 역사 안으로 들어오셔서 상식과 경험을 깨뜨리고 부활하신 예수님을 믿고 찬양합시다. 부활하신 예수님은 우리만 버려두지 아니하시고 세상 끝날까지 너희와 항상 함께 계신다고 약속하셨습니다. 임마누엘의 예수님이십니다. 부활하신 예수 그리스도를 믿고 찬양하는 축제의 부활주일이 되시기를 축원 드립니다.

1. 부활하신 예수님

"열한 제자가 갈릴리에 가서 예수께서 지시하신 산에 이르러 예수를 뵈옵고 경배하나 아직도 의심하는 사람들이 있더라"(16-17절).

예수님의 부활하심을 부인하고 은폐하기 위하여 기절설, 도난설을 주장하기도 한 군병들에게 돈을 주면서 입을 막고, 총독에게도 거짓말을 하고, 문제가 생기면 다 해결하겠다고 하였습니다. 예수님의 부활은 역사적인 사실입니다. 예수님은 우리 시간으로 금요일 오전 9시에 십자가에 못 박히신 후 그날 오후 3시에 운명하셨습니다. 그리고 그날 저녁에 아리마대 요셉이 예수님의 시신을 무덤에 장사지냈습니다.

당시 근동 지역에서는 죽은 사람의 시체를 사망 당일이나 사망 후 24시간 이내에 속히 매장하였는데, 이는 위생 문제에서 기인하였겠지만 시체에 접촉되면 부정하게 된다는 사실에 대한 두려움 때문이기도 하였습니다. 특히 예수님께서 십자가에 달리신 때는 바로 유월절이 시작되기 직전이었기 때문에 더욱 급히 장사를 서둘러야 했습니다. 이렇게 장사되신 후 다음 날 곧 토요일은 유월절이자 안식일이었습니다.

본문의 부활 기사는 안식 후 첫날, 곧 오늘날의 주일에 일어난 이야기입니다. 예수님께서 부활하신 시간을 대략 오전 6시경으로 보면 주님이 운명하시고 부활하시기까지는 50시간 정도가 흘렀습니다. 일수로는 금요일에서 주일까지 사흘이 되는 시간입니다. 예수님의 부활은 인간의 합리적 이성으로는 도무지 이해할 수 없는 초자연적인 하나님의 권능에 속한 일입니다. 믿음이 결여된 자는 종교적이고 정치적 기득권을 수호하기에 연연했던 당시의 산헤드린 공회원들이나 돈에 눈이 먼 로마 군병들과 마찬가지로 예수님의 부활 역사를 부인하게 마련입니다. 그러나 인간의 육신을 입고 이 세상에 오신 예수님이 바로 천지만물을 주관하시고, 모든 생명의 주인이신 하나님이심을 믿는 자에게는 예수님의 부활이 오히려 너무도 당연한 사실로 받아들여집니다.

우리말에 '덕분에'라는 말과 '때문에'라는 말이 있습니다. 그런데 그 말의 결과는 엄청난 차이를 주고 있습니다. 언제나 긍정적인 태도를 반복조으로 선택하여 '경영의 신'으로 불린 일본의 전설적인 기업인 '마쓰시타 고노스케'는 숱한 역경을 극복하고 94세까지 살면서 수많은 성공 신화를 이룩한 사람입니다. 그는 자신의 인생승리 비결을 한마디로 '덕분에'라고 고백했습니다.

"저는 가난한 집안에서 태어난 '덕분에' 어릴 때부터 갖가지 힘든 일을 하며 세상살이에 필요한 경험을 쌓았습니다. 저는 허약한 아이였던 '덕분에' 운동을 시작해 건강을 유지할 수 있었습니다. 저는 학교를 제대로 마치지 못했던 '덕분에' 만나는 모든 사람이 제 선생이어서 모르면 묻고 배우면서 익혔습니다."

남들 같으면 '때문에' 요렇게 힘들고 요 모양이 되었다고 한탄하고 주저앉을 상황을 '덕분에'로 둔갑시켜 성공비결로 삼았으니 정말 대단한 사람이 아닐 수 없고 그 앞에 머리가 숙여집니다. 오늘 우리는 어떻게 살고 있습니까? 매사를 긍정적으로 보는 '덕분에'로 살고 있습니까? 아니면 늘 부정적으로 한탄하며 탄식하는 '때문에'로 살고 있습니까?

오늘도 하나님 덕분에, 부모님 덕분에, 친구 덕분에, 나를 아는 모든 사람들 덕분에 살아가고 있음을 고백하는 멋진 사람이 되었으면 좋겠습니다. 지금도 여러분 덕분에 항상 감사하며 살아오고 있다고 고백해 보십시오. 오늘 하루도 사랑하는 많은 분들 덕분에 살아가고 있음을 감사합니다. 나를 구원하려고 부활하신 예수님을 굳게 믿고 예수님의 부활 '덕분에' 구원과 영생과 축복을 누리시는 성도가 되시기를 축원 드립니다.

세상 끝날까지(마태복음 28:16-20)

2. 의심하는 사람들

"예수를 뵈옵고 경배하나 아직도 의심하는 사람들이 있더라"(17절).

　예수님의 부활을 의심하는 자들은 모두 예수님의 부활을 보지 못하고 듣기만 하던 자들이었습니다. 보고도 의심하는 자들은 대단히 특이한 자들입니다. 부활은 인간의 이성과 상식과 경험을 뛰어넘는 인류 최대의 엄청난 사건이었기에 믿기가 쉽지 않을 수도 있습니다. 예수님이 누구인가에 대한 것이나 부활의 사실성에 대한 것이 아니라 부활하신 예수님을 경배함이 타당한가 하는 의문이 들 수도 있습니다. 오직 예수님의 말씀만이 의심을 몰아낼 수 있었습니다. 불신앙과 공포에서 신앙과 기쁨으로의 변화를 주저하는 제자들에게 큰 은혜가 되었습니다. 제자들 가운데 부활에 대한 예언의 말씀을 깨닫지도 못하여 절망에 빠진 자들이 의심에서 확신의 상태로 옮겨져 갔습니다.

　부활하신 예수님에 대한 믿음을 위해서는 오순절의 성령 충만이 필수였습니다. 성령 충만이 없는 곳은 의심 충만이 자리를 잡고 있습니다. 성령 충만이 임하게 되면 어둠과 의심과 불평과 우울한 영은 순간적으로 사라지게 됩니다. 의심은 믿음과 사랑과 충성과 행복과 모든 좋은 것을 빼앗아갑니다.

　브라이언 트레이시(Brian Tracy)의 《백만불짜리 습관》이라는 책에서 "당신이 생각하고 느끼고 행동하고 성취하는 모든 것의 95%는 습관의 결과다"라고 말합니다. 성공한 사람은 '성공하는 습관'을 가지고 있고, 실패하는 사람은 '실패하는 습관'을 가지고 있다는 것을 발견할 수 있습니다.

독일의 문호 괴테가 쓴 작품 《파우스트》중에 "탈피하지 못하는 뱀은 죽는다"라는 말이 있습니다. 뱀은 주기적으로 자신의 껍질을 벗으며 성장합니다. 그런데 잘못된 음식을 먹거나 날카로운 곳에 피부를 상하여 병이 들게 되면 자신의 껍질을 벗지 못하게 됩니다. 그러면 자신의 껍질에 갇혀 죽게 됩니다. 그래서 "탈피하지 못하는 뱀은 죽는다"고 말하는 것입니다.

이런 원칙은 사람들에게도 마찬가지입니다. 사람 역시 탈피를 하지 못하면 자신의 그릇된 습관과 고정관념과 그릇된 사고방식 혹은 자신을 타락시키고 파괴시키는 구습(舊習)에 젖어 있게 됩니다. 그런 그릇된 습관이나 관행에서 떨치고 일어나 새로워져야 합니다. 마치 뱀이 자신의 껍질을 벗듯이 사람도 구습이나 그릇된 습관과 왜곡된 사고방식에서 벗어날 수 있어야 합니다.

모든 사람들 마음에는 의심이 있습니다. 누구의 말도 믿을 수 없는 세상이 되었습니다. 믿는 사람이 어리석은 사람이 되었습니다. 믿었다가는 모든 것을 잃는 세상이 되었습니다. 그래서 친구도 이웃도 스승도 없습니다. 의심이 일반화되었습니다. 사람의 말은 물론 하나님의 말씀도 믿지 않는 경향이 있습니다. 그러나 이제 우리 모두는 하나님의 말씀으로 돌아가야 합니다. 말씀을 믿고 순종해야 합니다. 아직까지도 의심하는 사람이 되어서는 안 됩니다. 부활하신 예수님을 만났음에도 불구하고 의심하는 불신의 성도가 되지 말아야 합니다. 예수님의 츠림과 십자가와 함께하시는 부활하신 예수님을 믿고 경배하는 믿음 충만한 성도들이 되시기를 축원 드립니다.

세상 끝날까지(마태복음 28:16-20)

3. 사명의 사람들

"그러므로 너희는 가서 모든 민족을 제자로 삼아 아버지와 아들과 성령의 이름으로 세례를 베풀고 내가 너희에게 분부한 모든 것을 가르쳐 지키게 하라 볼지어다 세상 끝날까지 너희와 항상 함께 있으리라 하시니라"(19-20절).

이 말씀을 예수님의 '지상 대명령'이라고 합니다. 부활하신 예수님께서 승천하시기에 앞서 그의 제자들에게 주신(행 1:8) 말씀을 흔히 지상대명(至上大命, the Great Commission)이라 합니다. 예수님께서 주신 명령을 4대 명령으로 구분할 수 있습니다.

첫째, 가라(Go).

성도가 사회생활을 함에 있어서 능동적이고 적극적인 자세를 취하라는 명령입니다. 다시 세상 속으로 가라는 것입니다. 성도들이 처한 가정, 학교, 직장, 선교지 등은 모두 천국 대사의 부임지가 됩니다. 결코 머뭇거리거나 소극적이고 도피적인 생활을 버리고 과감하게 세상 속으로 가라는 말씀입니다.

둘째, 제자를 삼으라(make disciples).

예수님의 지상 명령 중 가장 궁극적인 내용으로서 복음을 전하여 죽어 가는 영을 살리라는 명령입니다. 전도의 대상은 모든 인종, 민족, 계층의 사람들입니다. 각자 처한 생활의 일터에서 말과 행동, 인격과 삶을 통해 복음을 전해서 제자를 삼아야 합니다. 삶이 전도지가 되고 예수님의 모습을 보여주어야 합니다.

셋째, 세례를 주라(Baptize).

외형적인 면에서 교회의 회원이 되게 하라는 뜻입니다. 교회에 소속이 되어 세례와 요직을 받아야 합니다. 외형적인 교회 제도를 무시하는 무교회주의(無敎會主義)는 성경적이 아닙니다. 교회의 모든 신앙적 의식과 행사는 성부와 성자와 성령의 삼위일체 이름으로 이루어져야 합니다.

넷째, 가르치라(teach).

가르치는 것도 내면적인 신앙 목표입니다. 복음을 듣고 교회의 일원이 된 초신자는 구원받은 데서 그치지 말고 그리스도의 장성한 분량에 이르기까지 성숙해야 합니다. 평생 교육에 힘써야 합니다. 모든 성도는 예수님의 지상 4대 대명령에 아멘으로 순종해야 합니다.

미국에서 '국민화가'로 불렸던 '모세스 할머니'(Grandma Moses, 1860~1961)는 놀랍게도 76세 때부터 그림을 그리기 시작해 101세 되던 해 세상과 이별하기 전까지 붓을 놓지 않았습니다. 모세스는 평범한 시골 주부였습니다. 그녀는 작은 농장을 꾸려가며 10명의 자녀를 출산하고, 그중 5명을 잃고 난 후 자수(刺繡)에 푹 빠져 있었습니다.

그러나 72세 때 관절염 때문에 바늘을 들지 못할 지경에 이르렀습니다. 대신 붓을 들었습니다. 우연히 수집가 루이스 칼더가 시골 구멍가게 윈도에 있는 그의 그림을 사갔고, 이듬해 미술 기획가 오토 칼리어가 그의 그림을 뉴욕의 전시관에 내놓으면서 할머니는 일약 스타가 됩니다. 유럽과 일본 등 세계 각국에서 모세스의 그림 전시회가 열립니다. 1949년 해리 트루먼 대통령은 그녀에게 '여성 프레스클럽상'을 선사했고, 1960년 넬슨 록펠러 뉴욕주지사는 그녀의 100번째 생일을 '모세스 할머니의 날'로 선포했습니다.

모세스는 시골의 풍경을 그렸으며, 그의 화풍은 단순하면서도 밝습니다. 아마 그의 밝은 심성을 반영한 것이 아닐까요? 76세에 그림을 시작하여 국민화가까지 된 모세스 할머니(Grandma Moses)를 보면서 꿈과 희망과 도전을 생각합니다.

누구도 늙었거나 늦은 사람은 없습니다. 희망과 소망과 사명이 없을 뿐입니다. 우리 모두는 아직도 젊고 사명이 있습니다. 사명이 있기에 살아 있고 여기에 있는 것입니다. 사명이 있는 성도는 눈과 얼굴과 표정과 걸음걸이와 언어와 가치가 다릅니다.

이제 우리 모두 사명을 회복하고, 충만하며, 충성해야 합니다. 사명을 위해 우리의 생명을 드립시다(행 20:24). 분명 교회가 달라지고 세상을 변화시킬 것입니다. 우리 모두 부활하신 예수님의 간절한 부탁이며 대명령인 전도와 세례와 교육에 최선을 다합시다. 부활하신 예수님이 기뻐하시고 끝날까지 함께하십니다.

사랑하는 번동 가족 여러분!
부활하신 예수님은 세상 끝날까지 항상 함께하십니다. 임마누엘의 하나님입니다. 우리 모두를 위해서 역사적으로 부활하신 예수님입니다. 이제는 의심하는 불신앙의 사람이 아니라 사명을 위해서 충성하는 믿음의 성도들이 되시기를 축원 드립니다.

풍부한 곳으로

> **시편 66:10-12**
>
> ¹⁰하나님이여 주께서 우리를 시험하시되 우리를 단련하시기를 은을 단련함 같이 하셨으며 ¹¹우리를 끌어 그물에 걸리게 하시며 어려운 짐을 우리 허리에 매어 두셨으며 ¹²사람들이 우리 머리를 타고 가게 하셨나이다 우리가 불과 물을 통과하였더니 주께서 우리를 끌어내사 풍부한 곳에 들이셨나이다

"여러분이 품고 있는 원대한 꿈을 이루어 나가는 과정은 마라톤(marathon)과 같다고 하겠습니다. 대부분의 사람들은 마라톤을 할 때 마치 단거리 경기처럼 페이스(pace) 조절을 못합니다. 마라톤에서 이기기 위해서는 느긋한 마음으로 자신의 페이스를 지켜야 합니다. 숨이 턱턱 막히는 한계점에 부딪혀도 포기하지 않는 마음가짐이 있어야 합니다. 장기적인 목표는 사소한 문제나 일시적인 장애물에 굴

복하지 않고 그것을 극복해야 성취할 수 있습니다."

미국의 작가 지그 지글러의 말입니다.

소련의 우주 비행사 가가린은 우주선을 타고 달나라에 다녀온 후에 우주 공간 어디에도 하나님은 존재하지 않는다고 말했습니다. 지극히 광대한 우주 공간에 비해 보잘것없는 작은 공간을 다녀왔음에도 불구하고 교만한 말을 하였습니다. 성경에서는 이러한 사람들을 미련하고 악한 자라고 말합니다. 인간은 자신의 능력으로는 잠시도 견디지 못합니다. 그럼에도 불구하고 자신의 능력으로 살고 있는 것으로 착각을 하고 있습니다.

하나님의 심판이 임하면 모든 것은 바로 그 순간에 끝나는 것입니다. 우리가 살아 있는 그 자체가 놀라운 은혜인데, 무지한 인간들은 하나님을 부인하고 거역하며 무시하고 있습니다. 우리가 믿음을 가지고 하나님을 섬기고 충성하는 것은 최고의 은혜이며 축복임을 알고 무한 감사해야 합니다. 우리의 아바 아버지(아빠 아버지) 되시는 하나님(롬 8:15)은 우리 모든 성도들을 풍부한 곳으로 인도하시고 반드시 축복하십니다. 이러한 하나님을 경배하고 찬양하고 죽도록 충성하는 우리 모든 성도들이 되시기를 축원 드립니다.

1. 사람들을 통과해야 합니다

"사람들이 우리 머리를 타고 가게 하셨나이다 우리가 불과 물을 통과하였더니 주께서 우리를 끌어내사 풍부한 곳에 들이셨나이다"(12절).

"사람들이 우리 머리를 타고 가게 하셨나이다"라고 하였습니다. 사람의 히브리어 '에노 쉬'는 반항적이고 오만하며 자신을 높이려 애쓰지만, 결국 소멸해 버리는 피조물로서의 유한하고 연약한 인간을 가리킬 때 즈로 사용되는 단어입니다. 따라서 여기서 이 말은 이스라엘의 압제자들 또는 그들의 죄악으로 인해 필경 파멸케 되고 만다는 의미입니다. 《우리 머리를 타고》의 '타고'(라카브)는 '말을 타라'의 뜻입니다. 이스라엘 백성들이 자신들의 머리 위로 말이나 병거를 탄 사람들을 지나가게 한 것과 같은 엄청나게 고통스럽고 수치스러운 시련을 겪었다는 뜻입니다. 최고의 고통과 수치를 당했다는 표현입니다. 우리 맘에 깊이 와 닿는 말씀입니다.

존 맥스웰의 《작은 시작》이라는 책에 이런 일화가 소개되어 있습니다. 만 명의 사람이 모인 곳에서 빳빳한 50달러짜리 지폐를 들고 "이 50달러를 원하시는 분 계십니까?"라고 하니 여기저기서 손을 들었답니다. 그래서 그 50달러를 막 구겨서 다시 "아직도 이 돈을 원하십니까?"라고 하니 역시나 여기저기서 손을 들었습니다. 이번에는 그 돈을 발로 짓밟아 너덜너덜하고 더럽게 한 다음 "아직도 이것을 원하시는 분?" 하고 둗으니, 그럼에도 사람들은 여전히 손을 들었답니다.

이 일화에서 우리가 얻어야 할 교훈이 무엇입니까? 내가 아무리 구겨지고 더럽혀지고 밟히고 침 뱉음을 당해도 하나님은 여전히 나를 사랑하신다는 것입니다. 왜냐하면 나는 구겨지고 밟혀도 여전히 하나님의 형상을 지닌 하나님의 소중한 자녀이기 때문입니다. 나는 그만큼 소중하고 가치 있는 사람입니다. 이 땅에서 아무리 밟히고 침 뱉음을 당하고 형편없는 인생을 살았어도 하나님은 끊임없이 "너는 소중하고 가치 있는 존재야" 하고 말씀하십니다. 그래서 하나님은 포기하지 않고 나를 갖겠다며 손을 드십니다.

그러므로 우리는 자기의 가치와 정체성을 잊고 하나님을 원망해서는 안 됩니다. 변함없이 하나님을 신뢰하고 그분의 은혜와 보호하심을 구해야 합니다. 세상에서 극심한 고통을 당하며 하나님께 버림받은 것 같은 순간에도 그분의 선하신 뜻과 사랑을 결코 의심하지 마십시오.

다윗 왕도 사울을 비롯한 아들 압살롬에 이르기까지 수많은 사람들에게 많은 어려움과 고통을 당했습니다. 그런 사람 때문에 겸손해지고, 기도하며, 사람이 누구인지를 알게 되었습니다. 우리의 인생과 신앙 가운데 힘들고 어렵게 하는 사람들이 얼마나 많습니까?

여러분의 머리를 타고 다니는 사람들은 누구입니까? 그러나 바로 그 사람들을 통과해야 풍부한 곳에 이르게 됩니다. 그 사람들 때문에 삶과 믿음과 사명을 포기하거나 낙심하지 말고, 더욱 겸손하게 기도하고 힘을 내어 하나님이 예비하신(창 22:14) 풍부한 곳에 이르는 성도들이 되시기를 축원 드립니다.

2. 불을 통과해야 합니다

"사람들이 우리 머리를 타고 가게 하셨나이다 우리가 불과 물을 통과하였더니 주께서 우리를 끌어내사 풍부한 곳에 들이셨나이다"(12절).

"우리가 불과 물을 통과하였더니 주께서 우리를 끌어내사 풍부한 곳에 들이셨나이다"라고 하셨습니다. '물과 불'은 고통스럽고 위험한 환난을 상징합니다. "네가 물 가운데로 지날 때에 내가 너와 함께할 것이라 강을 건널 때에 물이 너를 침몰하지 못할 것이며 네가 불 가운데로 지날 때에 타지도 아니할 것이요 불꽃이 너를 사르지도 못하리니"(사 43:2)라고 하였습니다. 소돔과 고모라 성에 의인 열 명이 없고 죄악이 가득하여 하나님의 유황과 불이 비같이 내려 성과 온 들과 성에 거주하는 모든 백성과 땅에 난 것을 다 엎어 멸하셨습니다(창 19:24-25). 유황과 불 가운데서 롯과 두 딸은 구원을 받았으나 롯의 아내와 두 사위와 모든 백성들은 멸망을 당하였습니다.

다니엘 3장 26절에 "느부갓네살이 맹렬히 타는 풀무불 아귀 가까이 가서 불러 이르되 지극히 높으신 하나님의 종 사드락, 메삭, 아벳느고야 나와서 이리로 오라 하매 사드락과 메삭과 아벳느고가 불 가운데에서 나온지라"라고 하였습니다. 평소보다 칠 배나 뜨거운 풀무불에서 우상에게 절하지 않은 세 사람을 구원하셨습니다(단 3:18). 풀무불과 불은 최고의 고통과 시험과 시련을 뜻합니다. 이런 불을 통과할 때 풍부한 곳에 이르게 됩니다.

2008년, 국보 제1호인 숭례문에 뜻밖의 화재 사고가 일어났습니다. 국가 기관의 행정 처리에 불만을 품은 한 사람이 불을 지른 것입니다. 그의 횡포로 숭례문은 다섯 시간 만에 전소되고 말았고, 온 국민은 허망한 마음을 달래야만 했습니다. 지은 지 600여 년이 넘은 것으로 알려진 오래된 건축물을 사진과 영상 자료만으로 복원할 수 있을지에 대해 의견이 분분했습니다. 그래서 숭례문 설계도의 존재 여부가 초미의 관심사로 떠올랐습니다. 건축물을 만들 때 무엇보다 중요한 것은 설계도입니다. 불에 타 버렸든 비바람에 무너져 내렸든 설계도만 있으면 그 건축물을 원래의 모습대로 다시 지을 수 있기 때문입니다.

개인, 가정, 교회, 국가의 원래 모습과 나아갈 바를 보여주는 설계도는 바로 하나님 말씀 속에서 찾을 수 있습니다. 성경은 하나님이 인간을 포함해 우주 만물을 만드셨고, 삶의 지침과 사명을 우리에게 주셨다고 선포합니다.

"그가 태초에 하나님과 함께 계셨고 만물이 그로 말미암아 지은 바 되었으니 지은 것이 하나도 그가 없이는 된 것이 없느니라"(요 1:2-3).

우리가 하나님 백성으로 사는 것이야말로 원본 설계도를 따르는 것이며 사명을 이루는 것입니다. 대대로 신앙을 지키며 전수하는 것은 문화재를 보존하는 것보다 훨씬 중요합니다. 만물의 설계도인 하나님 말씀을 따를 때 우리 신앙과 삶과 가정과 교회와 나라를 바르게 세울 수 있음을 다음 세대에 분명히 알려 주어야 합니다. 우리가 살아가고 신앙생활을 하면서 불 같은 시련과 시험이 많았으나 사드락, 메삭, 아벳느고처럼 하나님 중심과 말씀 중심으로 넉넉히 승리하여 하나님이 예비하신 다양한 축복의 풍부한 곳에 이르는 모든 성도들이 되시기를 축원 드립니다.

3. 물을 통과해야 합니다

"사람들이 우리 머리를 타고 가게 하셨나이다 우리가 불과 물을 통과하였더니 주께서 우리를 끌어내사 풍부한 곳에 들이셨나이다"(12절).

"우리가 불과 물을 통과하였더니 주께서 우리를 끌어내사 풍부한 곳에 들이셨나이다"라고 하였습니다. 불과 물은 고통스럽고 위험한 환난입니다. 창세기 6장 5-6절에 "여호와께서 사람의 죄악이 세상에 가득함과 그의 마음으로 생각하는 모든 계획이 항상 악할 뿐임을 보시고 땅 위에 사람 지으셨음을 한탄하사 마음에 근심하시고"라고 하셨습니다. "노아는 여호와께 은혜를 입었더라…노아는 의인이요 당대에 완전한 자라 그는 하나님과 동행하였으며"(창 6:8-9)라고 하였습니다.

120년 동안 하나님의 말씀대로 방주를 만들어 순종함으로 물을 통과하여 노아의 가족 8명이 풍부한 곳에 들어가게 되었습니다. 모세와 이스라엘 백성들은 하나님의 인도하심으로 홍해를 건너 모두가 물을 통과하여 풍부한 곳에 이르렀으나 바로와 그의 군대들은 물을 통과하지 못하고 다 죽게 되었습니다.

> "물이 다시 흘러 병거들과 기병들을 덮되 그들의 뒤를 따라 바다에 들어간 바로의 군대를 다 덮으니 하나도 남지 아니하였더라"(출 14:28).

불신과 불순종과 성령을 거역하는 자는 결코 물을 통과하지 못하고 다 죽게 되고 영원한 지옥에 떨어지게 됩니다. 풍부한 곳이 아니라 죽고 싶어도 죽을 수 없는 가장 비참한 곳에 떨어지게 됩니다.

어느 대학교 직업 상담소에서 작성한 '실패자가 되는 10가지 지름길'이라는 글이 있습니다.

① 난 틀렸다고 늘 넋두리를 하라.
② 자기 자신을 무능한 사람이라고 항상 비난하라.
③ 모든 일에 불평 불만거리를 찾아라.
④ 날마다 없는 것과 부족한 것만 찾아라.
⑤ 자신이나 다른 사람의 단점을 부지런히 살펴라.

⑥ 조금만 어렵거나 힘들면 빨리 포기하라.
⑦ 안 되는 일이 있으면 더 이상 하려고 하지 마라.
⑧ 쉽게 포기해 버리고 적당히 변명하라.
⑨ 얼굴은 항상 용기 없고 낙심된 모습을 보여라.
⑩ 한번 실패하면 이젠 끝장이라고 믿어라.
　　그러면 당신은 반드시 실패자가 될 것이다.

　무엇이든지 쉽게 포기하는 사람, 하는 말이 "못한다, 안 돼" 하며 늘 부정적인 사람, 작은 일에도 쉽게 낙심하는 사람, 이런 사람은 늘 실패의 삶을 살 수밖에 없지만 주어진 일에 최선을 다하는 사람, 때로는 인생길에 바람이 불고 눈보라가 칠 때도 낙심하지 않고 용기를 가지고 도전하는 사람은 승리의 삶을 살게 됩니다. 자신의 삶에 대하여 늘 비관적이고, 부정적이며, 소극적인 사람은 악한 사람입니다. 그 사람은 절대로 성공적인 삶을 살 수 없습니다.
　교회 안에서도 마찬가지입니다. 자신의 직분에 대하여 늘 불평하고 과소평가하며 부정적 사고를 가진 사람은 악한 종입니다. 인생과 신앙생활 속에 물과 같은 시련과 시험이 많지만, 노아와 모세처럼 말씀과 순종과 믿음으로 물을 통과하여 풍부한 곳에 이르러야 합니다. 바로처럼 불신과 거역과 독선으로 인해 자신과 수많은 백성을 물에 빠트려 멸망시키는 미련한 악인이 되어서는 안 됩니다. 우리 모두 물 같은 시험과 고통을 통과하여 풍부한 곳에 이르는 성도들이 되시기를 축원 드립니다.

　사랑하는 번동 가족 여러분!
　우리가 사는 세상은 환난과 고통과 시험이 너무나 많습니다. 그럼에도 불구하고 사람과 불과 물 같은 시험과 고통을 통과하여 하나님이 예비하신 풍부한 곳에 들어가는 성도들이 되시기를 축원합니다.

그리스도의 일꾼

고린도전서 4:1-5

¹사람이 마땅히 우리를 그리스도의 일꾼이요 하나님의 비밀을 맡은 자로 여길지어다 ²그리고 맡은 자들에게 구할 것은 충성이니라 ³너희에게나 다른 사람에게나 판단 받는 것이 내게는 매우 작은 일이라 나도 나를 판단하지 아니하노니 ⁴내가 자책할 아무것도 깨닫지 못하나 이로 말미암아 의롭다 함을 얻지 못하노라 다만 나를 심판하실 이는 주시니라 ⁵그러므로 때가 이르기 전 곧 주께서 오시기까지 아무것도 판단하지 말라 그가 어둠에 감추인 것들을 드러내고 마음의 뜻을 나타내시리니 그때에 각 사람에게 하나님으로부터 칭찬이 있으리라

인생을 바꾸고 싶으면 3가지 버릇을 바꾸라는 글이 있습니다.
"첫째는, 마음 버릇이다.
부정적인 생각은 버리고 항상 긍정적으로 생각하라.

둘째는, 말 버릇이다.

비난과 불평은 삼가고 칭찬과 감사를 입 버릇으로 만들어라.

셋째는, 몸 버릇이다.

찌푸린 얼굴보다는 활짝 웃는 사람, 맥없는 사람보다는 당당한 사람이 성공한다."

'일꾼'이라는 말은 천한 노예라는 뜻입니다. 지금은 노예가 없지만 근대 국가를 이루기까지 동서양 나라들에는 노예들이 있었습니다. 그리고 이 노예들이 있는 힘을 다해 충성을 할 때, 그들은 마침내 주인집의 전체 살림을 맡는 책임자까지 됩니다. 충성스러운 종 덕택에 그 집은 알찬 살림을 소유할 수 있게 됩니다.

본문을 보면 사도 바울은 하나님의 일꾼들이 어떤 자세로 일해야 하는지 잘 설명하고 있습니다. 그는 말하기를 자신들은 하나님의 비밀을 맡은 그리스도의 일꾼들로 마땅히 구할 것은 충성임을 강조합니다. 또한 그리스도의 일꾼은 사람들이 이러쿵저러쿵 하는 판단에 좌지우지하지 않고, 아무것도 판단하지 않으며, 다만 하나님의 판단만을 기대한다고 합니다.

1. 하나님의 비밀을 맡은 자입니다

"사람이 마땅히 우리를 그리스도의 일꾼이요 하나님의 비밀을 맡은 자로 여길지어다"(1절).

사람의 사고나 지혜로는 도저히 이해할 수 없고 납득할 수 없는 복음의 비밀을 이 세상에 전하는 사람이 그리스도의 일꾼입니다. 이들은 높은 학력이나 지식을 가진 교사들이 아닙니다. 그리고 그들이 알고 있는 지식이 결코 일꾼이 되는 자격도 아닙니다. 전적인 하나님의 선택과 절대적인 순종입니다. 성령의 계시를 따라 행동하는 사람들입니다. 자신의 가치관이나 경험이나 이익과 욕심을 다 내려놓고 하나님의 영광만을 위해서 충성하고 순교하는 사람들입니다. 그리스도에게로부터 권한을 위임받아 십자가의 도를 증거하는 자로서 소명감과 사명감으로 충만한 사람들입니다. 오늘날에는 성직자들뿐 아니라 모든 성도들이 하나님의 비밀을 맡은 자들입니다.

사고로 오른손을 잃은 한 아이가 있었습니다. 아이는 초등학교에 들어갔지만 친구들과 어울리지 못했습니다. 그리고 때로는 친구들의 놀림으로 인해 울기도 했습니다. 아버지는 학교 선생님을 찾아가 아이가 친구들로 인한 마음의 상처를 받지 않도록 부탁했습니다. 수업시간이 되자 선생님은 학생들에게 끈을 하나씩 나누어주고는 오른손을 뒤로 돌려 허리띠에 끈으로 묶으라고 했습니다. 호기심에 재미있어 하는 학생들에게 다시 말했습니다.

"이번 수업이 끝날 때까지 오른손을 쓰지 않고서도 공부를 잘할 수 있는지 체험해 볼 거예요."

수업이 끝나자 선생님은 아이들에게 묶었던 끈을 풀라고 했습니다. 그 후 쉬는 시간이 되자 반 아이들은 오른손이 없는 친구를 찾아가 미안해하며 말했습니다.

"우리는 네가 그렇게 불편할 거라곤 생각하지 못했어. 너는 오른손을 안 쓰고도 어떻게 그 모든 것을 할 수 있었지? 그동안 그것도 모르고 놀려서 정말 미안해."

장애를 가졌다는 것은 '다른 것'이지 '틀린 것'이 아닙니다. 나와 조금 다르다고 편견으로 바라보기 전에 아주 잠시만 상대방의 입장이 되어보세요.

하나님의 입장에서 하나님을 생각해야 합니다. 성도들의 입장에서 성도들을 생각하고 이해해야 합니다. 내 입장에서만 생각하면 교만하고 독단적이며 비판적인 사람이 됩니다. 비난과 비판은 하나님과 이웃과의 모든 관계를 파괴하는 것입니다. 우리 모두는 하나님의 비밀을 맡은 하나님의 일꾼입니다. 우리 모두에게는 하나님이 주신 사명이 있고, 말씀이 있으며, 신비한 비밀이 있습니다. 내가 간섭하고 판단할 영역이 아닙니다. 하나님의 일꾼들은 서로를 존중하고 존경해야 합니다. 나에게 속한 사람이 아닌 하나님께 속한 비밀을 맡은 존귀한 사람입니다. 세상 사람이 알지 못하는 하나님의 비밀을 맡은 청지기로서, 하나님이 맡겨주신 사명을 위해 목숨 걸고 충성하는 모든 성도들이 되시기를 축원 드립니다.

2. 충성을 구하는 자가 되어야 합니다

"그리고 맡은 자들에게 구할 것은 충성이니라"(2절).

충성의 헬라어 '피스토스'는 신실성이 발견되는 것을 뜻합니다. 청지기는 주인 앞에서 신실한 자로 인정받아야 하며, 완전히 신뢰할 수 있도록 최선의 노력을 경주해야 합니다. 청지기는 주인이신 하나님의 명령에 따를 뿐이며, 자신의 일을 처리함에 있어서 신실할 따름입니다. 칼빈(Calvin)은 이와 같은 삶을 "건전하고 지혜로운 생각으로 양심의 순결성을 지켜나가는 것"이라고 하였습니다. 세상의 일을 맡은 자들도 충성되게 일할 때 칭찬을 받습니다. 하물며 하나님의 비밀을 맡은 자들은 세상 사람들보다 더 충성해야 합니다. 의무 이상을 감당하는 성도가 되어야 합니다. 부질없는 분쟁을 그치고 하나님이 맡겨 주신 일에 충성하라는 것입니다. 싸우면 충성할 수 없지만 충성하면 모든 싸움이 없어집니다. 지금보다 더 충성하면 교회에서 불평과 싸움이 사라집니다.

현대 사회를 무한 경쟁사회라고 사람들은 표현합니다. 승자가 모든 것을 갖는 사회 구조에서 밀려나지 않기 위해 사람들은 끊임없이 자기를 계발하고 다른 사람들을 견제합니다. 흔히 이런 사회의 부정적인 분위기는 21세기 들어서 시작된 것으로 많이들 알고 있지만, 이미 1980년부터 심각한 경쟁중시 풍토에 대해 우려하는 사회학자들의 목소리가 많이 있었습니다. 1982년 독일에서는 올해의 단어로 '팔꿈치 사회'가 선정된 적이 있습니다. 옆사람을 팔꿈치로 밀어내며 앞으로 나아가야 하는 사회적인 분위기를 나타낸 단어입니다.

그러나 경쟁이란 단어의 본래 뜻은 '함께 추구하는 것'이라는 의미로, 지금의 현대인들이 생각하는 뜻과는 완전히 다른 뜻이었습니다. 경쟁의 본래 뜻이 이처럼 왜곡된 것은 점점 발전하는 기술과 사회와는 다르게 사람들의 내면이 두려움과 불안과 과시와 불만족과 같은 요소들로 얼룩져 있기 때문이라고 경쟁을 연구하는 많은 사회학자들은 평가하고 있습니다.

진정한 경쟁이란 사람을 밀쳐내고 내가 승리하는 것이 아니라, 옆사람의 손을 잡고 함께 목표를 이루기 위해 노력하는 것입니다. 그러나 하나님이 주신 사랑을 마음에 담지 않고서는 남을 진정으로 이해할 수도 사랑할 수도 없습니다. 하나님이 주신 사랑을 통해 올바른 경쟁을 시작하고 세상을 섬기는 성도가 되십시오. 반드시 창대하게 될 것입니다.

우리는 각자 모습과 가치관과 삶의 스타일과 믿음의 분량이 다릅니다. 우리의 직분도 각각 다릅니다. 교회 안에서도 찬양과 교육과 구역을 섬기는 일 등 여러 가지 다양한 봉사를 하고 있습니다. 우리는 부서와 개인 간의 경쟁이 아니라 충성해야 합니다. 사람과의 경쟁이 아닌 하나님께 모두 마음과 뜻과 힘을 다하고 손을 잡고 함께 충성해야 합니다. 더욱 충성을 구해야 합니다. 아무리 충성해도 충성은 모자랍니다. 그래서 더욱 충성할 수 있도록 충성을 구해야 합니다. 충성하지 않는 성도는 하나님의 일꾼이 아니며 좋은 일꾼이 될 수 없습니다. 우리 모두 인간적인 모든 것을 초월하여 하나님께 죽도록 충성하고 충성을 구하는 일꾼들이 되시기를 축원 드립니다.

3. 하나님으로부터 칭찬을 받아야 합니다

"그러므로 때가 이르기 전 곧 주께서 오시기까지 아무것도 판단하지 말라 그가 어둠에 감추인 것들을 드러내고 마음의 뜻을 나타내시리니 그 때에 각 사람에게 하나님으로부터 칭찬이 있으리라"(5절).

본 절은 그리스도의 심판의 내용입니다. 어둠 속에 숨겨진 악한 세력의 일들은 그리스도의 심판대 앞에서 모두 드러날 것입니다. 그뿐만 아니라 인간의 마음속에 숨겨진 모든 비밀조차도 밝히 드러나게 됩니다. 어둠 속에 숨겨진 인간 행위의 무질서는 그리스도의 밝은 빛에 의하여 모두 드러날 것이기 때문에 인간의 어설픈 판단은 그때까지 유보되는 것입니다. 주님이 심판하시기까지 함부로 비난하거나 판단하지 말아야 합니다. 충성할 뿐입니다. 사람들의 판단을 두려워하지 말아야 합니다. 교만하지도 말고 낙심하지도 말아야 합니다.

우리는 사람의 종이 아닙니다. 사람들의 판단은 정확하지도 않고 아무 의미나 가치나 효력이 없습니다. 하나님께 집중하고 초점을 맞추어야 합니다. 하나님으로부터 칭찬에 목숨을 걸어야 합니다. 하나님이 원하지 않는 것이라면 금이나 부귀영화라도 배설물처럼 버려야 합니다(빌 3:8). 그러나 하나님이 기뻐하시는 것이라면 죽도록 충성해야 합니다(계 2:10).

새들백교회의 릭 워렌 목사님이 이런 말을 했습니다.

"군대의 능력은 식당에 앉아서 밥을 먹는 사람이 몇 명인가에 달려 있지 않고, 총을 들고 전쟁터에 나가는 사람이 얼마나 되는가에 달려 있다. 그렇다고 하면 하나님의 교회의 아름다움도 몇 명이 앉아서 예배를 드리느냐에 달려 있는 것이 아니라 얼마나 많은 사람을 보내느냐에 달려 있다."

'얼마나 많은 일꾼을 선교지와 세상에 파송했느냐', 이것이 중요합니다. 주님은 우리의 발로 우리의 삶을 평가하실 것입니다. 아름다운 발은 무슨 발입니까? 주의 복음을 전하는 발이 아름답습니다. 어느 부분이 가장 아름답기를 원하십니까? 주님께 우리의 발을 보여드리십시다. 하나님의 아름다움도 사실은 세상을 찾아오신 예수님의 발에 있습니다. 성도의 아름다움도 복음을 들고 땅끝까지 나아가고, 내 이웃에게 가서 복음을 증거하는 그 아름다운 발에 달려 있습니다. 그렇다면, 성도가 모여 있는 이 교회의 아름다움도 발에 달려 있습니다(롬 10:15).

어느 바닷가에 갈매기 한 마리가 살고 있었습니다. 어느 날 그 갈매기는 부둣가에 버려진 썩은 물고기 한 마리를 낚아채 입에 물고 하늘로 날아올랐습니다. 그런데 그것을 보고 수많은 갈매기들이 함께 달려들었습니다. 갈매기는 '썩은 물고기'를 빼앗기지 않으려고 몸부림을 치며 하늘로 날아올랐습니다. 그러나 다른 갈매기들은 집요하게 추격했습니다. 그 갈매기는 썩은 물고기를 물고 하늘 높이 날아올랐습니다. 그러자 수백 마리의 갈매기들이 그것을 쫓아 바다 쪽으로 일제히 날아갔습니다.

그때 갈매기는 푸른 하늘이 자신의 몫이라는 것을 깨달았습니다. 움켜쥔 '썩은 물고기'를 포기하는 순간에 넓은 하늘이 한눈에 들어왔기 때문입니다. 작고 하찮은 것을 포기한 순간부터 큰 것이 눈에 들어온 것입니다.

인간의 삶도 마찬가지입니다. 하찮은 욕심을 포기하면 세상이 한눈에 들어옵니다. 인간적이고 세상적인 욕심과 탐심을 버리면 마음에 평안과 행복과 기쁨이 충만하게 됩니다. 하늘이 보이고, 하나님이 보이고, 하나님의 음성이 들리고, 하나님의 칭찬을 받는 성도로 거듭나게 됩니다. 하나님의 칭찬은 우리 모두의 목표이고, 꿈이고, 성공입니다. 반드시 하나님의 칭찬을 받는 그리스도의 일꾼이 되시기를 축원 드립니다.

사랑하는 번동 가족 여러분!

하나님의 자녀가 되고 하나님의 일을 하는 것은 최고의 은혜이고, 선물이며, 축복입니다. 그러므로 감사하고 감격할 뿐입니다. 이는 우리의 공로가 아닌 전적인 하나님의 은혜입니다(고전 15:10). 우리 모두는 하나님의 비밀을 맡은 자이기 때문에, 죽기까지 충성하여 칭찬받는 성도들이 되시기를 축원 드립니다.

높으신 하나님

이사야 55:6-13

⁶너희는 여호와를 만날 만한 때에 찾으라 가까이 계실 때에 그를 부르라 ⁷악인은 그의 길을, 불의한 자는 그의 생각을 버리고 여호와께로 돌아오라 그리하면 그가 긍휼히 여기시리라 우리 하나님께로 돌아오라 그가 너그럽게 용서하시리라 ⁸이는 내 생각이 너희의 생각과 다르며 내 길은 너희의 길과 다름이니라 여호와의 말씀이니라 ⁹이는 하늘이 땅보다 높음 같이 내 길은 너희의 길보다 높으며 내 생각은 너희의 생각보다 높음이니라 ¹⁰이는 비와 눈이 하늘로부터 내려서 그리로 되돌아가지 아니하고 땅을 적셔서 소출이 나게 하며 싹이 나게 하여 파종하는 자에게는 종자를 주며 먹는 자에게는 양식을 줌과 같이 ¹¹내 입에서 나가는 말도 이와 같이 헛되이 내게로 되돌아오지 아니하고 나의 기뻐하는 뜻을 이루며 내가 보낸 일에 형통함이니라 ¹²너희는 기쁨으로 나아가며 평안히 인도함을 받을 것이요 산들과 언덕들이 너희 앞에서 노래를 발하고 들의 모든 나무가 손뼉을 칠 것이며 ¹³잣나무는 가시나무를 대신하여 나며 화석류는 찔레를 대신하여 날 것이라 이것이 여호와의 기념이 되며 영영한 표징이 되어 끊어지지 아니하리라

심리학자인 윌리암 파크(William Parker)는 우리들의 마음이 악마라고 불리는 다섯 가지 악에 둘러싸여 있다고 했습니다. 그 다섯 가지는 미움, 두려움, 죄의식, 열등감, 자기연민입니다. 이 다섯 가지는 염증의 뿌리와도 같습니다. 그중에서 열등감은 우리를 괴롭히는 염증 중에서도 독한 염증입니다. 열등감은 우리 스스로를 정당하게 평가하지 못하게 만듭니다. 상대방의 말을 오해하게 만들고, 삐뚤어진 생각을 갖게 만듭니다. 때로 열등감은 우리가 병적인 탐욕에 빠져들게 만들고, 위선적인 허위의식에 사로잡히게 만듭니다.

주님은 우리가 이러한 열등감에서 벗어나기를 원하십니다. 우리가 우리의 약하고 못난 모습들을 십자가 앞에 가져갈 때에, 주님은 우리의 그 약한 모습과 못난 모습을 들어 강하고 존귀하게 만들어 주십시다. 주님은 우리가 스스로 잘났다고 여기는 그것을 통해 일하시는 것이 아니라, 주님을 의지할 수밖에 없는 그 못나고 약한 모습을 통하여 일하십니다. 그러므로 주님 앞에서 약할 그때가 곧 강할 때입니다.

독일의 신학자 본회퍼는 오늘날의 사람들이 하나님의 은혜를 싸구려 은혜(cheap grace)로 바꾸고 있다고 탄식했습니다. 너무 비싸기 때문에 거저 주시는 것입니다. 어느 누구도 하나님의 은혜를 살 수 있는 사람은 아무도 없습니다. 거저 주시는 최상의 선물입니다. 여기에 감사와 감격이 있어야 합니다. 하늘과 땅 사이의 간격만큼이나 하나님과 인간의 계획의 차이가 크다고 덧붙이는 본문 9절의 "하늘이 땅보다 높음같이 내 길은 너희의 길보다 높으며 내 생각은 너희의 생각보다 높음이니라" 하셨습니다. 하나님의 생각과 길은 인간의 생각이나 길과는 비교할 수 없을 정도로 높은 것입니다. 우리의 길과 생각과 계획을 다 내려놓고 높으신 하나님을 섬기고 경배하는 모

높으신 하나님(이사야 55:6-13)

든 성도들이 되시기를 축원 드립니다.

1. 돌아오라

"너희는 여호와를 만날 만한 때에 찾으라 가까이 계실 때에 그를 부르라 악인은 그의 길을, 불의한 자는 그의 생각을 버리고 여호와께로 돌아오라 그리하면 그가 긍휼히 여기시리라 우리 하나님께로 돌아오라 그가 너그럽게 용서하시리라"(6-7절).

지금은 여호와를 만날 수 있는 절호의 기회임을 암시하는 반면, 그때를 놓치면 여호와를 만나고 싶어도 만날 수 없음을 분명히 하고 있습니다. 모든 것은 때와 기회가 있습니다. 영적 축복을 받는 조건과 제한성에 대한 권고입니다. 이스라엘 민족뿐만 아니라 모든 민족에게 기회는 균등히 주어집니다. 누구나 구원을 받을 수 있지만 예수님의 이름을 부르는 자만이 구원을 얻게 됩니다(롬 10:13). '찾으라, 부르라, 돌아오라'는 것은 동의어의 반복인데 중요하다는 적극적인 표현입니다. 하나님의 간절함이 강하게 느껴집니다. 악인과 불의한 자는 생각을 버리고 여호와께로 돌아와야 합니다.

누구든지 돌아오기만 하면 긍휼과 용서를 받게 됩니다. 돌아오라는 말씀과 회개를 촉구하시는 하나님의 음성입니다. 하나님도 여러 사건과 여러 사람을 통하여 돌아오라고 강하고 지속적으로 말씀하십니다. 모든 사람들은 방향과 각도를 조절하여 하나님께로 가까이 가야 합니다. 하나님을 가까이하는 것이 축복입니다(시 73:28). 어떤 사람이나 무엇 때문에 하나님을 떠나는 것은 영원한 저주입니다.

그동안 우리는 좀 잘못된 생각을 가지고 있었습니다. 성도들끼리 만나면 "당신의 교회는 사람이 모두 몇 명이 모입니까?" 그러면 아주 자랑스럽게 "우리는 천 명, 우리는 이천 명, 우리는 만 명이 모입니다" 하면서 숫자를 자랑했습니다. 그 다음에 두 번째 묻는 질문이 있습니다. "1년 예산이 얼마입니까?" "우리는 10억이요, 우리는 20억, 50억입니다." 이렇게 돈을 자랑했습니다.

이것은 대단히 잘못된 교회를 알아가는 방법입니다. 오히려 이렇게 물어야 될 것입니다. "당신의 교회는 지역사회와 세계를 위해 얼마나 많은 일꾼을 보냈습니까?" "당신의 교회는 1년 중에 선교와 구제를 위하여 얼마나 물질을 사용하고 있습니까?" 이렇게 물어야 사실은 그 교회의 아름다움을 분명히 알 수 있는 좋은 질문이 될 것입니다. 요즘 들어서 발 마사지가 아주 유행을 하고 있는데, 그들에 의하면 이 발에 모든 건강이 담겨 있다는 것입니다. 발을 잘 마사지해 주면 몸 전체가 건강하다는 것이 그들의 주장입니다.

하나님의 교회의 건강도 발에 달려 있습니다. 건물에 있는 것이 아니고, 사람들에게 있는 것이 아니고, 예산에 있는 것이 아니고, 프로그램에 있는 것이 아니고 역사에 있는 것이 아닙니다. 그 교회의 아름다움은 발에 있습니다. 얼마나 하나님의 말씀을 듣고 그 말씀을 가지고 세상으로 나아가느냐, 얼마나 많은 사람들을 파송하느냐, 땅끝까지 가서 주의 생명의 아름다운 소식을 증거하는 아름다운 발을 가진 교회가 되느냐, 여기에 하나님의 교회의 아름다움이 달려 있습니다.

모여서 예배하는 교회는 반드시 흩어지는 교회가 되어야 합니다. 모여서 하나님을 찬송하고 은혜를 받았으면, 이제는 나아가는 교회가 되어서 세상 속으로 파송을 받아야 합니다. 우리끼리만 밤낮 모여서 찬송하고 즐기고 예배한다면 하나님의 교회는 힘이 없을 것입니다. 은혜를 받은 다음에는 반드시 나아가야 합니다. 지역사회를 향하여, 세계를 향하여 복음 들고 나아가는 교회를 하나님은 아름답다고 인정해 주실 것입니다.

하나님의 교회가 생명의 복음, 아름다운 소식을 들고 지역사회와 세계 땅끝까지 나가서 복음을 전하지 않는다면 교회는 교회가 될 수 없습니다. 발이 아름다워야 합니다. 많은 일꾼들이 갈 수 있도록 도전하고 파송하는 교회를 아름다운 교회라고 부릅니다. 전도하고 선교하는 일에 더 많이 투자하는 교회가 아름다운 교회입니다(롬 10:15).

우리 모두는 하나님을 만나고 기도하기 위해서 하나님께로 돌아와야 합니다. 악과 불의한 생각을 버리고 하나님께로 돌아와야 합니다. 그동안 잘못된 세상적인 가치관과 교회주의에서 회개하고 하나님께로 돌아와야 합니다. 거기에 하나님의 크신 긍휼과 용서가 있습니다. 돌아오기만 하면 창조주 하나님은 우리를 만나주시고, 들어주시고, 용서해 주십니다. 또한 치유해 주시며 반드시 놀라운 축복을 베풀어 주십니다. 마치 탕자를 맞이한 아버지처럼 가장 크게 환영하고 기뻐하십니다. 우리 모두 높으신 하나님께로 돌아오는 최고의 은혜가 임하기를 축원 드립니다.

2. 형통하라

"내 입에서 나가는 말도 이와 같이 헛되이 내게로 되돌아오지 아니하고 나의 기뻐하는 뜻을 이루며 내가 보낸 일에 형통함이니라"(11절).

성도가 하나님을 떠나 있을 동안에는 결코 형통할 수 없습니다. 그의 영혼은 메마른 사막을 여행하는 것같이 기갈에 시달리게 됩니다. 물질적인 부요나 명예나 권력이나 성공이나 세상의 모든 것을 다 동원한다 해도 결코 즐겁거나 형통할 수 없습니다. 성도에게 있어서 형통과 행복은 하나님을 만나고 하나님 안에 있을 때입니다. 가롯 유다는 은 30에 현혹되어 형통의 복을 잃어 버렸고, 회개할 기회에 회개하지 못하고 결국 자살하여 비참한 최후를 마쳤습니다. 가장 더럽고 부끄러운 이름이 되었습니다.

　하나님의 말씀은 하나님이십니다. 하나님의 모든 말씀은 말씀 그대로 성취됩니다. 헛되이 돌아오지 않습니다. 잘 박힌 못처럼 그대로 그 자리에 정확하게 탁합니다. 일점일획도 변함이 없으십니다. 하나님이 약속하신 용서의 말씀은 그대로 성취됩니다. 용서는 메시아의 대속 사역을 깨닫고 하나님 앞으로 돌아서는 유대인과 이방인 모두를 차별 없이 용서하고 구원하십니다. 사람들이 모든 우상과 죄악과 거짓을 버리고 살아 계신 하나님 앞으로 돌아오면 영육이 형통한 축복을 받게 됩니다.

　주님은 우리에게 너희는 세상의 빛이라고 하셨습니다. 세상의 소금이라고 하셨습니다. 이 말은 썩어가는 세상과 맞서는 사람이 되고, 어둔 세상과 맞서는 사람이 되라는 뜻입니다. 하나님의 사람은 세상과 맞서는 사람입니다. 그리스도인은 세상과 맞서는 사람입니다. 모두가 넓은 길을 갈 때에 주님은 우리에게 좁은 길을 가라고 하십니다.

　거창고등학교 강당 뒷벽에 붙어 있는 '직업선택의 십계명'이 화제가 된 적이 있습니다.

　① 월급이 적은 쪽을 택하라.

② 내가 원하는 곳이 아니라 나를 필요로 하는 곳을 택하라.
③ 승진의 기회가 거의 없는 곳을 택하라.
④ 모든 조건이 갖추어져 있는 곳을 피하고, 처음부터 시작해야 하는 황무지를 택하라.
⑤ 앞을 다투어 모여드는 곳은 절대 가지 말고, 아무도 가지 않는 곳으로 가라.
⑥ 장래성이 전혀 없다고 생각되는 곳으로 가라. ⑦ 사회적 존경 같은 것을 바랄 수 없는 곳으로 가라. ⑧ 한가운데가 아니라 가장자리로 가라.
⑨ 부모나 아내나 약혼자가 결사반대를 하는 곳이면 틀림없다.
⑩ 왕관이 아니라 단두대가 기다리고 있는 곳으로 가라.

이것이 성경 말씀이나 십계명은 아니지만 상당한 의미가 있습니다. 보통 사람들이 생각하는 상식보다도 대단히 높습니다. 이것보다 더 높은 것이 하나님 말씀입니다. 하나님 말씀은 우리의 생각이나 길과는 매우 다르고 높습니다. 그래서 하나님의 말씀을 따르고 순종하면 고난은 있지만 반드시 형통합니다. 아브라함은 어려움이 많았지만 하나님 말씀에 절대 순종(창 22장)하여 아들 이삭을 드렸을 때 하늘의 별처럼 빛나는 인생이 되었고, 천하 만민 중에 복의 근원이 되었습니다(창 22:18). 하나님의 말씀 그대로 믿고 순종하면 됩니다. 더하거나 **빼지** 말아야 합니다(계 22:18-19). 하나님 말씀 그대로 순종하면 그대로 이루어지고, 범사와 현세와 내세에 형통한 축복을 받게 됩니다. 이러한 형통의 복이 임하시기를 축원 드립니다.

3. 영영한 표징이 되라

"잣나무는 가시나무를 대신하여 나며 화석류는 찔레를 대신하여 날 것이라 이것이 여호와의 기념이 되며 영영한 표징이 되어 끊어지지 아니하리라"(13절).

잣나무는 경건한 백성들을 의미하고, 가시나무는 사악한 자의 상징입니다. 화석류는 갈릴리 호수 부근과 사마리아와 예루살렘 근방에서 많이 볼 수 있는 상록수로서 희거나 붉은 꽃은 향기가 짙습니다. 느헤미야는 초막절 축제를 위해 필요한 초막을 짓는 데 화석류를 사용했습니다(느 8:15). 찔레는 황량한 사막이나 경작하지 않는 열악한 지대를 뜻합니다.

여호와께로 돌아오는 백성들은 잣나무와 화석류처럼 푸르고 아름다운 구원과 축복을 받게 되지만, 끝까지 돌아오지 않는 자들은 가시나무와 찔레처럼 영원히 버림을 받게 된다는 말씀입니다. 이것이 여호와의 기념이 되며 영영한 표징이 됩니다. 하나님께로 돌아오는 자들은 용서와 구원을 받게 되는데, 이것이 여호와의 선하심과 영광을 드러내는 기념비가 되는 것입니다.

산과 언덕들이 노래하며 모든 나무가 손뼉을 친다고 하였는데, 이는 자연도 함께 기뻐하며 창조주 하나님께 영광 돌리는 것을 의미합니다. 오늘의 교회와 성도들을 통하여 한 사람이라도 돌아오면 온 자연과 하나님이 기뻐하시고 영광을 받으시게 됩니다.

모든 성도는 믿음의 공동체를 세워가는 일에 헌신해야 합니다. 믿음의 공동체를 세우기 위해서는 나를 내려놓고 나를 뛰어넘어야 합니다. 십자가의 길을 가기 위해 나아가는 헌신은 아깝지 않은 소중하고 가치 있는 일입니다. 눈물과 기도로 섬긴 믿음의 공동체가 하나님께 자신을 스스로 드리는 수준까지 자라게 되었다면, 비로소 예수 그리스도를 머리로 한 몸 됨의 큰 기쁨을 누리게 될 것입니다. 고난과 희생이 따라도 우리는 섬기고 복음 전하는 일에 게으름 피우지 말아야 합니다.

중국선교를 위해 평생을 바친 허드슨 테일러에게 젊은 선교사들이 찾아와 조언을 구했습니다.

"당신들은 왜 선교를 하시려고 합니까?"

젊은 선교사들이 대답했습니다.

"이 황무지 같은 중국 땅에 교회들이 서는 것을 보고 싶습니다."

"이 중국 사람들이 복음을 듣고 미개한 삶에서 벗어나기를 바랍니다."

그러자 허드슨 테일러는 빙그레 웃으며 이렇게 말했습니다.

"나는 아닙니다. 나는 중국이 사랑스러워서도 아니고 이곳 생활이 즐거워서도 아닙니다. 모래바람이 일고 미개한 사람들이 살고 있는 이 문명의 불모지가 무엇이 그리 좋겠습니까? 이처럼 내가 이곳에 있는 것을 원하지 않고 즐거워하지 않음에도 불구하고, 내 안에는 이 일을 위하여 목숨을 버릴 수밖에 없게 만드는 그 무엇이 역사하고 있습니다. 그것은 곧 그리스도가 나를 위해 죽으셨다는 것입니다."

십자가 사랑에 붙잡힌 자는 조금도 사랑스럽지 않은 것을 사랑하고, 즐겁지 않은 것을 즐거워하고, 감당할 수 없는 십자가의 길을 기뻐하며 걸어가게 됩니다. 십자가는 나를 뛰어넘는 힘입니다.

하나님이 우리 모두를 사랑하십니다. 무조건적인 아가페 사랑으로 사랑하십니다. 예수 그리스도께서 우리를 구원하시기 위해 죽으시고 부활하셨으며 영원한 천국을 예비하셨습니다. 오늘의 성도와 교회를 보고 자연이 기뻐하고 노래하며 하나님이 영광을 받으십니다. 구원받은 우리 자신이 여호와의 기념이며 영영한 표징입니다. 이 기념과 표징을 또 다른 사람들에게 알리고 전해야 할 긴박한 사명이 우리에게 있습니다. '죽어 가는 사람이 죽어 가는 사람에게'라고 간절한 마음으로 복음을 전해야 합니다. 그러면 반드시 누군가는 구원을 받게 됩니다. 바로 여러분이 높으신 하나님의 기념과 영영한 표징이 되시기를 축원 드립니다.

사랑하는 번동 가족 여러분!
우리 모두는 더욱 겸손해야 합니다. 인간의 생각은 하나님의 생각과 다르고 낮습니다. 하나님의 길과 생각은 하늘처럼 높습니다. 높으신 하나님께 돌아가서 형통의 축복과 영영한 표징이 되시기를 축원 드립니다.

미쁘신 하나님

고린도전서 10:1-13

¹형제들아 나는 너희가 알지 못하기를 원하지 아니하노니 우리 조상들이 다 구름 아래에 있고 바다 가운데로 지나며 ²모세에게 속하여 다 구름과 바다에서 세례를 받고 ³다 같은 신령한 음식을 먹으며 ⁴다 같은 신령한 음료를 마셨으니 이는 그들을 따르는 신령한 반석으로부터 마셨으매 그 반석은 곧 그리스도시라 ⁵그러나 그들의 다수를 하나님이 기뻐하지 아니하셨으므로 그들이 광야에서 멸망을 받았느니라 ⁶이러한 일은 우리의 본보기가 되어 우리로 하여금 그들이 악을 즐겨한 것같이 즐겨 하는 자가 되지 않게 하려 함이니 ⁷그들 가운데 어떤 사람들과 같이 너희는 우상 숭배하는 자가 되지 말라 기록된 바 백성이 앉아서 먹고 마시며 일어나서 뛰논다 함과 같으니라 ⁸그들 중의 어떤 사람들이 음행하다가 하루에 이만 삼천 명이 죽었나니 우리는 그들과 같이 음행하지 말자 ⁹그들 가운데 어떤 사람들이 주를 시험하다가 뱀에게 멸망하였나니 우리는 그들과 같이 시험하지 말자 ¹⁰그들 가운데 어떤 사람들이 원망하다가 멸망시키는 자에게 멸망하였나니 너희는 그들과 같이 원망하지 말라 ¹¹그들에게 일어난 이런 일은 본보기가 되고 또한 말세를 만

난 우리를 깨우치기 위하여 기록되었느니라 ¹²그런즉 선 줄로 생각하는 자는 넘어질까 조심하라 ¹³사람이 감당할 시험 밖에는 너희가 당한 것이 없나니 오직 하나님은 미쁘사 너희가 감당하지 못할 시험 당함을 허락하지 아니하시고 시험 당할 즈음에 또한 피할 길을 내사 너희로 능히 감당하게 하시느니라

바울은 "그리스도의 남은 고난을 그의 몸 된 교회를 위하여 내 육체에 채우노라"고 자신의 사역이 고난의 길임을 고백했습니다. "그리스도의 남은 고난"이란 예수님의 십자가 고난이 불완전하여 주님께서 우리의 고난을 필요로 하고 있다는 뜻이 아닙니다. 예수님을 믿는 자로서 그리스도를 전하고 그리스도를 따르는 데 있어 피할 수 없는 고난을 의미합니다. 바울의 고난은 예수님을 위한 고난이었으며 자신의 육체에 채우는 고난이었습니다. 그러므로 바울이 고난의 길을 걸을 수 있었던 것은, 그 길의 끝에 은혜가 있음을 알고 있었기 때문입니다. 예수님은 세상을 이기신 분입니다. 예수님께서 세상을 이기셨기 때문에 음부의 권세와 죽음의 권세를 두려워할 필요가 없습니다.

성도는 예수님을 믿음으로 말미암아 진리를 위해 고난을 받습니다. 성도는 이 고난에 대하여 두려워하면 안 됩니다. 모방심리란 호감이 가는 사람을 닮고 싶고 따라하고 싶어 하는 경향을 가리키는 말입니다. 모방심리가 잘못 작용하면 모방하지 말아야 할 것을 모방하게 됩니다.

토마스 아 켐피스가 쓴 《그리스도를 본받아》라는 책은 기독교의 고전이고 주님을 모방하고 싶은 사람이라면 누구나 읽어볼 만한 책입니다. 토마스 아 캠피스는 "예수 그리스도를 사랑하는 사람은 많

지만 그리스도의 십자가를 지는 사람은 거의 없고, 극히 적은 자만이 그의 쓴잔을 마신다"라고 했습니다. 주님을 사랑한다고 하면서도 주님이 가신 십자가의 길을 따르지 않는다는 말입니다. 십자가는 주님이 우리에게 보여주신 사랑이며, 믿고 따라가야 할 길입니다. 주님은 우리에게 자기 십자가를 지고 나를 따르라고 하셨습니다. 이 길이 곧 은혜의 길이며, 복된 길입니다. 우리가 가야 할 길입니다.

하나님께서는 무조건적인 다수를 기뻐하시지 않습니다. 사도 바울은 출애굽 당시의 이스라엘의 광야 생활에 비추어서, 하나님이 진정으로 원하시는 것은 하나님 말씀대로 순종하는 사람들임을 고린도 교인들에게 말씀하고 계십니다. 불순종하는 다수보다는 순종하는 소수를 하나님이 기뻐하십니다. 하나님께서는 비록 보잘것없는 소수라 할지라도 하나님의 뜻을 받들어 믿음으로 살아가는 사람들을 인정하고 사랑하십니다. 이들이 밤나무와 상수리나무와 같은 남은 자들입니다. 하나님의 섭리는 이러한 사람들을 통하여 이루어집니다.

역사를 통해서 우리는 많은 것을 느끼고 배웁니다. 특별히 성경은 우리의 모습을 제대로 볼 수 있는 거울과 같습니다. 우리가 믿는 하나님은 미쁘신 하나님이십니다(13절). '미쁘다'의 헬라어 '피스토스'는 '신실하다, 믿을 수 있다'는 뜻입니다. 고린도 교인들이 가지고 있었던 복음에 대한 지식이나 경건의 생활로는 모든 시험을 이길 수 없습니다. 오직 미쁘신 하나님, 즉 신실하신 하나님의 말씀과 능력으로만 능히 이길 수 있습니다. 오늘도 미쁘신 하나님을 믿음으로 승리하며 약속의 면류관을 받는 성도들이 되시기를 축원 드립니다.

1. 우상 숭배하지 말라

"그들 가운데 어떤 사람들과 같이 너희는 우상 숭배하는 자가 되지 말라 기록된 바 백성이 앉아서 먹고 마시며 일어나서 뛰논다 함과 같으니라"(7절).

고린도 교인들은 이스라엘 백성들이 금송아지 우상을 숭배한 것같이(출 32:8), 이교도들의 관습처럼 우상의 신전에서 열리는 연회에 참가함으로써 우상 숭배의 행동을 범하였습니다. 그들은 금송아지 우상을 경배한 후 불경스러운 향연을 벌였습니다. 금송아지를 가운데 놓고 먹고 마시며 일어나서 뛰어놀았습니다. 금으로 만든 송아지를 하나님이라고 숭배하며 춤을 추었습니다. 이는 살아 계신 하나님에 대한 명백한 반역이며 거역이고 모욕인 것입니다. 그들은 하나님을 금송아지로 바꾸어 버렸습니다.

하나님보다 더 사랑하고 믿고 의지하는 것이 우상입니다. 그날 백성 삼천 명가량이 죽임을 당하였습니다(출 32:28). 이렇듯 우상 숭배는 저주이고, 죽음이며, 멸망입니다.

어느 나라에 이상한 왕이 있었습니다. 특권을 포기한 왕입니다. 화려하고 부요한 자리를 포기했습니다. 버리고 나눠주는 길을 걸어 갔습니다. 권세 있고 오만한 자리를 포기했습니다. 낮아지고 겸손한 삶을 살았습니다. 대접받고 환영받는 권리를 포기했습니다. 오히려 섬기며, 조롱당하고, 구박받았습니다. 왕 같은 제사장으로 살아야 하는 하나님 나라가 어떠한지 알려주었습니다. 그분이 예수님입니다.

예수님으로 말미암아 우리는 왕이 되었습니다. 우리는 왕 같은 제사장입니다. 우리는 왕이신 하나님의 소유입니다. 우리는 왕이신 주님의 백성입니다. 왕이 된 그리스도인은 이제 섬기는 일만 남았습니다. 기득권도 특권도 자리도 다 내려놓고 잘 섬기는 일만 남았습니다.

부활의 주님을 만나면 우리의 신분이 달라집니다. 삶의 방향이 달라집니다. 생각과 가치관이 달라집니다. 나 중심에서 하나님 중심으로 변합니다. 성공 중심에서 사명 중심으로 방향이 달라집니다. 이제는 어떠한 상황 속에서도 삼위일체이신 하나님만 섬겨야 합니다. 어떤 형상도 만들면 안 됩니다. 하나님 위에 다른 신을 두어서는 안 됩니다. 하나님 위에 또는 하나님보다 더 사랑하는 그 무엇도 있어서는 안 됩니다. 하나님만 유일하게 최고로 섬기고 사랑하는 성도가 되어야 합니다. 오로지 미쁘신 우리 하나님만 제대로 섬기는 성도들이 되시기를 축원 드립니다.

2. 음행하지 말라

"그들 중의 어떤 사람들이 음행하다가 하루에 이만 삼천 명이 죽었나니 우리는 그들과 같이 음행하지 말자"(8절).

이스라엘 백성들이 저지른 또 하나의 범죄는 음행이었습니다. 성적인 부정행위입니다. 그들이 모압을 지날 때 그곳에 있는 모압 여인들에게 이스라엘 젊은 청년들이 유혹을 받아 바알브올 우상을 섬겼습니다. 바알브올을 섬기는 제사 행위는 처녀들과의 음행을 통하여 이루어집니다(민 25:1-9). 우상 숭배와 간음은 불가분의 관계가 있습니다.

바울 당시의 고린도 지역도 종교적인 매춘 행위가 성행하던 도시로 이름이 높았습니다. 고린도 교인들은 여신 '비너스'를 섬겼으며, 비너스 신전에서 열리는 우상 축제에는 바알브올을 섬길 때 행해지던 음행이 그대로 재현되었습니다.

그러므로 바울은 본절의 내용을 통하여 우상 숭배와 음행은 하나님께 큰 죄악이므로 그러한 유혹에 빠지지 말 것을 간곡히 권면하고 있습니다. 이스라엘 백성들이 바알브올 우상을 섬기며 그곳 여인들과 음행할 때 전염병으로 이만 삼천 명이나 죽임을 당해야만 했습니다(민 25:1-9).

어느 부부가 전 국민이 보는 TV방송국에서 스피드 퀴즈를 하게 되었습니다. 제시된 단어가 '칠갑산'으로 나오자 부인이 급하게 설명했습니다.

"여보, 당신이 노래방 가면 항상 부르는 거 세 글자 있잖아요."
남편이 자신 있게 대답했습니다.
"도우미!"

그날 남편은 병원에 입원했습니다. 하나님께서 주신 가정과 가족을 사랑하고 잘 지키는 행복한 성도들이 되시기를 축원 드립니다.

3. 주를 시험하지 말라

"그들 가운데 어떤 사람들이 주를 시험하다가 뱀에게 멸망하였나니 우리는 그들과 같이 시험하지 말자"(9절).

하나님의 선하심과 능력과 지혜를 그릇된 동기에서 알아보려는 인간의 그릇된 생각을 시험이라고 합니다. 이스라엘 백성들은 광야에서 죄에 대한 하나님의 관용을 시험하고 구원의 능력을 시험하였습니다. 하나님을 시험하는 것은 인간이 범할 수 있는 죄 중에서 가장 큰 죄입니다. 모세 시대에 이스라엘 백성들이 하였던 것처럼 고린도 교인들도 주를 시험하는 죄를 범하였습니다. 그들은 율법으로부터 해방된 그리스도인의 자유를 사용함에 있어서 그 한계를 벗어났습니다. 이교도들의 우상 축제에 참여함으로 주를 시험하였습니다.

고린도 교인들은 하나님께서 자신들을 우상 숭배의 죄에 빠지지 않도록 구원하실 수 있는지를 시험하였으며, 설사 그러한 죄를 범했다고 할지라도 용서하고 다시 일으켜 세워주시는 관용이 있는지를 시험하였습니다. 바울은 고린도 교인들의 이런 상태를 경고하면서 자신을 포함한 의미로 2인칭 복수 동사를 사용하고 있습니다. 이는 주를 시험할 가능성이 바울을 포함한 모두에게 있음을 의미합니다. 누구도 죄와 시험에서 예외는 없습니다.

성도는 무조건 은혜가 충만해야 합니다. 은혜가 충만할 때와 떨어질 때를 비교하면 다음과 같습니다. 은혜가 충만하면 예수님이 크게 보이고, 은혜가 떨어지면 내가 크게 보입니다. 은혜가 충만하면 천국을 사모하지만, 은혜가 떨어지면 세상이 좋아집니다. 은혜가 충만하면 말씀이 꿀맛 같으나, 은혜가 떨어지면 말씀이 지겹게 들립니다. 은혜가 충만하면 책망을 들어도 감동이 되나, 은혜가 떨어지면 좋은 말에도 시험에 빠집니다. 은혜가 충만하면 내가 죽지만, 은혜가 떨어지면 내가 살아납니다. 은혜가 충만하면 남을 칭찬하고 높여주지만, 은혜가 떨어지면 자기를 자랑하고 높입니다. 은혜가 충만하면 나를 깨뜨리지만, 은혜가 떨어지면 남을 깨뜨립니다.

은혜가 충만하면 자신의 죄가 크게 보이지만, 은혜가 떨어지면 남의 허물이 더 크게 보입니다. 은혜가 충만하면 사람을 사랑하지만, 은혜가 떨어지면 사람이 미워집니다.

은혜가 충만하면 영혼이 귀하게 보이지만, 은혜가 떨어지면 사람이 하찮게 보입니다. 은혜가 충만하면 남을 섬기고 싶어지지만, 은혜가 떨어지면 대접 받고 싶어 합니다. 은혜가 충만하면 고생을 해도 찬송이 나오지만, 은혜가 떨어지면 편안한 생활에도 원망이 나옵니다. 은혜가 충만하면 겸손이 절로 나오지만, 은혜가 떨어지면 교만함이 배어나옵니다. 은혜가 충만하면 범사에 감사가 넘치지만, 은혜가 떨어지면 매사에 불평이 넘칩니다.

우리 모두 더욱더 은혜가 충만하여 예수님을 크게 보고, 천국을 사모하고, 말씀 충만하고, 남을 칭찬하고, 자신을 깨뜨리고, 자신의 죄를 크게 보고, 모든 사람들을 사랑하고 대접하고 섬기며, 더욱 겸손하고, 감사가 충만하기를 바랍니다. 결코 주를 대적하거나 시험하는 은혜 없는 삶이 되어서는 안 됩니다. 미쁘신 하나님을 더욱 기쁘시게 해드리고, 은혜 충만한 우리 교회 성도들이 되시기를 축원 드립니다.

4. 원망하지 말라

"그들 가운데 어떤 사람들이 원망하다가 멸망시키는 자에게 멸망하였나니 너희는 그들과 같이 원망하지 말라 그들에게 일어난 이런 일은 본보기가 되고 또한 말세를 만난 우리를 깨우치기 위하여 기록되었느니라" (10-11절).

본문에서 바울은 이스라엘 백성들이 지은 네 번째 잘못을 지적하고 있습니다. 모세와 아론을 향한 이스라엘 백성의 원망이었습니다. 본 절은 고라의 반역과 그를 따르는 일만 사천 칠백 명이 역병으로 멸망한 사건을 가르키고 있습니다 (민 16:49).

고린도 교인 중에는 바울을 반대하여 우상 축제에 참여하는 무리들이 있었습니다. 그들은 바울의 가르침에 따라 우상 축제 참여에 반대하는 그들의 지도자들에 대하여 원망과 불평을 하였습니다. 바울은 그러한 불평자들에게 이스라엘 백성의 예를 들어 경고하고 있습니다. 신앙생활을 함에 있어서 서로 원망하지 말아야 합니다. 원망하는 데 선봉에 서지도 말고 따라가지도 말아야 합니다. 고라 때문에 일만 사천 칠백 명이 죽었습니다. 악은 모양이라도 버려야 합니다(살전 5:22). 더러운 말은 입 밖에도 내지 말아야 합니다(엡 4:29).

소름끼치는 두려움을 느껴본 적이 있으십니까? 불안과 함께 두려움은 우리 마음을 괴롭히는 또 하나의 심각한 감정입니다. 불안의 종류가 갈수록 늘어나듯이, 두려움과 공포의 종류 또한 갈수록 늘어나고 있습니다. 공포증(phobia)의 종류만 해도 무려 628가지나 된다고 합니다. 한 사람이 평균 14종류의 두려움을 안고 있다는 통계도 있습니다. '공포'라는 말만 들어도 소름이 쫙 끼치는 공포공포증이 있는가 하면, 심지어 세상만사가 다 두렵기만 한 만사공포증도 있습니다.

도스토예프스키는 "삶은 공포다. 현재의 모든 것은 공포이며 고통이다"라고 했습니다. 하나님은 우리에게 말씀하십니다.

"두려워하지 말라 내가 너와 함께함이라 놀라지 말라 나는 네 하나님이 됨이라 내가 너를 굳세게 하리라 참으로 너를 도와주리라 참으로 나의 의로운 오른손으로 너를 붙들리라"(사 41:10).

두려움을 이기는 길은 믿음입니다. 믿음으로 맞서는 것입니다. 십자가는 주님이 죽음의 순간까지도 우리와 함께하심을 보여주고 있습니다. 우리가 죽음의 권세를 이기신 십자가의 주님을 믿는다면 어떤 두려움과도 맞설 수 있습니다. 그리고 어떤 두려움도 이겨낼 수 있습니다.

믿음이 부족하면 두렵고, 두려우면 반드시 원망이 터져 나옵니다. 원망은 불신앙이고, 불행이고, 멸망이며, 지옥입니다. 원망의 바이러스는 순식간에 수많은 사람들에게 전염됩니다. 원망이 있는 한 결코 행복할 수 없습니다. 순종하고 감사할 수 없습니다. 웃음과 기쁨이 없습니다. 원망하면 죽고 망합니다. 원망하면 질병과 역병과 지진으로 죽습니다. 감사하고 찬양해야 합니다. 하나님을 믿고 두려워하지 말아야 합니다. 하나님이 여러분들과 함께하시고 도와주십니다. 미쁘신 하나님을 믿고 결단코 원망하지 말고 감사하고 찬양하는 성도들이 되시기를 축원 드립니다.

사랑하는 번동 가족 여러분

우리는 하나님 말씀대로 살아야 합니다. 말씀은 그대로 이루어집니다. 우상 숭배하지 같아야 합니다. 음행하지 말아야 합니다. 주를 시험하지 말아야 합니다. 원망하지 말아야 합니다. 어떠한 상황 속에서도 이 말씀대로 순종하여 미쁘신 하나님을 기쁘시게 해드리며 구원과 영광을 누리는 모든 성도들이 되시기를 축원 드립니다.

천국에서 큰 자니라

마태복음 18:1-6

¹그때에 제자들이 예수께 나아와 이르되 천국에서는 누가 크니이까 ²예수께서 한 어린 아이를 불러 그들 가운데 세우시고 ³이르시되 진실로 너희에게 이르노니 너희가 돌이켜 어린 아이들과 같이 되지 아니하면 결단코 천국에 들어가지 못하리라 ⁴그러므로 누구든지 이 어린 아이와 같이 자기를 낮추는 사람이 천국에서 큰 자니라 ⁵또 누구든지 내 이름으로 이런 어린 아이 하나를 영접하면 곧 나를 영접함이니 ⁶누구든지 나를 믿는 이 작은 자 중 하나를 실족하게 하면 차라리 연자 맷돌이 그 목에 달려서 깊은 바다에 빠뜨려지는 것이 나으니라

올림픽에서 금메달을 딴 선수들의 공통점은 상대편과 싸우기 이전에 자신과의 싸움에서 이긴 사람들입니다. 첫째는, 지옥훈련이라는 고통스런 체력단련의 과정을 이겨내야 합니다. 둘째는, 수도사 같

은 절제된 생활을 이겨내야 합니다. 셋째는, 상대에 대한 두려움이나 방심을 이겨내야 합니다. 넷째는, 경기 중의 기후나 야유나 부상 등의 변수로 인해 흔들리는 마음을 이겨내야 합니다. 우리의 인생이나 신앙의 세계도 이러한 자신과의 싸움에서 이긴 이가 영광의 면류관을 쓰게 됩니다.

예수님의 제자들은 세속적인 자리다툼을 하였습니다. 그때에 예수님은 어린아이와 같은 사람이 천국에서 큰 자라고 하셨습니다. 제자들뿐만 아니라 누구나 크고 높고 성공하기를 원합니다. 그래서 공부하고, 직장 다니고, 사업하고, 밤을 지새우고, 쓰러지도록 노력을 하고 있습니다. 우리는 잠시 성공하고 높아지는 사람이 아니라 영원히 성공하고 높고 큰 사람이 되어야 합니다. 그러기 위해서는 모든 기준과 목표를 예수님께 맞추어야 합니다. 나 중심의 최선은 최악의 결과를 가져옵니다. 오늘 어린이 주일에 모든 어린이들이 행복하기를 바라고, 우리 모두 천국에서 큰 성도들이 되시기를 축원 드립니다.

1. 어린아이를 가운데 세우라

"예수께서 한 어린아이를 불러 그들 가운데 세우시고"(2절).

이 말씀은 유명한 '어린아이 교훈'으로 아이들을 위한 교훈이 아니라 어린아이들을 통해(through) 어른을 교육하기 위한 실물 교육입니다. 예수님 이전 시대와 그 당시만 해도 어린아이들은 여자들과 함께 그 집의 재산 목록에 들어갔을 뿐 결코 사람으로 대접받지 못하였습니다. 그러나 예수님께서는 어린아이들도 하나님의 형상이 있음을 인정하셨을 뿐만 아니라, 그들의 순진무구한 특성이 바로 천국 백성의 자격이 됨을 말씀하셨습니다. 조금도 더러운 때가 없는 티 없이 깨끗하고, 꾸밈이 없고 참되며 깨끗한 상태입니다.

초대교회 전설에 의하면(nicephorus) 이 어린아이는 훗날 안디옥의 감독이자 순교자가 된 이그나티우스(Ignatius)였다고 합니다. 예수님은 어린아이를 천국의 표준으로 삼으셨을 뿐 아니라, 어린아이를 친히 안으시기까지 하셨습니다(막 9:36). 어린아이를 사람들 가운데 세우셨습니다. 방치하거나 쫓아내거나 변두리가 아닌 가운데 세우신 것입니다. 하찮게 보이는 생명체 하나하나에게까지 깊은 사랑과 관심을 가지신 예수님의 사랑을 보여주신 행동입니다. 역시 예수님은 사람들과 다르고 용기가 있으셨습니다. 어린아이는 가정이나 교회나 사회에서 가장자리가 아닌 가운데 있어야 할 가장 중요한 존재입니다.

미국의 28대 대통령인 윌슨이 취임했을 때는 세계 1차 대전이 막 끝났을 때였습니다. 혼돈한 국제 정세 때문에 윌슨은 과중한 업무에 휩싸여 있었는데, 하루는 조금도 쉬지 않고 집무실에서 일을 하는 것을 보고 걱정이 된 비서관이 조용히 찾아와 휴식을 권했습니다.

"틈틈이 산책도 하고 휴식을 좀 취하시지요? 그러다가 건강까지 잃게 되면 정말로 큰일입니다."

"나도 그러고 싶지만 지금은 그럴 때가 아닐 뿐더러 내 상사가 허락하지 않을 걸세."

깜짝 놀란 비서관은 도대체 대통령의 상사가 누구냐고 물었습니다.

"바로 하나님이시지. 지금은 휴식보다는 맡은 사명에 최선을 다해야 할 때라고 하나님께서 말씀하시고 있거든."

모든 성도들은 하나님 말씀과 명령 앞에서 자신의 욕심, 생각, 목표, 고집, 계획과 모든 것을 내려놓아야 합니다. 먼저 하나님 말씀을 경청하고 순종해야 합니다. 어린아이를 가장자리로 밀어내었던 모든 행위와 과거를 회개하고, 예수님 말씀 그대로 그들을 '가운데 세우는' 성도와 부모와 어른들이 되어서 모두가 천국에서 큰 자가 되시기를 축원 드립니다.

2. 어린아이처럼 겸손하라

"그러므로 누구든지 이 어린아이와 같이 자기를 낮추는 사람이 천국에서 큰 자니라"(4절).

'자세를 낮추다'의 헬라어 '타페이노오'는 단순한 의미의 겸손이 아니라 멸시와 천대의 굴욕을 당하면서까지 겸손한 것을 의미합니다. 끝까지 겸손해야 참된 겸손입니다. 겸손하다가 여러 가지 이유로 교만하면 겸손이 아닙니다. 천국시민의 자격으로서의 자기를 낮춤이란, 하나님의 말씀을 전하고 실천함으로 진리를 알지 못하는 사람들로부터 수모와 멸시를 당하는 것을 기뻐하는 상태를 가리킵니다. 겸손이란 복음을 위해 고난과 형극의 길을 걷는 예수님을 닮은 삶입니다. 하나님의 본체이시면서도 인간으로 자신을 완전히 낮추신 예수님을 위하여 고난과 모욕을 받는 자는, 천국에서 비교할 수 없는 영생과 영광이 반드시 따르게 됩니다(롬 8:18). 자신을 한없이 낮추는 자만이 하나님의 끝없는 높임을 받게 됩니다. 겸손의 골짜기가 깊어야 영광과 축복의 봉우리가 높아가게 됩니다.

분노가 치밀어 오를 때 어떻게 하십니까? 화를 참지 못해 일을 저지르는 사람들이 점점 늘어나고 있습니다. 사소한 일에도 분을 참지 못합니다. 화를 버럭 내고 소리를 지르고 물건을 집어 던집니다. 싸움을 하기도 하고, 심지어는 공공장소에 불을 질러 많은 사람들을 해치기도 합니다. 처리되지 못한 분노는 병을 만들고 후회할 일을 만듭니다. 분노는 파괴적인 에너지입니다. 분노를 그대로 내버려두면 가시를 만들어 내고 독을 만들어 냅니다. 분노한 상태에서 하는 말은 가시가 되고 독이 됩니다. 분노가 자라면 적대감이 되고 적대감이 자라면 폭력이 됩니다. 분노를 잘 처리해야 건강한 삶을 살 수 있습니다.

십자가는 분노를 처리하는 명약입니다.

성 프란시스가 하루는 우물가에서 물을 긷는 여인을 만났습니다. 여인은 물동이에 물을 채운 후에 물 위에다 나뭇가지를 얹고는 물동이를 이고 가는 것을 보았습니다. 프랜시스가 여인에게 물었습니다.

"물에 나뭇가지는 왜 띄우십니까?"

그러자 여인이 대답했습니다.

"물 위에 나뭇가지를 띄워 놓으면 물이 출렁거릴 때 넘치지 않게 되니까요!"

그렇습니다. 분노가 치밀어 오르는 마음에 십자가를 띄우십시오. 그리고 주님을 바라보십시오. 그분 앞에 분한 마음을 내어놓으십시오. 어떠한 상황 가운데서도 어린아이처럼 겸손해야 합니다. 이 일은 결코 쉽지 않지만, 하나님의 비교할 수 없는 영광과 천국과 면류관을 바라보면서 목숨 걸고 겸손하여 천국에서 큰 자가 되시기를 축원 드립니다.

3. 어린아이를 영접하라

"또 누구든지 내 이름으로 이런 어린아이 하나를 영접하면 곧 나를 영접함이니 누구든지 나를 믿는 이 작은 자 중 하나를 실족하게 하면 차라리 연자 맷돌이 그 목에 달려서 깊은 바다에 빠뜨려지는 것이 나으니라"(5-6절).

'연자 맷돌'은 나귀 맷돌이라고 합니다. 손으로 돌리는 것에 대하여 나귀에게 매어 돌리는 큰 맷돌입니다. 수리아, 그리스, 로마의 비참한 사형법 중 하나로 아버지를 죽인 원수나 공공의 안녕을 파괴한 자를 죽일 때 사용하였습니다. 본문의 뜻은 남을 범죄케 하여 그 영혼을 지옥에 빠지게 하는 것보다 그 육을 죽이는 것이 낫다는 뜻입니다. 세상에서는 작은 자와 큰 자가 있으나 천국에서는 모두가 큰 자입니다. 작은 자를 영접하는 것도 예수님을 영접하고 하나님을 영접하는 것입니다. 성도는 어떤 경우에라도 사람을 실족시켜 지옥에 가게 해서는 안 됩니다. 실족이 아닌 영접하는 교회와 부모와 성도가 되어야 합니다. 실족하게 하는 자에게는 하나님의 '화'가 있습니다. 영접하면 하늘의 상이 있습니다. 화가 아닌 상을 받는 성도가 되시기를 바랍니다.

가장 뛰어난 라디오 사회자로, 수많은 유명인을 만나 인터뷰를 한 셀레스트 헤들리를 대화의 달인으로 부릅니다. 그녀가 한 강연에서 말한 '대화의 달인이 되는 방법' 중 7가지입니다.

① 한꺼번에 여러 말을 하지 마세요.
② 자유롭게 대답할 수 있는 질문을 하세요.
③ 대화의 흐름을 따르세요.

④ 모르면 모른다고 하세요.

⑤ 나의 경험을 다른 사람과 동일시하지 마세요.

⑥ 들으세요.

⑦ 짧게 말하세요.

모든 사람들과의 대화나 삶에서 어느 하나라도 실족시켜서 지옥에 가게 하는 사람이 아니라, 그들이 주님을 영접하여 천국에 가게 하는 성도들이 되시기를 축원 드립니다.

사랑하는 번동 가족 여러분

모든 어린이들과 부모님과 성도님들에게 하나님께서 복을 주시기를 원합니다. 어린아이를 가운데 세우고, 어린아이처럼 겸손하며, 만나는 모든 이들을 주님께로 인도하여 천국에서 큰 자가 되시기를 축원합니다.

행복한 가정

골로새서 3:18-21

¹⁸아내들아 남편에게 복종하라 이는 주 안에서 마땅하니라 ¹⁹남편들아 아내를 사랑하며 괴롭게 하지 말라 ²⁰자녀들아 모든 일에 부모에게 순종하라 이는 주 안에서 기쁘게 하는 것이니라 ²¹아비들아 너희 자녀를 노엽게 하지 말지니 낙심할까 함이라

한 이발사가 자신의 기술을 전수하기 위해 젊은 도제를 한 명 들였습니다. 젊은 도제는 3개월 동안 열심히 이발 기술을 익혔고, 드디어 첫 번째 손님을 맞이하게 되었습니다. 그는 그동안 배운 기술을 최대한 발휘하여 첫 번째 손님의 머리를 열심히 깎았습니다. 그러나 거울로 자신의 머리 모양을 확인한 손님은 투덜거리듯 말했습니다.

"머리가 너무 길지 않나요?"

초보 이발사는 손님의 말에 아무런 답변도 하지 못했습니다. 그러자 그를 가르쳤던 이발사가 웃으면서 말했습니다.

"머리가 너무 짧으면 경박해 보인답니다. 손님에게는 긴 머리가 아주 잘 어울리는 걸요."

그 말을 들은 손님은 금방 기분이 좋아져서 돌아갔습니다. 두 번째 손님이 들어왔습니다. 이발이 끝나고 거울을 본 손님은 마음에 들지 않는 듯 말했습니다.

"너무 짧게 자른 것 아닌가요?"

초보 이발사는 이번에도 역시 아무런 대꾸를 하지 못했습니다. 옆에 있던 이발사가 다시 거들며 말했습니다.

"짧은 머리는 긴 머리보다 훨씬 경쾌하고 정직해 보인답니다."

이번에도 손님은 매우 흡족한 기분으로 돌아갔습니다. 세 번째 손님이 왔습니다. 이발이 끝나고 거울을 본 손님은 머리 모양은 무척 마음에 들어 했지만 막상 돈을 낼 때는 불평을 늘어놓았습니다.

"시간이 너무 많이 걸린 것 같군."

초보 이발사는 여전히 우두커니 서 있기만 했습니다. 그러자 이번에도 이발사가 나섰습니다.

"머리 모양은 사람의 인상을 좌우한답니다. 그래서 성공한 사람들은 머리 다듬는 일에 많은 시간을 투자하지요."

그러자 세 번째 손님 역시 매우 밝은 표정을 돌아갔습니다. 네 번째 손님이 왔고 그는 이발 후에 매우 만족스러운 얼굴로 말했습니다.

"참 솜씨가 좋으시네요. 겨우 20분 만에 말끔해졌어요."

이번에도 초보 이발사는 무슨 대답을 해야 할지 몰라 멍하니 서 있기만 했습니다. 이번에도 이발사는 손님의 말에 맞장구를 치며 말했습니다.

"시간은 금이라고 하지 않습니까? 손님의 바쁜 시간을 단축했다니 저희 역시 매우 기쁘군요."

그날 저녁에 초보 이발사는 자신을 가르쳐준 이발사에게 오늘 일에 대해서 물었습니다. 이발사는 말했습니다.

"세상의 모든 사물에는 양면성이 있다네. 장점이 있으면 단점도 있고, 얻는 것이 있으면 손해 보는 것도 있지. 또한 세상에 칭찬을 싫어하는 사람은 없다네. 나는 손님의 기분을 상하게 하지 않으면서 자네에게 격려와 질책을 하고자 한 것뿐이라네."

"말 한 마디로 천 냥 빚을 갚는다"는 말이 있습니다. 능력 못지않게 중요한 것은 바로 말하는 기술입니다. 똑같은 상황에서도 말 한 마디에 의해 결과가 하늘과 땅 차이가 나는 경우를 보게 됩니다. '어떻게 말하는가'는 당신이 '어떤 사람인가'를 말해주는 척도가 됩니다.

가정은 하나님께서 인간에게 주신 최초의 기관이며 공동체입니다. 5월은 '가정의 달'로서 가정은 너무도 중요하고 귀합니다. 가정이 행복해야 모든 가족과 교회와 사회가 행복합니다. 가정 안에서는 모두가 중요하고 행복해야 합니다. 소외되거나 상처 받는 가족이 있어서는 안 됩니다. 모두가 천하보다 귀한 생명입니다(마 16:26).

가정에는 가족들의 위치와 역할이 있습니다. 모두가 제 위치와 제 역할을 잘해야 조화와 균형과 행복이 있게 됩니다. 오늘 본문을 통해서 각자 자신의 위치와 사명을 잘 감당해서 모두가 행복한 가족과 가정이 되시기를 축원 드립니다.

1. 아내들아 남편에게 복종하라

"아내들아 남편에게 복종하라 이는 주 안에서 마땅하니라"(18절).

'복종'의 헬라어 '휘포탓소'는 신약에 23번 나타납니다. 자발적인 복종을 의미합니다. 바울은 아내들이 남편에게 자발적인 복종을 할 것을 권면했습니다. 남편에 대한 아내의 자발적인 복종은 하나님께서 제정하신 창조 질서의 한 부분이며, 이는 교회가 그리스도에 대해 자발적으로 복종하는 것과 동일한 의미를 가집니다. 남편에 대한 아내의 복종은 마땅하다고 하였습니다. 복종하는 것이 적절한 것이며 의무임을 뜻합니다. 그러나 '주 안에서'라고 하는 전제와 제한이 있음을 반드시 주목해야 합니다.

무엇이나 본질이 있습니다. 걸레는 빨아도 걸레입니다. 보석은 흙이 묻어도 보석입니다. 왕은 거지 옷을 입어도 왕입니다. 거지는 왕복을 입어도 거지입니다. 까마귀는 흰 칠을 해도 까마귀입니다. 군인은 경찰복을 입어도 군인입니다. 간장 그릇은 아무리 애써도 김치 그릇이 될 수 없습니다. 콩나물은 아무리 커도 콩나무가 아니라 콩나물입니다. 본질은 바꾸어지지 않습니다.

어떤 사람이 화폐 위조범으로 체포되었습니다. 5만 원짜리를 그렸는데, 전문가도 구별하기 힘들 정도였습니다. 그런데 알아보니 5만 원 한 장 그리는 시간이면 500만 원짜리 초상화 하나를 완성할 수 있는 시간이었습니다. 그렇게 좋은 재주를 가지고 죄를 범하는 데 사용하니까 감옥에서 살아야 합니다.

남편과 아내는 본질을 생각하며 하나님 말씀대로 순종해야 합니다. 보이는 현상에 좌우되거나 본질을 착각해서는 안 됩니다. 하나님 말씀대로 아내들은 남편들에게 주 안에서 자발적인 복종을 함으로 행복한 인생과 가정을 이루시기를 축원 드립니다.

2. 남편들아 아내를 사랑하라

"남편들아 아내를 사랑하며 괴롭게 하지 말라"(19절).

바울은 남편에게 긍정적 측면에서 아내를 '사랑하라'와 부정적 측면에서 '괴롭게 하지 말라'는 두 가지를 권면합니다. '괴롭게 하지 말라'는 것은 '사랑하라'는 권면의 소극적인 표현에 불과한 것으로 '아내를 짜증나지 않게 하라'는 의미입니다. 사랑한다는 것은 단순히 애정보다는 아내의 행복을 위해 끊임없이 돌보고 사랑의 봉사를 하는 것을 의미합니다. 아내의 윤리가 복종으로 요약되는 것처럼 남편의 윤리는 사랑으로 요약됩니다.

부부생활에 파탄이 생길 때는 반드시 어느 편에서 이 말씀을 어겼기 때문입니다. 남편의 계명인 사랑은 거룩한 사랑인 아가페적인 것입니다. 그리스도가 교회를 사랑하시는 사랑이며(엡 5:25), 하나님 앞에서 아내의 인격을 존중히 여기는 사랑입니다. 단순한 물질이나 행동을 넘어 지속적인 마음의 사랑인 것입니다. 아내를 멸시하고 학대하는 자는 결국 자기 자신을 멸시하고 학대하는 것입니다.

전쟁에 참전하여 폭탄으로 인하여 얼굴이 완전히 망가진 병사가 있었습니다. 밖에는 나갈 생각도 못하였습니다. 자기가 보아도 너무나 이상해진 얼굴이었습니다. 사람들에게 혐오감을 줄 정도였습니다. 세상을 비관하여 자살하고 싶은 마음이 들 정도였습니다. 절망 속에서 집안에서만 살아갈 때 유경한 성형외과 의사가 찾아왔습니다.

"내가 수술하여 드리겠습니다. 몇 번 수술을 거듭하다 보면 옛 모습을 찾을 수 있을 것 같습니다. 사고 나기 전에 얼굴을 분명히 볼 수 있는 사진을 한 장 주십시오."

그때 그가 말했습니다.

"선생님! 이왕 수술할 것이면 내 옛 얼굴이 아니라 저 모습으로 만들어 주세요."

그가 가리킨 얼굴은 벽에 걸려 있는 예수님 초상화였습니다.

"할 수 있습니다."

몇 번 수술을 거듭하여 수술을 완성하였습니다. 그는 자기 얼굴을 보면서 이렇게 말했습니다.

"정말 내 얼굴이 예수님 얼굴 같군요. 이제부터 나는 예수님 모습으로 살아가겠습니다."

예수님께서 도저히 사랑 받을 수 없는 사람들을 목숨을 주시기까지 진정으로 사랑하신 것같이, 남편들은 아내를 괴롭게 하지 않을 뿐만 아니라 무조건적인 예수님의 사랑으로 아내를 사랑하여 남편과 아내 모두가 행복한 인생과 가정이 되시기를 축원 드립니다.

3. 자녀들아 부모에게 순종하라

"자녀들아 모든 일에 부모에게 순종하라 이는 주 안에서 기쁘게 하는 것이니라"(20절).

'순종하다'의 헬라어 '휘파쿠에테'는 현재 능동태 명령법으로 절대적이며 지속적인 순종을 의미합니다. 성경은 모든 일에 순종하라고 하십니다. 순종하는 것이 주 안에서 기쁘게 하는 것입니다. 순종하는 이유는 부모를 기쁘게 하는 것입니다. 모든 일에 순종하는 것은 절대 순종을 의미합니다. 부모에게 순종하는 것도 그리스도교적 표준에서 정당한 일이며 성도로서 옳은 행실입니다. 부모에게 순종하는 것은 십계명에서도 명령하고 있습니다(출 20:12). 예수님도 부모를 공경하라고 엄중히 말씀하셨습니다(마 15:46). 사도 바울도 부모에게 거역하는 것은 사형에 해당되는 것이라고 하였습니다(롬 1:30). 부모에게 순종하는 것은 하나님과 부모를 기쁘게 해드리는 행위이기 때문에 절대 순종해야 합니다.

탈무드에 나오는 말입니다. 인간의 몸에는 여섯 개의 소용되는 부분이 있습니다. 그중에서 셋은 자신이 지배할 수 없지만, 또 다른 셋은 자신의 힘으로 마음대로 할 수 있는 부분입니다. 전자는 눈과 귀와 코이고, 후자는 입과 손과 발입니다. 우리는 보고 싶은 것만 볼 수 없고 듣고 싶은 말만 골라 들을 수도 없습니다. 선택해서 냄새를 맡을 수도 없는 것입니다.

그러나 우리는 의지에 따라 좋은 말만 할 수 있고, 손과 발을 이용해 하고 싶은 것을 할 수 있습니다. 과거는 해석에 따라 바뀝니다. 미래는 결정에 따라 바뀝니다. 현재는 지금 행동하기에 따라 바뀝니다. 바꾸지 않기로 고집하면 아무것도 바뀌지 않습니다.

우리는 할 수 없는 것 때문에 고민하거나 세월을 낭비하지 말고 할 수 있는 것에 최선을 다해야 합니다. 부모에게 순종하는 것은 누구나 할 수 있습니다. 결심하면 됩니다. 노력하면 됩니다. 다음부터나 먼 훗날에 하려고 하지 말고 지금부터 부모에게 순종하며 부모를 기쁘게 해드립시다. 부모에게 순종하고 공경하면 하나님께서 "네게 준 땅에서 네 생명이 길리라"(출 20:12)고 하셨습니다. 부모에게 순종함으로 행복한 인생과 가정이 되시기를 축원 드립니다.

행복한 가정 (골로새서 3:18-21)

4. 아비들아 자녀를 노엽게 하지 말라

"아비들아 너희 자녀를 노엽게 하지 말지니 낙심할까 함이라"(21절).

성경은 부모에게까지 교훈하는데, 여기서 우리는 동양도덕과의 차이를 볼 수 있습니다. 부모에 대한 교훈은 지나친 질책과 몰이해한 엄격을 경계한 것입니다. 흔히 유교의 도덕에서 볼 수 있는 폐단으로서 그 결과는 자녀를 노엽게 하여 부모에게 반항케 하고, 사회에 나가서는 의기소침하여 무기력하게 되기 쉽습니다. 노엽게 한다는 것은 자녀에게 무리한 요구로 '자극시키지 말라'는 의미입니다. 부모는 단순히 자녀를 노엽게 하지 않을 뿐 아니라, 자녀를 주(主)의 교양과 교훈으로 양육해야 할 사명이 있습니다. 자녀를 낙심시키는 부모나 어른이 아니라 낙심한 자녀에게 용기와 희생을 불어넣어 주는 부모와 어른이 되어야 합니다.

"칭찬은 고래도 춤추게 한다"라고 합니다. 영국 격언에 "바보도 칭찬을 하면 천재로 만들 수가 있다"라고 했습니다. 그렇습니다. 칭찬의 힘은 참으로 대단해서 바보를 천재로 만들고, 무능력한 사람을 능력자로 만듭니다. 지금까지 칭찬의 마법에 걸렸던 사람들이 참 많습니다. 아인슈타인, 조지 워싱턴, 엔리코 카루소 등 실로 그 수를 헤아릴 수 없습니다. 칭찬은 용기를 갖게 합니다. 칭찬은 위대한 능력의 샘물입니다. 칭찬을 많이 하십시오. 칭찬하는 자에게 복(福)이 있습니다.

자녀와 사람들을 노엽게 하거나 낙심시키지 말아야 합니다. 칭찬하여 기쁘고 즐겁게 하고 용기와 소망과 비전을 주어야 합니다. 이것이 부모와 어른의 사명입니다. 소리만 지르고, 화만 내고, 야단만

치고, 폭력을 휘두르는 부모나 어른이 되어서는 안 됩니다. 지금까지의 우리의 삶을 뒤돌아보고 반성하여, 자녀와 어린이와 젊은이들을 칭찬하고 배려하는 부모와 어른들이 되어 행복한 인생과 가정이 되시기를 축원 드립니다.

사랑하는 번동 가족 여러분

오늘은 어버이 주일입니다. 가정의 달입니다. 우리는 자녀이고, 부모이고, 아내이고, 남편입니다. 내 직분과 위치에 충실해야 합니다. 내가 먼저 잘하고 나만 잘하면 가족과 가정이 행복할 수 있습니다. 누구도 늦지 않았습니다. 그 누구도 불행하면 안 됩니다. 지금부터 내가 잘하면 모두가 행복해집니다. 우리 모두 하나님과 교회로 인하여 행복한 인생과 가정이 되시기를 축원 드립니다.

기도의 사람이 됩시다

> 다니엘 6:10
>
> ¹⁰다니엘이 이 조서에 왕의 도장이 찍힌 것을 알고도 자기 집에 돌아가서는 윗방에 올라가 예루살렘으로 향한 창문을 열고 전에 하던 대로 하루 세 번씩 무릎을 꿇고 기도하며 그의 하나님께 감사하였더라

태어난 지 얼마 안 된 어린 양이 시냇가에서 물을 마시고 있었습니다. 그때 이리 한 마리가 나타나 물을 마시고 나서 어린 양을 발견하고는 호통을 쳤습니다.

"네 이놈, 어르신 잡수는 물을 왜 흐리고 있느냐."

"저는 어르신보다 더 아래 있는데 어떻게 물을 흐린단 말씀입니까?"

할 말이 없어진 이리는 머리를 굴리더니 다시 말합니다.

"오라! 네 놈이 작년에 나를 욕하고 도망간 바로 그놈이구나!"
"저는 작년에 태어나지도 않았었는데요."
또 할 말이 없어진 이리는 이리저리 머리를 굴려 말합니다.
"그렇다면 날 욕한 놈은 네 형이겠구나. 네 놈의 형이 날 욕한 대가로 널 잡아먹을 테니 원망하지 말거라" 하면서 결국 어린 양을 먹어버리고 말았습니다.

프랑스의 라퐁텐(1621-1691) 우화집에 나오는 이야기입니다. 힘센 자가 판치는 세상이어서인지 더욱 으스스한 우화가 아닐 수 없습니다.

오늘 우리가 사는 세상에는 이런 이리가 한두 마리가 아니라 득실거립니다. 어쩌면 양 보다도 이리가 많은 세상입니다. 그래서 금식해야 하고 더욱 기도해야 합니다.

포로로 끌려온 다니엘은 바벨론의 다리오 왕 때에 세 명의 총리 가운데 한 총리가 되었고, 왕이 다니엘을 최고 총리로 세워 전국을 다스리게 하고자 하였습니다. 이때 총리들과 고관들이 '황제 숭배 예식'을 통하여 다니엘을 제거하려는 음모를 꾸몄습니다. 그들이 만든 법은 30일 동안에 누구든지 왕 외에 어떤 신에게나 사람에게 무엇을 구하면 사자 굴에 던져 넣기로 한 것입니다. 다리오 왕은 이 조서에 도장을 찍었고 효력이 즉시 나타나게 하였습니다. 이러한 숨 막히는 긴박한 상황에서 다니엘은 하나님께 기도하였습니다. 오늘 성령 강림주일에 우리 모두 다니엘처럼 기도의 사람이 되시기를 축원드립니다.

1. 모든 상황에서 기도

"다니엘이 이 조서에 왕의 도장이 찍힌 것을 알고도 자기 집에 돌아가서는 윗방에 올라가 예루살렘으로 향한 창문을 열고 전에 하던 대로 하루 세 번씩 무릎을 꿇고 기도하며 그의 하나님께 감사하였더라"(10절).

조서의 내용과 시행에 대한 불변성과 확고함을 극적으로 강조하였고, 다리오가 그 조서에 서명했습니다. 고대 근동의 이방 국가에 있어서 왕을 신의 대리자나 신의 아들 또는 신 그 자체로 여겼다는 사실에 미루어 볼 때 다리오는 자신을 신격화하는 일에 동의하였습니다. 당시 피정복국들의 다양한 민족과 민족 신들을 포괄하고 있던 메대와 바사 제국으로서는 종교적이고 정치적인 단합이 필요하였기에 이런 법을 만들고 허락한 것입니다.

다니엘은 기도하면 바로 사자 굴에 던져진다는 것을 알면서도 자기 집으로 돌아가서 윗방에 올라가 예루살렘을 향하여 하나님에게 기도하였습니다. 다니엘은 죽음의 상황에서도 공개적으로 기도하였습니다. 기도를 안 하거나 쉬거나 숨어서 할 수도 있었는데, 윗방에 올라가서 창문을 열어 놓고 기도하였습니다. 기도 안 하고 잘 먹고 잘사는 것보다 기도하다가 죽는 것이 편하고 쉬웠던 것입니다.

여러분, 빌 게이츠를 아시죠? 빌 게이츠가 아주 유명한 말을 했습니다. 사람들이 물었습니다.

"당신은 대학도 졸업하지 않고 어떻게 그렇게 세계 최고의 박사를 거느린 1인자 자리를 무려 12년째 유지할 수 있습니까? 성공 비결이 무엇입니까?"

그러자 그는 이렇게 대답했습니다.

"나는 힘이 센 강자도 아닙니다. 나는 머리가 뛰어난 천재도 아닙니다. 다만 날마다 새롭게 변했을 뿐입니다."

악마의 달력에는 'tomorrow'라고 써 있다고 합니다. 내일, 내일,

내일…. 그러나 천사의 달력에는 'Just now' 즉 '바로 지금'이라고 써 있다고 합니다. 그러니까 '나에게 내일은 없다. 오늘 하루가 나의 마지막 날이다'라는 것입니다

우리는 어떠한 상황에도 잘 대처하고 변화해야 합니다. 내일로 미루지 말고 바로 지금 실천해야 합니다. 긴박한 사망의 음침한 골짜기에서도 정신을 차리고 즉시 하나님께 기도했던 다니엘처럼, 어떠한 위기와 고난과 두려운 상황에서도 하나님께 담대히 기도하는 이 시대의 다니엘이 되시기를 축원 드립니다.

2. 규칙적인 기도

"다니엘이 이 조서에 왕의 도장이 찍힌 것을 알고도 자기 집에 돌아가서는 윗방에 올라가 예루살렘으로 향한 창문을 열고 전에 하던 대로 하루 세 번씩 무릎을 꿇고 기도하며 그의 하나님께 감사하였더라"(10절).

"전에 하던 대로 하루 세 번씩" 기도하였습니다. 하루 세 번의 기도는 시편 55편 17절의 "저녁과 아침과 정오에 내가 근심하여 탄식하리니 여호와께서 내 소리를 들으시리로다"라는 말씀과 관련이 있습니다. 저녁과 아침과 정오의 기도를 말합니다. 이러한 규칙적인 다니엘의 기도 자세는 다니엘의 탁월한 영적 성숙과 담대함의 초석이 되었습니다. 다니엘은 규칙적인 기도의 사람이었기에 "마음이 민첩"(단 6:3)하였다고 하였습니다. 다니엘이 정부의 모든 관료들 중에 탁월한 존재로 부각될 수 있었던 것은 하나님께서 주신 영적 능력 때문인데, 이 영적 능력은 지속적이고 규칙적인 기도에서 나온 것입니다.

규칙적인 기도 생활로 인하여 어떠한 상황 속에서도 하나님만을 섬기고 영적 친밀성을 유지할 수 있었던 것입니다.

영국 속담에 이런 말이 있습니다.

"하루 동안 행복하려면 이발을 하고, 일주일 동안 행복하려면 결혼을 하고, 한 달 동안 행복하려면 말을 사고, 한 해를 행복하게 지내려면 새 집을 짓고, 평생을 행복하게 지내려면 정직해야 한다."

정직이란 다른 사람뿐 아니라 자기 자신에게도 솔직한 것입니다. 즉 자신과 다른 사람을 속이지 않는 것을 말합니다. 우리가 사는 곳에서 가장 필요로 하는 미덕은 정직입니다. 상대방의 말을 믿지 못하고, 약속을 지키지 않으며, 자기가 한 말을 부인하는 풍토가 형성되면 인간관계는 그 시점부터 불신의 끈으로 묶이게 됩니다.

한 우산 회사에서 제작 과정 중 실수로 우산에 결함이 생기게 되었습니다. 하는 수 없이 회사는 이것을 바겐세일로 처분하기로 했으나 도무지 팔리지 않았습니다. 그러나 모 광고 회사가 이를 인수해서 판매를 시작했는데, 우산은 날개 돋친 듯 삽시간에 팔렸습니다. 과연 그 이유가 무엇이겠습니까? 그 광고 회사는 이 상품을 팔기 위해 다음과 같은 광고문을 신문에 게재했습니다.

"흠이 있는 우산을 싼값에 팝니다. 하지만 사용하기에는 불편이 없습니다."

사실을 있는 그대로 밝혔던 것입니다. 고객을 구름 떼처럼 몰리게 한 힘은 바로 '정직'이라는 무기입니다. 다니엘이 "전에 하던 대로 하루 세 번씩" 기도한 것은 하나님과 사람들 앞에서 정직했던 것입니다. 상황에 따라 신앙과 태도와 생활과 기도를 바꾸지 않았습니다. 있는 그대로 보였던 것입니다. 우리 모두 다니엘처럼 어떠한 상황에서도 규칙적으로 기도하는 기도의 성도들이 되시기를 축원 드립니다.

3. 겸손한 기도

"다니엘이 이 조서에 왕의 도장이 찍힌 것을 알고도 자기 집에 돌아가서는 윗방에 올라가 예루살렘으로 향한 창문을 열고 전에 하던 대로 하루 세 번씩 무릎을 꿇고 기도하며 그의 하나님께 감사하였더라"(10절).

"무릎을 꿇고 기도하며"라고 하였습니다. 무릎을 꿇고 기도하였다는 것은 겸손의 표현인 동시에 하나님에 대한 순교적 자세를 의미합니다. 열왕기상 8장 54절에 "솔로몬이 무릎을 꿇고 손을 펴서 하늘을 향하여 이 기도와 간구로 여호와께 아뢰기를 마치고 여호와의 제단 앞에서 일어나"라고 하였습니다. 사도행전 20장 36절에 "이 말을 한 후 무릎을 꿇고 그 모든 사람들과 함께 기도하니"라고 하였습니다. 열왕기상 18장 42절에 "아합이 먹고 마시러 올라가니라 엘리야가 갈멜 산 꼭대기로 올라가서 땅에 꿇어 엎드려 그의 얼굴을 무릎 사이에 넣고"라고 하였습니다. 믿음과 기도의 사람인 다니엘과 사도 바울과 엘리야는 기도할 때 무릎을 꿇고 간절히 기도하였습니다. 절대 순종과 순교와 복종의 겸손한 태도로 기도하였습니다.

어떤 사람이 양 어깨에 지게를 지고 물을 날랐습니다. 오른쪽과 왼쪽에 각각 하나씩의 항아리가 있었습니다. 그런데 왼쪽 항아리는 금이 간 항아리였습니다. 물을 가득 채워서 출발했지만 집에 오면 왼쪽 항아리의 물은 반쯤 비어 있었습니다. 금이 갔기 때문입니다. 반면에 오른쪽 항아리는 가득 찬 모습 그대로였습니다. 왼쪽 항아리는 주인에게 너무 미안한 마음이 들었습니다. 그래서 주인에게 요청했습니다.

"주인님, 나 때문에 항상 일을 두 번씩 하는 것 같아서 죄송해요.

금이 간 나 같은 항아리는 버리고 새것으로 쓰세요."

그때 주인이 금이 간 항아리에게 말했습니다.

"나도 네가 금이 간 항아리라는 것을 알고 있단다. 네가 금이 간 것을 알면서도 일부러 바꾸지 않는단다. 우리가 지나온 길 양쪽을 바라보아라. 물 한 방울 흘리지 않는 오른쪽 길에는 아무 생명도 자라지 못하는 황무지이지만 왼쪽에는 아름다운 꽃과 풀이 무성하게 자라지 않니? 너는 금이 갔지만 너로 인해서 많은 생명이 자라나는 모습이 아름답지 않니? 나는 그 생명을 보며 즐긴단다."

우리는 금이 간 모습을 수치스럽게 여깁니다. 어떤 때는 자신을 가치 없는 존재로 여겨 낙심에 빠질 때도 있습니다. 그러나 오히려 세상과 교회가 삭막하게 되는 것은 금이 간 인생 때문이 아니라 너무 완벽한 사람들 때문입니다. 어느 누구도 교만할 자격이 없습니다. 교만하면 하나님이 물리치십니다. 하나님은 겸손한 자를 찾으시고, 은혜를 주시고, 사랑하십니다. 그러므로 평생 겸손하게 살아야 합니다. 다니엘처럼 무릎을 꿇고 기도하고 겸손과 순교의 신앙과 기도의 사람이 되시기를 축원 드립니다.

4. 감사의 기도

"다니엘이 이 조서에 왕의 도장이 찍힌 것을 알고도 자기 집에 돌아가서는 윗방에 올라가 예루살렘으로 향한 창문을 열고 전에 하던 대로 하루 세 번씩 무릎을 꿇고 기도하며 그의 하나님께 감사하였더라"(10절).

"그의 하나님께 감사하였더라"고 하였습니다. 놀라운 신앙 고백입니다. 다니엘은 포로 되었던 자신에게 이루어진 하나님의 지속적인 보호와 은혜의 섭리를 항상 기억하면서 하나님께 감사의 삶을 살았습니다. 안전과 풍요 속에서도 감사하였고, 위기와 죽음 앞에서도 하나님께 감사하였습니다. 눈물 나도록 감동되는 말씀입니다. 과연 누가 죽음 앞에서 감사할 수 있습니까? 하나님이 힘주시고 붙드셨기 때문입니다. 이것이 믿음과 기도의 힘입니다. 우리 마음과 생활 속에 불평과 두려움을 다 버리고 오직 감사로 충만해야 합니다. 감사할 때 원수 마귀도 물러가고, 하나님이 도우셔서 기적과 승리를 체험하게 됩니다. 범사에 감사만 하는 이 시대의 다니엘이 되시기를 축원 드립니다.

오스트리아의 애들러 박사는 우울증 환자를 치료할 때 이런 처방을 자주 했다고 합니다.

"앞으로 매일 남을 기쁘게 하기 위해서 무슨 일을 할지 그것만 골똘히 생각하고 실천해 보세요. 2주 동안만 그렇게 살면 당신 병은 깨끗이 나을 것입니다."

실제로 그렇게 해서 나은 사람들이 부지기수라고 합니다. 왜 우리 마음에 병이 생깁니까? 왜 짜증스럽고, 불평이 쌓이고, 원망스럽고, 남이 미워지며, 용서가 안 됩니까? 이기주의가 마음에 뿌리를 내리고 있기 때문입니다. 늘 자기만 위하려 하니 그런 사람 곁에는 그 사람을 위해 줄 사람이 더 없어지고, 그러다 보니 병이 생기는 것입니다. 이 병을 치료하려면 무조건 감사하고 섬기며 살아야 합니다.

시한부 생명을 힘겹게 이어가는 말기 암 환자들을 돌보는 호스피스들을 한번 보십시오. 걸인들에게 식사를 대접하고 말씀을 가르치는 사람들을 찾아가 보십시오. 가난한 사람들의 머리를 손질해 주는 미용 선교회 성도들과 장애인들을 위해 수고하는 형제자매들을 보십시오. 다른 사람을 기쁘게 섬기는 감사하는 사람의 마음에는 마음의 병이 도사릴 틈이 없습니다. 마음의 병을 고치고 기쁨을 회복하는 길은 '다오, 다오' 하면서 자기 욕구나 소원만 채우는 데 있지 않습니다. 그것은 예수님처럼 남의 발을 씻기는 삶을 살 때 가능합니다. 예수님처럼 겸손하게 다른 사람을 섬기며 사랑할 때 마음의 병이 낫고 기쁨이 솟아납니다. 생명의 위협과 죽음 앞에서도 기도하며 하나님께 감사한 다니엘처럼 잃어버린 섬김과 감사를 회복하는 기도의 성도가 되시기를 축원합니다.

사랑하는 번동 가족 여러분!
다니엘은 죽음 앞에서도 규칙적이고 겸손하게 감사의 기도를 드림으로 하나님이 다니엘을 사자 굴에서 건져 주셨고, 참소한 모든 사람들은 사자 굴속에서 뼈가 부서지는 죽음을 당하였습니다. 또한 다니엘은 다리오 왕 시대와 고레스 왕 시대까지 총리로 형통한 삶을 살았습니다. 우리 모두 성령 충만하여 이 시대의 다니엘과 같은 기도의 사람들이 되시기를 축원 드립니다.

빛과 소금이 되라

마태복음 5:13-16

¹³너희는 세상의 소금이니 소금이 만일 그 맛을 잃으면 무엇으로 짜게 하리요 후에는 아무 쓸데 없어 다만 밖에 버려져 사람에게 밟힐 뿐이니라 ¹⁴너희는 세상의 빛이라 산 위에 있는 동네가 숨겨지지 못할 것이요 ¹⁵사람이 등불을 켜서 말 아래에 두지 아니하고 등경 위에 두나니 이러므로 집 안 모든 사람에게 비치느니라 ¹⁶이같이 너희 빛이 사람 앞에 비치게 하여 그들로 너희 착한 행실을 보고 하늘에 계신 너희 아버지께 영광을 돌리게 하라

우리는 늘 마음의 문을 잘 잠가야 합니다. 걱정이 마음의 문을 열고 들어오지 못하게 해야 합니다. 걱정을 몰아내는 데 가장 좋은 것은 늘 긍정적으로 생각하고 행동하는 것입니다. 걱정이란 백해무익한 우리의 적입니다.

"걱정은 내일의 슬픔을 덜어주는 것이 아니라 오늘의 힘을 앗아갈 뿐이다."

　유태인의 수용소에 갇혀 있었던 네덜란드인 붐 여사의 말입니다. 우리들은 무엇이든 불리하면 '다른 사람의 탓'이라는 핑계를 댑니다. 뭔가를 탓한다는 것은 부정적인 심리입니다.

　일본 재계의 거목 고(故) 마스시타 고노스케 회장은 매우 가난하게 자랐으나 '가난 때문에'라고 하지 않았습니다. 초등학교도 졸업하지 못한 그는 "가난 덕분에 평생 근검절약을 하여 부자가 됐다"라고 했습니다. 그는 어디를 가든 "배우지 못한 덕분에 평생 공부에 관심을 많이 가졌다"라고 했습니다. 그는 어디를 가든 "배우지 못한 덕분에 평생 공부에 관심을 많이 가졌다"라고 했습니다. 유난히 몸이 약했던 그는 "몸 덕분에 더 조심했다" 하면서 95세가 넘도록 장수했습니다.

　예수님은 우리 성도들에게 기대가 크십니다. 우리들을 빛과 소금이라고 하셨습니다. 최고의 가치와 사명을 부여하셨습니다. 우리는 예수님의 기대에 응답해 드려야 합니다. 반드시 할 수 있고, 반드시 해야 합니다. 할 수 있도록 예수님이 지혜와 능력을 베풀어 주십니다. 성도가 예수님의 기대에 부응하고 예수님을 기쁘시게 한다면, 이보다 더 행복한 일은 없을 것입니다. 우리 모두 빛과 소금의 사명을 잘 감당하는 우리 교회와 성도들이 되시기를 축원 드립니다.

1. 세상의 성도

"너희는 세상의 소금이니 소금이 만일 그 맛을 잃으면 무엇으로 짜게 하리요 후에는 아무 쓸데 없어 다만 밖에 버려져 사람에게 밟힐 뿐이니라 너희는 세상의 빛이라 산 위에 있는 동네가 숨겨지지 못할 것이요"(13-14절).

소금은 고대 종교에서 인내와 순결과 부패 방지를 상징하는 의미를 지녔습니다. 소금은 거룩한 제사에 사용되었고(출 30:35; 레 2:13), 하나님과의 영원불변하는 언약에 비유되었습니다(민 18:19).

무엇보다도 소금은 음식을 보존하기 위해 사용되었습니다. 음식에 소금이 없으면 싱거워서 먹을 수 없습니다. 소금은 음식 맛을 돋웁니다. 가장 중요한 것은 그리스도인은 세상의 부패를 막아야 할 중요한 직분이 있으며, 세상을 살기 좋게 만들 의무가 있습니다. 소금의 생명은 대중성에 있습니다. 소금은 대량 생산되어 값싸게 구입할 수 있습니다. 성도들은 대중적이며 평범한 데서 복음의 효능을 나타내야 합니다. 또한 빛은 태양 빛을 연상케 되고, 태양 빛에는 광선과 열과 살균성과 결실작용이 있습니다.

본문에서 빛은 밝게 하는 역할에 치중해 있습니다. 빛은 모든 물체의 정체를 드러내줍니다. 빛은 살리고, 밝히고, 따뜻하게 하며, 경고하는 역할이 있습니다. 빛은 생명과 삶의 근원이고, 모든 사람들에게 공평하게 거저 주고 있습니다.

알렉산더 대왕이 군대를 이끌고 전쟁터에 나갔는데, 적군은 아군보다 열 배나 되었고 병사들은 수적인 열세에 겁을 먹고 있었습니다. 싸움터로 가던 도중 대왕은 갑자기 작은 수도원으로 들어갔습니다. 그곳에서 승리를 기원하는 기도를 올렸고, 장수와 병사들이 그의 모습을 바라보았습니다. 이때 대왕은 손에 동전 하나를 들고 말했습니다.

"자, 이제 기도를 마쳤다. 신께서 내게 계시를 주셨다. 이 동전을 던져서 우리의 운명을 예측하려고 한다. 만약 이 동전을 던져 앞이 나오면 우리가 승리하는 것이고 뒤가 나오면 우리는 패배할 것이다."

알렉산더 대왕은 비장한 표정으로 동전을 하늘 높이 던졌습니다. 군사들 앞에 떨어진 동전은 앞면이 위로 올라와 있었습니다.

"앞면이다. 우리가 이긴다!"

기쁜 함성이 천지를 뒤흔들었습니다. 결국 그들은 열 배나 되는 적을 격파하였습니다. 승리를 자축하는 자리에서 한 장교가 말했습니다.

"운명이란 무서운 것입니다. 저희가 열 배가 되는 적을 이겼으니 말입니다."

대왕이 말했습니다.

"동전은 다 앞면이었는걸!"

하나님은 성도들이 인생의 장에서 경험하게 되는 나쁜 일이 나쁜 일로, 악한 일이 악한 일로 끝나도록 버려두시지 않는 분입니다. 그것조차도 궁극적으로는 선한 일이 되게 하시는 분입니다.

"누가 우리를 그리스도의 사랑에서 끊으리요 환난이나 곤고나 박해나 기근이나 적신(질병과 처참함)이나 위험이나 칼(도난, 파산, 사고)이랴" (롬 8:35).

소금이나 빛처럼 유용한 것은 없습니다. 소금과 빛은 일상생활에서 늘 대하는 것입니다. 그런데 우리 성도들이 세상의 소금이고 빛이라는 말씀입니다. 자신과 가정과 교회의 소금과 빛을 넘어 세상을 위한 존재가 되어야 합니다. 좀 어렵고 거칠고 생소해도 세상을 위한 소금과 빛과 같은 성도와 교회가 되어야 합니다. 성도와 교회가 다시 세상 속으로 들어가면 반드시 승리합니다. 예수님이 소망입니다. 예수님이 함께하시고, 도와주시고, 지혜와 능력을 주십니다. 우리 모두 세상의 소금과 빛으로 거듭나는 역사가 이루어지기를 축원드립니다.

2. 착한 행실의 성도

"이같이 너희 빛이 사람 앞에 비치게 하여 그들로 너희 착한 행실을 보고 하늘에 계신 너희 아버지께 영광을 돌리게 하라"(16절).

빛이 등경 위에서 집안을 비추는 것같이 너희 빛으로 세상을 비추게 하라는 뜻입니다. 빛을 비춘다는 것은 '착한 행실'입니다. 사람 앞에 인위적으로 선행을 드러내는 것을 경계하고 있습니다(마 6:1). 그러므로 억지로 선행을 보임으로 빛을 비추라는 뜻이 아닙니다. 자연스러운 선행이 빛이 납니다. 주님으로부터 빛을 받아 다시 주님께로 빛을 돌려드려야 합니다. 선행이 따르지 않는 선한 말은 감동과 열매가 없습니다. 말만 잘하는 성도가 되지 말아야 합니다. 말로 선행을 말하는 것이 아니라 착한 행실로 말하는 성도가 되어야 합니다. 모든 착한 행실이 다 드러나지 않아도 실망하지 말아야 합니다. 드러나게 하려고 너무 애쓸 필요가 없습니다. 필요할 때에 주님이 드러나게 하십니다. 착한 행실을 보이는 것에 목적이 있는 것이 아니라 착한 삶을 사는 데 초점을 두어야 합니다.

자동차 왕 헨리 포드는 "격려는 위대한 자산이다"라는 말을 했습니다. 이것은 그의 경험에서부터 우러나온 격언입니다. 포드가 자동차를 만들기 위해 엔진을 개발하고 있을 때에 속칭 그 분야의 전문가들은 모두 비웃었습니다. 심지어 아내를 제외한 그의 가족도 포드를 비웃었습니다. 그런데 에디슨만큼은 예외였습니다. 에디슨은 포드의 설명과 개발 중인 엔진을 보고는 이렇게 말했습니다.

"걸작이군! 이것은 분명 중요한 발명이네. 내가 보기엔 자네는 이미 해낸 거나 다름없네."

에디슨으로부터 칭찬을 들은 몇 년 후에 엔진이 개발되었습니다. 포드는 "에디슨의 격려를 들었던 때를 생각하면 세상을 다 얻은 기분이었다"라고 말했습니다. "제대로 된 칭찬을 듣는다면 두 달은 밥을 안 먹고도 살 수 있다"는 말이 있습니다. 그만큼 격려는 큰 힘을 갖고 있습니다. 또한 우리 모두가 아무 수고 없이 누구에게나 해줄 수 있는 귀한 능력입니다. 격려와 칭찬을 아끼지 마십시오. 비난보다 격려하고 비판보다 칭찬을 많이 하고 사람들의 단점보다 장점을 먼저 보아야 합니다.

사람들이 다 힘들어 하고 많은 상처를 가지고 살아갑니다. 착한 행실로 감동을 주어야 합니다. 칭찬하고 격려해야 합니다. 많은 사람이 아니라 한 사람을 살리고 구원해야 합니다. 가족과 이웃과 친구에게 착한 행실을 보여주어야 합니다.

오늘날 교인이지만 교회 안 다니는 '가나안 성도'가 17%라고 합니다. 교회와 교인들의 행동에 실망해서 교회를 떠났다고 합니다. 어떤 이유이든 우리의 착한 행실로 한 사람을 돌아오게 해야 합니다. 잃어버린 양 한 마리를 찾는 목자와 탕자를 기다리는 아버지의 마음으로 섬기고 희생하고 끝까지 참고 기다려야 합니다. 더욱 착한 행실로 빛과 소금이 되시기를 축원 드립니다.

3. 아버지께 영광을 돌리는 성도

"이같이 너희 빛이 사람 앞에 비치게 하여 그들로 너희 착한 행실을 보고 하늘에 계신 너희 아버지께 영광을 돌리게 하라"(16절).

"하늘에 계신 너희 아버지께 영광을 돌리게 하라"고 하셨습니다. 성도의 삶의 목적은 하나님께 영광을 돌리는 것입니다. 살든지 죽든지, 먹든지 마시든지 무엇을 하든지 하나님께 영광을 돌려야 합니다(롬 14:8; 고전 10:31).

본회퍼(Bonhoeffer)는 "보이지 않는 곳으로 도피하는 것은 부르심의 거절이다. 보이지 않게 숨으려는 예수님의 공동체는 예수님을 따르는 것이 아니다"라고 하였습니다. 하나님의 영광을 위해서 적극적이고 능동적인 교회와 성도가 되어야 합니다. 천국 시민의 목적은 하나님께 영광을 돌리는 데 있습니다. '아버지'의 칭호는 산상보훈에만 17회 나타납니다. 하나님의 자녀는 하나님께 영광을 돌려야 합니다. 모두가 삶의 자리에서 최선을 다해야 합니다. 이 일은 거저 쉽게 되지 않습니다. 죽도록 노력해야 합니다. 많은 역경과 고난을 극복해야 합니다. 자신의 영광이 아닌 아버지의 영광이 되어야 합니다. 하나님께 영광이 된다면 이는 최고의 은혜이고, 축복이고, 가치입니다. 소극적으로는 하나님의 영광을 가리지 말아야 하고, 적극적으로 하나님의 영광을 위하여 더욱 기도하고 착한 행실에 앞장서야 합니다.

어느 시골에 믿음 좋은 자매가 살고 있었는데, 가정도 어려워 매우 어렵게 살아가고 있었습니다. 그래서 그 자매는 "주여, 너무 힘이 듭니다! 주여, 너무 힘이 듭니다!"라고 늘 기도하였습니다. 그러던 어느 날 꿈을 꾸었는데, 예수님이 골고다로 올라가실 때 지신 커다란 십자가를 자기가 지고 천국을 향해 가고 있었습니다. 꿈속에서도 그 자매는 '주님이 바로 나의 죄를 대신해서 이와 같은 십자가를 지셨구나' 생각하면서 땀을 흘리며 열심히 가고 있었습니다. 얼마를 가다가 예수님을 만났습니다.

이 자매는 너무 힘이 들어서 "주님, 너무 힘이 듭니다. 주님은 목수이셨으니까 이 십자가를 조금만 잘라주세요"라고 했습니다. 주님은 빙그레 웃으시면서 그러라고 하고는 십자가를 잘라주었습니다. 그랬더니 한결 가벼워졌습니다. 그러나 얼마를 가다 보니 또 십자가가 무거워져서 도저히 갈 수가 없었습니다. 그래서 이 자매는 또 예수님께 십자가를 조금만 잘라달라고 했습니다. 그랬더니 예수님은 또 아무 말 없이 십자가를 잘라주었습니다. 이렇게 세 번이나 십자가를 자르고 잘랐습니다.

이제 천국이 눈앞에 보이는데 깊은 계곡이 가로막고 있는 것이었습니다. 다른 사람들은 그 큰 십자가를 질질 끌고 오더니 계곡에 턱 걸쳐놓으니까 자동적으로 다리가 되어서 그 협곡을 건너는데, 이 자매의 십자가는 세 번씩이나 잘라내고 보니 너무 짧아서 소용이 없었습니다. 천국은 보이는데 건널 수가 없어 이 자매는 요단강 가에서 목 놓아 울고 있는데, 그때 주님의 음성이 들려왔습니다.

"누구든지 나를 따라오려거든 자기를 부인하고 자기 십자가를 지고 나를 따를 것이니라."

그 자매는 잠을 깬 후로는 "주님, 어렵습니다. 힘이 듭니다. 제 십자가를 가볍게 해주세요"라고 했던 삶에서 변하여 이제는 항상 주 안에서 기쁨의 삶을 살고 있다고 합니다.

오늘 여러분이 지신 십자가가 너무 무겁지는 않습니까. 그래서 자르거나 어딘가 처박아 두지는 않았습니까. 이제는 자르지 말고 다시 십자가를 찾아 지고 가시기를 바랍니다. "생각하건대 현재의 고난은 장차 우리에게 나타날 영광과 비교할 수 없도다"(롬 8:18)라고 하셨습니다. 장차 주실 영광과 의의 면류관과 생명의 면류관을 바라보면서 끝까지 사명을 잘 감당하시기 바랍니다. 고난 없는 영광은 없으며, 십자가 없는 부활도 없습니다.

지금 우리의 자리와 직분에 감사해야 합니다. 순종하고 충성해야 합니다. 내 이익이나 명예가 아닌 오직 아버지의 영광을 위해 충성해야 합니다. 범사에, 그리고 마지막 순간까지 아버지께 영광을 돌리는 빛과 소금의 성도가 되시기를 축원합니다.

사랑하는 번동 가족 여러분!

자신과 교인과 교회만을 위한 작은 신앙이 아니라, 세상 속으로 들어가 세상을 섬기고 변화시키는 큰 신앙인이 되어야 합니다. 우리 모두 세상을 위하여 착한 행실로 아버지께 영광 돌리는 빛과 소금 같은 성도와 교회가 되시기를 축원 드립니다.

축복의 선택

여호수아 8:30-35

³⁰그때에 여호수아가 이스라엘의 하나님 여호와를 위하여 에발 산에 한 제단을 쌓았으니 ³¹이는 여호와의 종 모세가 이스라엘 자손에게 명령한 것과 모세의 율법책에 기록된 대로 쇠 연장으로 다듬지 아니한 새 돌로 만든 제단이라 무리가 여호와께 번제물과 화목제물을 그 위에 드렸으며 ³²여호수아가 거기서 모세가 기록한 율법을 이스라엘 자손의 목전에서 그 돌에 기록하매 ³³온 이스라엘과 그 장로들과 관리들과 재판장들과 본토인뿐 아니라 이방인까지 여호와의 언약궤를 멘 레위 사람 제사장들 앞에서 궤의 좌우에 서되 절반은 그리심 산 앞에, 절반은 에발 산 앞에 섰으니 이는 전에 여호와의 종 모세가 이스라엘 백성에게 축복하라고 명령한 대로 함이라 ³⁴그 후에 여호수아가 율법책에 기록된 모든 것 대로 축복과 저주하는 율법의 모든 말씀을 낭독하였으니 ³⁵모세가 명령한 것은 여호수아가 이스라엘 온 회중과 여자들과 아이와 그들 중에 동행하는 거류민들 앞에서 낭독하지 아니한 말이 하나도 없었더라

곤충 중에서 가장 부지런한 것은 벌입니다. 벌이 약 100g의 꿀을 채집하기 위해서는 1만 2천 개의 꽃을 찾아야 합니다. 그런데 이 꽃은 60개의 꽃관을 가지고 있습니다. 그래서 벌이 100g의 꿀을 모으기 위해서는 꽃관을 72만 번이나 들락날락해야 합니다. 일벌이 짧은 수명에도 지구를 3바퀴 돌 정도로 왕성한 운동량을 보이는 것은 꿀을 모으는 것이 이처럼 힘들고 어려운 일이기 때문입니다.

벌은 매일 10회 정도 벌판으로 나가 꿀을 모읍니다. 한 번 나갈 때마다 400개 정도의 꽃에서 작업을 하는데, 허탕을 치면 꽃을 제대로 찾을 때까지 약 4,000번까지 시도를 합니다. 꽃이 전혀 보이지 않는 들판에서도 12킬로미터 정도 비행을 한 뒤에야 벌집으로 돌아옵니다.

우리가 한 입이면 다 먹는 적은 양의 꿀을 모으기 위해서 벌은 평생을 인내하며 부지런히 일을 합니다. 꿀을 찾기 위한 벌의 여정과 일을 하며 인내하는 우리의 모습을 비교해 보십시오. 하나님께서 귀한 달란트를 주셨음에도 인내하지 못하고 시간을 낭비하고 있지 않습니까? 모든 일을 이루는 데 가장 필요한 덕목은 바로 인내입니다. 벌의 인내와 같이 모든 일에 노력하는 사람이 되면 반드시 창대하게 될 것입니다.

우리는 삶에 있어서 본질적인 문제를 간과해 버리고 부수적이고 일시적이고 현상적인 일에만 집착하는 경향이 있습니다. 오늘 본문의 이스라엘 백성들은 근시안적인 행동을 하지 않았습니다. 지금 그들에게는 요단 도하와 여리고 점령과 아이 성 점령 등의 성공이 계속되고 있습니다. 그러나 그들은 성공에만 도취되어 있지 않았습니다. 직면한 사건에 집착하지 않고, 가장 중요하고 근본적인 일에 큰 비중을 두고 행동하고 있습니다. 그런 점에서 그들은 전쟁 중임에도 불구하고 하나님께 경건한 예식을 거행하였습니다. 언제나 일이나 사건 중심이 아닌 하나님의 관점에서 하나님 중심으로 행동하는 성숙한 모습을 보여주고 있습니다. 어떻게 하는 것이 하나님을 기쁘시게 하는 축복의 선택인지를 깨닫는 은혜롭고 지혜로운 성도들이 되시기를 축원 드립니다.

1. 하나님께 예배드리는 삶

"그때에 여호수아가 이스라엘의 하나님 여호와를 위하여 에발 산에 한 제단을 쌓았으니"(30절).

"이스라엘의 하나님 여호와"라고 한 것은 위대한 고백입니다. 언약의 땅 가나안에서 이스라엘의 하나님 여호와 외에는 다른 어떠한 이방의 우상들도 섬기지 않겠다는 것을 의지적으로 고백하는 것입니다. 그들은 에발 산에 율법을 새긴 돌을 세우고 제단을 쌓아 제사를 드렸습니다. 협곡을 사이에 두고 마주보고 서 있는 에발 산은 저주를 위한 곳이고, 그리심 산은 축복을 위해 선택된 산입니다.

그런데 희생의 제단이 그리심 산이 아니라 에발 산에 세워졌다는 사실은, 이스라엘 백성들로 하여금 스스로는 완전해질 수 없으며, 저주를 면하게 해주는 희생의 제단이 반드시 필요하게 될 것이라는 말씀을 전하기 위함입니다. 제단을 쌓았다는 것은 하나님께 신령과 진정으로 경건하게 예배를 드렸다는 것입니다. 하나님 앞에서 어떤 힘도 의지하지 않고 오직 하나님만 섬긴다는 절대 의지와 신앙을 표현하는 것입니다. 상황이 급박할수록 더욱 경건하게 예배를 드렸던 것입니다. 하나님의 백성에게 있어서 예배는 근본적이고 우선적인 것임을 보여줍니다. 성공과 일 때문에 하나님과의 관계가 멀어지고 예배를 소홀히 여기거나 경시해서는 결단코 안 됩니다.

어떤 사람이 자신의 산에 대나무 뿌리를 심었습니다. 첫해에 조금 싹이 올라오는 것 같더니 이내 사라져버렸습니다. 그래서 대나무 뿌리를 더 심었습니다. 두 번째 해도 마찬가지로 한 뼘쯤 자라다가 시들어버리는 것이었습니다. 그리하여 대나무 뿌리를 더 많이 구해다 심었습니다. 세 번째 해에도 역시나 마찬가지로 기대했던 대나무는 나지 않았습니다. 그래도 포기하지 않고 더 많은 뿌리를 구해와 심었습니다. 네 번째 해도 대나무는 나지 않았습니다. 일단 한 번만 더 해보자는 마음으로 대나무 뿌리를 또 심었습니다.

다섯째 해가 되자 놀라운 일이 일어났습니다. 그 넓은 산의 땅 밑으로 대나무 뿌리가 빽빽하게 퍼져 있었으며 마침내 셀 수 없을 만큼 많은 대나무들이 땅을 뚫고 올라왔습니다. 그리고 그 대나무는 하루에 1미터씩 자라서 50일마다 한 번씩 잘라내어 팔 수 있게 되었습니다. 그 사람은 큰 부자가 되었습니다. 대나무는 4-5년 동안은 위로 나오지 않고 땅속에서 뿌리가 번식하는 기간을 거친 이후에 비로소 왕성하게 자라는 특징이 있습니다. 심어놓고 금방 나지 않는다고 실망하면 안 됩니다. 심어놓은 것이 늦게 나면 늦게 날수록 더욱 풍성하고 많은 열매를 거둡니다.

하나님께 예배드리는 것은 축복이고, 예배드리는 자를 하나님이 축복하십니다. 우리는 평생 많은 예배를 드렸습니다. 계속 드리시기를 바랍니다. 대나무가 수 년 동안에는 땅 밑으로 뿌리를 뻗다가 때가 되면 땅 밖으로 나무가 나와 하루에 1미터씩 자라나듯 놀라운 응답과 축복이 반드시 임하게 됩니다. 어떠한 상황에서도 먼저, 그리고 항상, 그리고 평생 하나님께 제단을 쌓는 축복의 성도들이 되어야 합니다. 비록 삶의 문제와 고난과 고통이 많을지라도 더욱 힘써 예배드리는 성도들이 되시기를 축원 드립니다.

2. 하나님께 감사하는 삶

"이는 여호와의 종 모세가 이스라엘 자손에게 명령한 것과 모세의 율법책에 기록된 대로 쇠 연장으로 다듬지 아니한 새 돌로 만든 제단이라 무리가 여호와께 번제물과 화목제물을 그 위에 드렸으며"(31절).

"쇠 연장으로 다듬지 아니한 새 돌로 만든 제단"은 채석장에서 나온 자연 그대로의 돌로 만든 것입니다. 기교적이고 외형적인 미(美)를 중시하기보다는 천연적이고 내면적인 진실된 제사를 드리도록 하기 위해서였습니다. 번제는 하나님께 대한 전적인 헌신을 목적으로 드려지는 제사이며, 화목제는 인간과 하나님 사이의 평화와 친교를 목적으로 드려지는 제사입니다. 번제와 화목제는 율법이 이스라엘에게 처음으로 주어질 때 시내 산에서 드려진 제사로서, 지금 에발 산에서 다시 드리는 것은 시내 산에서 받은 율법을 다시 기억하는 데 의미가 있습니다. 하나님께 헌신하고 감사하는 것은 높고 성숙한 신앙의 표현입니다. 이스라엘 민족은 승리감에 도취되거나 교만하지 않고, 그 모든 성공과 승리가 하나님의 은혜와 축복임을 믿고 감사하는 제사를 드렸습니다. 감사는 축복의 십일조입니다.

사랑의 체험은 남의 말을 듣기 위해 필요하고, 고통의 체험은 그 말의 깊이를 느끼기 위해 필요합니다. 한 곡의 노래가 울리기 위해서도 우리 마음속엔 그 노래가 울릴 수 있는 공간이 있어야 합니다.

질투와 이기심으로 가득 채워져 있는 마음속엔 아름다운 음률을 느낄 수 있는 공간이 없습니다. 주위를 가만히 살펴보세요. 음악을 싫어하는 사람치고 마음에 여유가 있는 사람이 많지 않습니다. 아무리 아름다운 음악이라도 마음에 여유가 없는 사람에게는 그저 소음일 뿐입니다. 마찬가지로 고통의 체험이 없는 사람은 마음속에 무엇인가를 채울 수 있는 아량과 깊이가 부족하게 마련입니다.

고통은 인간을 성숙하게 하고 겸허하게 자신을 비우게 합니다. 마음속에 빈 공간이 없는 사람에겐 어떤 감동적인 시나 어떤 아름다운 음악도 울림을 줄 수 없습니다. 마음의 여백이 없는 삭막한 사람일수록 자신이 잘난 줄 착각하고 용서와 화해에 인색합니다.

마음의 넓이와 깊이가 있고 신앙의 넓이와 깊이가 있을 때에 감사하는 삶을 살게 됩니다. 감사하는 마음과 표현은 은혜와 축복입니다. 성숙한 신앙의 인격입니다. 감사는 신앙의 꽃과 열매입니다. 감사할 때 시험을 이기고 다양한 기적이 나타납니다. 건강과 형통의 복이 임하게 되고, 사람들이 몰려들고, 하나님의 일하심을 보게 됩니다. 이스라엘 백성들이 모든 일이 잘될 때 번제물과 화목제물을 드렸듯이, 언제나 감사의 제사를 드리는 성도가 되어야 합니다. 마음과 가정과 교회와 직장과 사업과 모든 사역 가운데 감사함이 넘치기를 바랍니다. 불평을 선택하는 불행한 불신앙의 사람이 아닌 감사를 선택해 행복한 신앙의 사람이 되시기를 축원 드립니다.

3. 하나님의 말씀을 경청하는 삶

"그 후에 여호수아가 율법책에 기록된 모든 것대로 축복과 저주하는 율법의 모든 말씀을 낭독하였으니 모세가 명령한 것은 여호수아가 이스라엘 온 회중과 여자들과 아이와 그들 중에 동행하는 거류민들 앞에서 낭독하지 아니한 말이 하나도 없었더라"(34-35절).

축복의 산인 그리심 산에 오른 사람은 율법에 순종하는 자들을 상징하고, 저주의 산인 에발 산에 오른 사람은 율법에 불순종하는 자를 상징하는 의미가 있습니다. 축복과 저주는 오직 율법의 순종 여부에 달린 것입니다.

그런데 이 축복과 저주의 의식에는 이스라엘의 성년 남자는 물론 평소 인구 조사 시 계수함을 받지 못한 여인과 아이들을 포함하여 타국인들까지도 참여하였습니다. 하나님의 말씀을 경청하고 순종하여 복을 받고 장수하는 데에는 남녀노소나 혈통의 차별이 전혀 없습니다. 하나님 말씀에 불순종할 때에는 그 누구도 저주의 심판을 면할 길이 없습니다. 가장 가치 있고 중요한 것은 하나님 말씀을 경청하는 것입니다. 이스라엘 백성들은 하나님의 말씀을 조용히 경청하였습니다. 하나님의 말씀을 겸손히 경청하는 것이 민족과 개인의 위대성입니다.

고대 중국을 통일한 진나라의 진시황은 죽음이 두려운 나머지 어느 날 감무 대신을 불러 무리한 요구를 했습니다.

"불로장생의 명약이라 불리는 수탉이 낳은 알을 가져오너라!"

집으로 돌아온 감무는 시름에 빠진 채 한숨만 내쉬었습니다. 그때 어린 손자 감라가 할아버지 곁에 다가왔습니다.

"할아버지, 무슨 걱정이라도 있으세요?"

그러자 감무는 손자에게 말했습니다.

"폐하께서 수탉이 낳은 알을 가져오라고 하시는구나."

그 말을 들은 손자는 한참 생각하더니 말했습니다.

"할아버지, 걱정하지 마세요! 제게 좋은 생각이 있어요. 사흘 뒤에 저와 함께 궁으로 가주세요."

평소 손자가 재치 있는 말과 영특한 생각으로 주변 사람들을 놀라게 한 적이 여러 번 있었기에 감무는 알겠다고 대답했습니다. 사흘 뒤 할아버지와 함께 궁 앞에 도착한 손자 감라는 할아버지에게 혼자 들어갈 수 있게 해달라고 부탁했습니다. 이윽고 진시황 앞으로 간 감라가 말했습니다.

"폐하, 저는 감무 대신의 손자 감라라고 합니다."

진시황은 어린 감라를 보며 말했습니다.

"그런데 왜 혼자 왔느냐?"

그러자 진시황에게 이렇게 말했습니다.

"네, 할아버지가 지금 아기를 낳고 있어서 저 혼자 왔습니다."

그 말을 들은 진시황은 터무니없는 대답에 기가 차서 말했습니다.

"뭐라고? 남자가 어떻게 아기를 낳는단 말이냐? 어디 황제 앞에서 거짓말을 하려 하느냐!"

그러자 감라가 대답했습니다.

"수탉도 알을 낳는데 남자라고 왜 아기를 낳지 못하겠습니까?"

그 말을 들은 진시황은 그제야 감무에게 한 명령이 생각났습니다. 진시황은 자신의 잘못을 인정하고 감무를 불러 사과했습니다.

오늘날 우리는 정보의 홍수 속에서 수많은 지식을 갈구하며 살아가지만, 정작 마음속에서 우러나오는 지혜에는 무관심합니다. 그러나 생명을 구하고 세상을 바꾸는 힘은 하나님이 주시는 지혜에 있음을 기억해야 합니다. 하나님의 말씀 속에 위대한 지혜가 있습니다.

오늘날 우리는 너무나 많은 것을 듣고 바쁘게 살다 보니, 하나님의 말씀을 경청하고 순종하는 일에 너무 소홀하고 있지 않습니까.

사람의 말과 세상 소식과 뉴스가 우리를 움직이고 있습니다. 하나님의 말씀에는 지혜와 구원과 생명과 용기와 영생이 있습니다. 모든 것이 다 들어 있습니다. 우리 인생의 등과 빛입니다. 말씀 경청과 순종은 축복과 영생의 유일한 길입니다. 언제나 하나님의 말씀을 경청하는 성도들이 되시기를 축원합니다.

사랑하는 번동 가족 여러분!
우리 모두는 저주의 에발 산이 아닌 축복의 그리심 산으로 올라가야 합니다. 하나님께 예배하고 감사하고 경청하는 삶을 평생 선택하는 지혜로운 축복의 성도들이 되시기를 축원 드립니다.

마음으로부터 용서하라

마태복음 18:21-35

²¹그때에 베드로가 나아와 이르되 주여 형제가 내게 죄를 범하면 몇 번이나 용서하여 주리이까 일곱 번까지 하오리이까 ²²예수께서 이르시되 네게 이르노니 일곱 번뿐 아니라 일곱 번을 일흔 번까지라도 할지니라 ²³그러므로 천국은 그 종들과 결산하려 하던 어떤 임금과 같으니 ²⁴결산할 때에 만 달란트 빚진 자 하나를 데려오매 ²⁵갚을 것이 없는지라 주인이 명하여 그 몸과 아내와 자식들과 모든 소유를 다 팔아 갚게 하라 하니 ²⁶그 종이 엎드려 절하며 이르되 내게 참으소서 다 갚으리이다 하거늘 ²⁷그 종의 주인이 불쌍히 여겨 놓아 보내며 그 빚을 탕감하여 주었더니 ²⁸그 종이 나가서 자기에게 백 데나리온 빚진 동료 한 사람을 만나 붙들어 목을 잡고 이르되 빚을 갚으라 하매 ²⁹그 동료가 엎드려 간구하여 이르되 나에게 참아 주소서 갚으리이다 하되 ³⁰허락하지 아니하고 이에 가서 그가 빚을 갚도록 옥에 가두거늘 ³¹그 동료들이 그것을 보고 몹시 딱하게 여겨 주인에게 가서 그 일을 다 알리니 ³²이에 주인이 그를 불러다가 말하되 악한 종아 네가 빌기에 내가 네 빚을 전부 탕감하

여 주었거늘 ³³내가 너를 불쌍히 여김과 같이 너도 네 동료를 불쌍히 여김이 마땅하지 아니하냐 하고 ³⁴주인이 노하여 그 빚을 다 갚도록 그를 옥졸들에게 넘기니라 ³⁵너희가 각각 마음으로부터 형제를 용서하지 아니하면 나의 하늘 아버지께서도 너희에게 이와 같이 하시리라

북미와 유럽에는 '사탄교'라는 종교가 있습니다. 그 종교에서 사용하는 경전인 제일 첫 부분에 나오는 말은 "네 삶의 주인은 너 자신이다"라는 것입니다. 그 글을 보면서 사탄이 하는 최고의 유혹은 창세로부터 지금까지 동일하다는 것을 알았습니다. '내가 세상의 주인일 뿐만 아니라 내 삶의 주인'이라는 생각은 에덴동산에서 사탄이 아담과 하와를 유혹한 재료였고, 현재까지도 이어지는 불신앙의 근본적인 뿌리입니다. 만약 인간이 자기 자신과 세상의 주인이 되어 살아도 문제가 없으려면 전지전능한 존재여야 합니다. 가령 내가 자동차 운전을 40년 정도 했다고 해서 배워 보지도 않은 비행기 조종을 하려 한다면 그 비행기는 100% 추락할 것입니다. 내가 자동차 운전은 해도 비행기 조종은 하지 못한다는 것을 인정해야 삽니다.

이 세상과 나의 인생 또한 내가 원하는 대로 조종할 수 없습니다. 인간은 전지전능한 존재는커녕 너무나도 무능하고 무지한 존재입니다. 따라서 스스로 주인이 된다는 말이 아무리 그럴듯하게 들려도 그렇게 될 수도 없고 되려고 해서도 안 됩니다. 지금도 사탄은 우리를 집요하게 유혹합니다. 그러나 하나님 외에는 다른 신이 있을 수 없습니다. 오직 나의 무능함을 깨닫고 하나님을 주인으로 모실 때에야 내 삶이 온전해질 수 있습니다. 주권자 하나님만 붙들고 그분의 증인이 되어 온전히 그분만 높여 드리는 삶을 살아야 합니다.

'용서'라는 히브리어 '쓸리하, 나사, 키페르'는 '죄를 사하여 주다, 깨끗하게 하다'의 뜻을 가지고 있습니다. 헬라어 '아페시스, 아페에미'는 범죄에 대하여 범죄하지 않은 것처럼 너그럽게 부채에서 풀어 준다는 뜻입니다. 용서의 정신은 너무도 훌륭합니다. 그러나 용서하기는 참으로 어렵습니다.

오늘 본문에서 베드로는 "일곱 번까지 용서하면 되겠습니까"라고 하였을 때에 예수님은 "일곱 번을 일흔 번까지라도"라고 하셨습니다. 끝까지 용서하라고 하시면서 만 달란트와 백 데나리온의 비유를 들어 용서에 대하여 말씀하셨습니다. 오늘 말씀을 통해 용서의 문제가 해결되는 큰 은혜의 시간이 되시기를 축원 드립니다.

1. 하나님의 용서를 받아야 합니다

"결산할 때에 만 달란트 빚진 자 하나를 데려오매"(24절).

달란트는 예수님 당시의 유대와 로마 사회에서 통용되던 화폐 단위 중 가장 큰 것으로서(무게 단위로는 약 34kg의 순금에 해당함), 1달란트는 노동자 한 사람의 하루 품삯인 한 데나리온의 약 6,000배에 상당하는 것입니다. 만 달란트는 오늘날의 통화로 10억 달러 이상으로 계산됩니다(한화 1조 2천만 원). 더욱이 유대 역사학자 요세푸스(Josephus)의 증언에 따르면 유대 전역에서 각출된 1년 세금이 800달란트였다고 합니다. 일만 달란트의 가치가 얼마만 했는가를 가히 짐작할 수 있습니다. 이 액수는 결국 하나님께 대하여 인간 자신의 힘으로는 도저히 갚을 수 없을 정도로 큰 죄악을 상징하는 것으로 볼 수 있습니다.

　임금이 만 달란트 빚진 자를 불쌍히 여겨서 다 탕감하였습니다. 하나님은 자신이 지은 엄청난 죄악을 인정하고 용서를 간청하는 죄인에 대해 양심의 가책에서 해방되게 하실 뿐만 아니라, 죄에 대한 아무런 보상 없이도 그를 의롭다고 선언하십니다. 의로워지는 자격은 우리의 지불 능력이나 죄의 크기에 따라 부여되는 것이 아니라, 단 한 번의 하나님의 사죄 선언으로 가능합니다. 우리는 예수 그리스도의 핏값에 의하여 하나님께 대한 우리의 일정한 죄악을 용서받음으로써 의롭게 되었는데, 그리스도의 대속 또한 하나님의 전적인 은혜와 사랑에 의한 것입니다.

　1,000만 명이 극장에서 영화를 본 것이 놀랍지 않은 시대가 되었습니다. 그만큼 대중문화의 영향력이 더욱 커진 것입니다. 그런데 가랑비에 옷 젖듯이 교묘히 동성애를 옹호하거나 불륜을 미화하는 영화 등은 이 시대의 탈선을 합리화하기도 합니다. 이런 경향 때문에 교회는 대중문화에 대해 부정적 태도를 견지했습니다. '교회는 선하고 세상은 악하다'라는 이분법적 논리로 걸어온 것도 사실입니다. 그렇다고 교회가 세상을 설득할 만한 영상물을 만들 수 있는 것도 아니었습니다. 그렇게 머뭇거리는 사이에 영화로 대표되는 대중문화는 이미 범람해 교회와 크리스천 생활에 깊이 들어와 심각한 영향을 주고 있습니다.

　그래서 언제부터인가 크리스천들은 교회에서는 믿음을 드러내지만, 세상에서는 자신의 신앙을 나타내지 않는 경우가 많아졌습니다. 그러면서 우리는 예배당으로 대표되는 기독교적인 틀 안에서 기독교 문화 혹은 기독교적인 작품을 통해서만 하나님을 경험할 수 있다고 생각합니다. 여기서 우리가 간과한 것이 있습니다. 하나님은 세상을 창조하시고 세상에 가득하신 분이라는 사실입니다.

솔로몬이 일천번제를 드린 곳은 우상들에게 제사하던 기브온 산당이었고, 하나님이 이스라엘의 회복에 사용하신 사람은 이방 신을 섬기는 바사(페르시아) 왕 고레스였습니다. 그는 분명 하나님을 몰랐지만(사 45:4) 하나님은 주권적으로 그를 사용하셨습니다.

C. S. 루이스는 자신이 이 세상 속에서 하나님의 실체를 경험했다고 하면서 이것을 "여기치 못한 기쁨"이라고 표현했습니다. 이 세상은 모두 하나님의 다스림 아래 있습니다. 다만 인간의 죄 된 본성이 하나님을 떠난 문화를 만들어 내고 있을 뿐입니다. 여기서 중요한 것은 하나님의 뜻을 분별하는 것입니다. 그리고 세상 문화를 통해서도 말을 거시고 일하시는 하나님을 만나는 것입니다.

모세는 평범한 떨기나무를 통해, 아브라함은 그저 지나가는 나그네를 대접하다가 하나님을 경험했습니다. 그리고 어거스틴은 시장에서 떠드는 아이들의 음성에서 일생을 변화시키는 하나님의 음성을 들었습니다. 이처럼 믿음의 사람들에게는 세상 속에서도 하나님을 경험하는 영적 센서가 있습니다. 우리가 극장과 같이 예배당이 아닌 곳에서도 하나님의 임재를 경험할 수 있다면 온 세상은 그분을 위한 예배 처소가 될 것입니다.

하나님은 온 세상과 모든 사람들을 사랑하십니다. 하나님의 사랑을 교회와 성도에게만 한정시키지 말아야 합니다. 하나님의 사랑을 모든 사람에게 전해야 합니다. 세상 속으로 복음과 사랑을 가지고 들어가야 합니다. 우리 모두는 결단코 용서 받을 수 없는 만 달란트를 탕감 받았습니다. 전적인 하나님의 사랑과 은혜의 결과입니다. 이 큰 은혜와 사랑과 탕감에 감사를 드리며, 이 사랑을 전하고 세상과 나누어야 합니다. 우리는 값없이, 그리고 거저 용서 받았습니다. 하나님의 용서에 대한 확신을 가지고 감사함으로 살아가는 모든 성도들이 되시기를 축원 드립니다.

2. 사람을 용서해야 합니다

"그 종이 나가서 자기에게 백 데나리온 빚진 동료 한 사람을 만나 붙들어 목을 잡고 이르되 빚을 갚으라 하매"(28절).

임금으로부터 만 달란트를 탕감 받은 그 감격의 눈물이 채 마르기도 전에 일어난 사건입니다. 백 데나리온 빚진 동료를 용서하지 못하는 장면입니다. 예수님 당시의 한 데나리온은 보병이나 일반 노동자의 하루 품삯에 해당하는 화폐 단위입니다. 백 데나리온은 만 달란트에 비해 60만 분의 1에 불과한 참으로 계산할 가치조차 없는 미미한 소액입니다. 백 데나리온 빚진 자는 동료입니다. 빚진 동료를 목을 잡고 끌고 가서 결국에는 옥에 가두었습니다. 탕감 받은 종의 난폭하고도 매정한 성격과 거만한 태도를 표현해 주고 있습니다. 악한 모습의 종합상자이고 백화점입니다.

임금에게 빚의 지불 기간 연장을 요청했던 그가, 자신에게 빚진 채무자의 지불 기한 연장을 거절했을 뿐만 아니라 구속시켜 버렸다고 하는 사실은, 그가 얼마나 냉혹한 사람인가 하는 사실을 알 수 있게 합니다. '받은 용서와 사랑'을 주는 '용서와 사랑'으로 환원하지 못하는 자는, 참된 사랑을 받을 가치가 없고 용서와 사랑을 모독하는 악한 존재입니다. 그는 도리어 자신이 옥에 들어가는 비극의 주인공이 되었습니다. 용서하지 못하는 자는 결코 용서받을 가치가 없습니다. 용서해야 용서 받게 됩니다.

'알프레드 노벨'은 다이너마이트를 발명해서 엄청나게 많은 돈을 벌었습니다. 어느 날 아침에 노벨이 신문을 펼쳐드는 순간에 정말 깜짝 놀라지 않을 수 없었습니다. 왜냐하면 그 신문에는 "죽음의 상인, 노벨이 죽다"라는 제목의 기사가 실려 있었기 때문입니다. 물론 이 기사는 오보(誤報)였습니다. 그의 형 '루드비히 노벨'이 죽었는데, 프랑스의 한 신문이 그만 실수로 기사를 잘못 쓴 것입니다. 하지만 그 잘못된 기사가 노벨의 인생을 완전히 새롭게 바꿔놓았습니다. 노벨은 그 기사로 인해서 큰 충격을 받았고, 자신의 삶을 돌이켜보게 되었습니다. 노벨은 자신의 일생을 '죽음의 상인'으로 마치고 싶지 않았습니다. 그는 유산의 94%인 440만 달러를 기부해서 노벨상을 제정했습니다. 신문 오보로 인하여 노벨은 아직 살아 있는 상태에서 '자신'에 대한 세상적인 평가를 미리 접하게 되었고, 그 일로 노벨은 새 인생으로 거듭났습니다.

우리도 언젠가는 반드시 죽습니다(히 9:27). 죽은 후에는 하나님의 심판을 받아야 합니다. 하지만 그 이전에 세상 사람들의 평가가 있게 마련입니다. '내가 죽은 다음, 사람들은 어떤 평가를 할 것인가?' 스스로 자신에 대한 중간평가를 해보시기 바랍니다.

때때로 우리는 자신에 대해서 너무 모르거나 후한 점수를 주거나 착각하는 경우가 많습니다. 용서를 받으려고 하면서 남을 용서하지 못하고 비난하고 저주하는 경우가 많습니다. 우리는 하나님의 60만 원에 해당되는 용서를 받았으나, 우리의 가까운 동료에게 1원에 해당되는 빚도 용서하지 못하고 목을 조르며 감옥에 집어넣는 몰인정하고 가혹한 행동을 할 때가 많았음을 깨달아야 합니다. 우리의 가까운 동료인 가족과 교인과 이웃을 용서하지 못한 죄를 회개하고, 마음으로부터 진정한 용서의 성도가 되시기를 축원 드립니다.

3. 사람의 용서를 받아야 합니다

"너희가 각각 마음으로부터 형제를 용서하지 아니하면 나의 하늘 아버지께서도 너희에게 이와 같이 하시리라"(35절).

'마음으로부터 형제를 용서하라'고 하셨습니다. 다른 말로 하면 '중심으로'입니다. 마음의 용서는 훗날의 보복이 있을 수 없으며 상한 감정의 찌끼조차 가지지 않는 실제적이고도 성실하며 영원한 무한대의 용서입니다. 말로서 이루어진 490번의 용서라고 하더라도 단 한 번의 진심에서 우러난 용서보다 못한 것입니다. 말의 용서도 쉽지는 않습니다. 너무 귀합니다. 한 번의 용서도 너무 귀합니다. 하물며 일곱 번을 넘어 일곱 번을 일흔 번씩 용서하는 것은 너무도 귀한 것입니다.

그러나 마음이 없고 중심이 없는 용서는 능력과 감동이 없습니다. 다른 상황이 발생되면 원천 무효가 되는 경우가 너무 많습니다. 끝없는 용서의 횟수에 있는 것이 아니라 마음으로부터의 용서가 있어야 용서의 능력이 나타나는 삶과 생활이 되는 것입니다. 형제를 진심으로 용서하고 사랑하는 길만이 하나님의 용서와 사랑을 받는 것이고, 그 모든 은혜와 축복이 자기 자신에게 돌아오게 됩니다. 용서와 사랑은 최고의 축복입니다. 용서하고 사랑한 만큼 나에게 돌아옵니다. 그것이 믿음이고 신앙입니다. 바로 그것을 하나님이 보시고 기뻐하시며 축복하십니다.

2005년 7월 터키에서 있었던 일입니다. 각기 흩어져서 양을 치던 목자 26명이 함께 모여 아침을 먹고 있었습니다. 그러는 사이 양 한 마리가 이탈해서 어딘가로 향했습니다. 그것을 본 다른 양 몇 마리가 따라갔습니다. 곧이어 또 다른 양들이 뒤따랐습니다. 어느 순간 수많은 양이 그 대열에 섰습니다.

　그 후 무슨 일이 생겼을까요. 450마리의 양이 벼랑에 떨어져 죽었고 1,000마리가 넘는 양이 다치는 사고가 일어났습니다. 철새들은 바다를 건너고 대륙을 건너 30,000킬로미터씩 날아서 자기들이 가고자 하는 목적지에 도달합니다. 그런데 양이라는 동물은 혼자서는 길을 찾지 못합니다. 양은 목자가 인도해 주지 않으면 금세 길을 잃어버리고 맙니다. 이것은 우리 모습과도 닮았습니다. 어리석게 죽어갔던 양들처럼 우리도 갈 바를 알지 못하는 인생입니다.

　성경을 아무리 읽어도 판단이 서지 않을 때가 많습니다. 하나님의 뜻이 무엇인지 알 길이 없습니다. 때로 길을 잘못 들어서 돌아가기도 합니다. 막다른 길에 다다르기도 하고, 벼랑 끝에 몰리는 경우도 있습니다. 하나님의 뜻이라고 생각하고 갔는데 아닐 때도 있습니다. 우리가 가는 길에는 불확실한 것들뿐입니다. 그렇기 때문에 하나님을 의지할 수밖에 없습니다. 인생을 살다가 길이 안 보이거나 막막할 때, 벼랑 끝이 선 것처럼 느껴질 때 하나님께 나아가 기도해야 합니다. 그러면 잃어버린 길을 하나님이 찾게 해주실 것입니다. 없는 길도 만들어 주실 것입니다.

　교회에서의 기적은 상처 받은 사람은 많은데 상처를 준 사람은 아무도 없다는 것입니다. 용서해야 할 사람보다도 우리가 용서를 빌어야 할 사람이 많습니다. 그 사람을 생각하고 기도하며 찾아가야 합니다. 가족과 성도와 이웃에게 우리는 알게 모르게 너무 많은 상처와 실수와 아픔을 주었습니다. 그렇게 하고도 다 잊어 버렸습니다. 철면피처럼 살았습니다. 이제 우리는 그들에게 용서를 구해야 하고 용서 받아야 합니다. 그러면 그곳에 반드시 감동과 기적이 일어납니다. 마음으로부터 그리고 중심으로 용서를 구해야 합니다. 거기에 하나님의 용서와 사랑이 충만하게 이루어집니다. 용서를 받고 구함으로 용서의 역사가 일어나기를 축원합니다.

사랑하는 번동 가족 여러분!
우리는 하나님의 큰 용서를 받았습니다. 그러므로 우리의 동료를 무조건 용서해야 합니다. 우리가 상처를 준 바로 그 사람에게 용서를 빌고 구함으로 용서를 받는 기적이 있기를 바랍니다. 입으로만이 아닌 마음으로부터 용서의 은혜가 임하시기를 축원 드립니다.

이삭의 르호봇

창세기 26:12-22

¹²이삭이 그 땅에서 농사하여 그 해에 백 배나 얻었고 여호와께서 복을 주시므로 ¹³그 사람이 창대하고 왕성하여 마침내 거부가 되어 ¹⁴양과 소가 떼를 이루고 종이 심히 많으므로 블레셋 사람이 그를 시기하여 ¹⁵그 아버지 아브라함 때에 그 아버지의 종들이 판 모든 우물을 막고 흙으로 메웠더라 ¹⁶아비멜렉이 이삭에게 이르되 네가 우리보다 크게 강성한즉 우리를 떠나라 ¹⁷이삭이 그곳을 떠나 그랄 골짜기에 장막을 치고 거기 거류하며 ¹⁸그 아버지 아브라함 때에 팠던 우물들을 다시 팠으니 이는 아브라함이 죽은 후에 블레셋 사람이 그 우물들을 메웠음이라 이삭이 그 우물들의 이름을 그의 아버지가 부르던 이름으로 불렀더라 ¹⁹이삭의 종들이 골짜기를 파서 샘 근원을 얻었더니 ²⁰그랄 목자들이 이삭의 목자와 다투어 이르되 이 물은 우리의 것이라 하매 이삭이 그 다툼으로 말미암아 그 우물 이름을 에섹이라 하였으며 ²¹또 다른 우물을 팠더니 그들이 또 다투므로 그 이름을 싯나라 하였으며 ²²이삭이 거기서 옮겨 다른 우물을 팠더니 그들이 다투지 아니하였으므로 그 이름을 르호봇이라 하여 이르되 이제는 여호와께서 우리를 위하여 넓게 하셨으니 이 땅에서 우리가 번성하리로다 하였더라

옥스퍼드 대학교의 석좌 교수인 리처드 도킨스의 무신론에 많은 사람이 열광합니다. 영국에서는 도킨스와 무신론자들이 자비를 털어서 내건 "아마도 신은 없다. 그러니 마음대로 즐기고 살아라"라는 광고를 부착한 버스 800대가 시내를 돌아다녔습니다.

영국의 유명한 무신론자인 찰스 브라더로프는 런던 빈민가에서 사역하는 프라이즈 휴스 목사에게 무신론과 예수 신앙에 대한 공개 토론을 제의했습니다. 휴스 목사는 이 제안을 받고 이렇게 말했습니다.

"나는 내가 전한 예수를 믿고 변화를 받아 삶의 목적을 찾고 예수를 위해 생명이라도 내놓을 만큼 변화된 사람 100명을 데려오겠소. 그러니 당신도 무신론을 믿고 변화된 사람 100명을 데려오시오. 100명이 없다면 50명, 50명이 없다면 20명이라도 좋소. 더 나아가 삶의 의미를 잃고 좌절과 절망 속에서 무신론으로 개종해서 인생의 목적을 찾고 변화된 진실로 존경받게 된 무신론 개종자가 단 한 사람이라도 있다면 데려오시오."

이 말에 브라더로프는 할 말을 잃고 토론 제의를 철회했습니다. 우리는 유혹 앞에서 넘어질 수밖에 없고, 회개하고 돌이켜도 또다시 실수를 범하는 인생입니다. 온전히 되었다 함이 없는 인생입니다. 그러나 똑같은 잘못을 해도 하나님께 택함 받은 사람과 택함 받지 못한 사람은 다릅니다. 하나님은 믿음 없는 행위에 절대 속지 않으십니다. 그렇게 계속 믿지 않고 그 자리에 머물러 돌아오지 않는다면 결과는 심판과 멸망뿐입니다.

오늘 본문에서 믿음의 사람인 이삭을 보게 됩니다. 이삭이 그랄에서 농사하였더니 백 배나 얻었습니다. 블레셋 족속에 비해 이례적인 것으로서 하나님의 특별한 축복의 결과입니다. 이삭이 창대하고 왕성하여 마침내 거부가 되었습니다. 졸부가 아닌 큰 부자가 되었습니다. 이 정도 되면 놀고, 먹고, 술 마시고, 교만하고, 못된 행동과 삶을 살 가능성이 많아집니다. 그러나 이삭은 달랐습니다. 구별된 삶을 살았습니다. 돈을 벌고 부자가 되기까지는 모든 사람들이 비슷하나 부자가 된 그 다음이 다른 것입니다. 무너지고 타락하는 사람이 있는 반면 더 겸손하고 사명감으로 사는 사람이 있습니다.

노블레스 오블리주(noblesse oblige)라는 말이 있습니다. 높은 사회적 신분에 상응하는 도덕적 의무를 뜻하는 말입니다. 초기 국가시대에 왕과 귀족들이 보여준 투철한 도덕의식과 솔선수범하는 공공정신에서 비롯되었습니다. 백 배의 소출로 창대하고 왕성하여 거부가 된 이삭의 삶을 살펴보면서, 르호봇(장소가 넓은)의 삶을 사시기를 축원 드립니다.

1. 이삭은 일하는 사람입니다

"그 아버지 아브라함 때에 팠던 우물들을 다시 팠으니 이는 아브라함이 죽은 후에 블레셋 사람이 그 우물들을 메웠음이라 이삭이 그 우물들의 이름을 그의 아버지가 부르던 이름으로 불렀더라"(18절).

이삭은 오래전 아버지 아브라함이 거하던 그랄 골짜기로 되돌아와 아브라함이 팠던 브엘세바 우물과 다른 우물들을 다시 팠습니다. 이삭이 우물들의 본래 이름을 회복시킨 이유는, 이 우물들에 대한 그의 권리를 확인함과 동시에 아버지 아브라함을 향한 그의 존경과 사랑과 효도를 표시하기 위해서였습니다.

오늘 말씀을 보면 우물을 팠다는 표현이 세 번이나 나옵니다. 계속 일하는 모습을 보여준 것입니다. 거부가 되었으면 놀고 즐기고 쉬어도 되는데, 이삭은 언제나 들에서 열심히 땀 흘려 일하는 사람이었습니다. 일해야 건전하고 건강하며 행복한 인생이 되는 것입니다. 블레셋 사람들이 우물을 흙으로 메웠고 방해하고 우물을 빼앗았으나, 그럼에도 불구하고 이삭은 계속 일하는 사람이었습니다. 일하면 싸우지 않습니다. 일하면 다른 사람들이 감동하고 결코 함부로 할 수 없는 권위 있고 큰 사람이 되는 것입니다.

리처드 포스터는 "조급함은 마귀적인 것이 아니라 마귀다"라고 말했습니다. 사람들은 서서히 성장하는 것보다 급성장을 좋아합니다. 하나님은 귀히 쓰시길 원하는 사람마다 준비하는 데 많은 시간을 들여 철저하게 훈련하셨습니다. 하나님은 요셉을 정금같이 쓰시기 위해 13년 동안 종살이와 감옥살이를 하게 했습니다. 모세를 훈련시키기 위해 광야에서 40년을 보내게 했습니다. 여호수아를 쓰시기 위해 모세의 시종으로 40년을 기다리게 했습니다. 어떤 버섯은 6시간이면 자랍니다. 호박은 6개월이면 자랍니다. 그러나 참나무는 6년이 걸리고, 건실한 참나무로 자태를 드러내려면 100년이 걸립니다. 참나무와 같은 인물이 되어 하나님께 쓰임 받기를 원한다면 조급해서는 안 됩니다.

예수님을 믿는 순간 우리는 거룩한 신분이 됩니다. 그러나 그 거룩을 완성하는 데는 평생이 걸립니다. 거룩에는 지름길이 없습니다. 예수님은 매일매일 기도와 말씀 묵상이라는 거룩한 습관을 가지고 사셨습니다. 구원은 은혜와 믿음으로 받지만, 거룩은 영성훈련으로 완성됩니다. 우리를 거룩하게 하시는 하나님은 우리 안에 거룩에 대한 소원을 두고 행하게 하십니다(빌 2:13).

명불허전(名不虛傳)이라는 말이 있습니다. '이름은 헛되이 전해지지 않는다'는 뜻으로 명성이 널리 알려진 데는 그럴 만한 까닭이 있다는 뜻입니다. 거저 쉽게 되는 것은 없습니다. 부자가 되는 것도 성공하는 것도 그럴만한 노력과 까닭이 있는 것입니다. 우리에게 주어진 책임과 사명을 잘 감당해야 합니다. 가정과 교회와 사회에서의 우리의 본분과 책임을 충성되게 감당해야 합니다. 누가 시켜서 하거나 억지로 하는 사람이 아닌, 일을 찾고 알아서 기쁘고 자원하는 마음으로 해야 합니다. 예배와 기도와 섬김과 봉사와 영성훈련에 있어서 웃으면서 앞장서야 인생과 신앙의 거목이 되는 것입니다. 게으르거나 핑계하는 사람이 아닌 이삭처럼 열심히 우물을 파는 일하는 사람이 되어 범사에 넓어지는 르호봇의 은혜가 임하시기를 축원 드립니다.

2. 이삭은 온유한 사람입니다

"이삭이 거기서 옮겨 다른 우물을 팠더니 그들이 다투지 아니하였으므로 그 이름을 르호봇이라 하여 이르되 이제는 여호와께서 우리를 위하여 넓게 하셨으니 이 땅에서 우리가 번성하리로다 하였더라"(22절).

이삭은 블레셋 땅에서 백 배의 농사로 거부가 되었습니다. 14절에 "양과 소가 떼를 이루고 종이 심히 많으므로 블레셋 사람이 그를 시기하여"라고 하였습니다. 거부가 되니까 블레셋 사람들이 시기하였습니다. 시기는 옛날이나 지금이나 블레셋이나 한국이나 번동이나 어디나 있습니다. 시기심은 계절이나 시기에 관계없이 언제 어디나 있습니다. 그래서 블레셋 사람들이 우물을 흙으로 메웠습니다. 여기를 떠나라고 하였습니다. 다른 우물들을 또 메웠습니다. 다투며 또 메우고 빼앗았습니다.

우물 이름을 에섹(다툼)이라고 하였고, 싯나(대적함)라고 하였습니다. 시기하고 다투고 우물을 메우고 빼앗았으나, 이삭이 거기서 옮겨 다른 우물을 팠더니 그들이 다투지 아니하였으므로 그 이름을 르호봇(장소가 넓음)이라고 하였습니다. 이유 없이 억울하게 빼앗기고, 빼앗기고, 또 빼앗겼지만 계속해서 양보하였더니 다투지 아니하였습니다. 빼앗던 사람들이 지치고 손을 든 것입니다. 양보와 온유의 승리입니다. 바람과 태양의 싸움에서 태양이 이긴 것입니다. 폭력과 폭행이 온유에게 판정패하였습니다.

타인의 번영이나 성공에 대해 까닭 없이 배 아파하고 시기하는 것은 타락한 인간성의 모습입니다. 미움을 이기는 것은 싸움이 아닌 양보입니다. 폭력을 이기는 것은 온유입니다. "온유한 자는 복이 있나니 그들이 땅을 기업으로 받을 것임이요"(마 5:5)라고 하셨습니다. 이 세상과 내세에서 복을 받게 됩니다. 폭력과 싸움은 모든 것을 상실하게 만듭니다. 이 세상에서 가장 미련하고 불행한 사람은 양보와 온유의 삶을 살지 못하고 평생 시기하고 다투며 싸우는 사람들입니다.

어떤 심리학자의 말에 의하면 현실의 감옥이 아닌 마음의 감옥이 있다고 합니다.

첫째 감옥은, 자기도취의 감옥입니다. 공주병, 왕자병에 걸리면 정말 못 말립니다. 항상 자신의 기분에 맞추라는 그릇된 자기도취에 빠지는 감옥입니다.

둘째 감옥은, 비판의 감옥입니다. 다른 사람의 단점만 보고 비판하기를 좋아하는 사람입니다. 항상 비판을 하다 보면 결국 다른 사람과는 원수가 되는 그런 마음의 감옥입니다.

셋째 감옥은, 절망의 감옥입니다. 세상을 부정적으로만 보고 불평하고 절망합니다. 검은 렌즈를 끼고 보면 검다고 할 것이고, 무지개 렌즈를 끼고 보면 아름답다고 할 것입니다.

넷째 감옥은, 과거지향의 감옥입니다. 옛날이 좋았다고 하면서 낭비합니다. 지나간 것에 얽매여서 자신의 마음을 과거에 가두고 미래지향적인 것을 막아버리는 마음의 감옥입니다.

다섯째 감옥은, 선망의 감옥입니다. 내 떡이 소중한지 모르고 남의 떡만 크게 봅니다. 내 것은 빈약하기 그지없어 스스로 자기 자신의 마음을 황폐하게 만드는 감옥입니다.

여섯째 감옥은, 질투의 감옥입니다. 남이 잘되는 것을 보면 괜히 배가 아프고 자꾸 헐뜯고 싶어집니다. 향기를 품어야 남에게 향기를 풍길 수 있는 것처럼, 남에게 질투하기 위해 나의 마음의 질투를 노출시킬 수밖에 없는 것이 질투의 메커니즘입니다. 더군다나 나에게 질투의 표적이 된 사람 또한 질투를 품어 나에게 뿜을 것은 뻔한 일입니다. 그러므로 이 과정을 멈추어야 합니다. 그리고 그 대상이 바로 나입니다.

우리 마음속에 있는 자기도취와 비판과 절망과 과거 지향적인 것과 부러움과 질투를 몰아내야 합니다. 특별히 질투와 시기를 깨끗이 제거해야 합니다. 블레셋 사람들의 마음속에 있었던 시기심을 성령의 불로 태워 버려야 합니다. 우리 마음과 가정과 교회 깊숙이 뿌리 내린 시기심을 뽑아 버려야 합니다. 그래야 개인과 가정과 교회가 삽니다. 시기심에 사로잡히면 내가 먼저 죽고, 모두가 불행하게 되며, 멸망에 이르지 됩니다. 다른 사람들을 위해 중보기도하고 축복해야 합니다. 모든 시기와 질투와 분노와 폭력을 버리고 이삭처럼 온유한 성도들이 되시기를 축원 드립니다.

3. 이삭은 믿음의 사람입니다

"이삭이 거기서 옮겨 다른 우물을 팠더니 그들이 다투지 아니하였으므로 그 이름을 르호봇이라 하여 이르되 이제는 여호와께서 우리를 위하여 넓게 하셨으니 이 땅에서 우리가 번성하리로다 하였더라"(22절).

에섹과 싯나를 지나야 르호봇에 이르게 됩니다. 다툼과 대적의 과정을 지나야 넓은 장소에 이르게 됩니다. 우리 가운데는 아직도 에섹과 싯나에 머물러 있는 사람들, 나이도 들고 교회에서 오랫동안 섬기고 봉사하였는데도 르호봇에 이르지 못하고 다툼과 대적의 에섹과 싯나에 빠져 있는 사람들이 많습니다. 참으로 안타깝고 불행한 일입니다. 이삭은 르호봇에 이르렀을 때 "이 땅에서 우리가 번성하리로다"라고 고백하였습니다. 모든 면에서 많은 열매를 하나님이 맺게 하신다는 뜻입니다. 블레셋 사람들의 온갖 훼방과 핍박에도 불구하고 끝까지 인내하며 양보해 온 이삭이, 하나님으로 말미암아 번성과 최후 승리의 노래를 부른 것입니다. 하나님에 대한 대단한 믿음입니다.

하나님의교회(하나님의교회 세계복음선교협회)는 각각 '성령 하나님'과 '어머니 하나님'으로 신격화합니다. 설립자인 안상홍과 1985년 안상홍 사후 후계자로 등장한 장길자가 그 주인공입니다. 하나님의교회는 "주 하나님 지으신 모든 세계"라는 찬송가 가사를 "안상홍 님 지으신 모든 세계"라고 바꿔 부르고, 어린이들에게는 "십자가를 세우지 마세요. 일요일도 거짓말예요. 우리는 이 세상 교회에 없는 어머니도 있죠. 우리의 구원자 안상홍 님도 계신답니다. 안상홍 님 믿어야 하늘나라에 가죠"라는 노래도 가르칩니다.

하나님의교회는 시한부 종말론에 기초해 꾸준히 교세를 확장해 왔습니다. 그들은 '1983년은 세상 종말'이라고 주장하는 전단지를 배포했고, 1999년과 2012년도를 '종말의 때'라고 주장했습니다. 그러면서도 자신들이 시한부 종말론을 주장한 사실을 부인해 왔습니다. 하지만 최근 수원지방법원 판결문을 통해 그것이 사실임이 드러났습니다. 반복적인 시한부 종말 주장의 실패에도 교세는 오히려 지속적으로 성장해왔습니다. 하나님의교회 신도 수는 수십만 명에 이르는데, 그 연령층이 대부분 30~40대라고 합니다. 또 재산은 3~4조에 이른다고 하는데, 이 재산이 신도들의 헌금을 통해 형성된 것이라는 사실이 드러났습니다.

하나님의교회는 해외에도 다수의 신도들이 있는 것으로 보고됩니다. 그들은 세계 곳곳에서 기독교 선교에 심각한 장애가 되고 있습니다. 하나님의교회는 "오른손이 하는 일을 반드시 왼손이 알게 하는" 홍보 전략을 구사합니다. 가가호호 방문과 거리 포교 등의 직접적인 포교 전략을 구사하면서, 다른 한편으로는 종교적 성격을 감춘 채 지역사회 봉사활동을 통해 긍정적인 사회적 노출을 시도하는 양면 전략을 구사합니다. 이러한 그들의 전략은 일단 성공적으로 보입니다. 안타까운 사실은 이러한 현상이 교회를 바라보는 사회의 시선과 무관하지 않다는 점입니다.

하나님의교회는 사회적 비판에 직면한 교회를 공격하며 타락한 교회의 대안이 바로 자신들이라고 주장합니다. 그들의 도전에 효과적으로 응전하기 위해서는 한국 교회가 다시 섬김의 상징으로 거듭나야 합니다. 정결한 그리스도의 신부로 살아가는 교회만이 '하나님의 교회'를 훼손하면서 시한부 종말론으로 위기감을 조장하는 모든 이단들에게 당당하게 대처할 수 있습니다.

오늘날 한국 교회와 각 교회의 모든 성도들은 믿음을 더욱 굳건히 하고 성령으로 충만해야 합니다. 어떤 고난과 박해와 유혹에도 넘어지거나 흔들리지 말아야 합니다. 말씀과 성령이 충만해야 합니다. 이삭의 믿음처럼 이 땅에서 번성해야 합니다. 교만한 마음과 낙심된 마음을 버리고, 겸손하게 무릎 꿇고 하나님께 간절히 기도해야 합니다. '오직 믿음'으로 살아야 합니다. 믿음을 회복해야 합니다. 믿음의 르호봇(넓어짐)이 있어야 합니다. 우리 모두 이삭처럼 믿음의 사람들이 되시기를 축원 드립니다.

사랑하는 번동 가족 여러분!

사회가 혼란하고 이단이 활보하는 세상입니다. 그러나 결코 낙심하거나 조급해 하지 말고, 이러한 때일수록 더욱 온유하고 믿음 충만한 성도가 되어, 한국 교회와 우리 믿음에 하나님 나라 확장(르호봇)의 역사가 일어나기를 축원합니다.

영혼의 목자와 감독

> 베드로전서 2:18-25

¹⁸사환들아 범사에 두려워함으로 주인들에게 순종하되 선하고 관용하는 자들에게만 아니라 또한 까다로운 자들에게도 그리하라 ¹⁹부당하게 고난을 받아도 하나님을 생각함으로 슬픔을 참으면 이는 아름다우나 ²⁰죄가 있어 매를 맞고 참으면 무슨 칭찬이 있으리요 그러나 선을 행함으로 고난을 받고 참으면 이는 하나님 앞에 아름다우니라 ²¹이를 위하여 너희가 부르심을 받았으니 그리스도도 너희를 위하여 고난을 받으사 너희에게 본을 끼쳐 그 자취를 따라오게 하셨느니라 ²²그는 죄를 범하지 아니하시고 그 입에 거짓도 없으시며 ²³욕을 당하시되 맞대어 욕하지 아니하시고 고난을 당하시되 위협하지 아니하시고 오직 공의로 심판하시는 이에게 부탁하시며 ²⁴친히 나무에 달려 그 몸으로 우리 죄를 담당하셨으니 이는 우리로 죄에 대하여 죽고 의에 대하여 살게 하심이라 그가 채찍에 맞음으로 너희는 나음을 얻었나니 ²⁵너희가 전에는 양과 같이 길을 잃었더니 이제는 너희 영혼의 목자와 감독 되신 이에게 돌아왔느니라

일본에 '밤의 선생님'이라고 불리는 미즈타니 오사무라는 교사가 있었습니다. 그는 약물에 중독되거나 폭력 조직에 가담한 비행 청소년 5,000명가량을 찾아다니며 수렁에서 건져내었습니다. 그의 저서 《얘들아, 너희가 나쁜 게 아니야》에 이런 대목이 있습니다.

"저, 도둑질한 적 있어요." "괜찮아!" "며칠 동안 학교에 안 가고 집에만 처박혀 있었어요." "괜찮아!" "친구를 협박한 적 있어요." "괜찮아!" "…저, 죽어 버리고 싶어요." "그것만은 절대 안 된다. 어제까지의 일들은 전부 괜찮아. 하지만 절대로 목숨을 버리면 안 된다."

그의 "괜찮아!"라는 짧은 말에는 용서와 이해와 사랑과 기대가 담겨 있었습니다. 아이들의 과거와 현재 모습을 있는 그대로 인정하고 지켜봐 주겠다는 의지가 담겨 있습니다. 하지만 미래에 대한 희망과 믿음을 버리는 것만은 절대 못하게 했습니다. 그를 통해 용기를 얻은 아이들은 사회의 편견을 이겨내며 새로운 삶을 살아갈 수 있었습니다. 지난 시간의 잘못은 흘러간 흔적이 되었고, 새 삶의 싹을 틔울 수 있었습니다.

하나님은 어떤 선생님이나 위인과도 비교할 수 없는 사랑으로 우리를 감싸 안으십니다. 세상 누구도 이해하지 못하는 우리 잘못까지도 품어 주십니다. 그러나 오직 그분의 곁을 떠나는 것만은 절대 안 된다고 하십니다. 지금 어떤 상황에 처해 있을지라도 그분께 돌아가기만 하면 됩니다. 하나님은 "괜찮아!"라고 말씀하시며 그 품에 안아 주실 것입니다.

오늘 본문 25절에 "이제는 너희 영혼의 목자와 감독 되신 이에게 돌아왔느니라"고 하였습니다. 예수님은 우리 '영혼의 목자와 감독'이 되십니다. 예수 그리스도를 만나기 전에는 길을 잃고 방황하였으나,

예수 그리스도를 믿고 만난 이후에는 예수님께로 돌아왔다는 것입니다. 예수 그리스도단이 우리 영혼의 목자와 감독이 되십니다.

목자는 구약성경에서 이스라엘과 하나님과의 관계를 나타내고 있으며, 신약성경에서는 구원받은 자들과 그리스도와의 관계를 묘사할 때 사용되었습니다. 목자와 감독은 같은 의미로 사용하였습니다. 우리들은 과거에 죄인으로서 죄의 종이었으나, 이제는 우리 영혼의 목자와 감독 되시는 예수 그리스도로 인하여 하나님의 자녀가 되었습니다. 하늘과 땅의 차이가 나고 천국과 지옥의 차이가 납니다. 개인이나 가정이나 교회나 운동이나 국가에 이르기까지 지도자가 중요합니다. 6.25 상기주일을 맞아, 우리 영혼의 목자와 감독이신 예수 그리스도를 믿고 따르고 돌아오시기를 축원 드립니다.

1. 예수 그리스도는 죄가 없으십니다

"그는 죄를 범하지 아니하시고 그 입에 거짓도 없으시며"(22절).

히브리서 4장 15절에 "우리에게 있는 대제사장은 우리의 연약함으로 동정하지 못하실 이가 아니요 모든 일에 우리와 똑같이 시험을 받으신 이로되 죄는 없으시니라"고 하셨습니다. 베드로는 이사야 53장 9절을 인용하여, 예수 그리스도께서 죄가 없으심에도 불구하고 고난당하심을 강조하여, 그리스도께서 애매히 고난받는 자의 참된 모범이 되심을 호증하고 있습니다.

그리스도께서는 고난받는 종들과는 달리 거짓이 없으실 뿐만 아니라 죄가 없으신 무흠하신 존재이셨습니다. 예수님께서도 인간과 똑같이 유혹을 받아 범죄할 가능성을 가지고 있습니다. 예수님도 인간과 같이 되셔서 인간들이 겪는 모든 어려움을 경험하셨음을 나타냅니다. 이것도 그리스도가 대제사장으로서 인간들을 돕는 임무를 수행하기 위하여 갖추어야 할 필수적인 조건이었습니다.

예수님은 인간이셨으나 인간과는 달리 죄가 없으시며, 지상의 성막에서 제사 드리는 대제사장과 같이 자신의 죄를 위해 제사드릴 필요가 없는 분이십니다. 예수님 외에는 모두가 죄가 있는 죄인입니다. 죄인 된 인간은 누구도 구원할 수 없고 믿음의 대상이 될 수 없습니다. 모든 사람이 죄를 범하여서 하나님 영광에 이를 수 없는 것입니다(롬 3:23).

결코 자신을 다른 사람과 비교해서는 안 됩니다. 자신을 다른 사람과 비교하는 습관은 한편으로는 열등감을 낳고, 다른 한편으로는 우월감을 낳을 뿐입니다. 자신보다 뛰어난 사람을 보면 기가 죽고, 자신보다 못한 사람을 보면 힘이 솟는 결과를 낳게 되는 것입니다. 그러나 안타깝게도 '나는 안돼'라는 생각 쪽이 훨씬 우세합니다. 자신을 다른 사람과 비교하는 것은 바람직하지 못합니다. 왜냐하면 당신은 이 지구상에 사는 모든 사람과 마찬가지로 당신만의 장점과 단점과 재능을 가진 개성적인 존재이기 때문입니다.

환경이나 인생경험과 사물에 대한 견해와 생각하는 방식이 서로 어우러져서, 당신은 어느 누구와도 같지 않은 당신만의 독특한 존재가 된 것입니다. 그러므로 '누가 더 우수하거나 누가 더 모자라다'고 말할 문제가 아닙니다. 당신은 당신일 뿐입니다. 인간은 누구나 평생을 냄새를 풍기며 삽니다. 공무원에게는 자신도 모르게 관료주의 냄새가 풍겨지고, 직업군인은 계급에 따라 권위주의 냄새가 납니다. 술을 좋아하는 술꾼은 자신도 모르게 술 냄새가 풍겨지고, 투기꾼은 돈 냄새를 풍기며 살아갑니다. 그러나 누구든지 생명이신 주님을 구주로 만나고 사랑하며 살아가는 사람은, 매사에 그들의 눈빛과 언어와 그 모습에서 사망의 냄새를 몰아내고 생명의 향기를 풍기며 살아갑니다.

우리 영혼의 목자와 감독이신 예수 그리스도는 죄가 전혀 없으신 분입니다. 이러한 예수님을 믿을 때에 죄의 문제가 해결되고 깨끗하게 용서받게 됩니다. 인간 스스로 아무리 많은 선행을 하고 고행을 하더라도 죄의 문제는 조금도 해결할 수 없습니다. 죄 없으신 예수님만이 우리의 죄를 용서하시고 깨끗하게 하실 수 있습니다.

"만일 우리가 우리 죄를 자백하면 그는 미쁘시고 의로우사 우리 죄를 사하시며 우리를 모든 불의에서 깨끗하게 하실 것이요"(요일 1:9).

의로우신 예수님이 우리의 죄를 고백하면 우리의 죄를 깨끗하게 하십니다. 죄가 없으신 우리 영혼의 목자와 감독 되신 예수 그리스도를 믿음으로 죄의 문제가 해결되는 은혜가 있으시기를 축원 드립니다.

2. 예수 그리스도는 고난을 당하셨습니다

"욕을 당하시되 맞대어 욕하지 아니하시고 고난을 당하시되 위협하지 아니하시고 오직 공의로 심판하시는 이에게 부탁하시며"(23절).

예수님은 그리스도인을 대신하여 수많은 고난을 당하시는 가운데 침묵하시고, 도리어 모든 일을 공의로 심판하실 하나님께 자기 자신과 모든 결과를 맡기셨습니다. 자발적으로 십자가에 달리셔서 우리의 죄를 담당하셨습니다. 그리스도께서 속죄제물이 되셨습니다. 그리스도께서는 친히 희생제물이 되심으로 죄인에 대하여는 제물이 되셨고, 하나님께 대하여는 공의를 만족시키셨습니다. 십자가 상에서 희생제물이 되신 것은 죄에서 죄인들을 구원하시기 위함입니다.

이 십자가의 길 외에는 어떤 방법으로도 인간의 죄를 해결할 수 없는 것입니다. 십자가만이 유일한 구원의 길입니다. 예수님의 고난 없는 죄 사함과 구원은 1%도 없습니다. 예수님의 십자가의 고난을 믿는 모든 사람들은 값없이 구원받습니다. 민족이나 혈통이나 신분을 초월하여 예수님의 고난을 통하여 평등하게 죄 사함과 구원을 받는 것입니다.

영국에는 다음과 같은 법이 있었다고 합니다. 왕이 될 수 있는 최소한의 나이를 18세로 정하였고, 결혼을 할 수 있는 최소한의 나이를 20세로 정하였다고 합니다. 이와 같은 법을 통하여 영국이 얼마나 결혼과 가정을 중히 여겼는가를 알 수 있습니다. 영국은 나라보다 가정이 더 중요하고 귀하다는 것을 알고 있었던 나라였습니다. 그것은 참으로 훌륭한 지혜입니다.

러시아에는 다음과 같은 격언이 있다고 합니다.

"사랑하는 아들이 배를 타고 항해를 하게 되거든 그 아들을 위하여 하루에 한 번씩 기도하라. 사랑하는 아들이 전쟁에 나가서 전투를 하게 되거든 그 아들을 위하여 하루에 두 번씩 기도하라. 그러나 그 사랑하는 아들이 결혼을 하여 가정을 꾸리게 되거든 그 아들을 위하여 하루에 세 번씩 기도하라."

한국에 부부 사랑의 5단계가 있다고 합니다. "부부란 좋아서 살다가, 어쩔 수 없이 살다가, 필요해서 살다가, 불쌍해서 살다가, 묻어 주려고 산다"라고 어떤 분이 고백을 하였습니다. 여러분은 지금 몇 단계입니까. 그러나 평생 사랑과 배려로 사는 부부도 많습니다.

직장과 사업과 가정과 결혼 생활, 학교와 인생의 전쟁터에서 모두가 힘겹게 살고 있습니다. 피곤하고, 상처 받고, 스트레스 받고, 떠나고 싶고, 죽고 싶은 사람들이 많습니다. 우리의 고통과 고난과 비교할 수 없는 십자가의 고난을 당하신 우리 영혼의 목자와 감독 되시는 예수 그리스도를 믿고 섬김으로 참된 구원과 자유와 행복을 누리는 모든 성도들이 되시기를 축원 드립니다.

3. 예수 그리스도는 의에 대하여 살게 하십니다

"친히 나무에 달려 그 몸으로 우리 죄를 담당하셨으니 이는 우리로 죄에 대하여 죽고 의에 대하여 살게 하려 하심이라 그가 채찍에 맞음으로 너희는 나음을 얻었나니 너희가 전에는 양과 같이 길을 잃었더니 이제는 너희 영혼의 목자와 감독 되신 이에게 돌아왔느니라"(24-25절).

예수 그리스도께서 십자가에서 고난당하시고 죽으심으로 우리의 죄를 해결하셨습니다. 의에 대하여 살게 하셨습니다. 예수 그리스도께서 희생제물이 되신 이유는 죄에 대하여 죽고, 의에 대하여 살게 하시기 위함입니다. 그리스도인들은 그리스도와 함께 죄에 대하여 죽을 뿐만 아니라, 그리스도의 부활하심에 동참하여 의를 획득하게 되어, 구원과 영생과 천국에서 면류관 받는 비교할 수 없는 영광의 자리에 들어가게 됩니다(롬 8:18). 이사야 53장 5절의 말씀처럼, 그리스도께서 채찍에 맞으심으로 우리가 나음을 받았습니다. 예수님께서 최고의 값을 치르셨습니다. 예수 그리스도의 죽으심으로 우리 모두를 질병과 아픔과 죽음과 고통에서 나음을 받게 하셨습니다. 예수 그리스도를 믿음으로 죄 사함과 의로움과 나음을 받게 됩니다. 그러므로 우리 모두가 평생 예수 그리스도를 바라보고 믿고 순종하고 충성하고 순교해야 할 이유가 바로 여기에 있는 것입니다.

옛날에는 병에 걸려 죽는 것을 신의 진노라고 여겼습니다. 그러나 과학이 발달하면서 사람들은 병에 대해 더 잘 알게 되었고, 치료법을 개발해 많은 환자를 살렸습니다. 요즘은 에이즈에 걸려도 약만 꾸준히 잘 먹으면 10년 이상 살기도 하고, 백혈병이나 암의 완치율도 높아졌습니다.

기록을 보니 파스퇴르가 백신을 개발했을 때, 러시아 황제가 광견병과 파상풍으로 죽어 가는 사람 10여 명을 고쳐 달라고 부탁했답니다. 그는 치료시기를 놓친 2명만 빼고 다 살려 냈고, 황제가 사례한 금으로 연구소를 세웠습니다. 만일 난치병을 오랫동안 연구하다 드디어 임상 실험까지 성공해서 많은 사람을 치료하게 되었다면, 누구나 전 세계에 이 기쁜 소식을 발표할 것입니다. 믿음이 없는 사람들은 망했을 때 절망에 빠져 모두 끝났다고 생각하지만 하나님의 백성은 다릅니다.

하나님의 위대하심은 고통당하는 하나님의 백성을 살려내는 것입니다. 고난 중에 하나님을 찾고 하나님의 말씀을 듣는 것은 내가 살아 있다는 증거이고, 이는 하나님의 위대한 실험이 성공했다는 증거입니다. 인생에 실패한 사람이든 죽을병에 걸린 사람이든 누구든지 하나님을 찾기만 하면 새로운 삶을 살 수 있습니다. 하나님은 절망의 순간에 하나님을 찾는 이들에게 영원한 생명과 소망과 기쁨을 주시는 분입니다.

오늘 우리는 인생의 무거운 짐과 고통을 당하고 있습니다. 문제와 아픔이 없는 사람은 아무도 없습니다. 질병, 자녀, 가정, 직장, 사업, 관계, 갈등, 죄, 노후 문제에 이르기까지 다 표현할 수 없습니다. 그래도 우리는 살 수 있습니다. 예수 그리스도께서 우리 영혼의 목자와 감독이 되시기 때문입니다. 예수 그리스도를 믿을 때 우리는 살게 되고, 의롭게 되고, 하나님의 축복을 반드시 받게 됩니다.

세상과 마귀와 죄는 사람을 불행하게 하고 죽이지만, 예수님은 우리를 모든 죄악과 고통과 문제에서 반드시 살게 하시는 분입니다. 영혼의 목자 되시는 예수 그리스도께서 여러분 모두를 의에 대하여 살게 하시는 은혜가 충만하기를 축원 드립니다.

사랑하는 번동 가족 여러분!

양은 목자를 잘못 만나면 죽고, 사람은 감독을 잘못 만나면 매맞고 실패합니다. 예수님만이 우리의 완전하신 목자와 감독이십니다. 우리 영혼의 목자와 감독이신 예수 그리스도는 죄가 없으시고, 고난을 당하셨고, 의에 대하여 살게 하시는 분입니다. 영혼의 목자와 감독 되신 예수님과 평생 동행하는 성도가 되시기를 축원 드립니다.

일어나라(여호수아 7:1-10)
돈을 사랑함이 일만 악의 뿌리(디모데전서 6:7-10)
패배에서 승리의 인생으로(사무엘상 30:1-20)
진리를 순종하는 성도(베드로전서 1:22)
영원한 영광에 들어가는 신앙(베드로전서 5:7-11)
누가만 나와 함께 있느니라(디모데후서 4:9-11)
회복되어 깨끗하라(열왕기하 5:1-14)
십사만 사천(요한계시록 14:1-5)
나의 하나님 여호와(스바냐 3:14-20)
어찌 그리 아름다운지요(시편 8:1-9)
불쌍히 여기시는 예수님(마가복음 6:30-44)
장신구를 떼어내라(출애굽기 33:1-6)
셋집에 머물면서(사도행전 28:30-31)
우리에게 요단강을 건너지 않게 하소서(민수기 32:1-5)

3부
장신구를 떼어내라

일어나라

여호수아 7:1-10

¹이스라엘 자손들이 온전히 바친 물건으로 말미암아 범죄하였으니 이는 유다 지파 세라의 증손 삽디의 손자 갈미의 아들 아간이 온전히 바친 물건을 가졌음이라 여호와께서 이스라엘 자손들에게 진노하시니라 ²여호수아가 여리고에서 사람을 벧엘 동쪽 벧아웬 곁에 있는 아이로 보내며 그들에게 말하여 이르되 올라가서 그 땅을 정탐하라 하매 그 사람들이 올라가서 아이를 정탐하고 ³여호수아에게로 돌아와 그에게 이르되 백성을 다 올라가게 하지 말고 이삼천 명만 올라가서 아이를 치게 하소서 그들은 소수이니 모든 백성을 그리로 보내어 수고롭게 하지 마소서 하므로 ⁴백성 중 삼천 명쯤 그리로 올라갔다가 아이 사람 앞에서 도망하니 ⁵아이 사람이 그들을 삼십육 명쯤 쳐죽이고 성문 앞에서부터 스바림까지 쫓아가 내려가는 비탈에서 쳤으므로 백성의 마음이 녹아 물같이 된지라 ⁶여호수아가 옷을 찢고 이스라엘 장로들과 함께 여호와의 궤 앞에서 땅에 엎드려 머리에 티끌을 뒤집어쓰고 저물도록 있다가 ⁷여호수아가 가로되 슬프도소이다 주 여호와여 어찌하여 이 백성을 인도하여 요단을 건너게 하시고 우리를 아모리 사람의 손에 붙여 멸

망시키려 하셨나이까 우리가 요단 저편을 족하게 여겨 거하였더면 좋을 뻔하였나이다 ⁸주여 이스라엘이 그 대적 앞에서 돌아섰으니 내가 무슨 말을 하오리이까 ⁹가나안 사람과 이 땅 모든 거민이 이를 듣고 우리를 둘러싸고 우리 이름을 세상에서 끊으리니 주의 크신 이름을 위하여 어떻게 하시려나이까 ¹⁰여호와께서 여호수아에게 이르시되 일어나라 어찌하여 이렇게 엎드렸느냐

맥스웰 몰츠가 쓴 《성공의 법칙》은 50년간 3천만 부가 팔리며 자기계발서의 최고봉으로 꼽힙니다. 저자인 맥스웰은 성형외과 전문의였는데, 자신을 찾아오는 환자들을 상담하다가 외모에 콤플렉스를 가진 사람들에게 정말로 필요한 것은 성형 수술이 아닌 '왜곡된 내면의 자아 이미지'를 바꾸는 일이라는 것을 깨달았습니다. 이후로 그는 심리학과 성공학과 자기계발서의 고전 등을 공부하며 집대성했고, 마음에 상처가 있는 사람들에게 정말로 필요한 메시지를 담아 책을 내었습니다.

맥스웰의 책을 본 사람들은 외모에 문제가 있는 사람들에게 마음을 바로잡으라는 메시지가 아무런 효과도 없을 것이라고 생각했습니다. 그러나 그중 몇몇은 책의 내용대로 실천해 놀라운 변화를 경험했고, 이런 변화를 목격한 사람들도 책에 나온 내용들을 실천해 동일한 변화를 체험했습니다. 그리고 이 책을 통해 변화되는 사람들이 점점 많아지면서 《성공의 법칙》은 '기적의 책'이라는 별명으로 불렸습니다.

외모보다 중요한 것은 마음입니다. 그리고 마음보다도 더 중요한 것은 우리의 영혼입니다. 외모를 잘 가꾸는 것도 중요하고 마음의 안정을 찾는 것도 중요하지만 영혼의 참된 안식을 찾는 일이 더욱

중요합니다.

실패는 성공의 어머니라고 말합니다. 실패해 본 자만이 더 이상의 시행착오를 겪지 않고 성공에 한 발자국 가까이 접근하게 됩니다. 그러므로 실패는 성공만큼 중요한 의미를 지닙니다. 그러나 실패라고 해서 무조건 유익한 것은 아닙니다. 실패의 원인을 깨닫고 반드시 극복해야 합니다. 원인을 알면 성공의 디딤돌이 될 수 있습니다. 오늘 본문에는 승승장구하던 이스라엘의 실패가 기록되어 있습니다. 견고한 여리고 성을 무너뜨린 이스라엘이 작은 아이 성에서 패배한 이야기입니다. 실패의 원인과 많은 영적인 교훈을 주고 있습니다.

우리도 아이 성에 실패한 이스라엘 백성들처럼 살고 있습니다. 왜 실패했는지 원인을 깨닫지 못하고 한탄하고 울고 있는 경우가 많습니다. 실패의 원인을 나에게서가 아닌 외부와 남에게서 찾으려 하여 실패 이후에 또 실패를 하고 있습니다. 어떤 경우에는 영원한 실패로 추락하는 경우도 많습니다. 이러한 실패는 우리 개인과 가정과 교회와 인생에 너무 자주 일어나고 있습니다. 오늘 말씀을 살펴보면서, 그 무서운 실패에서 다시 일어나는 은혜가 임하시기를 축원 드립니다.

1. 죄에서 일어나라

"이스라엘 자손들이 온전히 바친 물건으로 말미암아 범죄하였으니 이는 유다 지파 세라의 증손 삽디의 손자 갈미의 아들 아간이 온전히 바친 물건을 가졌음이라 여호와께서 이스라엘 자손들에게 진노하시니라"(1절).

이스라엘이 아이 성 전쟁에서 실패한 첫 번째 이유입니다. 아무것도 취하지 말고 철저히 멸하라는 하나님의 명령을 아간이 불순종하였습니다. 여리고 성과의 싸움에서 승리는 하나님께 철저히 순종함으로 얻은 선물입니다. 불순종한 아간의 범죄로 이스라엘이 아이 성에서 패하게 되었습니다. 하나님 말씀에 불순종하면 반드시 패하고 넘어집니다. 불순종하면 개인과 가정과 교회와 국가도 반드시 실패하게 됩니다.

아간은 노략한 물건 중에 시날 산의 아름다운 외투 한 벌과 은 이백 세겔과 그 무게가 오십 세겔 되는 금덩이 하나를 자기 장막 땅속에 감추었습니다(수 7:21). 사람이 사람은 속일 수 있어도 결코 하나님은 속일 수 없다는 사실을 깨달아야 합니다. 아간의 범죄는 이스라엘 전체에 비탄과 실패를 가져오게 되었습니다.

미국 여성 최초로 노벨 문학상을 수상한 펄 벅 여사는 선교사인 아버지를 따라 중국에서 어린 시절을 보냈습니다. 어느 해 심한 가뭄이 들었을 때입니다. 아버지가 먼 여행으로 집을 비운 사이 마을에는 백인인 펄 벅의 어머니가 신을 분노하게 만들어서 가뭄이 계속된다는 소문이 돌았습니다. 사람들의 불안은 점점 분노로 변해 어느 날 밤 사람들은 펄 벅의 집으로 몰려왔습니다. 이 소식을 들은 어머니는 집 안에 있는 찻잔을 모두 꺼내 차를 따르게 하고, 케이크와 과일을 접시에 담게 했습니다. 그리고 대문과 집안의 모든 문을 활짝 열어 두고는 아이들과 함께 거실에 앉아 있었습니다. 마치 오늘을 준비한 것처럼 어린 펄 벅에게 장난감을 가지고 놀게 하고 어머니는 바느질감을 들었습니다. 잠시 뒤 거리에서 함성이 들리더니 몽둥이를 든 사람들이 열린 대문을 통해 단숨에 거실로 몰려왔습니다. 사람들은 굳게 잠겨 있을 것이라고 여겼던 문이 열려 있자 좀 어리둥절한 얼굴로 방 안을 들여다보았습니다.

그때 어머니는 "정말 잘 오셨어요. 기다리고 있었습니다. 어서 들어와서 차라도 한 잔 드세요" 하며 정중하게 차를 권했습니다. 그들은 멈칫거리다가 못 이기는 척 방으로 들어와 차를 마시고 케이크를 먹었습니다. 천천히 차를 마시며 그들은 구석에서 천진난만하게 놀고 있는 아이와 어머니의 얼굴을 한참 바라보다가 그냥 돌아갔습니다. 그리고 그날 밤 그토록 기다리던 비가 내렸습니다. 훗날 어머니는 어른이 된 펄 벅 여사에게 그날 밤의 두려움을 들려주었습니다. 그리고 만약 도망칠 곳이 없는 막다른 골목이 아니었다면, 그런 용기가 나지 않았을 것이라고 말했습니다. 펄 벅은 이 체험 때문에 언제나 절망 속에서 용기를 가질 수 있었다고 고백합니다.

시편 1편 1절에 "복 있는 사람은 악인들의 꾀를 따르지 아니하며 죄인들의 길에 서지 아니하며 오만한 자들의 자리에 앉지 아니하고"라고 하였습니다. "죄인들의 길에 서지 아니하며"라고 하였습니다. 죄에서 일어나야 합니다. 아간의 탐심과 불순종의 자리에서 과감하게 일어나야 합니다. 돈을 사랑하는 것이 일만 악의 뿌리라고 하였습니다(딤전 6:10). 돈과 탐욕 때문에 죄를 짓고 사망에 이르게 됩니다(약 1:15). 누구나 아간이 될 수 있습니다. 우리 모두는 아간처럼 살고 있습니다. 더 이상 죄의 자리에 앉아 있으면 안 됩니다. 아간의 죄의 자리에서 하나님의 순종의 자리로 일어나는 성도들이 되시기를 축원 드립니다.

2. 교만에서 일어나라

"백성 중 삼천 명쯤 그리로 올라갔다가 아이 사람 앞에서 도망하니 아이 사람이 그들을 삼십육 명쯤 쳐 죽이고 성문 앞에서부터 스바림까지 쫓아가 내려가는 비탈에서 쳤으므로 백성의 마음이 녹아 물같이 된지라"(4–5절).

이스라엘 백성은 여리고 성에서 완전한 승리를 거두었습니다. 그런데 승리 속에서 하나님의 역사와 은혜를 잊어버리고 승리에 도취되었습니다. 불가능이 없을 것 같았습니다. 이제는 하나님 없이도 가능할 것이라고 생각하였습니다.

아이 성은 인구 일만 이천 명의 작은 성입니다(수 8:25). 정탐꾼들이 돌아와서 이삼천 명만 올라가서 아이 성을 치라고 하였습니다. 그래서 삼천 명이 아이 성에 올라갔습니다. 여리고 성에서 승리한 이후에 정탐꾼들을 보냈습니다. 그리고 정탐꾼들의 말에 귀를 기울였습니다. 사람이 시키는 대로 하였습니다. 아이 성과의 싸움에서는 여호수아와 이스라엘 지도자와 백성들 모두 전혀 기도하지 않았습니다. 하나님께 묻지 않았습니다. 왜냐하면 아이 성은 작았기 때문입니다.

오늘날도 작아서 기도하지 않고, 하나님께 묻지 않고, 사람들의 판단대로 하다가 크게 무너지고 쓰러지는 경우가 너무 많습니다. 승리가 사람을 교만하게 하고 기도를 쉬게 합니다. 성공이 하나님께 묻지 않고, 사람에게 묻고, 사람을 의지하게 만듭니다. 이것이 타락의 길이고 멸망의 길입니다. "교만은 패망의 선봉이요 거만한 마음은 넘어짐의 앞잡이니라"(잠 16:18)고 하였습니다. 교만하고 거만하면 반드시 망하게 됩니다.

아주 먼 옛날 자기의 위엄을 나타내기 좋아하는 왕이 있었습니다. 왕은 외출할 때마다 돌멩이들 때문에 발이 아프고 속상하다며 신하들에게 "내가 다니는 모든 길에 소가죽을 깔아라" 하고 명령을 내렸습니다. 이 소문은 삽시간에 전국으로 퍼졌고, 사람들은 배꼽을 잡고 웃었습니다. 나라 안의 소를 다 잡은들 모든 길에 소가죽을 깔 수는 없는 노릇이었습니다.

한 지혜자가 왕 앞에 가더니 "왕이시여, 온 땅을 소가죽으로 덮는다는 것은 불가능한 일입니다. 폐하의 발을 소가죽으로 잘 싸고 다니면 먼지도 묻지 않을 것이고 상처도 나지 않을 것이 아닙니까?" 하고 말했습니다. 이 말을 들은 왕은 무릎을 탁 쳤습니다.

"그것 참 좋은 생각이다!"

이렇게 해서 구두가 생기게 되었다고 합니다. "저 사람은 왜 저럴까? 세상은 왜 이럴까? 어째서 나만 불행한 것일까?" 이렇게 말하는 것은 세상 소를 다 잡아 길에 가죽을 덮겠다는 것과 같습니다. 당신 마음을 소가죽으로 덮어야 합니다. 자기가 못할 일을 남에게 강요하지 말아야 합니다. 세상은 당신의 영역이 아닙니다. 당신의 영역은 유일하게 당신 마음뿐입니다. 당신에게 필요한 건 구두 한 켤레뿐입니다. 당신 마음에 꼭 맞는 구두 한 켤레면 충분합니다. 당신이 부러워하는 사람들은 길을 잘 만난 것이라고 생각하지 말아야 합니다. 평탄한 길은 세상에 없습니다. 단지 그들은 자기 마음에 꼭 맞는 구두를 만드는 지혜를 가졌을 뿐입니다.

"하나님이 교만한 자를 물리치시고 겸손한 자에게 은혜를 주신다 하였느니라"(약 4:6)고 하셨습니다. 하나님이 우리에게 주신 모든 것은 은혜와 선물입니다. 더욱 겸손해야 합니다. 겸손의 골짜기가 깊어야 은혜의 봉우리가 에베레스트 산(8,848미터)처럼 높게 됩니다. 그러나 결코 겸손하기가 쉽지 않습니다. 사탄이 우리를 교만하게 합니다. 목숨 걸고 피 흘리기까지(히 12:4) 겸손해야 은혜와 축복을 계속 받게 됩니다. 여리고 성에서의 승리로 인해 이스라엘 백성들이 교만하여 기도하지 않음으로, 아이 성과의 전투에서 36명이 죽고 도망친 것을 교훈 삼아 평생 교만의 자리에서 일어나 겸손하게 기도하고 하나님께 묻고 엎드리는 성도들이 되시기를 축원 드립니다.

3. 실패에서 일어나라

"가나안 사람과 이 땅의 모든 사람들이 듣고 우리를 둘러싸고 우리 이름을 세상에서 끊으리니 주의 크신 이름을 위하여 어떻게 하시려 하나이까 하니 여호와께서 여호수아에게 이르시되 일어나라 어찌하여 이렇게 엎드렸느냐"(9-10절).

전능하신 하나님이 함께하심으로 실패를 모르고 연전연승하는 이스라엘 군대로 인하여 공포심에 사로잡혀 있던 가나안 족속들이, 이제 하나님께서 이스라엘을 버리심으로 말미암아 작은 아이 성의 군대에게조차 패배했다는 소식을 듣고 심기일전하여 상호 동맹을 맺고 세차게 공격해 오면, 이스라엘은 가나안 정복은커녕 생명조차 보존할 수 없는 위기에 처하게 되었습니다. 하나님께서는 노예민족 이스라엘을 택하사 언약의 백성으로 삼으시고 출애굽 사건, 홍해 도하 사건, 아모리 족속 징벌 사건, 요단 도하 사건, 여리고 성 정복 사건을 통해 경외의 대상이 되었습니다.

그러나 아이 성에서의 패배는 영광스러운 사건에 찬물을 끼얹는 결과를 낳았고 여호와의 이름과 이스라엘의 강함이 일순간에 무너지는 위기가 찾아왔습니다. 이러한 이스라엘 백성과 여호수아를 향하여 하나님은 "일어나라 어찌하여 이렇게 엎드렸느냐"라고 하셨습니다. '일어나라'의 히브리어 '쿰'은 '힘을 내라, 담대하라'는 뜻입니다. 하나님의 언약과 신실성을 절대 의심하지 말고 아이 성 패배 원인을 철저히 규명하여 다시는 그러한 일이 없도록 노력하라는 말씀입니다. 다시 기회를 주시는 것입니다. 사탄이 끌어당겨도 하나님의 백성은 죄와 교만과 실패의 자리에서 일어나야(쿰) 합니다. 일어나야 하고, 반드시 일어날 수 있습니다. 하나님이 힘주시고, 손잡아 주십니다.

위장은 음식을 먹고, 뇌는 정보를 먹습니다. 뇌는 수많은 정보를 소화합니다. 음식도 좋은 음식과 불량음식이 있듯이, 정보도 좋은 정보와 불량정보가 있습니다. 살다 보면 원하지 않아도 안 좋은 정보를 만나게 됩니다. 소화가 안 되면 소화제를 먹지만, 뇌는 소화제가 없습니다. 그래서 여러 가지 안 좋은 정보가 뇌에 들어앉아서 나쁜 정보가 뇌를 지배해 버리면 문제가 생깁니다. 뇌에게도 소화제가 있다면 뇌를 편안하게 만들 수 있지 않겠습니까? 자신의 뇌를 향해서 웃음과 박수를 보내기 바랍니다. 자신의 뇌에게 긍정적인 정보를 주면 정보는 행동으로 바뀌고 뇌에 변화가 옵니다. 이것이 뇌 불량을 해결하는 소화제입니다.

인생과 신앙의 실패는 통과의례이고 병가지상사입니다. 그 자리에서 용감하게 일어나야 합니다. 이스라엘 백성은 다시 군사 삼만 명을 데리고 아이 성을 쳐서 완전 승리를 거두게 되었습니다. 우리 마음과 뇌와 삶 속에 하나님의 말씀을 저장하면 큰 능력이 나타나 승리하게 됩니다. 하나님의 말씀을 붙들고 실패의 자리에서 일어나 큰 승리의 성도가 되시기를 축원 드립니다.

사랑하는 번동 가족 여러분!

오늘은 **교회창립과 맥추감사주일**입니다. 죄와 교만과 실패의 자리에서 일어나 교회적 사명을 다하고, 감사하며, 범사에 큰 승리를 거두는 영적 이스라엘이 되시기를 축원 드립니다.

돈을 사랑함이 일만 악의 뿌리

디모데전서 6:7-10

⁷우리가 세상에 아무것도 가지고 온 것이 없으매 또한 아무것도 가지고 가지 못하리니 ⁸우리가 먹을 것과 입을 것이 있은즉 족한 줄로 알 것이니라 ⁹부하려 하는 자들은 시험과 올무와 여러 가지 어리석고 해로운 욕심에 떨어지나니 곧 사람으로 파멸과 멸망에 빠지게 하는 것이라 ¹⁰돈을 사랑함이 일만 악의 뿌리가 되나니 이것을 탐내는 자들은 미혹을 받아 믿음에서 떠나 많은 근심으로써 자기를 찔렀도다

일상에 쫓기며 사는 현대인들이 가장 많이 쓰는 말은 "시간이 없어"입니다. 하지만 시간이 많이 주어진다고 해서 어떤 일을 꼭 잘할 수 있는 것은 아닙니다. 삶의 중요한 우선순위를 정하고 가치 있는 일을 시작하십시오. 해야 할 일을 자꾸 미루다 보면 1년, 2년은 금세 지나갑니다. 가치 있는 일을 하고 싶다면 지금 바로 시작하십시오.

"시간은 아무리 있어도 충분하지가 않다. 해야 할 일은 지금 곧 해치워야 한다."

벤저민 프랭클린(Benjamin Franklin)의 말입니다.

누구에게나 돈은 실제적이고 민감합니다. 돈 때문에 행복한 사람도 있고 불행한 사람도 있습니다. 돈이 많은 사람도 돈 걱정, 돈이 없는 사람도 돈 걱정, 돈을 주는 사람도 돈 걱정, 돈을 받는 사람도 돈 걱정을 합니다. 어린이부터 노인에 이르기까지 돈에 대한 관심이 많고 걱정을 많이 합니다. 많은 사람들이 돈 때문에 아파하고 너무 힘들어하고 있습니다. 돈 자체는 선하거나 악한 것이 아닙니다. 돈을 사용하는 사람과 목적에 따라 선과 악의 도구가 될 수 있습니다. 분명한 진리는 돈으로 구원을 받을 수 없습니다. 죽으면 한 푼도 가지고 갈 수 없습니다. 돈의 가치가 제한적입니다. 소유가 아닌 하나님 뜻대로 사용한 것만이 진정한 가치이고, 영원한 재산이며, 하나님께로 가지고 가는 진정한 재산입니다. 오늘 이 시간은 돈과 물질에 대하여 하나님의 음성을 듣는 깨달음과 은혜와 새로운 결단과 출발의 시간이 되시기를 축원 드립니다.

1. 자족하라

"우리가 세상에 아무것도 가지고 온 것이 없으매 또한 아무것도 가지고 가지 못하리니 우리가 먹을 것과 입을 것이 있은즉 족한 줄로 알 것이니라"(7-8절).

6절에도 "자족하는 마음이 있으면 경건은 큰 이익이 되느니라"고 하였습니다. 스토아 학파의 철학자들은 현자란 지상의 행복과 불행에서 완전히 독립하여 마음의 평강을 누리는 사람이라고 했습니다. 사도 바울은 오직 평강의 근원이신 하나님과 교제함으로써 얻어지는 자족을 말하고 있습니다. 자족의 마음을 소유한 자는 세상적인 유혹과 물질에 대한 지나친 관심을 떨쳐버리고 하나님께만 소망을 둠으로 부족함을 느끼지 않을 뿐 아니라 오히려 풍족한 삶을 살게 됩니다.

진정한 행복이란 물질의 많음에 있지 않고 하나님과의 바른 관계에 있기 때문입니다. 사도 바울은 먹을 것과 입을 것이 있으면 만족하라는 것입니다. 바울이 여기서 강조하는 것은 어느 것에 관심을 가지고 생활해야 하느냐 하는 점입니다. 최소한의 먹을 것과 입을 것만을 취하라는 의미보다는 하나님 나라와 의에 더 큰 관심을 가지라는 권면입니다. 대단히 많은 것을 가지고도 감사하거나 자족하지 못하고, 평생 거미처럼 '더 더' 하다가 인생이 끝나는 불행한 인생이 아니라, 작은 것에도 감사하고 찬양하며 자족하는 행복한 인생이 되어야 합니다. 행복은 물질에 비례하는 것이 아니라 믿음에 비례하는 것입니다.

이 세상에 내 것은 하나도 없습니다. 매일 세수하고 목욕하고 양치질하고 멋을 내어보는 이 몸뚱이를 '나'라고 착각하면서 살아갈 뿐입니다. 우리는 살아가면서 이 육신을 위해 돈과 시간과 열정과 정성을 쏟아붓습니다. '예뻐져라, 멋져라, 날씬해져라, 병들지 마라, 늙지 마라, 제발 죽지 마라' 하지만, 이 몸은 내 의지와 내 간절한 바람과는 전혀 다르게 살찌고, 야위고, 병이 들락거리고, 노쇠해지고, 암에 노출되고, 기억이 점점 상실되고, 언젠가는 죽게 마련입니다.

이 세상에 내 것은 하나도 없습니다. 우리들이 꿈을 꾸고 비전

(vision)을 향해 나아갈 때 가장 큰 걸림돌은 바로 두려움입니다. 꿈이 있다면 과감히 시드하십시오. 시도조차 하지 않는다면 아무것도 얻을 수 없습니다. 때로 역경을 만나기도 하겠지만 당당히 맞서야 합니다. 우리들은 역경을 이겨냈을 때 강한 사람이 됩니다. 성공을 확신하는 사람이 성공할 수 있습니다.

"당신이 두려워하고 있는 일을 실천하라. 그 두려움이 분명히 사라질 것이다. 이길 수 있다고 믿는 사람이 이긴다."

램프 왈도 에머슨(Ralph Waldo Emerson)의 말입니다.

자족이란 자기의 분수에 만족하는 것입니다. 세상의 물욕을 끊고 의식주 생활에 청렴하고 담박하여 항상 스스로 만족하는 생활입니다. 부족해도 넉넉하다고 생각하면 항상 여유가 있고, 넉넉해도 부족하다고 생각하면 항상 부족하다고 했습니다. 불평과 원망은 인생과 가정과 교회와 사회를 망치고 파괴합니다. 누구도 웃거나 행복할 수 없습니다. 불평은 불행이고, 불신앙이고, 지옥에 이르게 됩니다.

우리는 범사에 감사해야 합니다(살전 5:18). 감사하는 것이 하나님의 뜻입니다. 믿음이 충만한 사람은 어떤 상황에서도 감사하고 찬양합니다. 모든 일과 상황에 자족하고 감사하면 반드시 행복하고 기적이 일어납니다. 지금 소유에 자족해야 합니다. 지금 얼마의 돈이 있든지 불평하거나 욕심을 부리지 말고 자족하고 감사해야 합니다. 적어도 자족하고, 많아도 자족해야 합니다. 돈이 풍성한 사람이 되기보다는 자족과 감사가 풍성한 사람이 되어야 합니다. 어떤 상황과 소유와 돈 앞에서도 자족하고 감사하며 찬송하면서 하나님의 뜻을 이루는 성도가 되시기를 축원 드립니다.

2. 조심하라

"부하려 하는 자들은 시험과 올무와 여러 가지 어리석고 해로운 욕심에 떨어지나니 곧 사람으로 파멸과 멸망에 빠지게 하는 것이라"(9절).

부자가 되려는 강한 욕구를 가지고 있는 자들은 여러 가지를 조심해야 합니다. 시험과 올무를 조심해야 합니다. 부자가 되려는 지나친 욕망에 사로잡힌 자는 유혹을 받아 마귀의 올무에 걸리게 됩니다. 재물에 대한 지나친 욕구는 영혼의 눈을 어둡게 만들며, 결과적으로 하나님과의 교제가 단절되는 결과를 초래합니다. 이러한 결과는 인간의 영적 죽음이며 완전한 파멸입니다. 사람을 파멸과 멸망에 빠지게 합니다.

사도 바울은 물질을 소유하려는 욕구 자체를 죄악시하지는 않았습니다. 바울은 결코 금욕주의자가 아니었습니다. 그러나 물질적인 욕구를 제어하지 못하고, 물질의 획득에 지나친 관심을 두어 거기에만 몰두하는 것은 잘못된 삶의 형태입니다. 모든 인간관계와 하나님까지도 재물의 도구로 생각하게 됩니다. 재물에 대한 지나친 욕심은 영혼의 눈을 어둡게 만들며, 하나님과의 교제가 멀어지거나 단절되는 결과를 초래합니다. 몸과 영혼을 완전히 파멸케 하여 결국 고통과 저주에 이르게 됩니다. 그래서 돈과 하나님과 이 모든 것을 잃어버리게 됩니다.

어떤 아들이 아버지에게 문자 메시지를 네 통이나 보냈다고 합니다. 아들이 보낸 문자 메시지 제1신입니다.

"아버지, 조심해야겠습니다. 젊은 아이들 만날 때 아버지는 잘못을 바로잡아 주시려ᄀ 하는데, 요즘 그 행동이 나쁜 행동이랍니다. 처녀애들이 짧은 바지를 입든 말든 아무 소리 마셔요. 이러쿵 저러쿵 하다간 성희롱범으로 몰립니다. 눈 감고 사세요. 아버지의 못 참는 성격이 걱정됩니다."

아들이 보낸 문자 메시지 제2신입니다.

"아버지, 동네 어린아이들 만나면 예쁘다고 '고추 따먹자' 그런 소리 절대 마셔요. 아이 엄마가 고발하면 성추행범이 됩니다. 가문의 수치가 되니 아버지, 조심하세요. 아버지 때문에 걱정입니다."

아들이 보낸 문자 메시지 제3신입니다.

"아버지, 길거리에서 중고등학생들 담배 피운다고 아버지 식대로 '야! 이놈들아, 버릇없이 어디서 담배 피워!' 하고 호통을 쳤다간 동네 망신당합니다. '네가 뭔데! 당신이 뭔데!' 하고 대들면 뭐라고 할 겁니까. 주의를 준다고 뺨 한 대 때리면 아버지 폭행범으로 몰립니다."

아들이 보낸 문자 메시지 제4신입니다.

"세상일을 아버지 식대로 살다간 망신만 당합니다. 남이야 전봇대로 이빨을 쑤시든, 남자가 여자 옷을 입고, 여자가 남장을 하든 이제는 모두가 제멋에 사는 세상이란 것을 아셔야 합니다. 동네 처녀 총각들에게 결혼 이야기하지 마셔요. 그 사람들도 결혼 못한 것 독이 올라 있답니다. 잘못 말했다간 큰 코 다칩니다."

이런 문자 메시지를 아들이 네 통씩이나 보냈는데, 아버지가 하는 말이 "아~ 말세여! 말세여! 세상이 말세여!"라고 했답니다.

우리가 이 세상을 살아가면서 조심해야 할 일들이 너무 많습니다. 아무리 조심하여도 지나침이 없습니다. 젊은 아이들, 동네 아이들, 학생과 청년들, 모든 사람에 이르기까지 조심하고 또 조심해야 합니다. 내 생각과 방법대로 말하거나 행동하면 엉뚱한 오해와 저항

돈을 사랑함이 일만 악의 뿌리(디모데전서 6:7-10)

을 받을 수도 있습니다. 물질과 재정과 돈에 있어서도 시험과 올무와 어리석음과 해로운 욕심과 파멸과 멸망에 빠지지 않도록 경계하고 기도하며 조심해야 합니다. 불조심과 물조심과 사람조심뿐만 아니라 물질에 대한 조심을 많이 해야 합니다. 물질로 인하여 더 중요한 것을 잃어버리기 때문입니다. 돈을 사랑함이 일만 악의 뿌리임을 기억하면서 범사에 조심하면서 살아가는 우리 모두가 되기를 축원드립니다.

3. 믿음을 지키라

"돈을 사랑함이 일만 악의 뿌리가 되나니 이것을 탐내는 자들은 미혹을 받아 믿음에서 떠나 많은 근심으로써 자기를 찔렀도다"(10절).

"돈을 사랑함이 일만 악의 뿌리"라고 하였습니다. 돈을 사랑함이 모든 행동과 삶의 척도라는 말도 있습니다. 돈을 사용하는 것을 보면 사람의 마음과 인격과 신앙을 알 수 있습니다. 돈을 넘어서기가 쉽지 않습니다. 돈 그 자체는 악하지 않으나 돈에 탐욕을 품게 될 때 여러 가지 다양한 죄와 악이 발생합니다. 사도 바울이 "일만 악의 뿌리"가 된다고 말한 것은, 돈을 사랑함이 모든 악의 유일한 근원임을 말하기보다 재물을 지나치게 탐하게 될 때 일어나는 극단적인 결과를 강조하고 있는 것입니다. 돈이나 재물의 미혹을 받을 때 믿음에서 떠나게 됩니다.

별이 자신의 일정한 궤도에서 이탈하여 유성처럼 떠돌아다니는 것을 의미합니다. 돈에 대한 지나친 탐욕을 품은 자들은 믿음보다 물질에 더 관심을 갖게 되어, 결국 믿음을 잃고 방황하게 되고, 극심한 슬픔으로 고통을 받게 됩니다. 물질에 욕심이 생기게 되면 모든 마음과 생각과 시간과 인생 전체를 물질이 원하는 방향으로 나아가게 되어 믿음과 하나님의 반대 방향으로 곤두박질하게 됩니다.

미국의 20대 대통령 제임스 가필드에 관한 일화입니다. 그는 대학생 때 한 친구를 따라잡기 위해 열심히 노력했지만 번번이 지기만 했고 도저히 이길 수 없었습니다. 기숙사에서 생활하던 가필드가 하루는 그 친구의 방으로 갔습니다. 그러던 중 마침내 한 가지 중요한 사실을 깨달았습니다. 바로 그 친구 방의 불이 언제나 자신의 방보다도 10분 늦게 꺼진다는 사실을 알게 된 것입니다. 그 후에 가필드는 10분을 더 공부하여 결국 좋은 성적을 내게 되었습니다. 훗날 대통령으로 취임했을 때, 그 당시를 회상하며 이렇게 말했습니다.

"10분을 잘 활용하십시오. 그러면 이 10분이 모든 일을 성공으로 이끄는 원동력이 될 것입니다!"

지금보다 더 건강하지고 싶다면 10분 더 운동하세요. 지금보다 더 상식을 키우고 싶다면 10분 더 책을 읽으세요. 지금보다 더 사려 깊어지고 싶다면 10분 더 생각하세요. 지금 누구보다도 더 큰 노력을 해야 합니다. 이것이 정답이고 성공의 길입니다.

우리는 믿음을 지키기 위해서 누구보다도 10분 더 기도하고, 예배하고, 봉사하고, 영적인 일에 최선을 다해야 합니다. 영적으로 충만할 때 모든 욕심과 유혹을 넉넉히 이기게 됩니다. 돈이나 누구 때문에 결단코 믿음에서 떠나면 안 됩니다. 믿음을 떠나면 근심과 불안과 두려움이 찾아옵니다. 그것이 평생 자신과 가정을 찌릅니다. 아프고 피가 납니다. 믿음을 떠나면 다 잃게 됩니다. 결국 영생과 면류관을 잃어버리게 되고, 멸망하고 지옥에 이르게 됩니다. 믿음을 지키면 돈과 건강과 장수와 행복을 지키게 됩니다. 모든 것은 하나님의 손 안에 있습니다. 돈을 사랑함이 일만 악의 뿌리라는 사실을 기억하며, 오직 믿음으로 모든 시험과 유혹을 이기고 믿음의 대장부가 되시기를 축원 드립니다.

사랑하는 번동 가족 여러분!
누구나 돈이 필요하고 그것을 좋아합니다. 그러나 돈 때문에 건강과 사람과 믿음과 영혼을 잃어버린 사람들이 너무 많습니다. 돈은 사용하는 것이지 사랑하는 것이 아닙니다. 평생 자족하고 조심하며 믿음을 지키십시오. 그리하여 돈의 주인이 되어 돈을 종으로 다스리는 승리하는 성도들이 되시기를 축원합니다.

패배에서 승리의 인생으로

사무엘상 30:1-20

¹다윗과 그의 사람들이 사흘 만에 시글락에 이른 때에 아말렉 사람들이 이미 네겝과 시글락을 침노하였는데 그들이 시글락을 쳐서 불사르고 ²거기에 있는 젊거나 늙은 여인들은 한 사람도 죽이지 아니하고 다 사로잡아 끌고 자기 길을 갔더라 ³다윗과 그의 사람들이 성읍에 이르러 본즉 성읍이 불탔고 자기들의 아내와 자녀들이 사로잡혔는지라 ⁴다윗과 그와 함께 한 백성이 울 기력이 없도록 소리를 높여 울었더라 ⁵(다윗의 두 아내 이스르엘 여인 아히노암과 갈멜 사람 나발의 아내였던 아비가일도 사로잡혔더라) ⁶백성들이 자녀들 때문에 마음이 슬퍼서 다윗을 돌로 치자 하니 다윗이 크게 다급하였으나 그의 하나님 여호와를 힘입고 용기를 얻었더라 ⁷다윗이 아히멜렉의 아들 제사장 아비아달에게 이르되 원하건대 에봇을 내게로 가져오라 아비아달이 에봇을 다윗에게로 가져가매 ⁸다윗이 여호와께 묻자와 이르되 내가 이 군대를 추격하면 따라잡겠나이까 하니 여호와께서 그에게 대답하시되 그를 쫓아가라 네가 반드시 따라잡고 도로 찾으리라 ⁹이에 다윗과 또 그와 함께 한 육백 명이 가서 브솔 시내에 이르러 뒤떨어진 자를 거기 머물게 했으되 ¹⁰곧

피곤하여 브솔 시내를 건너지 못하는 이백 명을 머물게 했고 다윗은 사백 명을 거느리고 쫓아가니라 ¹¹무리가 들에서 애굽 사람 하나를 만나 그를 다윗에게로 데려다가 떡을 주어 먹게 하며 물을 마시게 하고 ¹²그에게 무화과 뭉치에서 뗀 덩이 하나와 건포도 두 송이를 주었으니 그가 밤낮 사흘 동안 떡도 먹지 못하였고 물도 마시지 못하였음이니라 그가 먹고 정신을 차리매 ¹³다윗이 그에게 이르되 너는 누구에게 속하였으며 어디에서 왔느냐 하니 그가 이르되 나는 애굽 소년이요 아말렉 사람의 종이더니 사흘 전에 병이 들매 주인이 나를 버렸나이다 ¹⁴우리가 그렛 사람의 남방과 유다에 속한 지방과 갈렙 남방을 침노하고 시글락을 불살랐나이다 ¹⁵다윗이 그에게 이르되 네가 나를 그 군대로 인도하겠느냐 하니 그가 이르되 당신이 나를 죽이지도 아니하고 내 주인의 수중에 넘기지도 아니하겠다고 하나님의 이름으로 내게 맹세하소서 그리하면 내가 당신을 그 군대로 인도하리이다 하니라 ¹⁶그가 다윗을 인도하여 내려가니 그들이 온 땅에 편만하여 블레셋 사람들의 땅과 유다 땅에서 크게 약탈하였음으로 말미암아 먹고 마시며 춤추는지라 ¹⁷다윗이 새벽부터 이튿날 저물 때까지 그들을 치매 낙타를 타고 도망한 소년 사백 명 외에는 피한 사람이 없었더라 ¹⁸다윗이 아말렉 사람들이 빼앗아 갔던 모든 것을 도로 찾고 그의 두 아내를 구원하였고 ¹⁹그들이 약탈하였던 것 곧 무리의 자녀들이나 빼앗겼던 것은 크고 작은 것을 막론하고 아무것도 잃은 것이 없이 모두 다윗이 도로 찾아왔고 ²⁰다윗이 또 양 떼와 소 떼를 다 되찾았더니 무리가 그 가축들을 앞에 몰고 가며 이르되 이는 다윗의 전리품이라 하였더라

D. C. 윌슨의 《당신의 날개로 날으리라》라는 책에 인도의 유명한 의사 마리 버기스의 이야기가 나옵니다. 매우 유복한 집에서 태어난 버기스는 교통사고로 두 다리를 잃었습니다. 절망의 세월을 지내던 그는 마침내 의사가 되었고, 나병환자를 위해 봉사하면서 수많은 인도인에게 존경을 받았습니다. 그는 이런 말을 했습니다.

"저는 두 다리를 원했지만 하나님은 제게 두 날개를 주셨습니다."
우리 각 사람의 고통은 크기가 다 다릅니다. 그래서 하나님은 우리를 다 다르게 만지십니다. 하나님은 단지 내가 원하는 것을 주시는 분이 아닙니다. 그분은 내가 원하는 것보다 더 큰 것, 더 좋은 것, 더 나은 것을 주십니다. 우리 인생에 날개를 달고 싶어 하십니다. 하나님은 지금도 고통의 현장으로 찾아와 우리와 함께 아파하십니다. 우리의 연약한 다리를 든든하게 세워서 고통을 딛고 의연하게 걷게 하십니다. 고통을 통해 우리의 얄팍한 인격을 성숙한 인격으로 바꿔 나가십니다. 세상 속에서 고통을 만나 막막해질 때 하나님을 찾으십시오. 그분을 알아갈수록 막막함은 점점 걷히고 내 안의 적개심, 분노, 열등의식 같은 것들이 점점 옅어지고 사라질 것입니다. 절망 중에서도 하나님을 찾고 앙망하는 사람들 속에서 하나님은 일하십니다.

우리의 인생 여정은 천국을 향하여 달려가는 영적 투사의 길입니다. 인생의 과정에는 좌절과 패배와 도약과 승리가 있습니다. 그러므로 문제는 우리가 패배에서 승리로 나아갈 수 있느냐가 중요합니다.

오늘 본문 내용은, 다윗과 그의 군사들이 가족들만 남겨 놓고 블레셋 사람들과 함께 싸우려고 가족들이 있는 시글락을 떠났는데, 사흘 만에 다시 시글락으로 돌아와서 보니 아말렉 사람들이 시글락을 쳐서 불사르고, 젊거나 늙은 여인들은 한 사람도 죽이지 않고 다 사로잡아 끌고 갔습니다.

다윗과 함께한 백성은 을 기력이 없도록 소리를 높여 울었습니다. 백성들은 자녀들 때문에 마음이 아파서 다윗을 돌로 치려고 하였습니다. 이런 뜻밖의 위급하고 처참한 상황 속에서, 다윗이 어떻게 이 절망적인 상황을 헤치고 승리의 인생으로 바뀌었는지 살펴보면서,

하나님의 풍성한 은혜가 임하시기를 축원 드립니다.

1. 하나님 여호와를 힘입고 용기를 얻어야 합니다

"백성들이 자녀들 때문에 마음이 슬퍼서 다윗을 돌로 치자 하니 다윗이 크게 다급하였으나 그의 하나님 여호와를 힘입고 용기를 얻었더라"(6절).

다윗은 블레셋 군대의 어려운 상황에서 빠져 나온 후 사흘 만에 시글락에 도착하였습니다. 그런데 여기에는 그가 전혀 생각하지 않았던 뜻밖의 비극이 기다리고 있었습니다. 이스라엘의 영원한 원수인 아말렉 군사들이 시글락에 쳐들어와 마을을 불사르고 다윗과 그의 부하들의 가족 모두를 사로잡아 갔던 것입니다.

가족들이 포로로 잡혀간 것에 대한 분노로 백성들이 다윗을 돌로 쳐 죽이려고 하는 긴박한 상황에 이르게 되었습니다. 다윗은 이러한 급박한 상황 속에서도 하나님을 힘입고 용기를 얻었습니다. 모든 책임을 자신에게 돌렸습니다. 다윗은 군사들을 설득하거나 변명하지 않고, 하나님께 어려운 문제를 맡기고 도우심을 구하였습니다. 하나님만 바라보고 하나님만 의지하였습니다.

다윗은 억울하고 다급하고 위험한 순간에 하나님을 의지하였고, 하나님께 모든 것을 맡겼습니다. 이 순간에 하나님이 위험을 막아 주셨고, 힘을 주시며, 용기를 주셨습니다. 그 사람의 믿음만큼 힘과 용기를 주십니다.

릭 워렌(Rick Warren) 목사가 쓴 《목적이 이끄는 교회》라는 유명한 책이 있습니다. 그 책에 의하면 교회에는 크게 다섯 종류의 사람들이 있다고 말합니다.

첫째는, 'ㅈ역사회'입니다. 이들은 교인이 아닌 사람으로 무슨 행사가 있을 때 와주는 사람들입니다.

둘째는, '군중'으로서 예배에만 참석하는 사람입니다.

셋째는, '등록 교인'으로서 왔다갔다만 하는 게 아니라 이 교회의 교인으로 등록하는 교인입니다.

넷째는, '헌신된 사람'으로 성숙한 사람이며, 열심히 성경공부도 하고 기도도 하며, 성숙한 신앙의 길로 가는 사람입니다.

다섯째는, '핵심 멤버'이며 이들을 보통 사역자라고 부릅니다.

나는 이중 어디에 속한 사람인지 생각해 보시기 바랍니다. 나는 비교인인 지역사회인가? 아니면 예배만 왔다갔다하는 군중인가? 등록해서 다니는 교인인가? 더 헌신된 삶으로 나아가는 헌신된 사람인가? 정말 헌신되어 사역을 감당하는 핵심 멤버인가?

다윗이 어려운 블레셋에서 마음고생을 많이 했듯이, 이런저런 일로 마음고생과 상처가 얼마나 많으십니까? 침노하는 아말렉과, 모든 것이 불타고 빼앗기고 가족들을 잃어버리고, 백성들이 돌로 쳐서 죽이려 하는 여러 가지 어려움과 위험이 얼마나 많으십니까?

그러한 상황 가운데서도 다윗이 요동하지 않고 하나님만 의지하고 신뢰했을 때, 하나님께서 힘과 용기를 주셔서 아말렉을 크게 물리치는 승리의 인생이 되었습니다. 하나님은 어떠한 상황과 장소에서도 힘을 주시고 용기를 주십니다. 크게 도우셔서 패배에서 승리하는 인생으로 만들어 주십니다. 하나님께서 여러분 모두에게 힘과 용기를 주셔서 승리하는 인생이 되시기를 축원 드립니다.

2. 여호와께 물어야 합니다

"다윗이 여호와께 묻자와 이르되 내가 이 군대를 추격하면 따라잡겠나이까 하니 여호와께서 그에게 대답하시되 그를 쫓아가라 네가 반드시 따라잡고 도로 찾으리라"(8절).

다윗의 신앙적 행동의 출발점은 하나님과의 대화와 교제에 있습니다. 대제사장의 에봇을 통하여 하나님과 신령한 교제를 하였으며, 올바른 행동과 승리의 지름길이 되었습니다. 성도들이 항상 복되고 의로운 길을 걸을 수 있는 방법은, 범사에 하나님과 교제하며 하나님의 뜻에 전적으로 순종하는 것입니다. 아말렉 군대를 추격하면 포로 된 가족들을 구출할 수 있는가를 여호와께 물었습니다. 다윗의 질문에 대한 하나님의 대답은 쫓아가면 반드시 따라잡고 가족들을 찾는다는 응답이었습니다.

다윗은 급하고 위험한 상황에서도 하나님께 여쭈어 보았습니다. 하나님께 기도한 것입니다. 이러한 비극이 발생하게 된 것은, 다윗이 하나님을 불신하고 하나님의 뜻을 따르지 못한 데 원인이 있었습니다. 이제 다윗이 하나님의 뜻을 살피고 전적으로 순종하는 것이 승리의 길이었습니다.

오늘 우리의 실패는 하나님의 뜻을 따르지 않고 우리의 뜻대로 하는 것입니다. 하나님께 묻지 않고 우리 마음대로 행하면 반드시 실패하고 멸망하게 됩니다(잠 16:18). 한 번 실패했지만 기도로 다시 일어나야 합니다.

우리나라 무속인의 공식적인 수는 약 10만 명이라고 합니다. 그러나 비공식적으로 활동하는 무속인까지 계산하면 100만 명가량 된다는 이야기가 있습니다. 얼마 전에 TV를 통해 점술 박람회가 열린 것을 보았습니다. 점술가들이 사람들의 사주팔자와 점을 봐주는 박람회였는데, 모여든 사람들의 수를 헤아릴 수 없을 정도였습니다. 이는 그만큼 이 시대가 복을 갈망하고 있다는 증거입니다. 그런데 사람들이 추구하는 많은 것이 사실은 허망한 것이라고 성경은 이야기합니다.

'허망'이란 뜻의 헬라어 '마타이오테티'는 주로 우상 숭배와 관련해서 나오는 단어입니다. 하나님 뜻이 무엇이고 성도의 온전한 삶이 무엇인지에 대한 관심은 없고, 오직 내 배를 채우고 쾌락을 즐기며 세상이 주는 유익을 얻는 일에만 눈이 먼 것을 허망한 마음이라고 합니다. 사람들이 허망한 것들을 추구하는 이유는 자기 사랑과 자아의 이기심 때문입니다. 자아는 끊임없이 '더, 더, 더'를 요구합니다. 더 맛있는 것을 먹고, 더 편하게 살고 싶은 욕망의 다른 이름이 '자기애'입니다.

그런 자아의 욕망이 삶의 기준이 되면 그것이 죄인지 아닌지에는 관심이 없고, 그 욕망을 실현할 수 있는지가 중요한 문제가 됩니다. 욕망을 실현하는 데 눈이 멀어 옳고 그름 따위는 생각해 보지 않는 것입니다. 하나님의 은혜는 내가 원하는 모습으로 오지 않을 때가 많습니다. 그러나 자아의 욕망을 비우고 깊이 기도할 때에, 우리는 넘쳐흐르는 주님의 사랑을 느낄 것입니다.

기도는 우상을 버리는 것입니다. 허망한 것을 떠나는 것입니다. 기도는 내 욕망과 욕심을 버리고 하나님의 뜻과 영광으로 채우는 것입니다. 기도가 없거나 분주하거나 기도보다 내가 앞서면 반드시 실수하고 실패합니다. 지금 다윗은 아말렉을 만나 모든 것을 **빼앗기**게 되었습니다. 그러나 기도하면 다시 찾고 회복될 수 있습니다.

오늘날 많은 사람들이 사람들과 의논하고 대화하며 해결을 받으려고 하기 때문에, 하나님께 가거나 묻거나 기도하지 않는 경향이 많습니다. 그래서 상처 받고 식상하는 경우가 많습니다. 크거나 작은 모든 문제를 하나님께 구체적으로 기도해야 합니다. 하나님께서 반드시 분명하게 응답해 주십니다.

옛날에 비하면 가정과 교회가 편해지고 풍성해졌습니다. 그래서 기도할 것이 줄어들고 사라지고 있습니다. 기도의 필요성을 느끼지 못하고, 자기 마음대로 행동하는 것이 시험이고 위기입니다. 다윗처럼 하나님께 묻고 기도하며 실패에서 승리하는 인생이 되시기를 축원 드립니다.

3. 돕는 사람을 만나야 합니다

"다윗이 그에게 이르되 너는 누구에게 속하였으며 어디에서 왔느냐 하니 그가 이르되 나는 애굽 소년이요 아말렉 사람의 종이더니 사흘 전에 병이 들매 주인이 나를 버렸나이다"(13절).

다윗은 자신을 돌로 치려 하는 큰 위기가 있었음에도 불구하고, 분위기를 일순간에 반전시켜 600명 가운데 브솔 시내에 낙오자 200명은 머물게 하였고 400명을 거느리고 아말렉을 쫓아갔습니다. 무리가 들에서 애굽 사람 하나를 데려왔습니다. 그에게 떡과 물과 건포도를 주어 정신을 차리게 하였습니다. 그는 애굽에서 포로로 잡혀와 아말렉 사람의 종이었습니다. 사흘 전에 병이 들자 주인이 그를 버린 것입니다. 그가 다윗과 군사들을 아말렉 군대로 인도하였습니다.

아말렉 군사들이 승리에 도취하여 먹고 마시고 춤을 출 때에, 다윗과 400명의 군사들이 새벽에 치매 모든 사람과 물건을 다시 찾았고, 큰 승리를 거두게 되었습니다. 주인이 버린 애굽 사람을 만나 큰 승리를 거두게 된 것입니다. 돕는 사람을 하나님께서 만나게 하셔서 아말렉을 쳐서 이기는 역사를 이루셨습니다.

사람이 병들었다고 버리면 안 됩니다. 버린 그 사람으로 인하여 아말렉은 실패를 하게 되었습니다. 병든 사람을 살렸을 때 그로 인하여 다윗의 군대가 큰 승리를 거두게 되었습니다. 한 사람을 살렸더니 한 사람으로 인하여 모든 가족을 다시 만나는 큰 은혜와 축복을 받게 된 것입니다.

낚시를 좋아하는 아버지와 열 살 된 아들이 낚시를 하고 있었습니다. 아버지와 아들은 몇 시간을 낚싯대 앞에 앉아 있었지만 물고기를 한 마리도 잡지 못하고 있었습니다. 낚시를 마무리하려는 순간 아버지의 낚싯대에 큰 물고기가 걸렸습니다. 아버지는 흐뭇해하였습니다. 낚싯대에 걸린 물고기는 알이 가득했습니다. 하지만 그 마을에서는 어종 보호를 위해 산란 어종 낚시를 금지하고 있었습니다. 아버지는 아들에게 말했습니다.

"아들아, 이 물고기는 풀어주고 그만 가자꾸나."

그러자 아들은 억울해하며 말했습니다.

"안 돼요. 이렇게 큰 물고기를 잡은 건 처음인데요."

펄떡이는 물고기를 내려다보는 아들의 얼굴은 울상이었습니다.

그러나 아버지는 단호하게 아들에게 물고기를 풀어줘야 한다고 말했습니다.

그 후 세월이 흘렀습니다. 아들은 중년의 나이가 되어 사업가로 크게 성공했습니다. 정직하고 모범적인 경영자로 뽑혀 여러 매체에서 인터뷰했습니다. 그는 자신의 성공 비결에 대해 다음과 같이 말했습니다.

"저는 이제껏 아버지를 따라 정직하게 살기 위해 노력했습니다. 열 살 때 아버지와 낚시를 하면서 배운 원칙이 오늘의 저를 있게 만들었습니다."

원칙이란 누가 보든 안 보든, 내가 손해를 보든 이익을 보든 어떤 상황에서도 마음이 바르고 곧은 것을 말합니다.

우리가 하나님 앞에서 말씀대로 살면 반드시 높여 주시고 좋은 사람과 돕는 사람을 만나게 하십니다. 병든 애굽 병사 같은 사람들을 섬기면 놀라운 은혜를 입게 됩니다. 병든 사람을 버림으로 아말렉이 망하였습니다. 병든 사람을 살리면 큰 승리를 얻게 됩니다. 예수님의 마음으로 우리 주위에 버려진 애굽 병사를 살림으로 패배에서 승리의 인생이 되시기를 축원합니다.

사랑하는 번동 가족 여러분!

사람은 연약하고 한계가 있습니다. 그래서 우리 모두는 다윗처럼 하나님께 힘과 용기를 얻어야 합니다. 하나님께 물어야 합니다. 돕는 사람을 만나야 합니다. 우리 모두 패배에서 승리의 인생이 되시기를 축원 드립니다.

진리를 순종하는 성도

> 베드로전서 1:22
>
> ²²너희가 진리를 순종함으로 너희 영혼을 깨끗하게 하여 거짓이 없이 형제를 사랑하기에 이르렀으니 마음으로 뜨겁게 서로 사랑하라

맥스 루케이도 목사님이 댈러스를 방문해 설교한 내용입니다. 텍사스에서 태어나고 자란 맥스는 열 살이 될 때까지 바다를 한 번도 본 적이 없었습니다. 그에게 바다는 동경이고 꿈의 대상이었습니다. 열 살이 되던 해에, 맥스는 삼촌이 사는 캘리포니아의 산타 모니카 해변을 방문했습니다. 넓은 백사장과 끝없이 펼쳐진 태평양, 그중에서 그를 가장 감동시켰던 것은 끊임없이 밀려오는 파도였습니다.

"삼촌, 파도가 계속 밀려와요."

삼촌이 말했습니다.

"맥스, 너 그거 아니? 오늘 밤에도 파도가 계속 밀려올 거란다."

맥스는 말도 안 된다는 표정으로 말했습니다.

"말도 안돼요. 어떻게 그렇게 물이 많을 수 있어요?"

"맥스, 1천 년 전에도 이 파도는 지금과 똑같이 밀려왔단다. 우리가 죽고 난 후에도 이 파도는 계속 밀려올 거야."

맥스는 그날 진종일 멈추지 않고 밀려오는 파도와 그렇게 놀았습니다.

자신의 어릴 적 경험을 신나게 이야기하던 맥스 루케이도 목사님은 잠시 침묵에 잠겼습니다. 그러고는 이렇게 말했습니다.

"하나님의 은혜도 이와 같아서 우리가 1천 번을 넘어져도 그 은혜가 다시 밀려옵니다."

이해할 수 있다면 은혜가 아닙니다. 가늠할 수 있는 크기라면 은혜가 아닙니다. '다른 것은 몰라도 이것만큼은 절대 용서받을 수 없을 거야'라고 생각할 때에도, 하나님의 용서와 은혜의 파도는 우리를 향해 끝없이 밀려옵니다. 머리로도 가슴으로도 경험으로도 이해되지 않는 것이 우리를 향한 하나님의 은혜입니다.

믿음과 소망과 사랑은 성도의 3대 요소입니다(고전 13:13). 형제를 사랑하려면 먼저 하나님의 진리를 순종해야 합니다. 순종하는 만큼 사랑하고 충성하고 축복을 받게 됩니다. 진리로 거듭난 사람만이 자기 자신을 알고 사명을 알게 됩니다. 진리는 복음의 진리입니다. 진리는 궁극적으로 예수 그리스도 자신이십니다(요 14:6).

오늘날에도 진리에 대하여 여러 가지 반응이 있습니다. 진리를 거역하고 불순종하는 사람도 있습니다. 또한 의심하고 불신하고 자기중심적으로 교만하게 사는 사람도 있습니다. 반면에 진리를 믿고 절대적으로 순종하며 헌신하며 사는 성도들도 많습니다. 생각보다 더 많습니다. 바알에게 무릎 꿇지 아니한 사람이 엘리야 한 사람이 아닌 7,000명이 있었습니다(왕상 19:18). 물질의 우상을 섬기고 돈을 사랑하는 이 음란하고 패역한 세대에 절대적으로 진리를 순종하는 성도들이 되시기를 축원 드립니다.

1. 영혼이 깨끗해집니다

"너희가 진리를 순종함으로 너희 영혼을 깨끗하게 하여 거짓이 없이 형제를 사랑하기에 이르렀으니 마음으로 뜨겁게 서로 사랑하라"(22절).

"너희가 진리를 순종함으로 너희 영혼을 깨끗하게 하여"라고 하였습니다. 진리를 순종할 때 영혼이 깨끗하게 됩니다. 영혼을 깨끗하게 하는 것은 물이나 세제를 가지고는 안 됩니다. '깨끗하게 하여'의 헬라어 '헤그니코테스'는 완료형 분사로서 계속적으로 깨끗하게 해야 합니다. 회개와 순종으로 영혼이 깨끗하게 되는 것입니다. 진리는 두 가지를 의미합니다. 하나는 거짓과 구별된 참됨을 의미합니다. 또 하나는 예수 그리스도의 성육신과 대속과 부활과 승천을 뜻합니다.

본 절의 진리는 후자의 의미로 그리스도인들은 복음을 받아들여 순종함으로 깨끗하게 됩니다. 아무리 교회 생활과 봉사 생활을 잘하고 유명하다고 해도 진리를 순종하지 아니하면 결코 영혼이 깨끗하게 될 수 없습니다. 사람의 인정을 받아도 결코 하나님의 인정과 사랑을 받을 수 없습니다.

1970년대에 베스트셀러 작가로 기독교계에 널리 알려진 멀린 캐

로더스는 예수님을 믿지 않던 젊은 시절에 감옥까지 다녀온 불량 청년이었습니다. 노름꾼이요, 암시장 거래꾼이요, 사기꾼이었던 그는 감옥에 갇혔으나 전쟁에서 세웠던 공적을 인정받아 트루먼 대통령 때 특별사면을 받았습니다. 멀린은 조부모 집에서 지내며 교회에 나가게 되었고, 그곳에서 주님의 음성을 듣게 되었습니다.

복음을 받아들인 후 멀린은 십자가를 지신 예수 그리스도의 공로 때문에 자신의 모든 죄가 하나님 앞에서 특별사면 받았음을 깨달았습니다. 그는 이렇게 엄청난 하나님의 은혜를 받고서도 돈에 매여 살면 안 되겠다고 생각했습니다. 그래서 마약 팔고 번 돈, 사기 쳐서 번 돈 모두를 화장실 변기 아래로 던져 버렸습니다. 순식간에 빈털터리가 된 그는 "돈뭉치를 버릴 때 내 가슴 깊은 곳에서부터 기쁨이 솟아오르는 것을 느꼈습니다"라고 고백했습니다.

돈보다도 귀한 것에 눈을 뜬 것입니다. 불의한 방법으로 번 더러운 돈을 다 던지자 그는 돈으로부터 자유로워졌습니다. 이후 그는 군목이 되어 많은 군인을 하나님께로 인도하는 일에 크게 쓰임 받았습니다. 예수님은 내 죄를 대신 짊어지고 형벌을 받으심으로 죄인이 되셨고, 대신 예수님께 있는 의를 내게 주셨습니다. 이제 하나님의 부르심에 응답하는 사람은 중재자 예수님 때문에 특별사면을 받고 구원받습니다. 이 얼마나 놀라운 은혜입니까?

세상에는 너무 이르거나 늦은 사람이 없습니다. 죄가 너무 적거나 많은 사람도 없습니다. 누구나 회개하고 진리의 말씀에 순종하기만 하면 예외 없이 영혼이 깨끗하게 됩니다. 하나님 말씀인 진리에 순종하기만 하면 용서 받고 쓰임 받게 됩니다(삼상 15:22; 눅 1:38). 우리의 경험과 교만과 고집과 적패를 진리의 말씀 앞에 다 내려놓읍시다. 우리의 더러운 영혼이 눈과 양털과 같이 깨끗하게 되는 은혜가 임하게 됩니다(사 1:18). 진리를 순종함으로 몸과 마음과 삶과 가정과 교회는 물론 하나님이 주목하시는 영혼이 깨끗해지는 진정한 은혜가 임하시기를 축원 드립니다.

2. 거짓이 없어집니다

"너희가 진리를 순종함으로 너희 영혼을 깨끗하게 하여 거짓이 없이 형제를 사랑하기에 이르렀으니 마음으로 뜨겁게 서로 사랑하라"(22절).

진리를 순종할 때 '거짓이 없이'라고 하였습니다. 진리가 없거나 부족할 때 거짓이 난무하고 판을 칩니다. 그러나 진리가 임하고 진리에 순종하면, 거짓은 빛 앞에 어둠과 태양 앞에 안개처럼 한순간에 사라지게 됩니다. 결단코 상대나 대적이 안 됩니다. 알아서 도망가고 꼬리를 내리게 됩니다. 진리의 부족한 부분과 공간을 거짓이 채웁니다. 진리에 불순종하면 거짓된 마음과 삶과 지역이 됩니다. 거짓이 지배하는 사람과 가정과 교회와 사회가 얼마나 많습니까? 아무리 감동적이고 아름다운 천사의 말을 해도 모든 것이 거짓이라면 무슨 의미와 가치가 있겠습니까?

거짓은 마귀이고 사탄입니다. 거짓은 적그리스도입니다. 진리가 충만하면 거짓의 자리는 없습니다. 진리가 흘러나려야 모든 거짓이 깨끗이 씻겨 내려갑니다. 거짓이 없다는 것은 배우가 아니라는 뜻입니다. 연기나 가면이나 위선이 아니라는 것입니다. 이 세상에 거짓처럼 가증하고 추한 것은 없습니다. 거짓이 들어가면 사람과 가정과 교회와 국가도 무너지게 됩니다. 사탄은 사람으로 하여금 거짓말을 하게 합니다. 거짓으로 커지고 높아진 모든 것은 한순간에 와르르 무너지게 됩니다. 진리로만 거짓을 물리칠 수 있습니다.

미국 몬태나에서 금광을 찾아 나선 사람 몇몇이 온갖 고생 끝에 마침내 금광을 발견했습니다. 며칠 동안 금을 채취했지만 식량도 떨어지고 장비가 없어서 계속할 수 없었습니다. 그들은 마을에 돌아가 모든 것을 준비해서 다시 오기로 했습니다. 그리고 다른 사람에게는 절대로 말하지 않기로 목숨 걸고 약속했습니다. 그들은 각자 마을로 내려가서 비밀리에 음식과 필요한 모든 것을 준비한 후 다시 약속 장소로 모였습니다. 그런데 그곳에는 그들 외에 100여 명의 사람들도 나와 있었습니다. 금광을 발견한 사람들은 서로 배신감을 느꼈습니다.

"누가 말했어? 누구야?"

그런데 비밀을 말했다는 사람은 아무도 없었습니다.

"우리가 금광을 발견한 것을 어떻게 알았소?"

"당신들의 얼굴을 보고 알았지요."

금광을 발견한 사람은 얼굴만 봐도 안다는 것입니다. 얼굴입니다. 하나님이 함께하심을 정말 믿는 사람은 얼굴부터 다른 것이 분명합니다. 착하게는 생겼지만 믿음이 드러나는 얼굴이 아닌 것이 늘 부끄럽습니다. 많은 성도가 하나님이 기뻐하시지 않는 일인 줄 알면서도 먹고 살려면 어쩔 수 없다고 말합니다. 하지만 보화를 발견하기만 해도 그 기쁨을 숨길 수 없어 사람의 얼굴이 달라지는데, 하물며 주님을 마음에 모시고 살면서 그것이 우리 얼굴과 삶에 드러나지 않겠습니까? 오늘 우리에게 가장 필요한 것은 진정 주님을 의지하고 따르는 순종의 삶입니다.

우리 마음속에 진리가 충만하면 진리가 드러나고, 거짓이 가득하면 거짓이 우리 얼굴에 나타납니다. 거짓을 없애려면 진리에 절대 순종해야 합니다. 거짓 없는 마음, 말, 얼굴, 삶, 가정, 교회, 사회가 되어야 합니다. 그러기 위해서는 진리에 순종해야 합니다. 우리 스스로는 거짓을 없애거나 이길 수 없습니다. 진리가 거짓을 물리치고 이기게 하십니다. 진리에 순종하는 성도가 되어 거짓이 없는 삶을 살아가시기를 축원 드립니다.

3. 뜨겁게 서로 사랑합니다

"너희가 진리를 순종함으로 너희 영혼을 깨끗하게 하여 거짓이 없이 형제를 사랑하기에 이르렀으니 마음으로 뜨겁게 서로 사랑하라"(22절).

진리를 순종할 때에 형제를 사랑하게 됩니다. 마음으로 뜨겁게 서로 사랑하게 됩니다. 진리는 사랑입니다. 진리와 사랑은 정비례합니다. 배우처럼 가식적이고 형식적인 마음과 영혼이 없는 사랑이 아닌 뜨거운 사랑입니다. 진실된 마음의 사랑은 쉽게 뜨거워질 수 있습니다. 진실은 뜨거운 것입니다. 진리는 뿌리이고 사랑은 열매입니다. 열매를 보면 나무를 알 수 있습니다. '사랑하라'의 헬라어 '아가페 사테'는 부정 과거 명령형입니다. 과거의 행위와 뚜렷한 차이를 나타냄과 동시에 새로운 행위의 시작을 나타냅니다.

그리스도인이 되기 이전에 서로 미워하는 상태였을지라도 회개하여 온전히 깨끗해진 그리스도인은, 과거와는 달리 하나님의 속성을 닮아 새로운 품성으로 피차 열정적으로 사랑하게 됩니다. 사랑 없는 방언과 천사의 말은 소리 나는 구리와 울리는 꽹과리가 됩니다. 사랑 없는 예언과 지식과 믿음은 아무것도 아닙니다. 사랑 없는 구제와 회생은 아무 유익이 없습니다(고전 13:1-3). 진리를 순종할 때 진실하고 뜨거운 그리스도의 아가페적 사랑에 이르게 됩니다.

우리 모두는 사랑의 눈이 필요합니다. 하나님이 우리에게 그토록 풍성히 부어주신 은혜가 다른 이들에게도 얼마든지 임할 수 있음을 보는 눈이 필요한 것입니다. 도스토예프스키는 이렇게 말했습니다.

"한 사람을 사랑한다는 것은 그 사람을 하나님이 의도하신 모습으로 본다는 것이다."

우리는 하나님의 놀라운 구원의 은혜를 입었습니다. 하지만 하나님의 사랑의 눈으로 이웃을 보지 못할 때가 얼마나 많은지 모릅니다. 하나님께서 한 사람의 영혼을 천하보다 귀하게 여기시며 사랑하신 것처럼, 내 곁의 한 사람 한 사람을 사랑의 눈으로 바라보아야 합니다. 천재는 타고나는 것이 아니라 연습에 의해 완성됩니다.

"천재란 99%가 땀이며, 나머지 1%는 영감이다."

이 뜻은 천재는 타고나는 게 아니라 노력에 의해 완성된다는 말입니다. 이 명언을 남긴 에디슨은 교사로부터 저능아로 취급되어 3개월 만에 퇴학을 당했으나, 11세 무렵부터는 실험에 몰두하여 백열전등, 전기철도, 영화촬영기 등 수많은 발명품을 만든 발명왕이 되었습니다.

옛날 어느 나라 왕이 학자들을 불러 모아 놓고 성공의 비결을 쓰라고 지시했습니다. 그래서 각자 나누어 썼는데, 다 쓰고 보니 12권 분량의 책이 되었습니다. 그런데 이 왕은 그 책이 너무 분량이 많다고 하여 몇 번을 되풀이하여 결국 단 한 줄로 줄였습니다. 그 한 줄은 바로 '노력 없이 되는 것은 없다'였습니다.

우리에게는 사랑의 눈이 필요합니다. 사랑은 거저 쉽게 되는 것이 아니라 피나는 노력이 필요합니다. 노력하면 누구나 사랑할 수 있고 성공할 수 있습니다. 우리가 진리를 순종할 때 모든 사람을 사랑할 수 있는 능력과 은사를 받게 됩니다. 사랑의 능력을 달라고 기도할 때 뜨거운 사랑을 가진 성도와 가정과 교회가 될 수 있습니다. 진리를 순종하지 않으면 사랑은 없습니다. 사랑이 없으면 아무것도 아닙니다. 뜨겁게 사랑할 때 행복하고, 부흥하며, 하나님을 기쁘시게 해 드릴 수 있습니다. 우리 모두 진리를 순종함으로 뜨겁게 서로 사랑하는 성도가 되시기를 축원합니다.

사랑하는 번동 가족 여러분!
진리를 순종하는 성도가 되어야 합니다. 그래서 영혼이 깨끗하고, 거짓이 없고, 뜨겁게 사랑하는 하나님이 기뻐하는 성도와 교회가 되시기를 축원 드립니다.

영원한 영광에 들어가는 신앙

베드로전서 5:7-11

⁷너희 염려를 다 주께 맡기라 이는 그가 너희를 돌보심이라 ⁸근신하라 깨어라 너희 대적 마귀가 우는 사자같이 두루 다니며 삼킬 자를 찾나니 ⁹너희는 믿음을 굳건하게 하여 그를 대적하라 이는 세상에 있는 너희 형제들도 동일한 고난을 당하는 줄을 앎이라 ¹⁰모든 은혜의 하나님 곧 그리스도 안에서 너희를 부르사 자기의 영원한 영광에 들어가게 하신 이가 잠깐 고난을 당한 너희를 친히 온전하게 하시며 굳건하게 하시며 강하게 하시며 터를 견고하게 하시리라 ¹¹권능이 세세무궁하도록 그에게 있을지어다 아멘

한국기독교언론포럼 심포지엄의 발표에 따르면, 우리 국민들의 행복지수가 낮은 것은 교회가 제 역할을 하지 못하기 때문이라는 연구 결과가 있었습니다. 우리 국민의 행복점수는 61점밖에 되지 않았는데, 행복하게 살기 어려운 이유는 다음과 같았습니다.

① 사회적으로 만연한 물질만능주의(32.7%)
② 극단적인 이기주의(19.8%)
③ 빈부격차로 인한 사회 양극화 현상(16.4%)
④ 소유욕의 욕망을 부추기는 사회(11.3%)
⑤ 무한경쟁을 요구하는 사회 체제(8.6%)

그런데 이런 요인들이 어떻게 교회와 연관이 되어 있을까요? 그것은 설문 응답자들의 78%가 "종교의 가르침이 내 생활에 영향을 미친다"라고 응답을 했고, 60%가 "종교로부터 마음의 행복과 정신적 건강에 도움을 받았다"라고 응답을 했기 때문입니다. 사람들에게 큰 영향을 미치고 사회적으로 가장 많이 믿는 것이 기독교이기 때문에, 교회가 순작용의 역할을 한다면 행복점수도 높아질 것이라는 예측이었습니다. 사회의 풍조가 아무리 잘못되었다 하더라도 영성과 도덕성을 잃지 말아야 합니다.

세상에는 순간을 위해 살고 모험하는 사람들도 있습니다. 그리고 평생의 행복을 위하여 공부, 직장, 사업, 저축, 충성하는 사람들이 많습니다. 이런 것들은 이 세상에서 다 끝나는 것들입니다. 이 세상 너머에 있는 하나님 나라를 위해서 준비하고 사모하는 지혜로운 삶을 살아야 합니다.

그러나 이 세상도 힘들고 어려운데 다음 세상인 천국을 위하여 준비하고 노력하는 것은, 세상적인 지혜와 판단으로 볼 때에는 너무도 어리석고 미련하며 시대착오적인 현실성이 없는 사람들처럼 조롱과 비난을 받게 될 것입니다. 그럼에도 불구하고 예수님의 십자가와 부활과 천국을 믿는 성도들은 흔들리지 말고 그 믿음의 길을 걸어가야 합니다. 반드시 종말과 심판과 하나님 나라는 있기 때문입니다 (히 9:27).

오늘 본문 10절에 "영원한 영광에 들어가게 하신다"라고 하였습니다. 영원한 영광은 궁극적인 구원입니다. 하나님 나라와 천국입니다. 우리 모두 하나님의 말씀대로 살아 영원한 영광에 들어가는 성도들이 되시기를 축원 드립니다.

1. 염려를 다 주께 맡기는 신앙

"너희 염려를 다 주께 맡기라 이는 그가 너희를 돌보심이라"(7절).

'염려'의 헬라어 '메림난'은 '나누다'라는 의미입니다. 염려하지 말라는 말씀이 성경에 550번이나 나옵니다. 염려는 악한 자들로부터 받는 핍박뿐만 아니라 내면에 있는 여러 가지 걱정이나 고민을 의미합니다. 그리스도인들은 이러한 염려를 다 주께 맡겨야 합니다. '맡기다'의 헬라어 '에피맆산테스'는 '던져버리다'의 뜻입니다. 하나님을 섬기는 자들은 절대 포기하지 말고 항상 보호하시는 하나님께 맡겨야 합니다. 왜냐하면 하나님께서 우리를 돌보시기 때문입니다.

능력이 없는 사람에게 맡기면 큰 손해와 실패를 경험합니다. 세상에는 그런 일들이 너무도 많습니다. 능력이 없거나 신뢰가 없는 경우도 있습니다. 맡겼더니 무책임하고 속이며 사기를 치는 일들이 너무 많습니다. 그러나 우리를 사랑하시고 보호하시며 축복하시는 하나님 손에 맡기면 안전하고, 문제가 해결되며, 가장 좋은 것을 주십니다. 문제뿐만 아니라 염려까지도 맡겨야 합니다. 하나님께 맡기고 나서도 불안하고 염려한다면 온전히 맡긴 것이 아닙니다. 하나님을 의심하거나 불신하면 안 됩니다.

하나님에 대한 절대 신뢰와 절대 안심이 있어야 합니다. 하나님은 우리와 우리의 모든 것을 친정어머니 이상으로 돌보아 주십니다.

입에서 나온 말은 '에너지'입니다. 입에서 나온 말은 사라지지 않고 작은 에너지 덩어리가 되어 나의 주위를 감쌉니다. 그래서 내 주위에는 눈에 보이지는 않지만 나의 말들이 가득합니다. 사람들이 나를 만나면 내가 그동안 해놓은 말의 에너지를 느끼게 됩니다. 나 또한 상대방이 한 말의 에너지를 감지하게 됩니다. 그래서 말 한마디 하지 않고 그냥 상대방의 얼굴만 봐도 상대방이 어떤 사람인지 알 수 있는 것입니다.

심지어 사진만 봐도 알 수 있습니다. 평소에 감사, 기쁨, 만족, 행복, 사랑, 웃음 등 좋은 말을 많이 하는 사람은 주위에 밝은 기운이 가득하여 그냥 그 얼굴만 봐도 기분이 좋아집니다. 그러나 평소에 불평, 불만, 험담, 거짓말, 욕설, 돈돈돈 타령, 변명만 하는 사람은 그 옆에만 가도 어두운 기운이 훅 밀려와서 숨이 막히게 됩니다. 평소에 예수님, 찬양, 기도, 영광, 순종, 말씀, 주님을 높이며 주님과 대화하는 사람의 옆에는 은혜가 충만합니다. 그런 사람을 만나면 하나님을 만난 것 같습니다.

이제 악하고 더러운 모든 것을 배설물처럼 버립시다(빌 3:8). 불평과 원망과 거짓과 우상을 다 버립시다. 모든 세상적이고 인간적이며 영적인 염려를 다 주님께 맡깁시다. 조금이나 부분만 맡기지 말고 모두다 맡겨야 합니다. 맡겼다가 다시 찾아오면 안 됩니다. 주님께 맡겨야 합니다. 우상이나 사람에게 맡기는 것이 아니라 창조주와 구속주가 되시는 살아 계신 주님께만 맡기면 가장 좋고 완전하게 돌보아 주십니다. 큰 믿음으로 인생의 모든 것을 주님께 맡김으로 영원한 영광에 들어가는 성도가 되시기를 축원 드립니다.

2. 근신하고 깨어 있는 신앙

"근신하라 깨어라 너희 대적 마귀가 우는 사자같이 두루 다니며 삼킬 자를 찾나니"(8절).

모든 염려를 다 주께 맡긴다는 것은 동시에 스스로 근신하고 깨어 있어야 한다는 것입니다. 마귀의 공격도 맹렬해지기 때문입니다. 마귀는 성도를 대적하는 대적자입니다. 마귀는 원래 두루 다니는 속성을 가지고 있습니다(욥 1:7).

사자는 성경에 130회 나타납니다. 그리스도를 사자라고 한 적도 있으나(계 5:5), 여기서는 마귀를 사자라고 하였습니다. 그리스도는 그의 용기 때문에 사자라고 불리지만, 마귀는 잔인성 때문에 사자라고 불리는 것입니다. 사탄은 간교한 뱀으로 우리의 감각을 속여 판단을 그르치고, 빛의 천사로 우리를 속여 신령한 진리에 그릇된 판단을 하게 만듭니다. 또한 우리를 넘어뜨리려 힘으로 멸망시키기 위해 사람에 따라 뱀으로, 빛으로, 우는 사자로 접근합니다.

성도가 근신하고 깨어 있어야 할 분명한 이유와 목적은 성도의 대적 마귀가 성도를 삼키려고 찾아다니기 때문입니다. 베드로는 마귀를 배고픈 사자로 비유하여 사탄의 유혹이 강력함을 말하고 있습니다. 마귀의 헬라어 '디아블로스'는 '비난하는 자'를 뜻합니다. 마귀는 하나님과 교회와 성도를 비난합니다. 언제 어디서나 사사건건 그럴듯한 말로 계속적으로 비난합니다. 그래서 근신하고 깨어 있어야 합니다. 잠에서 깨어 있는 상태뿐만 아니라 영적인 경각심을 가지고 신앙생활을 하야 합니다. 깨어서 기도하고 하나님과 동행하는 삶을 살아야 합니다.

　기도하지 않는 삶은 기도하지 않는 죄를 짓는 일입니다(삼상 12:23). 기도하지 않는다 함은 믿음의 첫 단추를 꿰지 않고 있는 것과 같습니다. 우리의 삶에는 중요하고 시급한 문제들이 쌓여 있습니다. 그러나 가장 시급한 일은 하나님께 엎드려 기도하는 일입니다. 기도는 있는 그대로의 우리 자신을 확인하는 일이며, 가장 위대하신 하나님을 붙잡는 일입니다. 우리 인생에서 우선순위를 결정하는 것은 참으로 지혜로운 일입니다. 짧게 보이는 하루의 삶도 일의 순서를 어떻게 정하느냐에 따라서 삶의 내용이 달라집니다. 무엇을 먼저 하고 어떻게 해야 하는지 기도해야 합니다.
　예수님의 비유 중에 결혼잔치에 초대 받은 사람들의 얘기가 있습니다(마 22:1-14). 불행한 주인공들은 사소한 일들을 먼저 생각하고 있었습니다. 그 결과는 자신의 재산과 생명까지도 잃고 마는 아주 큰 불행을 자초하고 말았던 것입니다. 기도하는 사람에게 주시는 하나님의 도우심으로만 우리의 삶은 비로소 질서와 기쁨을 얻게 됩니다. 기도보다 더 시급하고 중요한 일이란 없습니다.
　누구나 기도합니다. 지금보다 더 많이 기도해야 합니다. 쉬지 말고 기도해야 합니다. 기도 외에는 귀신을 쫓을 수가 없습니다(막 9:29). 근신하고 깨어 있는 것이 기도하는 것입니다. 기도하지 않으면 깊은 잠에 빠지게 됩니다. 베드로가 기도해야 할 순간에 잠을 잤을 때에 세 번이나 예수님을 부인하는 실수를 하게 됩니다. 기도하지 않으면 누구나 예수님을 부인하고 배반하며 도망치게 됩니다. 내가 먼저 기도해야 합니다. 기도하면 문제가 해결되고 기적이 일어납니다. 바로 지금이 기도할 때임을 깨닫고 근신하고 깨어 기도하여 영원한 영광에 들어가는 성도가 되시기를 축원 드립니다.

3. 믿음이 굳건한 신앙

"너희는 믿음을 굳건하게 하여 그를 대적하라 이는 세상에 있는 너희 형제들도 동일한 고난을 당하는 줄을 앎이라"(9절).

'굳건하게'의 헬라어 '스테레오이'는 흔들리지 않는 반석 같은 단단함을 의미하는 것으로 원래 마귀를 대적하는 표현으로 많이 사용되었습니다. 본문에서도 마귀를 대적하기 위해 믿음을 반석처럼 견고하게 세울 것을 권면하고 있습니다. 굳건한 믿음은 예수 그리스도를 터로 하였을 때 굳건하게 설 수 있으며, 굳건한 믿음의 소유를 통해서 마귀를 강력히 대적할 수 있습니다. 죽음의 위협 앞에서도 그리스도를 부인하지 않고 순교를 각오하고 적극적으로 충성하는 신앙입니다. 마귀는 믿음을 흔들고, 깨뜨리며, 포기하도록 하기 위하여 여러 가지 고난과 시험과 죽음을 동원합니다. 모든 수단과 방법을 가리지 않습니다. 별별 사람들을 다 동원합니다. 마귀는 성도를 잘 되게 하는 것이 아니라 믿음을 버리게 하기 위해, 오늘 이 시간에도 우는 사자와 같이 두루 다니고 있습니다.

그러나 고난 가운데서도 하나님을 섬길 때에 온전하게 하시고, 굳건하게 하시며, 강하고 견고하게 하십니다. 고난은 잠깐이지만 하나님이 주시는 영광은 영원한 것입니다. 사탄을 보지 않고 하나님을 볼 때 우리는 믿음을 지키게 되고 반드시 승리하게 됩니다. 괴로울 때 주님의 얼굴을 보면 반드시 위로해 주시고 함께하시며 넉넉히 이기게 하십니다(롬 8:37).

가정에 충실한 남편이 아내의 생일날에 케이크를 사들고 퇴근을 하다가 교통사고를 당했습니다. 다행히 목숨은 건졌지만 한쪽 발을 쓸 수가 없었습니다. 아내는 발을 절고 무능한 남편이 싫어졌습니다. 그녀는 남편을 무시하며 '절뚝이'라고 불렀습니다. 그러자 마을 사람들이 모두 그녀를 '절뚝이 부인'이라고 불렀습니다. 그녀는 창피해서 더 이상 그 마을에 살 수가 없었습니다. 부부는 모든 것을 정리한 후 다른 낯선 마을로 이사를 갔습니다. 마침내 아내는 자신을 그토록 사랑했던 남편을 무시한 것이 얼마나 잘못이었는지 크게 뉘우쳤습니다. 그녀는 그곳에서 남편을 '박사님'이라 불렀습니다. 그러자 마을 사람 모두가 그녀를 '박사 부인'이라고 불러 주었습니다. 뿌린 대로 거둡니다. 상처를 주면 상처로 돌아오고, 희망을 주면 희망으로 돌아옵니다.

남에게 대접받고 싶은 만큼 먼저 대접할 줄 알아야 합니다. 심리학자 프롬은 공감대에 관한 실험을 했습니다. 같은 물건을 파는 비슷한 조건의 두 가게를 먼저 선정한 뒤에 한 곳은 기존 방법대로 물건을 팔게 하고, 다른 한 곳은 점원이 "맞아요, 저도 그런 적이 있습니다"라는 말을 손님에게 많이 사용하게 했습니다. 몇 주가 지난 뒤에 비교해 보자 손님에게 공감대를 형성하는 직원이 있는 곳이 매출이 훨씬 높았습니다.

우리는 가정과 교회에서 다른 사람들과 함께하고 있습니다. 누구에게나 함부로 말하거나 행동하면 모든 것이 그대로 나에게로 돌아옵니다. 가족과 믿음의 사람들을 존중하고 예수님의 마음으로 공감대를 형성해야 합니다. 우리 서로 믿음을 굳게 합시다. 세상 풍파 속에서도 굳건한 신앙을 유지합시다. 서로 위로하고 격려하고 기도하며 사랑합시다. 영원한 영광에 들어가는 순간까지 믿음이 굳건한 신앙을 소유하시기를 축원 드립니다.

사랑하는 번동 가족 여러분!
유혹과 환난과 핍박이 많은 시대를 살고 있습니다. 우리 함께 힘을 냅시다. 그리하면 반드시 영적 시너지 효과가 나타나고, 오병이어의 기적이 분명히 나타납니다. 염려를 주께 맡기고 근신하고 깨어서 믿음을 굳게 하는 신앙으로, 우는 사자같이 두루 다니며 삼킬 자를 찾는 마귀를 넉넉히 이기어, 한 분도 **빠짐없이** 하나님이 우리에게 예비하신 영원한 영광에 들어가시기를 축원 드립니다.

누가만 나와 함께 있느니라

디모데후서 4:9-11

⁹너는 어서 속히 내게로 오라 ¹⁰데마는 이 세상을 사랑하여 나를 버리고 데살로니가로 갔고 그레스게는 갈라디아로, 디도는 달마디아로 갔고 ¹¹누가만 나와 함께 있느니라 네가 올 때에 마가를 데리고 오라 그가 나의 일에 유익하니라

본당 출입문을 너무 오래 사용한지라 문짝이 떨어져 나갔습니다. 예배시간이 다가왔기에 목사님은 급히 목수에게 연락하였고, 그 목수는 재빨리 나서서 옽심히 일하여 완벽하게 고쳐놓았습니다. 목사님은 너무 감사해서 가죽지갑을 선물로 주며 말했습니다.

"감사합니다. 우리 고회 창립 기념예배 때 만든 것입니다. 약소하지만 감사의 뜻으로 드리니 받아주십시오."

그러자 목수는 화를 버럭 냈습니다.

"아니, 사람을 뭘로 보고 이러시는 겁니까? 이까짓 지갑이나 받으려고 바쁜데도 달려와서 문짝을 고친 줄 압니까? 이래 뵈도 저는 이 분야의 최고 전문가이자 알아주는 고급 인력입니다."

목사님은 당황하며 물었습니다.

"그럼, 어떻게 해드리면 좋을까요?"

목수는 "아무리 못해도 10만 원은 주셔야죠. 그래도 교회 일이라 싸게 해드린 겁니다"라고 했습니다. 목사님은 당황하며 "네, 그러세요. 그것 참 감사한 일이네요" 하며 목사님은 선물로 주려던 그 지갑에서 안에 들어 있던 30만 원 중 요구한 10만 원만 달랑 꺼내 건네주었습니다. 주는 대로 받았다면 지갑과 30만 원까지 받았을 텐데 '내가 누군데 시간당 얼마인데…' 하며 교만과 욕심과 자존심을 내세우다 돈은 돈대로 체면은 체면대로 깎이고 말았습니다.

돈과 교만이 앞서는 사람이 아닌 언제나 믿음과 겸손으로 충만한 삶을 살면 반드시 명예와 돈은 선물로 주어지게 됩니다. 사람이 무엇을 보고 사느냐가 중요합니다. 분명한 목표와 목적이 있으면 어떤 고난과 역경이 있어도 끝까지 견딜 수 있습니다.

우리는 지금까지 살면서 여러 종류의 사람들을 만났습니다. 떠나간 사람도 있고, 지금까지 남아 있는 사람들도 있습니다. 여러분들 주위에 좋은 사람들이 많기를 바랍니다. 특별히 우리 모두가 남에게 도움과 기쁨과 유익과 믿음을 주는 좋은 사람이 되어야 합니다.

오늘 본문에 나오는 사도 바울 주변에 있었던 사람들의 모습을 살펴보면서, 우리는 하나님과 사람 앞에서 어떤 사람이 되어야 하는지 결단하고 실천하는 성도들이 되시기를 축원 드립니다.

1. 떠난 데마

"데마는 이 세상을 사랑하여 나를 버리고 데살로니가로 갔고 그레스게는 갈라디아로, 디도는 달마디아로 갔고"(10절).

바울이 디모데를 부르는 이유는, 그에게 친밀감을 보여주고 사람으로 인한 상처가 깊기 때문입니다. 죽음을 앞둔 바울이 사랑하는 동역자 디모데와 사랑의 교제를 나누고, 디모데에게 복음사역의 중요성과 교회의 유익을 위해 필요한 교훈을 주기 위함입니다. 데마는 이 세상을 사랑해서 바울을 버리고 데살로니가로 갔다고 하였습니다. 데마는 세상을 사랑해서 바울을 버리고 떠났습니다. 데마는 현재의 세상을 사랑하는 것입니다. 세상을 사랑한 데마와 주의 나타나심을 사모하는 그리스도인이 대조를 이루고 있습니다.

데마는 바울이 곤경에 빠져 있을 때에 바울을 버렸을 뿐만 아니라 신앙마저도 버린 것입니다. 데마는 그리스도보다 세상을 사랑하여 그리스도에 대한 믿음을 버렸습니다. 왜냐하면 두 주인을 섬길 수 없기 때문입니다. 데마는 바울과 예수 그리스도를 버리고 데살로니가로 갔습니다. 믿음과 사명을 위하여 고향인 데살로니가를 떠났던 데마가 믿음과 사명과 바울을 버리고 데살로니가로 다시 돌아갔습니다.

어떤 사람이 한 달 동안 아주 특별한 실험을 했습니다. 어느 마을의 일정한 구역에 있는 각 집에 매일 만 원씩 아무런 조건 없이 나누어준 다음 그 결과를 관찰해보는 것이었습니다. 첫째 날 집집마다 들러서 현관에 만 원을 놓고 나오는 그를 보고, 사람들은 제 정신으로 하는 행동인지 의아해하면서도 멈칫 멈칫 나와서 그 돈을 집어갔습니다. 둘째 날도 거의 비슷한 일이 벌어졌습니다. 넷째 날이 되자 그 동네는 만 원씩을 선물로 주고 가는 사람들의 이야기로 떠들썩했습니다. 신기하기도 하고 고마운 마음도 들었습니다.

두 번째 주쯤 되었을 때 동네 사람들은 현관 입구에까지 나와 돈을 나누어 주는 사람이 오는 쪽을 뚫어져라 바라보며 언제쯤 올 것인가 기다리게 되었고, 그 소문은 이웃 마을에까지 퍼졌습니다. 세 번째 주쯤 되자 이 마을 사람들은 더 이상 그 이상한 사람이 와서 돈을 주는 것을 신기하거나 고맙게 생각하지 않게 되었습니다.

넷째 주가 되었을 때쯤은 매일 만 원씩 돈을 받는 것이 마치 세 끼 밥 먹고 세수하고 출근하는 것 같은 일상사가 되었습니다. 드디어 실험 기간이 끝나는 한 달의 맨 마지막 날 그 실험을 계획했던 사람은 평소와는 달리 그 마을 사람들에게 돈을 나눠주지 않고 그냥 그 골목을 지나갔습니다.

그러자 이상한 반응들이 쏟아졌습니다. 여기저기서 투덜거리거나 화를 내기 시작하였습니다. 어떤 사람은 문을 거칠게 열고 현관까지 나와서 성난 목소리로 "우리 돈은 어디 있습니까? 당신에게 어떤 사정이 있는지 모르지만 왜 오늘은 내 돈 만 원을 안 주는 겁니까?" 하고 따져 묻기까지 하였습니다.

마을 사람들은 매일 만 원을 받는 일이 어느새 당연한 권리가 되어버렸던 것입니다. 우리가 살아가면서 매일 공짜로 만 원을 받는 것처럼 공기가 있어 숨을 쉴 수 있는 것도, 물을 마실 수 있는 것도, 흙이 있어 딛고 설 수 있는 것도 당연하게 생각합니다.

직장에 처음 입사할 때는 적은 보수도, 낮은 직책도, 부족한 근무 여건도 개의치 않고 일을 할 수 있다는 그 자체로 고마움을 느낍니다. 하지만 점점 시간이 지나 받는 것이 익숙해지면 고마운 것들은 당연한 것이 되고, 더 잘해주지 않는 것에 대한 불만들이 쌓이기 시작합니다. 부모님만 찾던 아이도 성장하면 부모님의 사랑을 당연시하거나 귀찮게 여기다가, 결국 돌아가신 후에야 그분들의 사랑이 얼마나 감사했는지 느끼게 되고 후회하곤 합니다. 이처럼 우리는 가진 것에 대해서 시간이 지날수록 모든 것이 늘 그렇게 곁에 있으리라는 착각과 당연히 내가 가져야 할 권리라는 착각을 하게 됩니다.

지난날에 하나님께서 우리에게 베푸신 은혜와 선물이 너무 많습니다. 그러나 우리는 당연하게 생각하고 모자란다고 생각하여 오히려 원망과 불평을 합니다. 하나님과 교회와 사람에 대해서 원망하고 돌아섰다면 회개해야 합니다. 데마가 처음 받은 은혜와 직분과 축복을 잃어버리고 세상을 더 사랑하여 하나님과 바울과 사명을 떠났습니다. 그는 영적 실패자와 낙오자가 되었습니다. 우리 모두 세상보다 하나님과 사명을 더 사랑하여 믿음과 하나님의 자리로 빨리 돌아가는 성도가 되시기를 축원 드립니다.

2. 다시 돌아온 마가

"누가만 나와 함께 있느니라 네가 올 때에 마가를 데리고 오라 그가 나의 일에 유익하니라"(11절).

마가는 예루살렘 교회가 모인 마가 다락방의 주인이며, 마가복음의 저자입니다. 그의 어머니는 마리아로 역시 초대교회의 중요한 공로자였습니다. 마가는 여러 가지로 좋은 출발에서 시작하였으나 젊은 시절에는 실수한 것도 있었습니다. 제1차 전도여행 도중에 고생으로 인하여 예루살렘으로 돌아갔습니다. 그리하여 바울과 바나바의 2차 전도여행에 바울은 마가를 거절하였습니다. 결국 바울은 실라를 데리고 수리아와 길리기아로 갔으며, 바나바는 마가를 데리고 구브로로 갔습니다. 그러나 바울이 로마 감독에 투옥되었을 때 마가는 바울과 함께 로마에 있었습니다(골 4:10). 더욱이 후에 베드로와 같이 로마에 있었기 때문에 마가는 당시 로마의 형편을 잘 알고 있었습니다. 로마 감옥에 있는 바울이 디모데에게 마가를 불러오라고 하였습니다. 그가 복음 사역에 유익하다고 칭찬하였습니다.

자신은 희망이 없는 절망적인 상태에서 살아가고 있으면서 오히려 남들에게 희망을 심어주는 사람이 있습니다. 오아블로 형제가 바로 그런 사람입니다. 태어날 때부터 '골형성부전증'이란 알아듣기도 어려운 병을 지니고 태어난 그는 지난 50평생을 툭하면 뼈가 부러지는 아픔 속에서 살아왔습니다. 뼈의 형성이 선천적으로 연약하여 조그만 충격에도 뼈가 부러지는 병을 지니고 태어난 것입니다. 그러나 그는 하나님을 믿는 신앙심으로 자신의 처지를 극복해가면서, 오히려 많은 사람들에게 용기를 주고 희망을 심어주는 사람으로 발돋움하였습니다.

그가 사람들을 돕기로 택한 길은 편지를 써서 보내는 일이었습니다. 자신의 주위에 있는 상처받은 사람들, 좌절하고 있는 사람들, 생존 경쟁의 치열한 다툼에서 탈락한 사람들에게 편지를 보내어 그들을 위로하고, 고통을 함께 나누며, 희망을 북돋아 주는 일을 자신의 사명으로 삼았습니다. 그렇게 주고받은 편지가 무려 60만 통이 넘는다니 웬만한 우체국이 무색할 정도입니다. 어떻게 불편한 몸으로 백여 통이 넘는 편지를 매일매일 쓰느냐고 묻는 말에 "살아 있는 것만으로도 우리는 세상의 주인공입니다. 하루를 살아도 주인공으로 살아야죠"라고 했습니다. 그는 태어날 때는 장애인으로 태어났으되, 깊은 믿음으로 살아가게 되면서 이웃들에게 희망을 나누어 주는 전도자(傳道者)로 살아가게 된 것입니다. 오아블로와 같은 선한 이웃이 있기에 이 세상은 살아갈 값어치가 있는 세상입니다.

누구나 아픔과 상처가 있습니다. 실수와 실패가 있습니다. 그러나 거기가 마지막이나 끝이 아닙니다. 일어나서 하나님께로 돌아가면 새로운 시작이고 축복입니다. 사탄은 일어나지 못하게 하고 돌아서지 못하게 속삭입니다. 그러나 하나님은 일어서라고 말씀하십니다. 마가는 한 번 실수를 하였으나 다시 딛고 일어나서 하나님의 큰일을 하였고, 바울과의 관계도 회복이 되었고 사랑받는 사람이 되었습니다.

여러분도 아픔과 상처와 실수와 실패를 딛고 일어나 다시 하나님께로 용기 있게 나아가서 크게 쓰임 받고 승리하는 성도들이 되시기를 축원 드립니다.

3. 끝까지 함께한 누가

"누가만 나와 함께 있느니라 네가 올 때에 마가를 데리고 오라 그가 나의 일에 유익하니라"(11절).

누가는 누가복음과 사도행전의 저자로서 사랑 받는 의사였으며(골 4:14), 문학자이자 역사가이며 전도자였습니다. 누가는 디모데나 디도처럼 바울의 믿음의 아들은 아니었으나, 바울의 충실한 동역자이며 조수였습니다. 누가는 제2차와 3차 전도여행에서 바울을 수행하였고, 최후의 로마로 가는 수난의 길에도 동행하였습니다. 특별히 '누가만'이라는 표현에 그의 충실성이 있습니다. 바울이 가이사랴와 로마에서 옥중 생활을 했을 때 바울의 주치의와 대필자로서 섬겼습니다 (행 24:23, 28:16). 바울이 로마 감옥에 있을 때 누가를 통해서 바깥 세계를 접촉할 수 있었으며, 또한 그는 디모데전후서의 전달자였습니다.

이탈리아의 천재 예술인 미켈란젤로는 지오바니라는 스승에게 조각을 배웠습니다. 14살 때 처음 가르침을 받으러 온 미켈란젤로에게 지오바니가 물었습니다.

"위대한 조각가가 되기 위해서 필요한 것은 무엇이라고 생각하나?"

"재능과 기술을 갈고 닦는 노력입니다."

지오바니는 미켈란젤로를 데리고 술집 앞에 놓여 있는 아름다운 조각을 보여주었습니다. 그리고 교회로 가서 십자가와 예수님 조각을 보여주었습니다.

"재능과 기술을 익히기 전에 먼저 그것을 어떻게 사용할지에 대해서 생각해야 한다. 똑같이 아름다운 조각이지만 하나는 술집의 장식품일 뿐이고, 하나는 하나님의 영광을 위해 세워졌다. 너는 무엇을 위해 조각을 하길 원하느냐?"

스승의 가르침으로 깨달음을 얻었던 미켈란젤로는 이후에 〈천지창조〉, 〈피에타〉, 〈최후의 심판〉 등의 명작을 남기며 하나님을 위해서 자신의 재능을 사용했습니다. 인생의 방향을 가르쳐주는 것이 참다운 좋은 스승입니다. 지금의 신앙으로 인도해 주신 스승들을 위해 감사의 마음을 갖고, 또 좋은 스승님을 붙여주신 하나님께 감사하십시오.

우리 모두 믿음과 하나님의 영광을 위하여 살도록 합시다. 바울과 누가와 같이 평생 좋은 관계가 됩시다. 여러분 가정과 교회에 누가와 같은 평생 함께하는 좋은 분들이 많기를 바랍니다. 우리가 바울에게 누가와 같은 사람이 되어야 합니다. 그런데 누가 누가인지 모르는 세상입니다. 끝까지 가정과 교회와 사명을 위해 함께하는 바울과 누가와 같은 성도들이 되시기를 축원합니다.

사랑하는 번동 가족 여러분!
세상에는 여러 부류의 다양한 사람들이 있습니다. 배우지 말아야 할 반면교사의 사람도 있고, 배워야 할 온면교사의 사람도 있습니다. 떠난 데마도 있고, 돌아온 마가도 있고, 평생 함께하는 누가도 있습니다. 우리 모두 데마와 마가와 같은 사람에서 누가와 같은 성도들이 다 되시기를 축원 드립니다.

회복되어 깨끗하라

열왕기하 5:1-14

¹아람 왕의 군대 장관 나아만은 그의 주인 앞에서 크고 존귀한 자니 이는 여호와께서 전에 그에게 아람을 구원하게 하셨음이라 그는 큰 용사이나 나병환자더라 ²전에 아람 사람이 떼를 지어 나가서 이스라엘 땅에서 어린 소녀 하나를 사로잡으매 그가 나아만의 아내에게 수종들더니 ³그의 여주인에게 이르되 우리 주인이 사마리아에 계신 선지자 앞에 계셨으면 좋겠나이다 그가 그 나병을 고치리이다 하는지라 ⁴나아만이 들어가서 그의 주인께 아뢰어 이르되 이스라엘 땅에서 온 소녀의 말이 이러이러하더이다 하니 ⁵아람 왕이 이르되 갈지어다 이제 내가 이스라엘 왕에게 글을 보내리라 하더라 나아만이 곧 떠날새 은 십 달란트와 금 육천 개와 의복 열 벌을 가지고 가서 ⁶이스라엘 왕에게 그 글을 전하니 일렀으되 내가 내 신하 나아만을 당신에게 보내오니 이 글이 당신에게 이르거든 당신은 그의 나병을 고쳐 주소서 하였더라 ⁷이스라엘 왕이 그 글을 읽고 자기 옷을 찢으며 이르되 내가 사람을 죽이고 살리는 하나님이냐 그가 어찌하여 사람을 내게로 보내 그의 나병을 고치라 하느냐 너희는 깊이 생각하고 저 왕이 틈을 타서 나와 더불어 시비하려

함인 줄 알라 하니라 [8]하나님의 사람 엘리사가 이스라엘 왕이 자기의 옷을 찢었다 함을 듣고 왕에게 보내 이르되 왕이 어찌하여 옷을 찢었나이까 그 사람을 내게로 오게 하소서 그가 이스라엘 중에 선지자가 있는 줄을 알리이다 하니라 [9]나아만이 이에 말들과 병거들을 거느리고 이르러 엘리사의 집 문에 서니 [10]엘리사가 사자를 그에게 보내 이르되 너는 가서 요단 강에 몸을 일곱 번 씻으라 네 살이 회복되어 깨끗하리라 하는지라 [11]나아만이 노하여 물러가며 이르되 내 생각에는 그가 내게로 나와 서서 그의 하나님 여호와의 이름을 부르고 그의 손을 그 부위 위에 흔들어 나병을 고칠까 하였도다 [12]다메섹 강 아바나와 바르발은 이스라엘 모든 강물보다 낫지 아니하냐 내가 거기서 몸을 씻으면 깨끗하게 되지 아니하랴 하고 몸을 돌려 분노하여 떠나니 [13]그의 종들이 나아와서 말하여 이르되 내 아버지여 선지자가 당신에게 큰 일을 행하라 말하였더면 행하지 아니하였으리이까 하물며 당신에게 이르기를 씻어 깨끗하게 하라 함이리이까 하니 [14]나아만이 이에 내려가서 하나님의 사람의 말대로 요단 강에 일곱 번 몸을 잠그니 그의 살이 어린아이의 살같이 회복되어 깨끗하게 되었더라

등산을 하는 사람들은 대부분 정상에 오르는 것을 목표로 하지만 등산에 임하는 마음은 크게 두 부류로 나뉩니다. 어떤 사람은 오로지 정상에 오르는 것만을 생각합니다. 이런 사람은 정상에 올라서야 비로소 행복을 느낍니다. 반면 또 한 부류의 사람들은 등산하는 과정 자체를 즐깁니다. 등산하는 내내 이곳저곳을 살피며 아름다움을 느낍니다.

"많은 이들이 커다란 행복을 고대하면서 작은 기쁨을 잃어버린다."
미국의 소설가 펄 벅(Pearl. Buck)의 말입니다.

본문은 아람 왕의 군대장관인 나아만이 문둥병에 걸렸는데, 그

가 이방인이었음에도 불구하고 이스라엘의 선지자 엘리사를 찾아와서 깨끗하게 고침을 받았다는 말씀입니다. 지금까지의 기적은 이스라엘 백성을 대상으로 한 반면, 본문에 나오는 기적의 대상인 나아만 군대장관은 이방인이었을 뿐만 아니라 당시에 철저한 적대국의 군대장관이었습니다. 나병에 걸려서 희망이 없던 군대장관 나아만에게 엘리사 선지자는 무척이나 냉정한 태도로 종을 보내어 "너는 가서 요단 강에 몸을 일곱 번 씻으라 네 살이 회복되어 깨끗하리라"고 하였습니다.

인생과 신앙은 과정이 중요합니다. 이러한 상황에서 결국은 문둥병에 걸린 군대장관 나아만의 살이 어린아이의 살같이 회복되어 깨끗하게 된 기적이 일어났습니다. 오늘 말씀 속에서 그 과정을 살펴보며, 광복 주일을 맞은 우리나라와 여러분의 가정이 회복되어 깨끗하게 되는 기적이 일어나기를 축원 드립니다.

1. 경청하라

"전에 아람 사람이 떼를 지어 나가서 이스라엘 땅에서 어린 소녀 하나를 사로잡으매 그가 나아만의 아내에게 수종들더니 그의 여주인에게 이르되 우리 주인이 사마리아에 계신 선지자 앞에 계셨으면 좋겠나이다 그가 그 나병을 고치리이다 하는지라"(2-3절).

아람 나라에 사로잡혀온 어린 소녀는 자신을 잡아온 사람들에게까지 탁월한 용기와 사랑을 보이고 있습니다. 고향과 가족들과 떨어져 낯선 곳에서 고생하고 있지만 복수하기보다는 오히려 친절을 베풀고 있습니다. 사마리아에 계신 선지자가 나병을 고칠 수 있다고 말하였습니다. 이 말은 목숨을 건 말입니다. 병을 못 고치면 포로 신세의 어린 소녀는 죽을 수도 있습니다. 하나님은 아람 사람이 이스라엘 땅에서 사로잡은 어린 소녀를 통하여 하나님의 사람 엘리사의 명성이 이방 땅에도 전파되도록 하셨습니다.

이 약한 어린 소녀를 통한 하나님의 역사는 이방까지도 하나님의 절대적인 주권이 미치고 있음을 보여주며, 약하고 비천한 사람을 들어 쓰시는 분임을 볼 수 있습니다. 포로인 어린 소녀의 말을 나아만 군대장관이 경청함으로 엘리사를 만나 누구도 고칠 수 없는 문둥병에서 깨끗함을 받게 된 것입니다.

나아만 장관은 경청의 사람입니다. 어린 소녀의 말과 그의 아내의 말과 비서관들의 말을 경청하였습니다. 경청하지 않았다면 나아만 장관은 문둥병을 앓다가 비참하게 죽었을 것입니다. 경청이 은혜이고, 생명이고, 축복인 것입니다.

오래전부터 모든 그리스도인들은 하나님의 말씀을 들으려고 노력해 왔습니다. 그러나 대부분은 몇 차례 가만히 앉아 침묵의 시간을 보내고는 하나님의 음성을 듣는 일을 포기하고 말았습니다. 그렇다면 무엇이 문제입니까?

찰스 스탠리 목사는 하나님의 음성을 듣는 데 방해되는 10가지 요소를 지적하고 있습니다.

① 하나님에 대한 무지 - 그리스도인들이 하나님에 대해 너무 무지하기 때문입니다.
② 자신에 대한 낮은 평가 - "하나님은 나 같은 사람에게는 아마 관심도 없으실 거야."
③ 잘못된 죄의식 - "하나님께서 너에게 말씀하실 것 같으냐? 지

난날의 네 행동들을 돌이켜보아라." 이것은 사탄의 속임수입니다.

④ 일과 분주함 - "나는 너무 바빠서 조용히 하나님과 얘기할 시간이 없어."

⑤ 불신앙 - 많은 사람들이 하나님께서 오늘날에도 말씀하고 계신다는 사실을 믿지 않습니다.

⑥ 하나님에 대한 분노 - 하나님께서 왜 나에게 그런 일이 일어나게 하셨는지 이해하지 못했기 때문에 하나님께 화를 내고 있는 경우입니다.

⑦ 은밀한 죄 - 어떤 문제를 두고 끊임없이 기도하는데도 불구하고 응답이 없을 때는 자신에게 숨겨진 은밀한 죄가 있는지 살펴볼 필요가 있습니다.

⑧ 반항적인 영혼 - 반항적인 사람은 기도하고 싶어 할지는 모르지만 하나님의 말씀을 들으려고 하지 않습니다.

⑨ 말씀 전하는 자에 대한 거부 - 하나님께서는 내가 별로 달갑지 않게 여기는 사람과 별로 유쾌하지 않은 상황을 통해서도 말씀하십니다.

⑩ 듣는 훈련의 부족 - 하나님께 귀를 기울이는 일은 자동적으로 되는 것이 아니라 철저한 훈련이 필요합니다.

신앙생활은 평생 하는 것입니다. 날마다 더 좋아지고 경건해야 합니다. 하나님의 말씀 앞에 무릎을 꿇고 경청해야 합니다. 내가 듣고 싶은 말씀이 아니라 들어야 할 말씀을 들어야 합니다. 부분적인 말씀이 아닌 전체적인 말씀을 들어야 합니다. 하나님의 음성을 듣는 데 방해되는 요소가 있다면 반드시 제거해서 하나님의 음성이 분명하게 들려지는 은혜가 있어야 합니다. 하나님의 말씀이 없는 것이 주림이고 기갈입니다(암 8:11).

아람의 군대장관 나아만이 포로로 잡혀온 어린 소녀와 아내와 비서관들의 말을 경청함으로 불치의 문둥병에서 회복되어 깨끗하게 되는 최고의 축복을 받은 것처럼, 우리 모두 사랑하는 사람들과 하나님의 말씀을 겸손하게 경청하여 삶이 회복되어 깨끗하게 되는 은혜가 충만하시기를 축원 드립니다.

2. 겸손하라

"나아만이 이에 말들과 병거들을 거느리고 이르러 엘리사의 집 문에 서니 엘리사가 사자를 그에게 보내 이르되 너는 가서 요단 강에 몸을 일곱 번 씻으라 네 살이 회복되어 깨끗하리라 하는지라 나아만이 노하여 물러가며 이르되 내 생각에는 그가 내게로 나와 서서 그의 하나님 여호와의 이름을 부르고 그의 손을 그 부위 위에 흔들어 나병을 고칠까 하였도다 다메섹 강 아바나와 바르발은 이스라엘 모든 강물보다 낫지 아니하냐 내가 거기서 몸을 씻으면 깨끗하게 되지 아니하랴 하고 몸을 돌려 분노하여 떠나니"(9-12절).

나아만은 엘리사가 자기를 만나 주지도 않고 요단 강에 가서 일곱 번 씻으라는 말에 무척 화가 났습니다. 아람 왕의 군대장관으로서 큰 영접과 대접을 받으리라고 생각했는데 푸대접을 받았기 때문입니다. 불치의 문둥병에 걸린 환자임에도 불구하고 아직도 상당한 자존심과 교만이 남아 있었습니다. 교만은 악한 생각(마 7:22), 자기기만(눅 18:11-12), 마귀(딤전 3:6), 다툼의 원인(잠 13:10), 영의 타락(호 7:8), 멸망(잠 16:18)입니다.

우리 모든 성도는 교만으로 인해 이스라엘을 괴롭히고 하나님을 대적하다가 멸망한 바로(출 5:2), 제사장 직분을 침해하고 그 벌로 문둥병에 걸려 죽은 웃시야 왕(대하 26:16), 많은 명예와 권력을 탐하다가 열 아들과 함께 장대에서 처형된 하만(에 7:2-10)을 기억해 절대로 교만하지 말아야 합니다(약 4:6).

너무 완벽하게 보이려고 애쓰지 마십시오. 지나치게 깨끗한 물에는 고기가 살기 어렵고 완벽한 사람에겐 동지보다 적이 많기 때문입니다. 칠뜨기나 팔푼이, 맹구 같은 사람이 오랜 세월 동안 사랑을 받아온 이유는, 대부분의 사람들이 자기보다 잘난 사람보다는 조금 모자란 사람에게 더 호감을 갖기 때문이랍니다. 바늘로 찔러도 피 한 방울 나지 않을 것 같은 사람이나, 너무나 완벽하여 흠잡을 곳이 하나도 없는 사람은 존경의 대상은 될지언정 사랑의 대상이 되기는 어려운 법입니다.

예로부터 지나치게 맑은 물에는 고기가 살 수 없다고 했습니다. 다른 사람들에게 완벽하게 보이려고 애쓰지 마십시오. 어딘가 조금 부족한 사람은 나머지를 채워주려는 벗들이 많지만, 결점 하나 없이 완벽해 보이는 사람에겐 함께하려는 동지보다 시기하거나 질투하는 적이 더 많답니다. 친구가 거의 없는 100점짜리 인생보다는, 많은 사람들이 함께하는 50점짜리 인생이 성공의 문에 더 가까이 서 있다는 것을 잊지 마시기 바랍니다.

어느 누구도 교만해서 좋을 사람은 없습니다. 하나님 앞에서는 티끌과 먼지와 같습니다. 하나님과 사람들은 교만한 사람을 싫어합니다. 가정과 교회와 사회에서 더욱 겸손해야 합니다. 그러면 하나님이 높여 주시고 풍성하게 채워주십니다. 나아만이 끝까지 교만해서 분노하고 요단 강을 떠났다면 결단코 문둥병은 낫지 못했을 것입니다. 겸손하기가 말로는 쉽지만 행동과 삶으로는 결코 쉽지 않습니다. 목숨 걸고 겸손해야 합니다. 교만하기 때문에 많은 것을 잃어버리고 있습니다. 하나님과 사람 앞에서 더욱 겸손하여 모든 것이 회복되고 깨끗해지는 은혜가 넘치기를 축원 드립니다.

3. 순종하라

"그의 종들이 나아와서 말하여 이르되 내 아버지여 선지자가 당신에게 큰일을 행하라 말하였더면 행하지 아니하였으리이까 하물며 당신에게 이르기를 씻어 깨끗하게 하라 함이리이까 하니 나아만이 이에 내려가서 하나님의 사람의 말대로 요단 강에 일곱 번 몸을 잠그니 그의 살이 어린 아이의 살같이 회복되어 깨끗하게 되었더라"(13-14절).

병을 고칠 수 있는 것은 자신이나 엘리사나 어떤 방법이 아니라 하나님의 능력입니다. 전적으로 하나님만 의지하고 순종해야 합니다. 나아만의 순종의 모습이 14절에 나타납니다. "내려가서"입니다. 내려가야 합니다. 하나님의 사람의 말대로 해야 합니다. 다메섹 강 아바나와 바르발 강이 아니라 요단 강입니다. 다른 강은 안 됩니다. 일곱 번이어야 합니다. 여섯 번도 안 됩니다. 몸을 잠가야 합니다. 발만 담그면 안 됩니다. 부분적인 순종이 아닌 전적이고 완전한 순종이 이루어지는 바로 그 순간에 어린아이의 살같이 회복되고 깨끗하게 되는 기적이 일어나게 됩니다. 순종이 축복이고, 회복이고, 기적입니다. 순종 없이는 기적이 없습니다.

순종만큼 기적은 일어납니다. 그런데 오늘 교회와 성도들에게 바로 이 순종이 부족합니다. 순종이 회복되면 큰 기적은 반드시 일어납니다.

오래전에 영국에서 있었던 일입니다. 런던의 템스 강변에 많은 사람들이 나와서 산책을 즐기고 있었습니다. 그런데 한 귀퉁이에서 거지노인이 다 낡아빠진 바이올린을 들고 연주를 하며 구걸하고 있었습니다. 그러나 낡아빠진 바이올린에서 나오는 음악소리는 신통치 못했습니다. 그래서 지나가는 사람들이 별로 관심을 기울여주지 않았습니다. 거지노인이 벗어놓은 모자에 동전을 던져주는 사람도 없었습니다.

그런데 웬 낯선 외국인 한 사람이 그 곁을 지나다가 잠시 걸음을 멈추고 거지노인이 열심히 연주하는 모습을 물끄러미 쳐다보았습니다. 거지노인은 다 떨어진 외투를 입고 있었습니다. 신발도 떨어져서 너덜너덜했습니다. 머리도 제대로 감지 못해서 덥수룩한 상태였습니다. 보기에도 처량해 보였습니다. 그래서 외국인은 그에게 가까이 다가가 측은한 마음으로 이렇게 말했습니다.

"할아버지, 죄송하지만 지금 제 수중에 준비된 돈은 없습니다. 그러나 저도 바이올린을 좀 다룰 줄 하는데, 제가 할아버지를 대신해서 잠시 몇 곡만 연주해 드리면 안 되겠습니까?"

거지노인은 잠시 쉬기도 할 겸해서 그 낯선 외국인에게 낡은 바이올린을 건네주었습니다. 외국인은 그것을 손에 쥐고서 천천히 활을 당기기 시작했습니다. 그러자 낡아빠진 바이올린에서 놀랍도록 아름다운 선율이 흘러나왔습니다. 그 소리를 듣고 지나가던 사람들이 한 사람 두 사람씩 걸음을 멈추고는 외국인이 연주하는 음악에 매료되고 말았습니다. 한 곡이 끝나자 사람들은 박수를 쳤습니다. 두

곡이 끝난 후 사람들은 눈물을 흘리기 시작했습니다. 많은 사람들이 모이게 되었습니다. 거지노인은 자기가 벗어놓은 모자를 들고서 사람들에게 다가갔습니다. 모두가 주머니에서 돈을 꺼내어 노인의 모자에 넣었습니다. 순식간에 돈이 수북이 쌓였습니다. 그것도 한 푼 두 푼 던져주는 동전이 아니었습니다. 돈의 단위가 높았습니다. 모두가 지폐를 꺼내어 모자에 넣었던 것입니다. 갑자기 몰려든 사람들을 보고서 경찰관이 놀라 달려왔습니다.

그러나 경찰관마저도 다 낡아빠진 바이올린에서 울려 퍼지는 아름다운 선율에 매료되어 물끄러미 바라보며 감상을 하고 있었습니다. 경찰관도 주머니에서 돈을 꺼내어 거지노인의 모자에 넣었습니다. 이제 연주가 끝났습니다. 그곳에 있는 모든 사람들이 뜨거운 박수를 쳤습니다. 그때였습니다. 그곳에 서 있는 사람 가운데 한 사람이 큰 소리로 외쳤습니다.

"저 사람은 바로 파가니니다! 그 유명한 파가니니다!"

이탈리아의 파가니니는 바이올린의 귀재로 잘 알려진 인물입니다. '바이올린의 마술사'라고도 하는 세계적인 바이올린의 명연주자입니다. 그 사람이 런던에 연주 차 왔다가 호텔에 머물러 있으면서 잠시 시간을 내어 템스 강변을 산책하기 위해서 나왔던 것입니다. 그러다가 불쌍한 거지노인이 바이올린을 힘겹게 연주하는 모습을 보고 측은하게 생각한 것입니다. 그래서 그를 위해 대신 몇 곡을 연주해 주었던 것입니다. 바이올린의 명연주자 파가니니의 마음이 참 아름답습니다. 그러나 우리가 거기서 한 걸음 더 나아가 생각해 보아야 될 것이 있습니다. 다 낡아빠진 바이올린이었지만, 그것이 누구의 손에 잡혀 연주되느냐에 따라서 그 소리는 엄청난 차이가 나타났습니다. 거지노인이 연주할 때는 형편없는 소리였지만, 파가니니의 손에 들려져서 연주될 때는 아름다운 소리를 내었던 것입니다.

우리 인생도 마찬가지입니다. 하나님 앞에서 우리는 보잘것없는 악기에 지나지 않습니다. 내 손으로 내 인생을 연주하려고 들지 말고 전능자의 손에 맡겨야 합니다. 그러면 내 인생의 멜로디는 지극히 아름다울 것입니다. 나아만 장관처럼 절대적으로 순종하면 우리 모두를 하나님이 위대하게 사용하시고, 삶이 회복되며, 깨끗하게 하십니다. 우리 모두에게 순종의 기적이 일어나기를 축원합니다.

사랑하는 번동 가족 여러분!

오늘은 광복기념주일입니다. 우리나라와 한국 교회와 우리 교회와 가정과 모든 성도들에게 하나님의 큰 은혜가 임하기를 바랍니다. 나아만 장관처럼 경청하고, 겸손하며, 순종하여 모든 문제가 회복되고 깨끗하게 되는 기적이 일어나시기를 축원 드립니다.

십사만 사천

> 요한계시록 14:1-5
>
> ¹또 내가 보니 보라 어린양이 시온 산에 섰고 그와 함께 십사만 사천이 서 있는데 그들의 이마에는 어린 양의 이름과 그 아버지의 이름을 쓴 것이 있더라 ²내가 하늘에서 나는 소리를 들으니 많은 물 소리와도 같고 큰 우렛소리와도 같은데 내가 들은 소리는 거문고 타는 자들이 그 거문고를 타는 것 같더라 ³그들이 보좌 앞과 네 생물과 장로들 앞에서 새 노래를 부르니 땅에서 속량함을 받은 십사만 사천 밖에는 능히 이 노래를 배울 자가 없더라 ⁴이 사람들은 여자와 더불어 더럽히지 아니하고 순결한 자라 어린양이 어디로 인도하든지 따라가는 자며 사람 가운데에서 속량함을 받아 처음 익은 열매로 하나님과 어린양에게 속한 자들이니 ⁵그 입에 거짓말이 없고 흠이 없는 자들이더라

정신의학에서는 '스트레스의 대가' 하면 한스 셀리(hans Seyle, 내분비학자)라는 분을 듭니다. 이분은 1958년도에 스트레스를 통해서 노

벨의학상을 받았습니다. 캐나다 분인데 이분이 고별 강연을 하버드 대학에서 했습니다. 하버드 강당에 백발의 대가 노교수들이 빽빽이 들어섰습니다. 강연이 끝나자 기립 박수도 받았습니다. 강연이 끝나고 내려가는데 웬 학생이 길을 막았습니다.

"선생님, 우리가 스트레스 홍수 시대에 살고 있는데 스트레스를 해소할 수 있는 비결을 딱 한 가지만 이야기해 주십시오."

그러자 이분이 딱 한마디를 말했습니다.

"Appreciation!"(감사)

감사하며 살라는 그 말 한마디에 장내는 물을 끼얹은 듯 조용해졌습니다. 여러분, 감사만큼 강력한 스트레스 정화제가 없고 감사만큼 강력한 치유제도 없습니다. 종교인이 장수하는 이유 중에 하나는 종교인들이 범사에 감사하기 때문입니다. 의학계에서는 작은 일이나 하찮은 일에도 하나님께 감사드리는 이 자세가 종교인이 장수하는 비결이라고 증명하고 있습니다. 감사하는 마음속에는 미움, 시기, 질투가 없습니다.

세상에는 여러 종류의 노래가 있습니다. 대부분은 인간 중심적이거나 우상들에 대한 것입니다. 하나님과 성자 예수님에 대한 노래를 부를 수 있는 것은 성도만의 특권입니다. 구원받은 자만이 하나님께 영광을 돌릴 수 있습니다. 예수 그리스도를 통해서 구원받은 사람을 성도라고 부르고 이들의 노래를 새 노래라고 부릅니다. 새 노래는 어린양의 노래입니다. 이 노래는 오직 십사만 사천 명만이 부를 수 있습니다. 이 노래를 부를 수 있는 사람이 어떤 사람들인지 오늘 본문을 통해서 깨닫는 은혜의 시간이 되시기를 축원 드립니다.

1. 순결한 자입니다

"이 사람들은 여자와 더불어 더럽히지 아니하고 순결한 자라 어린양이 어디로 인도하든지 따라가는 자며 사람 가운데에서 속량함을 받아 처음 익은 열매로 하나님과 어린양에게 속한 자들이니 그 입에 거짓말이 없고 흠이 없는 자들이더라"(4-5절).

"이 사람들은 여자와 더불어 더럽히지 아니하고 순결한 자"라고 하였습니다. '여호와의 증인'은 본문의 십사만 사천 명을 문자적으로 해석할 뿐만 아니라 4절의 "이 사람들은 여자와 더불어 더럽히지 아니하고 순결한 자라"는 표현도 문자적으로 해석합니다. 본문을 문자적으로 해석할 경우 결국 결혼하지 않은 독신주의자들만이 구원을 받는다는 결론이 나옵니다.

그러나 본문은 결코 문자적으로 해석될 수 없습니다. 십사만 사천 명이 상징적인 의미를 지니고 있듯이 "여자와 더불어 더럽히지 아니하고"란 표현도 상징적인 의미를 지닙니다. 이 말씀은 독신주의를 장려하거나 성관계를 죄악시하는 것이 아니라 신앙의 순결을 상징합니다.

성경에서 음행이란 말은 불법적인 남녀 간의 성관계를 의미할 때도 있으나 성도가 하나님을 떠나 우상을 섬기는 것을 의미합니다. 본문에서 '순결'이란 성적 순결의 의미보다는 영적 순결을 의미합니다. 이 영적 순결은 신랑 되신 예수님을 끝까지 배반하지 않고 그분만을 위해서 사는 삶을 의미합니다. 만약 '순결'이 도덕적인 측면을 이야기하는 것이라면 이 세상 어느 누구도 그 순결에 이를 수 없을 뿐만 아니라, 기독교를 다시 유대인의 율법주의로 돌아가게 만드는

십사만 사천(요한계시록 14:1-5)

반성경적인 오류를 범하게 됩니다.

　하나님의 말씀이 들리는 때가 있습니다. 그러나 말씀이 더는 들리지 않거나 내가 말씀을 듣지 못하는 때도 있습니다. 삶의 환경 또는 교회와 시대 상황에 따라 말씀의 기근이 올 수 있습니다. 반면 하나님이 은혜를 주시기로 작정하신 때가 있습니다.

　사도행전에서 오순절 성령 강림 사건이 있었을 때에 함께 모여 있던 사람들은 개개인의 신앙 깊이와 상관없이 모두 성령을 받았습니다. 하나님의 역사가 그들 모두에게 일어난 것입니다. 인간적인 노력과 상관없이 위로부터 하나님이 은혜를 부어 주시는 때가 있습니다. 이런 때는 모두가 은혜를 받습니다. 이런 시대를 산다는 것은 축복입니다. 이런 때는 구경 온 사람도 은혜를 받고 갑니다. 친구를 따라왔다가 친구보다 더 큰 은혜를 받기도 합니다. 거부할 수 없는 은혜의 하늘 문이 열리는 것입니다.

　결국 은혜는 하나님이 주셔야 받을 수 있습니다. 하나님이 우리를 부르실 때가 있습니다. 곤고한 그때가 바로 하나님이 부르시는 때요, 인생이 생각대로 되지 않을 때가 바로 하나님이 우리를 찾으시는 때입니다. 그때 영적으로 깨어 있다면 하나님이 우리 개개인과 가정을 은혜의 자리로 초대하시는 것을 느낄 수 있습니다.

　영적인 귀가 열리면 우리를 초대하시는 하나님의 음성을 들을 수 있습니다. 하나님이 '은혜 받을 때'라고 부르시는 그때에 우리는 주저 없이 나아가야 합니다. 나아가기만 하면 반드시 큰 은혜를 주십니다. 은혜 받은 자는 구원받은 자이며, 구원받은 자는 반드시 하나님 말씀이 들리고 은혜를 충만하게 받게 됩니다.

　누구나 하나님 앞에서 순결한 사람이 되기를 원합니다. 그러나 인간의 힘만으로는 안 됩니다. 하나님의 말씀과 은혜를 받아야 죄를 이기고 사명을 감당하게 됩니다. 어떠한 유혹이나 고난 속에서도 우상을 숭배해서는 안 됩니다. 끝까지 어린양 예수님만을 경배하고 순종해야 합니다. 육백육십육의 짐승의 우상에게 경배하지 않고, 오직 순수하고 깨끗하게 하나님만을 끝까지 경배하며 새 노래를 부르는 십사만 사천의 순결한 자들이 되시기를 축원 드립니다.

2. 어린양을 따라가는 자입니다

"이 사람들은 여자와 더불어 더럽히지 아니하고 순결한 자라 어린양이 어디로 인도하든지 따라가는 자며 사람 가운데에서 속량함을 받아 처음 익은 열매로 하나님과 어린양에게 속한 자들이니 그 입에 거짓말이 없고 흠이 없는 자들이더라"(4-5절).

"어린양이 어디로 인도하든지 따라가는 자며"라고 하였습니다. 사무엘 선지자가 하나님의 말씀을 거역한 사울을 책망하면서 "순종이 제사보다 낫고 듣는 것이 숫양의 기름보다 나으니"(삼상 15:22)라고 하였습니다. 히브리서 저자는 이스라엘을 백성이 광야에서 죽임을 당한 근거가 불순종이었음을 지적했습니다(히 3:18).

본문에서 새 노래를 부르는 십사만 사천 명은 어린양이신 예수님께 전적으로 순종한 자들입니다. 예수님만을 그들의 삶의 주인으로 인정하고 끝까지 믿음을 지킨 자들입니다. 구약성경에서 하나님은 종종 목자로 비유되고 있습니다(시 23:1; 겔 34:15-16). 목자는 양을 푸른 초장으로 인도하여 양으로 하여금 풀을 배불리 먹게 할 뿐 아니라 양을 해치려는 맹수로부터 목숨 바쳐 보호합니다. 양이 임의로 목자를 떠나면 양들은 온갖 위험과 굶주림에 시달리게 되며 심지어는 죽게 됩니다.

어린양 예수님은 성도의 선한 목자입니다. 성도가 예수님을 따라가는 동안 항상 안전하고 풍성합니다. 그러나 성도가 예수님을 떠나는 순간 마귀의 표적이 됩니다. 성도는 어떠한 상황에서도 끝까지 어린양 되시는 예수님을 따라가야 새 노래를 부르는 십사만 사천 명의 성도가 될 수 있습니다.

뛰어난 세일즈맨들의 이야기를 들어보면, 일이 잘되는 날은 하루만에 한 달치 실적을 올릴 때가 있다고 합니다. 운이 좋아서 그렇게 된 것이 아닙니다. 그동안 뿌려 놓았던 일들의 결실을 그 하루에 모두 거둔 결과입니다. 그런 날이 자주 오지 않지만 아침에 그런 조짐이 보이면 '오늘은 되는 날이구나' 하며 더 빠듯하게 일정을 짜서 일한다고 합니다. 반대로 안 되는 날은 돈은 돈대로, 시간은 시간대로 숭숭 빠져나가는 것 같다고 합니다.

하지만 그런 날도 나중에 돌아보면 다 좋은 결과를 얻기 위한 밑천이었다고 말합니다. 그래서 열심히 일한다는 전제만 있으면 당장 어떤 결과가 나오지 않아도 헛된 시간이란 없다고 합니다. 영적 세계의 법칙도 마찬가지입니다. 일이 되어 간다는 것은 그동안의 수고와 기도가 헛되지 않았음을 증명하는 것입니다. 그렇게 되기까지 인내해 온 시간의 열매이기도 합니다. 일이 잘 풀리지 않는다고 낙심해서는 안 됩니다. 그럴수록 사탄의 드센 저항이 있음을 알고 포기하지 말고 강하게 밀어붙여야 합니다.

일이 잘될 때도 더욱 열심히 기도의 성을 쌓아야 합니다. 인생의 한 획을 그을 때라고 생각하며 고삐를 늦추지 말아야 합니다. 현상 유지란 없습니다. 기도하지 않고 현재의 위치를 지키려는 것은 잘못

된 생각입니다. 교회와 성도는 세상의 조류를 거슬러 올라가는 배와 같기 때문에 기도하지 않으면 떠내려갑니다. 기도로 준비하고 성령으로 충만한 성도가 세상을 이깁니다.

누구나 예수님을 끝까지 따라가고 찬송하기를 원합니다. 그러나 기도가 부족하거나 영적으로 충만하지 못하면 따라가다가 데마처럼 떠나게 됩니다. 찬송을 부르다가 불평하고 원망하게 됩니다. 처음부터 배신하거나 원망하는 사람은 없습니다. 잘하려고 하지만 능력이 떨어지고 부족해지면 배신하고 원망하게 됩니다. 교회 생활이 신앙 생활입니다. 예배드리고 기도하고 말씀으로 충만해야 합니다. 쉬지 말고 기도해야 합니다.

기도하기를 쉬지 말아야 하고 기도 이상으로 일하지 말아야 합니다. 기도보다 앞서지도 말아야 합니다. 영적 능력이 충만할 때 어린양 되시는 예수 그리스도를 끝까지 따라가게 됩니다. 어떤 고난과 유혹이 있어도 포기하거나 흔들리지 말고 끝까지 따라가서 새 노래를 부르는 십사만 사천의 성도가 되시기를 축원 드립니다.

3. 처음 익은 열매 된 자입니다

"이 사람들은 여자와 더불어 더럽히지 아니하고 순결한 자라 어린양이 어디로 인도하든지 따라가는 자며 사람 가운데에서 속량함을 받아 처음 익은 열매로 하나님과 어린양에게 속한 자들이니 그 입에 거짓말이 없고 흠이 없는 자들이더라"(4-5절).

"사람 가운데에서 속량함을 받아 처음 익은 열매로 하나님과 어린양에게 속한 자들이니 그 입에 거짓말이 없고 흠이 없는 자들이

더라"고 하였습니다. '처음 익은 열매'는 모든 열매 중에서 특별히 구별되어 하나님의 성전에 바쳐진 것입니다. '처음 익은 열매'는 이후에 계속 수확될 모든 열매도 하나님의 것이란 사실을 나타내기 위해 특별히 구별되어 하나님께 바쳐졌습니다. 예수님께서 잠자는 자들의 첫 열매가 되심은 그에게 속한 모든 사람도 그의 부활을 본받아 부활에 동참하게 될 것임을 보여주는 것입니다(고전 15:20).

이처럼 '첫 열매'는 하나님께 구별된 것을 상징하기에 모든 그리스도인들에게도 적용됩니다(약 1:18). 본문에서 십사만 사천 명이 구속함을 받아 처음 익은 열매가 되었다는 사실은 단순히 초대교회 성도들 중에 가장 먼저 예수님을 믿은 자들을 의미하는 것이 아니라, 구원받은 모든 성도들을 가리키는 말입니다. 세상에서 구별되어 하나님의 소유가 된 자는 모두 속량함을 받은 첫 열매입니다. 그래서 본문에서는 '하나님과 어린양에게 속한 자들'이란 표현이 들어 있는 것입니다. 우리 모두는 예수 그리스도를 주님으로 고백하며 순종하는 처음 익은 열매로 새 노래를 부르는 십사만 사천 명에 속한 성도임을 하나님께 감사하시기를 축원 드립니다.

미국 네브라스카 주립대학 교수 스티네트 박사는 현대 미국 가정의 문제점들을 분석 연구하고, 다음과 같은 6가지를 건강한 가족들이 보여준 공통점이었다고 말했습니다.

① 감사(Appreciation): 가족 간에 고마움을 말이나 행동으로 자주 표시하는 것입니다. 사랑은 표현되어야 사랑입니다.
② 헌신(Commitment): 개인보다 가족 전체의 유익과 명예를 위하여 사는 태도입니다. 피차간의 충성과 정절도 헌신입니다.
③ 교통(Communication): 가족 간의 끊임없는 대화입니다. 어떤 일

이 있을 때 묵과하거나 혼자 해결하지 않고 가족들과 함께 의논하며 살아가는 태도입니다.

④ 함께 갖는 시간(Time Together): 되도록 많은 시간을 가족들이 함께 갖습니다. 식사, 피크닉, 교회 등 가족들이 함께하는 시간이 많을 때 가족의 유대가 강해집니다. 가정교육 성패의 기초가 함께 갖는 시간입니다.

⑤ 영적 건강(Spiritual Wellness): 윤리적이고 신앙적인 건전한 가치관 등이 정신적 건강이 강한 가족을 만듭니다.

⑥ 극복의 능력(Coping Ability): 가족이 어려운 문제에 봉착했을 때 고통과 슬픔으로 넘기지 않고 변화와 발전의 기회로 극복하는 지혜와 능력입니다.

그렇다면 가정이란 어떤 곳입니까? 세상 근심은 밖으로 문 잠그고 평화와 위로는 안으로 잠긴 곳, 실수와 허물은 가려지고 사랑과 만족이 피어나는 꽃밭입니다. 그런 곳이 가정입니다.

우리들이 하나님과 어린양에게 속하여 구원받은 새 노래를 부르는 십사만 사천 명에 속한 것은 최고의 완전한 은혜입니다. 구원의 처음 익은 열매인 우리 모두는 앞장서서 하나님을 찬양하고 섬기며 충성을 다하여, 더 많은 사람들을 하나님 앞으로 인도하는 성도들이 되시기를 축원합니다.

사랑하는 번동 가족 여러분!

666은 우상을 섬기는 자들을 상징하는 표시입니다. 짐승의 수입니다. 이 수는 예수님이 그리스도이심을 부인하고 대적하는 적그리스도를 의미합니다. 666은 적그리스도의 표시이고 상징입니다. 십사만 사천은 예수 그리스도를 믿음으로 구원받은 상징적인 숫자입니다. 많지만 제한적입니다. 우리 모두가 666이 아니라 십사만 사천의 구원받아 새 노래를 부르는 성도들이 되시기를 바랍니다. 이 땅에서 사는 동안 절대적으로 순결하고, 끝까지 어린양을 따라가서 처음 익은 열매 된 자들이 되시기를 축원 드립니다.

나의 하나님 여호와

스바냐 3:14-20

¹⁴시온의 딸아 노래할지어다 이스라엘아 기쁘게 부를지어다 예루살렘 딸아 전심으로 기뻐하며 즐거워할지어다 ¹⁵여호와가 네 형벌을 제거하였고 네 원수를 쫓아냈으며 이스라엘 왕 여호와가 네 가운데 계시니 네가 다시는 화를 당할까 두려워하지 아니할 것이라 ¹⁶그날에 사람이 예루살렘에 이르기를 두려워하지 말라 시온아 네 손을 늘어뜨리지 말라 ¹⁷너의 하나님 여호와가 너의 가운데에 계시니 그는 구원을 베푸실 전능자이시라 그가 너로 말미암아 기쁨을 이기지 못하시며 너를 잠잠히 사랑하시며 너로 말미암아 즐거이 부르며 기뻐하시리라 하리라 ¹⁸내가 절기로 말미암아 근심하는 자들을 모으리니 그들은 네게 속한 자라 그들에게 지워진 짐이 치욕이 되었느니라 ¹⁹그때에 내가 너를 괴롭게 하는 자를 다 벌하고 저는 자를 구원하며 쫓겨난 자를 모으며 온 세상에서 수욕 받는 자에게 칭찬과 명성을 얻게 하리라 ²⁰내가 그때에 너희를 이끌고 그때에 너희를 모을지라 내가 너희 목전에서 너희의 사로잡힘을 돌이킬 때에 너희에게 천하 만민 가운데서 명성과 칭찬을 얻게 하리라 여호와의 말이니라

미국의 사상가 랠프 에머슨이 아들과 함께 송아지를 외양간에 넣으려고 했습니다. 아들이 앞에서 당기고 에머슨이 뒤에서 밀었지만 송아지는 꿈쩍도 하지 않았습니다. 그때 늙은 하인이 나서서 손가락을 송아지 입에 물렸더니 송아지는 마치 젖을 빨듯이 빨며 하인이 가는 대로 따라갔습니다. 순간 랠프 에머슨은 하인이 스승이 될 수 있음을 깨달았습니다.

"이 세상에서 가장 현명한 사람은 모든 사람에게서 배우는 사람이다."

이스라엘의 격언입니다.

스바냐는 유다 왕 요시야 재위 기간 중에 활동한 선지자입니다. 그 당시 유다 백성들은 므낫세와 아몬 왕의 영향을 받아 각종 우상 숭배와 죄악에 젖어 있어서 하나님께서는 스바냐 선지자를 통해서 여호와의 심판의 날이 임박하였음을 경고하면서 회개를 촉구하고 있습니다. 궁극적으로는 심판 중에서도 회개한 이스라엘과 이방인의 남은 자들에게 주어질 하나님의 구원을 사람들에게 알게 하려는 메시지입니다. 회개한 자들에게 미래의 영광을 약속하고 있습니다. 하나님의 심판과 진노 후에 이루어질 영광스러운 메시아 왕국의 도래를 집중적으로 드러내고 있습니다.

여호와의 은혜를 겸손하게 간구하는 남은 자들은 어려운 상황 속에서도 보호를 받습니다. 교만한 자들이 모두 제거되고 하나님의 평화와 기쁨만이 넘치게 됩니다. 하나님은 언약 백성들과의 충만한 교제를 나누시며 놀라운 은혜와 구원을 베푸시는 분입니다. 비록 이 세상은 고통과 슬픔과 죄로 가득하지만, 하나님은 절대적인 능력을 사용하셔서 하나님의 구원의 역사를 완성시키십니다. 성도는 어려운 상황 속에서도 하나님에 대한 절대적인 소망을 가지고 충성을 다하는 존재가 되어야 합니다. 우리가 이 믿음으로 살아갈 때에 역사적인 하나님, 여호와는 나의 하나님 여호와가 되시는 것입니다.

1. 함께 계십니다

"여호와가 네 형벌을 제거하였고 네 원수를 쫓아냈으며 이스라엘 왕 여호와가 네 가운데 계시니 네가 다시는 화를 당할까 두려워하지 아니할 것이라 그날에 사람이 예루살렘에 이르기를 두려워하지 말라 시온아 네 손을 늘어뜨리지 말라"(15-16절).

"이스라엘 왕 여호와가 네 가운데 계시니"라고 하였습니다. 이스라엘과 함께 계시는 하나님은 형벌을 제거하였고 원수를 쫓아내셨습니다. 화를 당할까 두려워하지 말라고 하셨습니다. 손을 늘어뜨리지 말라고 하셨습니다. 손을 늘어뜨린다는 것은 극한 절망입니다. 낙심한 상태를 의미합니다. 이제 회개한 남은 자들은 여호와의 심판의 날이 이미 지나갔으며, 여호와께서 이스라엘 백성들의 왕이 되셔서 보호해 주시기 때문입니다.

이스라엘의 남은 자들은 이스라엘의 왕 되신 하나님의 보좌 앞에 모이게 되며, 하나님은 시온에 있는 그 보좌에서 왕 노릇하실 것입니다. 여호와는 남은 자들의 왕으로서 보호자가 되십니다. 그들에게는 더 이상 악한 일이나 두려운 일이나 화를 당할 일이 없습니다. 그러므로 결코 두려워하지 말고 노래하고 기뻐하며 전심으로 기뻐하고 즐거워하라고 하셨습니다. 하나님 여호와께서 함께 계시면 모든 재앙은 떠나고 기쁨과 즐거움이 충만케 됩니다. 죄악 된 백성에게서 떠나셨던 하나님 여호와는 회개한 백성들과 반드시 함께하십니다.

어떤 사람이 산속에서 산삼을 캤는데 평소 친한 친구에게 선물했습니다. 그 친구는 아무 생각 없이 그 귀한 산삼을 도라지인 줄 알고 고추장에 찍어 먹었습니다. 나중에야 자신이 먹은 것이 도라지가 아니라 귀한 산삼인 줄 알고 보내준 친구에게 감사의 말을 했습니다.

산삼을 고추장에 찍어 먹은 생각을 하면서 혼자 웃다가 문득 깨닫는 것이 있었습니다. 나야말로 산삼과 같은 하나님과 교회와 성도와 가족과 친구들을 혹시 도라지나 더덕처럼 여기고 있지는 않았는가? 설령 도라지와 더덕일지라도 내가 '심봤다!' 하고 그들을 산삼 취급해 준다면 그들은 산삼이 될 것 아닌가! 우리는 때때로 훨씬 멋지고 빛나는 성도나 가족, 남편, 부인을 제대로 대해주지 못하고 별것 아닌 것으로 무시해 버리기 쉽습니다.

변할 수 있다는 건 바로 인간만의 위대한 지혜와 판단입니다. 인간은 제 가치를 인정해 주면 반드시 변하게 되어 있습니다. '내 주위에 산삼 같은 사람이 어디 없나?' 하고 눈을 크게 뜨고 살펴보십시오. 그리고 웬만하면 '심봤다!'라고 목청 높여 소리쳐 보십시오. 보잘 것없는 잡초와 도라지 같은 사람도 반드시 산삼이 되고 말 것입니다. 우리가 어떤 모습으로 살아왔고 어떠한 인연일지는 몰라도 이렇게 좋은 관계로 함께할 수 있음에 감사한 마음을 가져봅니다

우리들의 모든 죄와 허물을 용서하신 하나님이 우리와 함께 계십니다. 두려움은 다 사라지고 즐거움만 가득합니다. 하나님께서 다 해결하셨습니다. 모든 값을 지불하셨습니다. 우리는 하나님 여호와를 믿고 찬양하고 경배하면 됩니다. 하나님과 함께하며 가족과 이웃과 성도들과 함께해야 합니다. 하나님과 함께할 때 우리의 가치는 높아지고 새로운 구원의 피조물이 됩니다. 하나님이 우리를 구원의 존귀한 존재로 인정하듯이 우리 주위의 모든 사람들을 구원의 존귀

한 존재로 인정하고 사랑해야 합니다. 우리와 함께하시는 나의 하나님과 우리의 여호와를 기뻐하며 찬양하는 생애가 되시기를 축원 드립니다.

2. 사랑하십니다

"너의 하나님 여호와가 너의 가운데에 계시니 그는 구원을 베푸실 전능자이시라 그가 너로 말미암아 기쁨을 이기지 못하시며 너를 잠잠히 사랑하시며 너로 말미암아 즐거이 부르며 기뻐하시리라 하리라"(17절).

본 구절은 유명한 말씀이며 찬양입니다. 하나님의 백성들이 손을 늘어뜨리지 말아야 하는 이유입니다. 남은 자들이 두려워하거나 절망하지 않아도 되는 이유는 구원자 되신 하나님께서 그들 가운데 거하시며 함께하시기 때문입니다. 남은 자들과 함께 거하시는 여호와는 승리하신 구원자이시며 전능하신 분입니다. 특별히 우리를 잠잠히 사랑하시는 분입니다. '잠잠하다'는 것은 '고요하다, 침묵하다, 깊다, 무엇도 개입할 수 없다'는 뜻입니다. 최고의 사랑과 평강의 상태를 뜻합니다. 세상 무엇도 흔들 수 없는 하나님의 사랑입니다. 깊고, 순수하고, 뜨거운 사랑입니다. 이 세상 어떤 사랑과도 비교할 수 없는 가장 고귀하고 유일한 사랑입니다. 우리를 향한 하나님의 사랑은 독자까지도 아끼지 않고 내주신 사랑입니다.

"자기 아들을 아끼지 아니하시고 우리 모든 사람을 위하여 내주신 이가 어찌 그 아들과 함께 모든 것을 우리에게 주시지 아니하겠느냐"(롬 8:32).

아들보다 우리를 더 사랑하시는 측량할 수 없는 사랑입니다. 하나님은 남은 자들로 인해서 즐거워하시며 기뻐하실 뿐만 아니라 안식하실 것입니다. 하나님은 더 이상 바랄 것이 없을 정도로 우리를 사랑하시는 분입니다.

최근에 봉사에 대한 심리학자들의 연구에 따르면, 받는 사람보다 주는 사람이 더 건강하고 행복하며 장수한다는 결과가 나왔습니다. 심지어 건강의 제1원리인 주 3회의 규칙적인 운동이나 일관된 생활 습관보다도 봉사와 기부가 장수에 더 좋다고 합니다. 캘리포니아 대학교에서 2,000여 명을 대상으로 실시한 조사 결과에 의하면, 두 개 이상의 단체에서 자원봉사를 하고 있는 사람은 봉사하지 않는 사람에 비해 복합적인 사망확률이 63%나 줄어들었다고 합니다.

록펠러 역시 50대 초에 근육무력증, 탈모증, 불면증, 위궤양 등으로 건강에 문제가 많았습니다. 의사들은 1년을 넘기지 못한다고 하였습니다. 죽음의 문턱에 이르자 악착같이 모았던 재산도 아무런 의미가 없었습니다. 그때 그의 삶을 바꾼 것이 누가복음 6장 38절 말씀이었습니다.

"주라 그리하면 너희에게 줄 것이니 곧 후히 되어 누르고 흔들어 넘치도록 하여 너희에게 안겨 주리라."

이 말씀에 따라 기부를 시작한 지 12개월이 되었을 때 그는 건강을 완전히 회복하게 되었습니다. 그리고 98세까지 장수하였습니다(1937.5.23). 돈을 벌 때는 많은 잘못을 했던 록펠러지만, 이때의 깨달음으로 록펠러의 기부와 투자는 지금도 이어지고 있습니다. 결국 남을 돕는 사람은 곧 자기를 돕는 행위입니다. 건강과 장수와 축복의 비결입니다.

하나님이 사랑하는 사람은 똑똑하거나 돈이 많거나 권력이 있는 사람이 아니라 회개하고 하나님께로 돌아오는 사람입니다. 차별도 없고 조건도 없습니다. 언젠가는 돌아오겠지만 빨리 돌아와야 합니다. 너무 늦지 않도록 돌아와야 합니다. 기다림에는 한계가 있고 끝이 있습니다. 하나님의 시간이 끝나면 돌아와도 소용이 없습니다. 하나님의 사랑이 임할 수 없는 그곳이 심판이고 지옥이고 저주입니다.

지금 하나님은 우리 모두를 간절히 기다리고 계십니다. 회개하고 믿는 모든 사람들을 차별 없이 잠잠히 사랑하십니다. 우리를 보시고, 즐거워하시며, 기뻐하십니다. 우리가 하나님의 즐거움과 기쁨의 존재가 된 것이 기적이고 축복입니다. 세상이 아무리 어렵고 힘들어도 우리를 잠잠히 사랑하시는 하나님 여호와를 찬양하며 죽도록 충성하는 모든 성도들이 되시기를 축원 드립니다.

3. 명성과 칭찬을 얻게 하십니다

"내가 그때에 너희를 O 끌고 그때에 너희를 모을지라 내가 너희 목전에서 너희의 사로잡힘을 돌이킬 때에 너희에게 천하 만민 가운데서 명성과 칭찬을 얻게 하리라 여호와의 말이니라"(20절).

본 구절은 구원을 얻은 남은 자들의 모습을 보여줍니다. 과거에는 저는 자, 쫓겨난 자, 수욕 받는 자였습니다. 처참한 상태에서 완전히 회복될 뿐만 아니라 그 이상의 명성과 칭찬을 얻게 됩니다. 구원받아 남은 자들은 철저한 고난을 통해서 겸손해진 자들입니다. 하나님의 이끄심과 모으심을 통해서 하나님의 성산으로 돌아오게 됩니다. 남은 자들이 돌아올 때는 포로 생활 동안에 당한 수욕과는 비교할 수 없는 명성과 칭찬을 누리게 됩니다. 남은 자들의 회복과 구원과 영광은 반드시 성취되는 것입니다. 여호와의 말씀은 반드시 이루어집니다. 누구도 방해하거나 막을 수 없습니다.

19절과 20절에 반복하여 칭찬과 명성을 얻게 하신다고 약속하셨습니다. 우리 모두는 어떠한 환경과 상황 속에서도 떠난 자가 아니라 남은 자가 되고, 하나님을 거역하는 자가 아니라 회개하고 순종하는 성도가 되어야 합니다. 우리만 잘하면 하나님은 반드시 잘하시고 약속을 이루십니다.

셰익스피어가 어느 날 런던에서 한 음식점에 들어갔습니다. 그가 들어가자 대부분의 사람들이 식사를 하다 말고 일어서서 그에게 환호하며 인사를 합니다. 평소에 그를 사랑하고 존경하는 마음의 표현입니다. 이때 마당을 쓸고 있던 그 식당의 하인 한 사람이 그 광경을 보고는 땅이 꺼져라 한숨을 내쉬는 것입니다.

셰익스피어는 그 하인의 한숨소리를 듣고는 밖으로 나가서 그 하인에게 "왜 한숨을 내쉬느냐"라고 물었습니다. 그러자 하인은 대답하기를 "똑같이 사람으로 태어났는데 당신 같은 사람은 많은 사람들에게 존경을 받는 영광스런 인생을 사는데, 나는 한 끼 밥이나 먹기 위해서 식당의 마당을 쓰는 신세이니, 내 인생이 가련하고 처량하게 느껴져서 한숨을 쉬고 있습니다"라고 대답했습니다.

그러자 셰익스피어는 그에게 말하기를 "하나님은 공평하신 분입니다. 모든 사람에게 시간과 환경, 생명, 일, 재능, 기회, 죽음을 주셨는데, 이러한 공평함 속에서 성공한 사람이 있고, 인정받는 사람이 있고, 기쁨 속에 사는 사람이 있고, 감사함으로 사는 사람이 있습니다. 이것은 곧 자신의 선택에서 이루어집니다. 당신의 지난 세월의 선택이 오늘 당신을 이렇게 만들었습니다. 그렇다면 빗자루를 들고 서 식당의 마당을 쓴다는 생각보다 '나는 지금 하나님 나라의 한 모퉁이를 쓸고 있다'고 생각해 보세요"라고 했습니다. 그러자 한숨을 쉬던 청년의 얼굴빛이 금세 밝아졌습니다.

우리 모두는 하나님의 사람이고 하나님의 일을 하고 있습니다. 누구에게나 고난과 역경이 있지만 끝까지 믿고 충성한 사람을 하나님이 기억하시고 은혜를 주십니다. 세상의 명성과 칭찬은 잠깐이고 일시적이고 바뀌지만 하나님 여호와의 명성과 칭찬은 영원합니다. 하나님께서 여러분의 가정과 교회와 충성하는 모든 분들에게 명성과 칭찬을 주시기를 축원합니다.

사랑하는 번동 가족 여러분!

환난과 고난의 역사는 언제나 계속됩니다. 끝나지 않습니다. 이러한 가운데서도 하나님 여호와를 믿고 소망을 두고 끝까지 충성을 다해야 합니다. 사람은 하나님을 떠나고 배반하여도 하나님은 약속을 반드시 지키시는 분입니다. 하나님 여호와께서 여러분과 함께 계시고, 사랑하시며, 명성과 칭찬을 틀림없이 주십니다. 끝까지 승리하는 성도들이 되시기를 축원 드립니다.

어찌 그리 아름다운지요

시편 8:1-9

¹여호와 우리 주여 주의 이름이 온 땅에 어찌 그리 아름다운지요 주의 영광이 하늘을 덮었나이다 ²주의 대적으로 말미암아 어린 아이들과 젖먹이들의 입으로 권능을 세우심이여 이는 원수들과 보복자들을 잠잠하게 하려 하심이니이다 ³주의 손가락으로 만드신 주의 하늘과 주께서 베풀어 두신 달과 별들을 내가 보오니 ⁴사람이 무엇이기에 주께서 그를 생각하시며 인자가 무엇이기에 주께서 그를 돌보시나이까 ⁵그를 하나님보다 조금 못하게 하시고 영화와 존귀로 관을 씌우셨나이다 ⁶주의 손으로 만드신 것을 다스리게 하시고 만물을 그의 발 아래 두셨으니 ⁷곧 모든 소와 양과 들짐승이며 ⁸공중의 새와 바다의 물고기와 바닷길에 다니는 것이니이다 ⁹여호와 우리 주여 주의 이름이 온 땅에 어찌 그리 아름다운지요

남아메리카의 강에 사는 육식어인 피라니아를 수조에 넣고 수조의 한가운데를 투명한 유리판으로 막습니다. 그러면 피라니아는 처

음엔 끊임없이 돌진하지만 번번이 고통만을 얻게 됩니다. 몇 주일 후 유리판을 치워도 피라니아는 예전처럼 자유롭게 헤엄치려고 하지 않습니다. "여기가 끝이야, 나는 여기서 더 갈 수 없어. 더는 못가!"라고 외칩니다. 사람들도 마찬가지입니다. 나이를 한 살씩 먹어가면서 사람들은 대부분 스스로가 정한 한계에 점점 익숙해져 갑니다. 익숙한 곳을 벗어나 새로운 것을 시도하는 것 자체를 두려워하게 됩니다. 수조 속 피라니아로 살 것인지, 자유로운 강물 속 피라니아로 살 것인지는 자신의 선택에 달려 있습니다.

유리천장(glass ceiling)이라는 말이 있습니다. 여성과 소수민족 출신자들의 고위직 승진을 막는 조직 내의 보이지 않는 장벽을 뜻하는 말입니다. '눈에 보이지는 않지만 결코 깨뜨릴 수 없는 장벽'이라는 의미로 사용되는 경제용어입니다. 충분한 능력과 자질을 갖추었음에도 조직 내의 관행과 문화처럼 굳어져, 부정적 인식으로 인해 고위직으로의 승진이 차단되는 상황을 비판적으로 표현한 말입니다.

본시는 찬양의 시이며, 특히 하나님의 창조를 찬양하는 노래입니다. 본시의 내용은 창세기 1장의 말씀과 일치하고 있습니다. 창세기 1장에 하나님의 전체적인 창조와 함께 인간의 탁월한 위치가 기록된 것과 같이, 본시에서도 같은 내용을 찬양하고 있습니다. 한편 표제어의 '깃딧'은 아직까지 분명한 의미를 알 수 없는 용어이나 일반적으로 악기의 종류이거나 멜로디 또는 음조의 스타일을 뜻하는 것으로 추측됩니다. 다윗의 찬양처럼 하나님의 창조를 드높이 찬양함으로 충만한 생애와 가정과 교회와 범사가 되시기를 축원 드립니다.

1. 아름다운 하나님

"여호와 우리 주여 주의 이름이 온 땅에 어찌 그리 아름다운지요 주의 영광이 하늘을 덮었나이다"(1절).

우리라는 말은 이스라엘 공동체를 뜻합니다. 개인적으로 이 시를 노래한다 하더라도 그는 이스라엘 공동체의 한 회원으로서 노래하였던 것입니다. 본시의 저자 다윗은 여호와를 '주, 아도나이'라고 부르고 있는데, 하나님의 왕적 측면을 강조하는 말이며 아울러 하나님의 위대하심과 능력을 나타내는 이름이기도 합니다. 주의 이름은 하나님의 영광이 인간에게 계시된 것으로 인간이 하나님을 알 수 있는 기회입니다.

하나님의 성호는 "스스로 있는 자"(출 3:14)에 근거하고 있으며, 이는 하나님이 만물의 근원이시며 주인 되심(히 2:10)을 계시합니다. 그리고 이 계시 자체가 하나님의 영광을 나타냅니다. 주의 이름이 하나님의 영광을 계시하고 있으므로, 이름과 영광은 히브리어의 일반적 특징인 대구법의 사용으로 의미를 서로 보완하고 있습니다. 다윗은 하나님의 천지 창조를 노래하고 있습니다. 다년간의 목자 생활을 통하여 밤의 하늘을 자세히 관찰할 수 있었으며, 신앙적인 차원에서 하나님의 창조를 이토록 감탄하며 노래할 수 있었습니다.

다윗은 주의 손가락으로 천지를 만드셨다는 표현으로써 하나님의 광대하심을 나타내고 있습니다. 다윗은 광활한 우주를 하나님께서 간단히 창조하셨음을 은유적으로 표현하고 있습니다. 하나님은 인간과 같이 육체적 존재가 아니고 영적인 존재이지만, 천지 창조의 생생한 현장을 우리에게 전달해 주기 위해 이처럼 신인 동형론적(神

人同形論的) 표현을 사용하였습니다.

사람들은 안 된다고 하지만 하나님은 된다고 하십니다. 사람들은 어렵다고 하지만 하나님은 쉽다고 하십니다. 사람들은 안 준다고 하지만 하나님은 준다고 하십니다. 사람들은 밉다고 하지만 하나님은 사랑한다고 하십니다. 사람들은 싫다고 하지만 하나님은 좋다고 하십니다. 사람들은 어둡다고 하지만 하나님은 밝다고 하십니다. 사람들은 죽었다고 하지만 하나님은 살았다고 하십니다. 사람들은 부족하다고 하지만 하나님은 넘친다고 하십니다. 사람들은 절망이라고 하지만 하나님은 희망이라고 하십니다. 사람들은 신이 없다고 하지만 하나님은 사람을 만들었다고 하십니다. 하나님만이 창조주이십니다. 모든 것은 피조물입니다.

모든 피조물은 창조주 하나님을 찬양해야 합니다. 하나님은 빛과 하늘과 땅과 바다와 해와 달과 별과 조류와 어류와 동물을 창조하시고 좋았다고 하셨으며, 사람을 지으신 후에는 심히 좋았다고 기뻐하셨습니다. 모든 것을 아름답게 창조하셨고, 인간을 하나님의 형상대로 창조하셨습니다. 아름다운 하나님을 찬양하는 아름다운 성도들이 되시기를 축원 드립니다.

2. 아름다운 사람

"사람이 무엇이기에 주께서 그를 생각하시며 인자가 무엇이기에 주께서 그를 돌보시나이까 그를 하나님보다 조금 못하게 하시고 영화와 존귀로 관을 씌우셨나이다"(4-5절).

이 광활한 천체에 비해 인간은 참으로 보잘것없는 존재에 불과합니다. 하물며 창조주 하나님 앞에서 인간이 차지하는 위치는 너무도 보잘것없습니다. 그럼에도 불구하고 그러한 인간이 하나님의 관심의 대상이 된다는 사실에 다윗은 크게 놀라며 인간에 대한 하나님의 인자하심을 높이 찬양하고 있습니다. 본 절에서 '주께서 사람을 생각하신다'는 표현은 하나님이 인간을 염려해 주시고 기억해 주셨다는 뜻으로, 이는 구체적으로 인간을 만물 중의 으뜸으로 창조해 주셨다는 것입니다.

인자란 사람과 동의어로 다른 뜻은 없습니다. 인간은 하나님과 비교할 수 없는 존재입니다. 피조물일 뿐이며, 하나님의 사랑받는 존재입니다. 하나님께서 인간에게 영화와 존귀로 관을 씌우셨다는 것은, 인간을 만물을 다스릴 지배자로 세우신 것을 뜻합니다. 만물을 지배하는 지배권은 본래 하나님께 속한 것이었으나, 하나님께서는 당신의 형상대로 지으신 사람에게 그 지배권의 일부를 할당시켜 주셨습니다.

모든 만물이 하나님의 영광을 선포하고 있듯이, 사람은 만물의 지배자로서 하나님의 영광을 드러내는 데 앞장서야 할 사명을 가지게 된 것입니다. 왕에게는 백성이 종속되어 있듯이 하나님은 인간의 통치권 하에 만물을 종속시킨 것입니다. 그러나 이와 같은 인간의 지배권은 인간의 불순종과 타락으로 상실되어 버렸습니다. 하지만 예수 그리스도에 의하여 이와 같은 지배권은 다시 회복되었습니다.

미국 빈민가 출신의 흑인 육군 대장 콜린 파월 장군은 1991년 걸프전의 전쟁 영웅이며, 다국적군의 총사령관으로서는 처음으로 미국 대통령 후보로 거론될 정도로 영향력 있는 사람이 되었습니다. 그의 어린 시절에 있었던 일입니다. 나이 17세가 되던 해 여름방학에 코카콜라 음료수 제조 공장에서 아르바이트를 했습니다. 맨 처음 출근하는 날 백인 학생에게는 기계 옆에서 콜라를 담는 일을 시키고, 흑인인 그에게는 바닥을 청소하고 걸레질하는 일을 시켰습니다. 그래도 그는 불평하거나 원망하지 않았습니다.

훗날 그는 그때를 회상했습니다.

"그때 나는 최고의 청소부가 되기로 마음먹었습니다. 청소부는 쓰레기통을 비웁니다. 슬픔의 쓰레기, 아픔의 쓰레기, 절망의 쓰레기, 낙심의 쓰레기를 비워주는 청소부입니다. 청소부는 걸레질을 합니다. 때를 닦아주고, 죄를 닦아주고, 허물을 닦아주고, 입술로 뱉어내는 독을 닦아주는 청소부입니다. 청소부는 쓰레기를 치웁니다. 깨진 마음, 망가진 마음, 삐뚤어진 마음, 왜곡된 마음을 치유해 줍니다. 이러한 마음으로 이리 뛰고 저리 뛰고 하면서 열심히 걸레질을 했습니다."

방학동안의 아르바이트가 끝나자 감독관이 콜린 파월에게 말했습니다.

"자네, 일 잘하는군."

콜린 파월이 대답했습니다.

"오히려 제게 청소부로 일할 기회를 주셔서 감사합니다."

그러자 감독관이 "자네의 그러한 성실한 모습은 어디서 배웠나?" 하고 물었습니다.

"네, 저는 성경에서 배웠습니다. 예수님이 산상수훈에서 가르쳐주셨습니다. 오른뺨을 때리거든 왼편 뺨을 돌려대고, 속옷을 달라고 하거든 겉옷까지 주며, 오 리를 가자 하거든 십 리를 가주고, 핍박하는 자를 위해 기도하고 원수를 사랑하라 하셨습니다."

그 다음 해 여름방학 때, 그 공장에 아르바이트를 하러 간 콜린 파월은 콜라를 채우는 기계 앞에 앉아서 일할 수 있었고, 또 그 다음 해에는 부감독으로 일하게 되었습니다. 뉴욕 빈민가 출신의 한 흑인 소년이, 오늘날 세계 다국적군의 최고 수장인 총사령관이라는 대장의 빛나는 자리에 오를 수 있었던 것은, 불평하지 않고 늘 감사하며 자신의 직무에 최선을 다한 삶의 열매였습니다.

인간의 가치는 대단하며, 인간의 위치도 하나님 다음입니다. 우리는 자신의 정체성을 알아야 합니다. 영화와 존귀로 관을 쓴 존재입니다. 하나님이 아름답게 만드신 아름다운 존재입니다. 아름다운 존재는 아름답게 살면 됩니다. 하나님을 찬양하고 만물을 다스리면 됩니다. 아름다운 사람을 만드신 하나님을 찬양하며, 생각과 말과 삶과 모든 활동과 평생이 아름다운 성도가 되시기를 축원 드립니다.

3. 세상을 아름답게 만드는 사람

"곧 모든 소와 양과 들짐승이며 공중의 새와 바다의 물고기와 바닷길에 다니는 것이니이다 여호와 우리 주여 주의 이름이 온 땅에 어찌 그리 아름다운지요"(7-9절).

만물에는 모든 피조물이 포함되므로 천사나 사탄까지도 성도들의 권세 아래 있습니다. 성도들은 이 사실을 깨닫지 못하여 도망 다니는 왕과 같이 비참한 삶을 살고 있습니다. 불평하고, 원망하고, 두려워하며, 우상을 섬기고 있습니다. 다스리라고 하셨는데, 다스림을 받는 종과 노예의 삶을 살고 있습니다. 하나님이 부여하신 놀라운 권세를 사용할 줄 모르는 무지로 인하여 세상 사람들 앞에서 조롱을 당하고 비참한 삶을 살고 있습니다.

하나님과의 올바른 관계를 형성하지 못하여 무기력하고 두려움에 떨고 있습니다. 이제 믿음을 회복하여 왕 노릇하는 권세를 회복해야 합니다. 천사들조차도 성도들을 흠모하게 해야 합니다. 하나님의 명령에 순종하는 사람은 결코 불행하지 않습니다. 하나님은 인간을 행복하게 만들기 위하여 명령하시고 말씀하십니다.

행복과 축복의 명령입니다. 인간은 하나님의 말씀에 순종할 때 참된 자유와 행복의 존재로 거듭나게 됩니다. 인간은 하나님의 명령에 정당한 반응을 보일 때 진정한 인간성을 회복할 수 있습니다. 인간은 교만하지 말고 겸손하게 자신의 본분을 지켜야 합니다. 땅과 바다와 공중에 있는 모든 생물이 인간들의 지배하에 있게 된 만큼 인간의 영광은 왕적인 영광입니다. 다윗은 처음과 마지막까지 여호와를 찬양하고 있습니다.

전남 순천에서 할아버지와 할머니가 자식 없이 한 마리의 개를 자식 삼아 키우며 살고 있었습니다. 할머니는 백내장으로 눈이 보이지 않았습니다. 할아버지 할머니는 자식이 없으므로 그 개를 키웠는데, 키운 지 3년째 되던 어느 날 할아버지가 노환으로 돌아가셨습니다. 그 집의 형편을 잘 아는 마을 사람들이 돈을 모아 장례를 치러주었습니다.

할아버지가 돌아가시고 다음 날, 그 집의 개가 다른 집으로 자기 밥그릇을 물고 들어섰는데, 그 개가 밥그릇을 마당 한가운데 놓더니 멀찍감치 뒤로 떨어져 엎드려서 가만히 밥그릇만 쳐다보고 있더랍니다. 그 집 아주머니가 밥을 퍼주었는데, 개가 밥이 담긴 밥그릇을 물고 자기 집으로 가더랍니다.

아주머니는 '자기 집으로 갖고 가서 밥을 먹겠구나' 하고 생각했습니다. 그리고 혼자 되신 맹인 할머니 생각이 나서 걱정이 되어 들여다보았습니다. 그런데 그 아주머니는 그 할머니의 집 안을 계속 바라보고만 있어야 했습니다. 할머니가 마루에 걸터앉아 있는데, 개가 아침에 자기가 준 밥그릇을 안 먹은 채로 마루에 올려놓고 눈이 안 보이는 할머니의 소맷자락을 물고 손을 밥에 다가가게 해서 밥을 먹으라는 시늉을 계속하고 있는 거였습니다.

결국 할머니는 개의 뜻을 알아차리고는 밥그릇에 손을 가져가 그 밥의 절반을 먹고선 나머진 개에게 밀어주었는데, 그때서야 개가 자기 밥을 먹기 시작했습니다. 마침 지나가던 사람들이 이 광경을 말없이 쳐다보고 있었기 때문에 소문이 마을 전체에 퍼졌습니다. 사람들은 그 개를 아는지라 깨끗한 새 그릇을 준비해서 밥과 반찬을 고루 넣어서 주었는데, 역시 그것을 물고 자기 집으로 가서 할머니에게 주고 할머니가 남은 것을 밀어주면 그때서야 자기가 먹었습니다.

이 일이 계속되자 마을 사람들이 '사람보다 나은 개'라며 군청에 건의해서 효자상을 주어야 한다고 했습니다. 그러자 군청에서는 당황하며 사람이 아니어서 어렵다는 이야기를 했다고 합니다. 개만도 못한 사람이 많이 사는 세상에 사람보다 나은 개가 있다는 게 새삼 가슴 찡하게 다가옵니다.

개가 할머니와 많은 사람들의 마음에 큰 감동을 줍니다. 모두를 아름답게 합니다. 하나님의 형상대로 아름답게 창조된 사람들은 사람과 가정과 교회와 세상을 하나님의 의도대로 아름답게 만들어야 합니다. 아름답게 해야 할 능력과 사명이 있습니다. 사람은 파괴하고 흉하게 하는 존재가 아닌 아름답고 향기롭게 해야 할 사명이 있습니다. 모든 것이 어려운 때에 아름답게 하는 사명을 잘 감당하는 성도와 교회가 되시기를 축원합니다.

사랑하는 번동 가족 여러분!

오늘 본문 1절과 9절에 "여호와 우리 주여 주의 이름이 온 땅에 어찌 그리 아름다운지요"라고 하였습니다. 처음과 끝이 똑같습니다. 이것을 수미쌍관(首尾雙關)이라고 합니다. 중요하기에 강조하는 문학형식입니다. 우리 모두 우리의 처소에서 생명이 다하는 순간까지 하나님과 사람과 세상을 아름답게 하는 성도가 되시기를 축원 드립니다.

불쌍히 여기시는 예수님

마가복음 6:30-44

³⁰사도들이 예수께 모여 자기들이 행한 것과 가르친 것을 낱낱이 고하니 ³¹이르시되 너희는 따로 한적한 곳에 가서 잠깐 쉬어라 하시니 이는 오고 가는 사람이 많아 음식 먹을 겨를도 없음이라 ³²이에 배를 타고 따로 한적한 곳에 갈새 ³³그들이 가는 것을 보고 많은 사람이 그들인 줄 안지라 모든 고을로부터 도보로 그곳에 달려와 그들보다 먼저 갔더라 ³⁴예수께서 나오사 큰 무리를 보시고 그 목자 없는 양 같음으로 인하여 불쌍히 여기사 이에 여러 가지로 가르치시더라 ³⁵때가 저물어가매 제자들이 예수께 나아와 여짜오되 이곳은 빈 들이요 날도 저물어가니 ³⁶무리를 보내어 두루 촌과 마을로 가서 무엇을 사 먹게 하옵소서 ³⁷대답하여 이르시되 너희가 먹을 것을 주라 하시니 여짜오되 우리가 가서 이백 데나리온의 떡을 사다 먹이리이까 ³⁸이르시되 너희에게 떡 몇 개나 있는지 가서 보라 하시니 알아보고 이르되 떡 다섯 개와 물고기 두 마리가 있더이다 하거늘 ³⁹제자들에게 명하사 그 모든 사람으로 떼를 지어 푸른 잔디 위에 앉게 하시니 ⁴⁰떼로 백 명씩 또는 오십 명씩 앉은지라 ⁴¹예수께서 떡 다섯 개와 물고기 두 마리를 가지사 하늘을 우러러

축사하시고 떡을 떼어 제자들에게 주어 사람들에게 나누어 주게 하시고 또 물고기 두 마리도 모든 사람에게 나누시매 ⁴²다 배불리 먹고 ⁴³남은 떡 조각과 물고기를 열두 바구니에 차게 거두었으며 ⁴⁴떡을 먹은 남자는 오천 명이었더라

미국 텍사스에 석유 사업으로 큰 부자가 된 세 친구인 존 뉴턴, 루이 워더포드, 새뮤얼 프레스턴이 있었습니다. 억만장자가 된 이들은 뉴욕으로 휴가를 떠났습니다. 최고급 호텔 29층을 예약하고 뉴욕거리를 다니며 늦은 밤까지 술을 마셨습니다. 잔뜩 취해 호텔에 왔는데 엘리베이터가 고장 나 있었습니다. 호텔 직원은 연신 사과하며 수리될 때까지 2층 방에서 쉬고 있으면 고치는 즉시 알려 주겠다고 했습니다. 그러나 술기운에 객기가 발동한 세 친구는 29층까지 걸어 올라가기로 했습니다. 죽을힘을 다해 29층에 도달했을 때에 그들은 가장 중요한 한 가지를 잊었음을 깨달았습니다. 방 열쇠를 받지 않고 올라갔던 것입니다. 다시 1층까지 다녀올 생각을 하니 까마득했습니다.

그런데 때마침 구세즈가 등장했습니다. 마스터키를 손에 든 청소부 아주머니를 만난 것입니다. 아주머니는 웃으며 말했습니다.

"29층까지 올라오느라 얼마나 고생하셨습니까? 그러나 이 마스터키가 없으면 방에 들어갈 수 없지요. 마치 예수님이 천국 문을 여는 마스터키가 되시는 것과 같아요."

그녀의 즉석 복음 전도가 세 친구의 가슴에 비수처럼 꽂혔습니다. 그날 함께 회심한 세 친구는 예수 그리스도만이 허무한 인생에서 자신들을 구원해 줄 마스터키임을 깨닫고, 사업의 모든 이익금을 선교 사역에 사용하게 되었습니다. 인간의 노력이나 공로가 아닌

예수 그리스도만이 우리를 천국으로 들여보내주는 마스터키입니다. 다른 구원의 통로는 없습니다. 우리가 구원의 예수님을 만나고, 믿고, 섬기는 것은 최고의 은혜와 선물입니다. 모든 영광을 하나님께 돌려야 합니다.

예수님은 배에서 내려 피곤함에도 불구하고 큰 무리를 불쌍히 여기시며 말씀을 가르치셨습니다. 양보다 더 목자를 필요로 하는 짐승은 없습니다. 목자 없는 양은 살았으나 이미 죽은 존재나 다름없습니다. 목자 없는 양은 물과 풀과 안전과 안식이 없기 때문입니다. 예수님의 불쌍히 여기시는 연민의 정이 모든 구원과 생명의 동기와 원동력이 된 것입니다. 예수님이 불쌍히 여기심으로 우리가 구원을 받았고, 여기까지 오게 된 것입니다. 바로 우리를 불쌍히 여기시는 예수님의 음성을 듣고 소망과 능력을 회복하는 시간이 되시기를 축원 드립니다.

1. 너희가 먹을 것을 주라

"무리를 보내어 두루 촌과 마을로 가서 무엇을 사 먹게 하옵소서 대답하여 이르시되 너희가 먹을 것을 주라 하시니 여짜오되 우리가 가서 이백 데나리온의 떡을 사다 먹이리이까"(36-37절).

오늘 말씀을 보면 빈들에 이만 명(남자만 오천 명)이나 되는 군중들이 굶주리고 있는 상황에서, 현실적으로 시간과 장소와 식사의 문제를 해결할 수 없었습니다. 제자들은 무리들을 보내서 촌과 마을로 가서 각자 무엇을 사먹게 하라고 제안하였습니다. 지극히 합리적인 제안입니다. 그런데 이러한 제자들의 제안을 듣고 예수님은 "너희가 먹을 것을 주라"는 뜻밖의 말씀을 하셨습니다. 제자들에게 먹을 것을 준비하여 청중들에게 나눠 주라는 것입니다. 예수님께서 제자들의 능력을 과대평가한 명령이라기보다 오히려 제자들의 절대적 무능을 일깨우고, 또 예수님께 대한 그들의 영적 무지를 깨우치기 위한 매우 충격적인 말씀입니다.

200데나리온은 당시 한 사람의 하루 임금이 한 데나리온이라고 할 경우 매우 큰돈이었습니다. 이처럼 숫자와 계산에 밝았던 제자들이었지만, 그들에게 불합리한 명령을 내리고 계신 예수님의 뜻과 초합리적이고 초자연적인 능력에 대해서는 전혀 무지했다는 사실입니다.

유명한 변호사를 만난 적이 있습니다. 그는 원래 교회를 잘 다녔는데, 얼마 전부터 교회에 나가지 않게 되었다고 했습니다. 이유를 묻자 그는 이렇게 말했습니다.

"저는 25년간 검사 생활을 하며 수많은 범죄자를 다루었는데, 그들 중에 기독교인이 아주 많았습니다. 단순히 주일에만 교회에 출석하는 교인도 아니고 교회 중직을 맡은 사람이나 목회자들이 심각한 죄를 저질러 중형을 선고받는 경우도 있었지요. 기독교인이라면서 어떻게 그럴 수가 있습니까?"

혹독하게 비난을 하는 그에게 저는 말했습니다.

"거듭나지 않아서 그렇습니다. 우리는 다 죄인이므로 예수님의 공로에 힘입어 죄 사함을 받지 않으면 안 되지요."

전도를 하다 보면 그 변호사와 같은 생각을 가진 사람을 자주 만납니다. 그러나 그렇게 비판하는 사람도 하나님 보시기에 죄인이라는 것을 기억해야 합니다. 성경은 모든 사람이 죄인임을 명확하게 밝힙니다. 하나님은 모든 율법을 지켰으니 죄가 없다고 하는 사람보다, 십자가 앞에 엎드려 스스로 죄인임을 고백하는 사람을 기뻐하십니다. 예수님께 나와야 합니다. 스스로 의인이 되려 하지 말고 예수님께 맡겨야 합니다. 예수님으로 인해 의롭게 되고 거듭난 그리스도인만이 세상의 소금과 빛이 되어 십자가 복음을 전파하며 살 수 있습니다.

어렵고 힘든 상황 속에서도 예수님은 우리를 향하여 "너희가 먹을 것을 주라"고 명령하셨습니다. 네가 회개하고 변화되어 은혜 받고 희생하라고 하십니다. 남의 것을 가지고 일하고 드리려고 하지 말고 네 것을 먼저 드리라고 말씀하십니다. 우리 모두는 내 것이 아닌 남의 것으로 일하려고 합니다. 내 영역과 소유가 너무 많고 분명합니다. 그래서 예수님의 영역이 없고 예수님께 드릴 것이 없습니다. 드리려고 하기보다는 지금도 더 달라고 조르고 부르짖고 있습니다. 소유의 욕심으로 가득 찬 우리들을 향하여 "너희가 먹을 것을 주라"고 하시는 예수님의 명령에 순종하여 오병이어의 놀라운 드림의 기적을 체험하시기를 축원 드립니다.

2. 사람들에게 나누어 주라

"떼로 백 명씩 또는 오십 명씩 앉은지라 예수님께서 떡 다섯 개와 물고기 두 마리를 가지사 하늘을 우러러 축사하시고 떡을 떼서 제자들에게 주어 사람들에게 나누어 주게 하시고 또 물고기 두 마리도 모든 사람들에게 나누시매 다 배불리 먹고"(40-42절).

예수님은 사람들을 푸른 잔디 위에 백 명씩 또는 오십 명씩 앉게 하셨습니다. 이는 식사와 교제를 위한 공동체적 의미를 갖습니다.

무리들이 매우 질서 있게 앉아 있었고 순종하는 모습이었습니다. 예수님은 무리들을 앉게 한 후에 하늘을 우러러 축사하시고 떡을 떼셨습니다. 찬미와 감사의 기도를 드리신 것입니다.

예수님은 기도하신 다음에 직접 떡과 물고기를 떼서 제자들에게 나누어 주고, 제자들로 하여금 사람들에게 떡과 물고기를 나누어 주라고 하셨습니다. 떡과 물고기를 계속 나누었습니다. 창조의 능력으로 만민을 사랑하시는 예수님의 초월적인 권능을 보여주고 있습니다. 예수님의 능력은 무한하시지만 언제나 필요한 때에 사용하시는 절제된 모습을 보여주고 있었습니다. 예수님과 제자들은 똑같이 굶주렸고 배가 고픈 상황이었습니다. 그러나 떡을 먼저 드시지 않았고, 먼저 무리들에게 나누어 주었습니다.

오병이어가 기적의 마중물이 된 것입니다. 먼저 먹어 버렸다면 기적은 없었을 것입니다. 희생과 드림은 내가 먼저이지만, 혜택과 영광은 언제나 나중이어야 합니다. 전후가 바뀌면 기적은 일어나지 않습니다. 먼저 나누고, 드리고, 섬겨야 합니다. 내 입이 아닌 남의 입을 먼저 채워야 합니다.

어떤 한 오케스트라에 두 명의 피아니스트가 있었습니다. 이들은 오케스트라 일정에 맞추어 번갈아 가며 피아노를 연주했습니다.

첫 번째 피아니스트의 피아노 실력은 최고 수준이 아니지만 다른 악기들의 연주와 잘 어울립니다. 성악이나 다른 파트의 악기를 돋보이게 해 줍니다. 피아니스트인 자신을 최대한 절제하고 다른 파트의 사람들을 항상 배려해 주는 모습입니다. 그래서 단원들이 함께 연주하는 것을 즐거워합니다. 자신을 드러나게 하기보다는 자기를 그림자처럼 뒤로 감추는 섬김의 연주자입니다.

두 번째 피아니스트는 매우 뛰어난 실력의 연주자입니다. 하지만 그의 연주는 온통 자신의 기교를 나타내는 데 주력하기 때문에 전체적인 조화가 이루어지지 않았습니다. 사람들은 오케스트라 연주가 끝나고 나면 온통 피아노에 대해서 불평만 합니다. 처음엔 기교가 뛰어난 피아니스트가 관객들의 칭찬을 받았지만, 세월이 흐를수록 전체와 아름다운 조화를 이루는 피아니스트가 등장하는 날에 관객들이 몰려왔습니다.

단원들은 한결같이 자신을 존중해주고, 허물을 가려주고, 연약한 부분을 채워주는 피아니스트를 사랑했습니다. 이처럼 모든 것은 서로서로 연결이 되어 있기에 아름다운 조화를 이루며 살아가야 합니다. 예수님은 먼저 제자들과 남을 배려했습니다. 섬김에 감동과 변화가 일어났습니다. 내가 먼저 먹고 내 배를 먼저 채우면 결코 감동과 기적은 없습니다.

가정과 교회와 사회에서 먼저 남을 생각하고 섬겨야 변화되고 기적이 일어납니다. 오늘의 성도와 교회는 너무 자기중심적이고 이기적이 아닌지 반성해야 합니다. "사람들에게 먼저 나누어 주라"는 예수님의 말씀에 순종하여 오병이어의 기적을 체험하시기를 축원 드립니다.

3. 남은 것을 거두라

"남은 떡 조각과 물고기를 열두 바구니에 차게 거두었으며 떡을 먹은 남자는 오천 명이었더라"(43-44절).

모두가 배불렀을 뿐만 아니라 먹고 남았다는 말은 넉넉한 공동

식사였음을 확인해 줍니다. 여기서 남은 떡과 물고기를 거두어 담은 바구니는 유대 사람들이 평소에 휴대하고 다니는 나뭇가지로 엮어 만든 휴대용 작은 바구니입니다. 바구니가 12개인 것도 제자들의 수가 12명인 것과 같습니다. 나누어준 사람들이 거두는 것입니다. 12란 숫자는 이스라엘의 12지파를 의미하고, 남은 것은 남은 자 사상을 상징합니다(스 9:8).

예수님은 생명의 떡으로 오셨기에, 굶주림 중에 있는 백성들에게 생명을 주시되 더 풍성히 주심을 보여주고 있습니다(요 10:10). 생명의 떡으로 오신 예수님이 인류 구원을 보여주시는 것입니다. 예수님은 남은 조각을 버리지 않고 모으십니다. 작은 것도 귀하게 여기셨습니다. 부스러기와 같은 사람들이지만 어느 누구도 함부로 버리지 않으십니다. 찾아 가시고 모으시는 예수님입니다. 무한하신 능력을 소유하셨음에도 불구하고 작은 것 하나까지도 소중히 여기시고 사랑하는 예수님의 모습에 감동하게 됩니다.

초대교회 성도들은 로마의 핍박을 많이 받았습니다. 그들은 추적을 피해 지하 공동묘지에 숨어 지냈습니다. 카타콤 가까운 곳에 로마의 원형 경기장이 있었습니다. 로마 황제는 경기장 한가운데 일주일간 굶은 사자를 풀어 두고 체포해 간 그리스도인들을 내몰았습니다. 경기장 한쪽엔 그리스도인을 회유하기 위해 황금마차를 대기시켰습니다.

"네가 지금이라도 예수의 부활을 부인하고 황제를 주로 고백하면 이 황금마차에 너를 태울 것이다. 너는 가장 안락한 삶을 누리게 된다. 부와 함께 안전과 생명이 보장될 것이다."

그런데 300년 동안 그 황금마차를 탄 그리스도인이 한 명도 없었다고 합니다. 수많은 그리스도인이 한결같이 황금 마차를 거부하고 사자 밥이 되거나 말뚝에 묶여 화형당하는 쪽을 택했습니다. 잡히지 않고 살아남은 그리스도인들은 지하 공동묘지에서 한평생 숨어 살면서 할아버지, 아들, 손자로 대를 이어 믿음을 지켰습니다.

그렇게 300년이 지난 주후 313년, 콘스탄틴 대제는 기독교를 로마의 국교로 공표했습니다. 믿음의 큰 역사는 이렇게 이루어집니다. 그리스도인들이 예수님을 믿기 위해 환난을 이기고 모든 것을 포기하는 모습을 보였기에, 물질주의와 쾌락에 빠진 로마인들까지도 변화시킬 수 있었습니다. 핍박과 환난 가운데 있을지라도 믿음을 굳세게 지키십시오. 인내와 소망을 잃지 않는 그리스도인의 모습을 통해 생명의 복음이 전해질 것입니다.

우리 모두는 너무 미약하고 작습니다. 세상에서 멸시당하고 버림도 당합니다. 그러나 하나님은 우리가 작다고 말하시거나 작다고 버리지 않습니다. 우리의 작은 헌신을 보시고 기도와 믿음을 귀하고 크게 여기십니다. 부스러기를 모아 12바구니를 만드십니다. 예수님은 가난하고 병들고 연약한 작은 자를 사랑하셨고, 그들에게 한 것이 예수님께 한 것이라고 칭찬하셨습니다(마 25:40). 이제 우리는 분열이 아니라 하나로 모아져야 합니다. 마음과 힘과 물질과 사람을 모아야 합니다. 모아서 큰일을 해야 합니다. 주님의 일을 해야 합니다. 남은 것을 거두라는 말씀에 순종하여 오병이어의 기적을 체험하는 교회와 성도들이 되시기를 축원합니다.

사랑하는 번동 가족 여러분!
예수님은 우리 모두를 끝까지 불쌍히 여기십니다. 그래서 예수님께로 달려와서 예배하고 섬기는 것입니다. 예수님 말씀대로 먹을 것을 나누어 주고, 남은 것은 거두어 오병이어의 기적으로 예수님의 사랑과 복음을 전파하는 교회와 성도들이 되시기를 축원 드립니다.

장신구를 떼어내라

출애굽기 33:1-6

¹여호와께서 모세에게 이르시되 너는 네가 애굽 땅에서 인도하여 낸 백성과 함께 여기를 떠나서 내가 아브라함과 이삭과 야곱에게 맹세하여 네 자손에게 주기로 한 그 땅으로 올라가라 ²내가 사자를 너보다 앞서 보내어 가나안 사람과 아모리 사람과 헷 사람과 브리스 사람과 히위 사람과 여부스 사람을 쫓아내고 ³너희를 젖과 꿀이 흐르는 땅에 이르게 하려니와 나는 너희와 함께 올라가지 아니하리니 너희는 목이 곧은 백성인즉 내가 길에서 너희를 진멸할까 염려함이니라 하시니 ⁴백성이 이 준엄한 말씀을 듣고 슬퍼하여 한 사람도 자기의 몸을 단장하지 아니하니 ⁵여호와께서 모세에게 이르시기를 이스라엘 자손에게 이르라 너희는 목이 곧은 백성인즉 내가 한 순간이라도 너희 가운데에 이르면 너희를 진멸하리니 너희는 장신구를 떼어 내라 그리하면 내가 너희에게 어떻게 할 것인지 정하겠노라 하셨음이라 ⁶이스라엘 자손이 호렙 산에서부터 그들의 장신구를 떼어내니라

거북이는 초조함을 모릅니다. 소나기가 쏟아지면 머리를 몸 안으로 집어넣습니다. 햇볕이 따가우면 그늘에서 잠시 쉬어 갑니다. 유순하고 한가로운 동물은 장수합니다. 그러나 맹수는 단명합니다. 사람도 마찬가지입니다. 호를 잘내고 성급한 사람 가운데 장수하는 사람은 거의 없습니다.

독일의 한 탄광에서 갱도가 무너져 광부들이 갱내에 갇혔습니다. 외부와 연락이 차단된 상태에서 1주일 만에 구조되었는데 사망자는 단 한 사람, 시계를 찬 광부였습니다. 불안과 초조가 그를 숨지게 한 것입니다.

사람의 삶이 어찌 좋은 일만 있겠습니까? 오히려 언짢고 궂은일이 더 많을지도 모릅니다. 행복한 순간을 슬기롭게 다스리는 것이 미덕이라면, 불우하고 불행한 때를 잘 이겨내는 인내는 지혜라고 할 수 있습니다. 비관과 절망이 죽음에 이르는 병이라면, 낙천과 희망은 건강한 삶에 이르는 길입니다. 두려워하지 말아야 합니다. 기죽지 말아야 합니다. 어느 상황이든 능동적으로 대처하는 지혜의 삶을 살아보십시오.

금송아지 숭배 사건은 이스라엘 백성에게 큰 충격을 주었습니다. 하나님께서 그렇게까지 크게 분노하셨던 적이 없었기 때문입니다. 모든 백성이 몰망할 위기에 처했었기 때문입니다. 한꺼번에 3,000명이 죽었습니다. 모세의 중보기도로 전멸은 면하게 되었습니다. 하나님께서는 "너희는 장신구를 떼어내라"고 명령하셨습니다.

장신구란 백성들이 자기들의 몸에 장식했던 반지와 목걸이 등을 의미합니다. 장신구는 당시 고대 근동에서 우상 숭배를 위한 일종의 신상이었습니다. 장신구에는 각종 형태의 신상들이 아로새겨져 있었습니다.

야곱이 옛 생활을 청산하고 벧엘로 올라갔을 때, 그와 함께한 사람들의 귀걸이 같은 장신구를 이방 신상과 함께 땅에 묻은 까닭이 그 때문입니다(창 35:1-4). 하나님은 우상적인 장신구를 과감하게 떼어 버리라고 하셨습니다. 하찮아 보여도 죄와 우상과 연결될 때에 마땅히 제거해야 합니다. "악은 모양이라도 버려라"(살전 5:22). 하나님의 말씀대로 오늘날 우리의 모든 우상적인 장신구를 떼어내는 성도들이 되시기를 축원 드립니다.

1. 은혜를 기억하라

"여호와께서 모세에게 이르시되 너는 네가 애굽 땅에서 인도하여 낸 백성과 함께 여기를 떠나서 내가 아브라함과 이삭과 야곱에게 맹세하여 네 자손에게 주기로 한 그 땅으로 돌아가라"(1절).

아직도 이스라엘 백성이 우상 숭배로 인해 파기된 하나님과의 언약 관계가 정상적으로 회복되지 못했음을 말해줍니다. 하나님께서는 출애굽 사건을 직접 인도하시기보다는 마치 인간 지도자 모세가 한 것처럼 말함으로써 이스라엘과 하나님과의 관계를 객관적이고 낯선 관계로 묘사하고 있습니다.

이스라엘의 죄로 인하여 하나님과 이스라엘의 관계가 손상되었음에도 불구하고 하나님은 한번 하신 약속은 반드시 지키시는 분이므로 가나안 땅으로 인도하시는 것입니다. 하나님은 이스라엘 백성들의 죄악과 불성실 가운데서도 택하시고, 약속하시고, 구원하시며, 끝까지 인도하시는 분입니다. 자격 없는 이스라엘 백성들에게 주시는 은혜와 선물입니다. 이스라엘의 죄보다 더 크신 은혜와 사랑을 주시는 하나님이십니다.

영국교회의 부흥은 관념이나 신학이 아니라 '살아 계신 하나님'을 역사 속에서 확실하게 보여주었습니다. 그 후 몇 주 만에 약 10만 명이 회심하고 돌아왔습니다. 그런데 성령의 부흥 역사가 일어나고 하나님의 실존이 확실하게 드러난다고 해서 사탄이 파업하고 도망갑니까? 천만의 말씀입니다. 사탄이 그 현장에서 맞불 놓고 펄펄 뛰노는 것을 생생히 보여준 것이 영국교회의 부흥 현장이었습니다. 부흥의 불길이 오래가지 못하고 꺼진 이유 중 하나는 하나님에 관해 문외한이었던 사람들이 진리를 분별하지 못해서입니다.

하나님의 강권적인 역사를 통해 마음이 열리고 나니, 그들이 초월적인 역사로 보이는 것 앞에서 무조건 엎어지는 것을 사탄이 이용한 것입니다. 사탄은 광명의 천사로 위장할 수 있는 능력이 있습니다. 성령의 역사도 모방하고 부흥도 이용하였습니다. 심지어는 십자가의 복음을 가지고도 사기를 칩니다. 하나님의 사역자라는 이름도 이용합니다. 우리가 타락한 것은 궁극적으로 환경이나 상처나 다른 이유 때문이 아닙니다. 바로 불순종의 아들들 가운데 역사하는 영이 우리를 사로잡았기 때문입니다.

그러므로 하나님의 구원 역사는 사탄의 저주에서 우리를 건져내는 것입니다. 그것을 예수 그리스도께서 십자가 죽음으로 이루셨습니다. 우리가 할 일은 하나님 앞에서의 철저한 엎드러짐과 돌이킴과 회개입니다.

이스라엘의 금송아지 우상 숭배와 불순종의 죄는 너무 큽니다. 그러나 하나님의 은혜와 사랑은 모든 것을 덮고도 남을 만큼 비교할 수 없이 더 큽니다. 하나님의 은혜에 감사하면서 죄의식과 열등의식에서 빨리 벗어나 은혜의식으로 충만해야 합니다. 나의 나 된 것은 하나님 은혜이고(고전 15:10), 하나님이 베푸신 은혜가 너무 큽니다(고후 12:9).

은혜와 감사의 성도가 되면 사탄은 왔다가도 도망갑니다. 우리가 하나님의 은혜를 기억하면 마음이 유쾌해지고, 행복과 자유와 건강과 능력과 사랑과 축복이 흘러넘치게 됩니다. 은혜를 기억하면 하나님을 찬양하고 절대 순종할 수 있습니다. 은혜를 기억하면 우상적인 모든 장신구를 떼어내는 것입니다. 이런 은혜가 충만하시기를 축원합니다.

2. 믿음으로 행동하라

"내가 사자를 너보다 앞서 보내어 가나안 사람과 아모리 사람과 헷 사람과 브리스 사람과 히위 사람과 여부스 사람을 쫓아내고 너희를 젖과 꿀이 흐르는 땅에 이르게 하려니와 나는 너희와 함께 올라가지 아니하리니 너희는 목이 곧은 백성인즉 내가 길에서 너희를 전멸할까 염려함이니라 하시니"(2-3절).

가나안 정복이 그 배후에서 역사하시는 하나님의 은혜와 권능에 의해 이루어짐을 의미합니다. 오늘날 우리들도 세상과 영적 싸움을 싸우지만 우리들의 능력이 아닌 하나님의 능력과 은혜로 싸울 뿐입니다(골 1:29).

하나님께서 인간 역사 속에 친히 개입하심에 대한 신인 동형동성론적 표현입니다. 하나님은 하나님의 때가 찬 경륜에 따라 역사에 깊이 개입하셔서 뜻하신 바대로 그 역사를 이끌어 가십니다. 이것이 하나님의 절대적인 주권입니다. 가나안 원주민을 대표하는 6족속의 이름이 열거되었습니다. 이들이 거주하던 땅은 하나님께서 이미 아브라함에게 약속하셨던(창 15:19-21) 바대로 이스라엘 민족에게 주어질 기업입니다. 시간 문제이고 받기만 하면 됩니다.

젖과 꿀이 흐르는 가나안 땅은 문자적으로 풀어보면, 젖을 생산하는 소와 양을 많이 사육할 수 있는 풍부한 목초지입니다. 꿀을 채취하는 양봉이 가능할 정도로 꽃과 화초가 많이 자라는 살기 좋은 땅으로 이해될 것입니다. 그러나 이 말은 결코 1차적인 자연 조건만을 의미하지는 않습니다. 이 말씀 속에 내포된 진정한 의미는 영적 의미로서, 곧 하나님의 축복과 언약이 임하신 곳이라는 뜻입니다.

어느 한 사업가가 레미콘 사업 준비를 완료하고 자동차 회사에 전화를 했습니다. 그 전화를 받은 사원이 전화번호를 묻더니만 금세 끊었습니다. 그리고 잠시 후에 즉시 전화가 걸려 왔습니다. 이상해서 고객이 그 사원에게 이유를 물었더니, 레미콘에 대해 설명하려면 한참 걸릴 텐데 시외 통화 요금을 고객에게 부담 드리지 않으려고 다시 전화 드렸다고 합니다. 사업가는 그 이야기를 듣고 다른 것은 묻지도 않고 당장 레미콘 15대를 주문했다고 합니다.

성공한 인생을 사는 사람과 실패한 인생을 사는 사람이 어떻게 다른가를 보여주는 교훈입니다. 부동산업, 보험업, 중개업, 서비스업, 음식업, 일반회사에서 흔히 일어나는 현상들입니다. 자동차에 대한 전문지식과 기술과 기능과 장황한 설명이 아니라 한 영업사원의 상대를 먼저 배려하는 태도에서 풍기는 인격의 힘이 그런 결과를 얻게 한 것입니다. 늘 상대를 배려하는 삶이 성공을 가져다줍니다. 하나님은 우리에게서 단 한 번도 눈을 떼지 않으셨습니다. 백만분의 1초라도 하나님은 우리를 떠나지 않으시고 늘 가까이 계십니다. 그분은

장신구를 떼어내라(출애굽기 33:1-6)

우리의 심장박동을 들으시며, 우리의 기도를 듣고 흐뭇해하십니다. 그분은 우리가 죄로 인해 죽도록 내버려두느니 차라리 그분 스스로 죽는 편을 택하십니다. 그리고 실제로 그렇게 하셨습니다(맥스 루케이도의 《은혜》 중에서).

우리는 우리보다 앞서 가시고 준비하시며 승리케 하시는 하나님을 붙잡고 따라가면 됩니다. 가나안 족속을 물리치시고 믿음의 조상 아브라함에게 약속하신 젖과 꿀이 흐르는 가나안 땅을 주심을 믿고 전진하고 행동하면 됩니다. 하나님의 전지전능하심과 영원하심과 그분이 약속을 신실하게 지키시는 분임을 믿으면 됩니다. 믿고 앞으로 나가면 됩니다. 믿는 대로 행동하면 됩니다. 하나님의 능력과 약속을 믿는 성도는 하나님이 싫어하시는 모든 것을 배설물처럼 버릴 수 있습니다. 하나님의 약속과 능력을 굳게 믿고 장신구를 떼어내는 믿음 충만한 성도들이 되시기를 축원 드립니다.

3. 하나님을 사랑하라

"여호와께서 모세에게 이르시기를 이스라엘 자손에게 이르라 너희는 목이 곧은 백성인즉 내가 한순간이라도 너희 가운데에 이르면 너희를 진멸하리니 너희는 장신구를 떼어내라 그리하면 내가 너희에게 어떻게 할 것인지 정하겠노라 하셨음이라 이스라엘 자손이 호렙 산에서부터 그들의 장신구를 떼어내니라"(5-6절).

"목이 곧은 백성"은 하나님 앞에서 완악하기 이를 데 없는 자들을 뜻하는 성경의 표현입니다. 하나님이 한순간이라도 함께 있으면 그들의 죄악을 발견하게 됩니다. 사람의 계획과 생각은 항상 악할 뿐입니다(창 6:5). "장신구를 떼어내라"의 '떼어내다'의 히브리어 '야라드'는 '끌어내리다'는 뜻입니다. 장신구를 내어 던지라는 뜻입니다. 장신구는 우상 숭배의 상징이었습니다. 백성들이 자신의 몸을 믿음으로 단장하여 육신의 욕망을 억제하고 통회하라는 뜻입니다.

우리가 하나님을 섬기면서도 끊어버리지 못한 옛 습관과 위선과 교만과 죄악의 요소들이 오늘의 장신구들입니다. 하나님보다 장신구들을 더욱 사랑하기 때문입니다. 이러한 장신구들을 단호히 떼어내야 합니다. 하나님보다 더 귀한 것은 세상에 아무것도 없습니다.

찬송가 94장에 "주 예수보다 더 귀한 것은 없네. 이 세상 부귀(명예와 행복)와 바꿀 수 없네"라고 하였습니다. 이 세상 그 무엇도 하나님과 신앙과 바꿀 수 없습니다. 하나님을 사랑하면 순종하고 충성하게 됩니다. 하찮은 장신구와 결코 비교하거나 바꿀 수 없습니다.

나디니엘 호손이 어느 날 비참한 표정으로 집에 돌아왔습니다. 아내 소피아에게 직장에서 해고당했다고 말했을 때에 소피아는 기쁨의 탄성을 내질러 그를 놀라게 했습니다.

"마침내 당신은 문학을 할 수 있게 되었단 말예요!"

소피아는 서랍 속에서 상당한 돈을 끄집어냈습니다.

"난 당신이 천재적인 작가라는 사실을 오래전부터 알았죠. 언젠가 명작을 남길 거라고 믿었어요. 당신이 가져다주는 생활비에서 조금씩 떼어놓았죠."

미국문학의 대명사 격인 《주홍글씨》는 이처럼 호손의 아내 소피아의 신뢰에서 탄생된 것입니다. 누구나 정신건강에 어느 정도는 문제가 있는 셈입니다. 칼 융(Carl G. jung)은 이르기를 "노이로제(신경증)란 항상 마땅히 겪어야 할 고통을 회피한 결과다"라고 하였습니다.

그러나 결과는 피하려 하였던 그 고통보다 피하려 하는 마음이 더 고통스러워집니다. 많은 사람들이 힘든 문제와 고통을 회피하려 들지만, 이는 노이로제를 더욱 악화시키는 결과를 낳습니다. 그러기에 우리는 정신적이고 영적인 건강을 성취할 수 있는 기술을 배워야 합니다.

우리는 자신과 자녀들에게 문제에 맞서서 고통을 체험해야 할 필요가 있다는 것과 고통을 겪는 것이 필요하고 가치가 있다는 사실을 학습하도록 해야 합니다. 이런 학습은 삶이 부딪히는 문제와 고통이 성장에 이를 수 있도록 북돋워 주는 것임을 알게 해줍니다. 우리들이 스스로 이런 학습을 체득하려고 노력하는 태도를 가질 때에 우리는 성숙에 이르는 방법을 배우게 됩니다.

하나님의 절대적이고 전폭적인 사랑으로 여기까지 왔습니다. 내 공로가 아닌 하나님의 은혜와 사랑입니다. 하나님이 주신 모든 것보다 하나님을 더욱 사랑해야 합니다. 하나님보다 아끼고 사랑하는 어떤 장신구도 있어서는 안 됩니다. 때로는 고난과 역경이 있어도 흔들리지 말고 하나님을 믿고 맡기고 기도하면 더 큰 것을 주십니다.

"주의 의로운 규례들로 말미암아 내가 하루 일곱 번씩 주를 찬양하나이다 주의 법을 사랑하는 자에게는 큰 평안이 있으니 그들에게 장애물이 없으리이다"(시 119:164-165).

나의 모든 어려움에서 반드시 하나님이 승리하게 하십니다(롬 8:35-39). 하나님만을 더욱 사랑하여 장신구를 떼어내는 믿음 충만한 성도들이 되시기를 축원합니다.

사랑하는 번동 가족 여러분!

여러분에게는 어떤 장신구들이 있습니까? 생명과 하나님이 없는 인생이라면 배설물과 같은 것입니다. 하나님의 은혜를 기억하고 믿음으로 행동하고 하나님을 더욱 사랑함으로 모든 장신구를 떼어내는 성도들이 되시기를 축원 드립니다.

셋집에 머물면서

사도행전 28:30-31

³⁰바울이 온 이태를 자기 셋집에 머물면서 자기에게 오는 사람을 다 영접하고 ³¹하나님의 나라를 전파하며 주 예수 그리스도에 관한 모든 것을 담대하게 거침없이 가르치더라

미국의 자동차 산업을 크게 일으킨 찰스 키터링은 나이가 80이 넘어서도 새로운 기계를 발명하는 등 매사에 적극적이었습니다. 83회 생일 때 그의 아들이 말했습니다.

"아버지, 이제는 연구를 중단하고 좀 쉬시지요."

그러자 키터링이 대답했습니다.

"오늘만 생각하는 사람은 흉하게 늙는다. 나는 항상 미래를 바라본다."

사람들은 나이가 들면서 노년을 걱정합니다. 건강하고 우아하게 늙고 싶은 것이 한결같은 바람입니다. 노년기를 우아하게 보내려면 세 가지를 유의해야 합니다.

첫째는, 영혼의 문제를 생각해야 합니다. 둘째는, 무슨 일에나 함부로 참견하는 습관을 버려야 합니다. 셋째는, 같은 말을 반복하거나 남을 헐뜯는 일을 삼가야 합니다. 사람을 흉하게 늙도록 만드는 다섯 가지 독약이 있습니다. 그것은 '불평, 의심, 절망, 경쟁, 공포'입니다. 이 다섯 가지 독약의 양이 많을수록 노년의 얼굴은 심하게 일그러집니다. 반대로 사람을 우아하게 늙도록 만드는 다섯 가지 묘약이 있습니다. 그것은 "사랑, 여유, 용서, 아량, 부드러움"입니다.

사도행전의 저자 누가는 구원이 이방인에게 확산됨을 선언하는 것으로 본서를 종결짓고 있습니다. 바울은 2년 동안 로마에 머물렀는데, 석방되기 이전 연금된 상태로 있었습니다. 바울에 대한 재판이 2년 동안이나 열리지 않고 연기되었거나 판결이 지연되었음을 뜻합니다. 유대인 고소자들은 재판에 승산이 없고 구체적인 증거가 없이 괴롭히기 위한 고소로 여겨질 때는 응징을 받아야 했던 로마 법정의 절차가 두려워, 법정 고소 만료일인 18개월이 지나도록 법정에 나타나지 않았기 때문에, 결석재판으로 진행되어 바울이 무죄 판결을 받아 석방되었을 것으로 해석하고 있습니다.

이때는 바울이 로마에 도착한 61년 중순부터 63년까지의 기간이었을 것입니다. 바울은 이러한 상태에서 셋집에 머물렀습니다. 바울이 머무른 곳은 교도소가 아니라 세(hire) 집이었습니다. 이러한 긴장되고 위험한 상황에서 사도 바울이 무엇을 했는가를 본문이 말하고 있습니다. 인생 노년과 말년에 사도 바울의 진정한 모습을 보게 됩니다. 우리 모두가 셋집에서 인생 노년을 사는 사도 바울의 모습을 본받고, 배우며, 실천하는 이 시대의 사도 바울이 되시기를 축원 드립니다.

1. 자기에게 오는 사람을 다 영접하였습니다

"바울이 온 이태를 자기 셋집에 머물면서 자기에게 오는 사람을 다 영접하고"(30절).

'영접하고'의 헬라어 '아페데케토'는 미완료 과거형으로 바울을 찾는 사람들이 그치지 않고 계속되었음을 뜻합니다. 이때 찾는 사람들은 이방인들이 주종을 이루었을 것입니다. 자유로운 2년간의 옥중생활이 바울에게는 다시없는 로마 전도의 기회였습니다. 로마 황제 가이사 집 사람에서 시작하여(빌 4:22) 도주한 노예 오네시모에게(몬 1:10) 이르기까지 그는 광범위하게 많은 사람들을 영접하였고, 그들에게 때를 얻든지 못 얻든지 복음을 전하였던 것입니다(딤후 4:21).

2년간의 셋집 생활을 통해 접촉하는 모든 사람에게 복음을 전파하고 서신들을 기록하면서 하나님의 사업에 여념이 없었습니다. 바울은 셋집에 가둘 수 있었으나 복음과 성령은 가두거나 제한할 수 없었습니다. 바울이 자유롭게 여기저기 다니면서 복음을 전하고 사역한 것보다 셋집에서 일한 것이 더 많고, 그곳에서 많은 열매를 맺게 하셨습니다.

하나님은 바울로 하여금 사람들이 있는 곳으로 찾아가게 하시지만, 때로는 필요한 사람들을 바울에게로 찾아오게 하셔서 복음을 개인적으로, 그리고 집중적으로 자원하여 듣게 하셨습니다. 로마의 높은 사람들과 젊은 군인들과 여러 부류의 사람들을 만나게 하셨고, 바울은 모든 시간과 만남과 사람들을 복음 전할 기회로 선용하였습니다. 사람을 가리거나 제한하지 않고 모든 사람들을 영접하였습니다.

옛날에 기어다니는 앉은뱅이가 있었습니다. 추운 겨울밤이면 얼어 죽지 않으려고 남의 집 굴뚝을 끌어안고 밤을 보내고 낮에는 장터를 돌아다니며 빌어먹으며 살아갔습니다. 그러다 어느 날 장터에서 구걸하는 맹인을 만났습니다. 동병상련의 아픔이 있었기에 두 사람은 끌어안고 울면서 같이 살기로 하였습니다. 앉은뱅이는 맹인에게 자기를 업으면 길을 안내하겠다고 하였습니다. 맹인이 앉은뱅이를 업고 장터에 나타나면 서로 돕는 모습이 보기가 좋았던 사람들은 두 사람에게 넉넉한 인심을 보냈습니다. 그러자 빌어먹고 살지만 예전보다는 살기가 좋았습니다. 보는 놈이 똑똑하다고 하더니 점차 앉은뱅이는 맛있는 음식은 골라먹고 맹인에게는 음식을 조금만 나누어 주다 보니 앉은뱅이는 점점 무거워지고 맹인은 점점 약해져 갔습니다.

어느 날 두 사람은 시골 논길을 가다가 맹인이 힘이 빠져 쓰러지면서 두 사람 모두 도랑에 처박혀 죽게 되었습니다. 우리도 마찬가지입니다. 똑똑하고 능력 있다고 베풀지 않고 혼자만 배를 채우다 보면 앉은뱅이의 실수를 할 수 있습니다. 우리도 균형을 잃으면 공멸할 수 있습니다.

바울처럼 자기에게 오는 모든 사람을 영접해야 합니다. 모두가 구원과 사랑과 선교의 대상입니다. 누가 구원을 받을지 모릅니다. 누가 복음의 큰 인물이 될지 모릅니다. 누구도 차별하거나 이용하면 안 됩니다. 모두를 귀히 여기고 진심으로 영접해야 합니다. 우리의 가족, 성도, 이웃 모든 사람들을 주님의 이름으로 따뜻하게 영접해야 합니다. 나와 다르거나 모르는 사람들까지도 영접하고 사랑해야 합니다. 우리 인생은 여기가 영원한 곳이 아니고 우리의 시민권은 하늘에(빌 3:20) 있음을 깨닫고, 잠시 있다가 가는 셋집에서 모든 사람을 영접하며 사시기를 축원 드립니다.

2. 하나님의 나라를 전파하였습니다

"하나님의 나라를 전파하며 주 예수 그리스도에 관한 모든 것을 담대하게 거침없이 가르치더라"(31절).

31절 상반절에 "하나님의 나라를 전파하며"라고 하였습니다. 바울이 설교한 주제는 하나님의 나라였으나 그 내용은 예수님의 일이었습니다. 하나님의 나라는 예수님의 영역이고, 예수님은 하나님 나라의 왕이십니다. 이 사실은 "모세의 율법과 선지자" 즉 구약에 입각한 것이며 완성인 점을 강조하였습니다. 복음은 청중을 두 갈래로 갈라놓습니다. 바울은 가는 곳마다 이런 현상을 경험하였습니다. 유대인들은 일단 거부하고, 이방인이 먼저 구원을 받은 후에야 그들도 회개한다는 사실을 바울은 로마로 보낸 서신에서 미리 밝혔습니다. 이스라엘 백성의 마음은 완악함으로써 깨닫지도 믿지도 않았습니다. 그들은 하나님의 심판을 받아 바벨론 포로가 되었습니다.

그리고 예루살렘은 주후 70년에 멸망하고, 세계에 유랑하는 민족이 되었습니다. 이스라엘의 거부로 이방인이 앞서 믿게 되었고, 그 후에 이스라엘도 믿게 되어 구원의 대단원이 성취되는 하나님의 신비로운 구원사를 이루고 있습니다. 바울은 여전히 자신의 동족에 대한 미련을 버리지 못하고 구원을 열망하였습니다. 한편에서의 거부와 다른 편에서의 응답은 뜻하지 않은 성공이었고 엄숙한 절정에 이르게 하였습니다. 하나님 나라를 믿는 자에게 하나님 나라는 선물로 주어집니다.

2차 세계대전 이후에 등장한 새로운 철학이 있습니다. 실존주의(實存主義, existentialism)입니다. 실존주의가 등장한 배경은 2차 대전의 참혹한 현장을 거치면서 "과연 인간이란 어떤 존재인가?"에 대한 질문이 깊어지면서 일어난 철학입니다. 실존주의는 독일, 프랑스, 덴마크를 중심으로 2차 대전의 전쟁의 참화가 극심하였던 지역을 중심으로 일어난 철학입니다.

독일의 실존주의 철학자 중에 칼 야스퍼스(Karl Jaspers)가 있습니다. 칼 야스퍼스가 사용한 실존철학의 용어 중에 실존적 교제(實存的交際)란 용어가 있습니다. 실존적 교제란 일체의 이해관계를 벗어나 순수한 상태에서의 혼(魂)과 혼(魂)의 만남을 뜻합니다. 이 용어가 오늘에 와서 관심을 끌게 된 것은 세월이 갈수록 사람들의 만남이 순수성을 잃고 이해관계를 앞세운 만남이 날로 심해진 탓입니다. 사람이 사람을 만남에 이해관계가 얽혀 서로를 이용하려 하고, 서로가 상대의 진심을 믿지 못하게 되고, 서로가 계산에 의하여 만남이 이루어지기에 피곤해집니다.

이런 시대의 흐름에서 인간의 영혼은 잡다한 이해관계를 벗어난 순수한 만남을 그리워하게 됩니다. 그러한 순수한 혼과 혼의 만남에서 인간은 인간다움을 찾게 되고, 인간존재의 참된 가치를 인식하게 됩니다. 교회는 그런 점에서 좋습니다. 교회에서의 만남은 다른 이해관계가 없습니다. 그냥 영혼의 자유함과 고귀함만으로 서로를 받아들일 수 있게 됩니다. 그런 만남을 성경의 용어로는 코이노니아

(KOINONIA)라 일컫습니다. 코이노니아는 예수 그리스도를 중심에 모신 인간 영혼의 순수한 만남입니다. 이런 만남을 통하여 인간은 서로를 인정하게 되고, 서로를 높여 주게 됩니다. 그래서 자유함을 누릴 수 있게 됩니다. 그렇게 자유함을 얻게 되면 영혼 깊이 스며드는 기쁨을 누릴 수 있게 됩니다.

바울은 사람들을 영접하고 하나님 나라를 전파하였습니다. 우리도 모든 과정과 세월 속에서 힘을 다해 하나님 나라를 전파해야 합니다. "너는 말씀을 전파하라 때를 얻든지 못 얻든지 항상 힘쓰라 범사에 오래 참음과 가르침으로 경책하며 경계하며 권하라"(딤후 4:2)고 하였습니다. 바울처럼 언제 어디서나 누구에게든지 하나님 나라를 담대하게 거침없이 전파해야 합니다. 잠시 후에 떠날 인생 셋집에 머물면서 하나님의 나라를 전파하는 이 시대의 바울이 되시기를 축원 드립니다.

3. 가르쳤습니다

"하나님의 나라를 전파하며 주 예수 그리스도에 관한 모든 것을 담대하게 거침없이 가르치더라"(31절).

바울은 자기를 방문하는 모든 사람을 영접하여 하나님의 나라를 전파하며, 주 예수 그리스도에 관한 모든 것을 담대하게 거침없이 가르쳤습니다. 복음의 핵심은 하나님 나라와 예수 그리스도와의 관계입니다. 복음의 궁극적인 목적은 하나님 나라이며, 그 하나님 나라가 예수 그리스도를 통해 현현되었고, 예수님의 죽음과 부활을 통하여 확증되었으며, 예수님의 재림으로 완성되는 것이 복음의 선포와 가르침의 내용입니다. 하나님 나라는 유대인들이 기대해 왔던 유대 민족주의적이고 정치적인 것이 아니라, 예수 그리스도의 인격과 삶을 통해 보인 새 하늘과 새 땅에 관한 것입니다.

구약의 메시아 예언과 약속이 예수님에게서 성취되었습니다. 로마 당국은 바울의 셋집에서 선교 행위를 방해하지 않았습니다. 누가는 복음이 로마 당국의 방해를 받지 않고 계속 전파될 수 있기를 기대하였습니다. 예루살렘에서의 유대인들은 복음을 거부하고 방해했던 반면, 로마에서는 복음이 아무런 저항을 받지 않고 전파되었습니다. 이것은 바울에게 주어진 소명과 예수님의 약속이 성취된 것입니다. 당시 세계의 중심지였던 로마에서 복음이 성공적으로 전파되기 시작했습니다. 누가는 사도행전을 매우 간략하게 끝맺고 있지만, 마침내 복음은 로마와 전 세계에 퍼져나가게 될 것을 내다보는 원대한 소망이 있었습니다.

예수 그리스도에 관한 모든 것을 담대하게 거침없이 가르쳤던 바울이 있었기에 오늘 여기에 교회가 우뚝 서 있고, 성도들이 모여서 하나님을 믿고 예배하고 있습니다. 오늘의 모든 것은 사도 바울의 전파와 가르침의 열매입니다.

나치 수용소에 있던 코리 텐 붐(corrie ten boom) 여사는 인생을 살아가면서 초점을 잃지 않는 것이 얼마나 중요한 것인지를 이렇게 설명하고 있습니다.

"만일 이 세상을 보면 우리는 절망할 것입니다. 만일 우리의 내부를 바라보면 낙담할 것입니다. 하지만 그리스도를 바라보면 안식할 수 있을 것입니다."

믿음이란 하나님께 집중하는 것이며 그분에게 내 삶의 초점을 맞추는 것입니다. 그런데 우리는 왜 낙담합니까? 왜 체념합니까? 그 이유는 간단합니다. 태산 같은 문제와 도울 힘이 없는 방백들과 질그릇 인생인 나 자신에게 집중하기 때문입니다.

앤서니 라빈스의 저서 《네 안에 잠든 거인을 깨우라》는 책에 보면, 모든 인생들이 꿈을 포기하고 삶을 체념하며 더 나은 삶으로 나아가지 못하는 중요한 이유는 집중력의 결여라고 말하고 있습니다. 조절된 집중력은 레이저와 같아서 엄청난 에너지를 발산한다는 것입니다.

뿐만 아니라 사람들은 너무 사소한 것에 목숨을 걸고 살아감으로 성공에 이르지 못한다고 지적하고 있습니다. 그렇습니다. 사탄은 우리로 하여금 사소한 것에 목숨 걸게 하고 하나님을 향한 집중력을 떨어뜨리게 합니다. 사소한 것에 목숨 걸게 만든 사탄은 그것으로 만족하지 않습니다. 예를 들면, 먹는 일과 육신의 일에는 목숨을 걸게 하고 예수 믿는 일, 예배드리는 일, 기도하는 일에는 집중하지 못하게 합니다. 다시 말하면 문제 해결이나 자신의 염려에 대해서는 파김치가 될 정도로 목숨 걸고 집중합니다.

그러나 예수 믿는 일에는 설렁설렁합니다. 우리의 연약함은 예수 믿는 일을 취미삼아 하려는 경향입니다. 예수 믿는 일에 프로가 되어야 합니다. 성경묵상이 전공이 되어야 하고, 기도하는 일이 특기가 되며, 전도하는 일이 인생목표가 될 정도로 하나님에 대하여 집중력을 높여야 합니다. 사람은 갈망하지 않으면 낙망하게 되고, 성숙하지 못하면 성취에 안달하게 되고, 포기하지 못하면 소유함에 집착하게 되고, 하나님에게 집중하지 않으면 반드시 문제와 자신에게 집중하게 되며, 예수 믿는 일에 목숨 걸지 않으면 반드시 사소한 것에 목숨을 걸게 되고, 기도하지 않으면 반드시 염려와 근심에 눌리게 되어 있습니다.

　교회의 모든 성도들은 하나님 나라를 전파하는 것과 예수 그리스도를 가르치는 일에 목숨 걸고 집중해야 합니다. 사도 바울은 매였으나 하나님의 말씀은 매이지 않았습니다. 하나님 말씀의 승리입니다. 성령님의 승리입니다. 사도 바울은 셋집에 머물면서 끝까지 생명보다 사명에 충실하였습니다. 인생 셋집에 살고 있는 우리 모두는, 예수 그리스도의 복음에 목숨 걸고 이 세상과 다음 세대에 담대하고 거침없이 말씀을 전파하시기를 축원합니다.

　사랑하는 반동 가족 여러분!
　인생은 셋집입니다. 천국이 영원한 집입니다. 그 나라에 이르기까지 이 시대의 바울이 되어 사람을 영접하고, 하나님 나라를 전파하고, 예수 그리스도를 가르치는 교회와 성도들이 되시기를 축원 드립니다.

우리에게 요단강을
건너지 않게 하소서

민수기 32:1-5

¹르우벤 자손과 갓 자손은 심히 많은 가축 떼를 가졌더라 그들이 야셀 땅과 길르앗 땅을 본즉 그곳은 목축할 만한 장소인지라 ²갓 자손과 르우벤 자손이 와서 모세와 제사장 엘르아살과 회중 지휘관들에게 말하여 이르되 ³아다롯과 디본과 야셀과 니므라와 헤스본과 엘르알레와 스밤과 느보와 브온 ⁴곧 여호와께서 이스라엘 회중 앞에서 쳐서 멸하신 땅은 목축할 만한 장소요 당신의 종들에게는 가축이 있나이다 ⁵또 이르되 우리가 만일 당신에게 은혜를 입었으면 이 땅을 당신의 종들에게 그들의 소유로 주시고 우리에게 요단 강을 건너지 않게 하소서

이 세상에 태어난 우리 모두는 소중한 존재들입니다. 우리 각자는 모두가 하나님께서 정해 주신 소임을 다하기 위하여 태어난 것입니다. 때때로 자신이 아무런 쓸모도 없는 것처럼 느껴질지 모르지

만, 누군가는 당신의 도움을 기다릴 수도 있습니다. 그리고 당신이 별로 생각 없이 한 말에 다시 한 번 살아갈 용기를 얻을 수도 있습니다. 결국 사람은 사람에게 큰 힘을 얻습니다.

"누구든지 위대한 사람이 될 수 있습니다. 누구나 남에게 필요한 존재가 될 수 있기 때문입니다."

마틴 루터 킹(Martin Luther King) 목사의 말입니다.

세상에는 여러 부류의 사람들이 살고 있습니다. 남을 위해 희생과 섬김을 아끼지 않는 사람이 있는가 하면, 오로지 자신만을 위해 사는 이기적인 사람도 있습니다. 대부분이 여기에 속합니다. 교회 내에서도 여러 삶의 형태는 존재합니다.

우리는 오늘 본문에서 이런 모습을 발견하게 됩니다. 오직 가나안 정복이라는 한 목표를 향하여 진군하고 있는 이스라엘 백성들이 있는가 하면, 파렴치하게도 자기 지파와 집단만의 이익과 안식과 평안을 위하여 가나안 정복 전쟁에 불참하고, 이미 획득한 요단 동편 땅에 정착하겠다는 극히 이기적인 주장을 내세우는 무리도 있습니다. 이런 사람들은 전체 백성들에게 실망과 좌절을 안겨주고 분열을 조장합니다. "우리에게 요단 강을 건너지 않게 하소서"라고 요구한 르우벤과 갓과 므낫세 지파의 요구가 우리에게 주는 영적인 교훈을 깨닫는 시간이 되시기를 축원 드립니다.

1. 물질적 욕심입니다

"르우벤 자손과 갓 자손은 심히 많은 가축 떼를 가졌더라 그들이 야셀 땅과 길르앗 땅을 본즉 그곳은 목축할 만한 장소인지라"(1절).

본문에서 르우벤과 갓 지파는 "우리에게 요단 강을 건너지 않게 하소서"라고 하였습니다. 왜냐하면 가축이 많은 그들의 생각에는 현재 그곳이 가축 기르기에 적당했기 때문입니다. 땅 때문에 하나님과 사명과 민족 공동체를 보지 못했습니다. 땅 때문에 더 귀한 것을 잃어버리는 불행에 빠지게 됩니다. 이러한 요구는 민족적 소원인 약속의 땅 가나안 정복보다는, 자신들의 재산과 가족을 더 소중히 여기는 극단적인 이기주의 행동이었습니다. 타 지파 사람들의 눈에는 요단 동편 땅이 우상 숭배와 죄악이 가득한 땅으로 보였으나, 그들의 눈에는 좋은 목초지로만 보였습니다.

물욕으로 인하여 아무것도 볼 수 없는 불행한 상황이 되었습니다. 오늘을 사는 성도들도 가치를 선택하는 척도에 있어서 우선적인 것이 무엇인지를 분명히 알아야 합니다. 하나님의 말씀과 의도와 소원을 무시하고 자신의 눈에 보이는 대로만 선택한다면 불신자의 선택과 다를 바가 없습니다. 성도는 마땅히 눈에 보이는 것만 보지 말고, 신앙의 눈으로 영적인 풍요와 아름다움을 바라보아야 합니다. 심령이 가난한 자의 눈으로 보고 선택하는 영적 성숙이 있어야 합니다. 물질 앞에 다 무너지는 성도가 된다면 너무 슬픈 것입니다.

존 맥스웰이 쓴 《위대한 영향력》에 나오는 내용입니다.

"많은 사람들이 지식을 갖고 잠시 성공합니다. 몇몇 사람은 행동을 갖고 조금 더 오래 성공합니다. 소수의 사람들이 인격을 갖고 영원히 성공합니다."

주변을 돌아보면, 지식으로 성공한 사람이 많이 있습니다. 지식은 스펙을 의미할 수도 있고 실력을 의미할 수도 있습니다. 자신만의 경험에 의한 노하우가 될 수도 있습니다. 그렇지만 인격이 뒷받침되지 못한 지식은 모래 위에 세운 집과 같습니다. 작은 비에도 무너져 내릴 수 있습니다. 인격의 뒷받침 없는 지식과 스펙은 언제 터질지 모르는 시한폭탄과도 같습니다. 주변을 둘러보십시오. 권력자들이 보여주는 성숙하지 못한 '갑질'은 결국 인격이 갖춰지지 않아 생기는 재앙입니다.

인격 위에 세워진 지식은 반석 위에 세워진 빌딩과 같습니다. 인격 위에 바로 선 사람의 행동은 많은 사람에게 감동을 줄 수 있습니다. 절대 상처를 주지 않습니다. 지식과 스펙이 뛰어난 사람은 그것을 통해 경쟁력을 갖추고 사회로부터 인재라고 평가받길 원합니다. 여기에 인격이 더해져야 합니다. 이것이 반석 위에 집을 짓는 유일한 길입니다. 그것이 일류사회로 향하는 첩경입니다. 우리 사회가 보이지 않는 건물의 기초인 인격을 소홀히 생각하지 않았으면 좋겠습니다. 다른 사람의 격을 높이면 자연스럽게 나의 격이 높아집니다.

르우벤 자손과 갓 자손은 심히 많은 가축 떼를 가졌습니다. 눈앞에 보이는 가축 떼 때문에 인격과 양식과 신앙과 공동체를 잃어버린 것입니다. 인격이 문제입니다. 많이 가져도 고상한 인격을 소유한 사람들도 많습니다. 욕심 없이 베풀고 섬기며 사는 빌 게이츠 같은 사람들도 많습니다. 물질적 욕심의 문제를 해결하지 못하면 늘 다투고 싸우게 됩니다. 사람과 하나님과의 좋은 관계가 다 깨어져 버립니다. 물질 때문에 죄 짓고 고립당하고 신앙도 깨어지게 됩니다. 물질적인 욕심을 버리고 더 귀중하고 근본적이고 영원한 영적인 것을 바라보면서 요단 강을 건너는 지혜로운 성도들이 되시기를 축원 드립니다.

2. 불신앙적 태도입니다

"곧 여호와께서 이스라엘 회중 앞에서 쳐서 멸하신 땅은 목축할 만한 장소요 당신의 종들에게는 가축이 있나이다"(4절).

여호와께서 이방의 통치자를 몰아내시고 여호와의 통치가 실현되는 영토로 삼으셨다는 의미입니다. 이스라엘이 가나안 땅을 떠나기 전 선조 대(代)에는 주된 산업이 목축업이었습니다. 애굽 생활을 할 때와 광야 40년간 방황할 때도 목축을 하였습니다. 정복 전쟁에서 가나안 주변국들의 가축을 탈취하여 그들의 소유물로 삼았습니다. 르우벤과 갓 자손들은 많은 가축이 있어서 좋은 목초지가 절대 필요했습니다. 이스라엘이 가나안 땅 정복 직전에 점령했던 야셀과 길르앗 땅은 훌륭한 목초지와 곡창지대로 유명하였습니다.

그런데 문제는 그곳이 풍요한 땅이었음에도 불구하고 이스라엘에게는 허락되지 않는 약속의 땅 밖의 지역이라는 사실입니다. 약속의 땅이 아닌 것입니다. 그럼에도 불구하고 르우벤과 갓 지파 사람들은 눈에 보이는 대로 요구하였습니다. 눈에 보이지 않는 하나님과 하나님의 약속과 언약을 잊었고 묻어 버렸습니다. 홍해에 다 던져버리고 빠뜨렸습니다. 물질과 땅 앞에서는 하나님과 말씀과 약속을 헌신짝처럼 벗어 버렸습니다. 에서와 가룟 유다처럼 미련 없이 바꾸어 버렸습니다. 이것은 불신앙적 태도입니다.

"천천히 축구공이 하늘로 떠올랐습니다
그때 사람들은 꽉 찬 관중석을 보았습니다
고독하게 시인은 골대 앞에 서 있었고
그러나 심판은 호각을 불었습니다
…오프사이드"

2002 한일월드컵 때 독일의 대문호 귄터 그라스가 발표한 축시 '밤의 경기장'입니다. 축구공이 떠올랐습니다. 인생이 시작됐습니다. 꽉 찬 관중석, 꽉 찬 인생, 그러나 그 많은 사람들 속에도 인생은 언제나 단독자(單獨者)입니다. 고독하게 시인은 골대 앞에 서 있습니다. 골키퍼와 일대일, 골을 넣어서 영웅이 될 수 있는 숨 막히는 상황입니다. 그때 심판의 호각이 울립니다.

"오프사이드!"(off-side)

바로 그 순간이 아무것도 아닌 상황이 됩니다.

때로 우리는 환호하는 관중과 골을 넣어 성공하겠다는 열망 속에 심판의 선언이 있다는 것을 망각합니다. 하나님보다 앞서가면 영적인 오프사이드가 됩니다. 하나님은 광야 속의 이스라엘 백성들을 구름기둥과 불기둥으로 인도하셨습니다. 하나님보다 앞서가면 방향을 상실하고 가나안으로 들어갈 수가 없습니다. 그래서 기도의 용사 조지 뮬러는 이런 고백을 했습니다.

"하나님보다 앞서지 말자, 기도보다 앞서지 말자, 성령보다 앞서지 말자!"

하나님보다 앞서가면 심판이신 하나님의 호각이 울립니다.

"오프사이드!"

세상을 살다 보면 어려울 때도 있지만 잘되고 좋을 때도 있습니다. 신바람이 나고, 누구도 부럽지 않고, 내 힘과 능력으로 안 될 일이 없을 것 같은 순간도 있습니다. 바로 그 순간에 겸손하고 신중해야 합니다. 하나님과 기도보다 앞서지 말아야 합니다. 바로 그 순간에 하나님 앞에 엎드려서 감사하고, 기도하며, 겸손해야 합니다. 물질적인 풍요 속에서 하나님의 약속과 영적인 것을 망각하고, 경솔하고, 거만하고, 교만하여 버림받는 사람이 되지 말아야 합니다. 하나님과 약속의 땅을 버리고 요단 강을 건너지 않겠다고 떼를 쓰는 미련한 인생이 아니라, 더욱 겸손하게 하나님을 잘 섬기며 요단 강을 건너가는 믿음과 성령이 충만한 신앙의 성도가 되시기를 축원 드립니다.

3. 헌신의 포기입니다

"또 이르되 우리가 만일 당신에게 은혜를 입었으면 이 땅을 당신의 종들에게 그들의 소유로 주시고 우리에게 요단 강을 건너지 않게 하소서"(5절).

르우벤과 갓 자손들은 요단 동편 땅을 그들의 소유로 취하기를 원했습니다. 이스라엘 백성의 관념으로는 하나님이 각자에게 허락하신 땅은 어느 누구도 침해할 수 없는 고유한 소유로 생각하였습니다. 더욱이 희년(Jubilee) 제도로 말미암아 비록 어떤 경우로 타인에게 땅을 양도하였다 하더라도 희년에 원주인이 그 땅을 다시 되찾을 수 있었습니다(레 25:8-55). 그러므로 르우벤과 갓 자손들은 좋은 땅을 자신들의 기업으로 얻기 위해 당돌한 요구를 했던 것입니다. 요단 서편 땅 분배에는 관심이 없다는 뜻과 험난한 가나안 정복 전쟁과 전투에 참여하지 않고 요단 강을 건너지 않고 요단 강 동편에 안주하겠다는 뜻입니다.

모세는 그들의 요구를 호된 책망과 함께 해결하였습니다. 요단 강을 건너 가나안 땅에 들어가면 철 무기를 가진 가나안 일곱 족속들과 피 흘리는 목숨이 오고 가는 전쟁을 해야 되는데, 그 전쟁에 두 지파는 빠지겠다는 것입니다. 하나님의 약속을 거부하고 민족 공동체를 깨뜨리는 헌신을 포기하는 요구를 하고 있는 것입니다.

이 세상에서 가장 배우기 쉬운 것이 무엇인지 아십니까? 그것은 불평입니다. 불평을 배우는 데는 소질이 전혀 없어도 가능하고, 지식도 필요 없고, 인격과 기질, 재능, 지식, 나이, 환경 다 필요 없습니다. 돈도 안 들어갑니다. 그러나 배우기 쉬운 불평이라고 생각 없이 배우지는 마시기 바랍니다. 불평한다고 문제가 해결되지 않습니다. 불평한다고 마음이 행복해지지 않습니다. 불평한다고 해서 상대방이 나아지지 않습니다. 불평하면 할수록 더 깊은 절망 속으로 빠져들 뿐입니다. 불평은 '마귀학교'의 가장 중요한 필수과목입니다.

오늘도 많은 이들이 르우벤과 갓 자손처럼 힘들고, 희생해야 하고, 눈물과 땀과 피를 흘려야 하는 요단 강 서편을 피하고, 버리며, 떠나고 있습니다. 박수와 칭찬과 영광은 원하지만 고난과 희생과 헌신은 멀리하고 있습니다. 그러나 누군가는 십자가를 져야 합니다. 가정과 교회와 지역과 사회를 위해 헌신해야 합니다. 헌신을 포기하는 사람이 아닌 주님과 교회를 위해 생명과 목숨을 바쳐 헌신하는 성도들이 되시기를 바랍니다. 요단 강을 건너 하나님의 나라와 약속을 이루기 위해 먼저 헌신하는 성도들이 되시기를 축원합니다.

사랑하는 번동 가족 여러분!

르우벤과 갓 자손이 남이 아닌 바로 우리들이고 나입니다. 아직도 요단 강을 건너지 않았고, 건너지 않게 해달라고 기도하고 있습니다. 이제 물질적 욕심과 불신앙적인 태도와 헌신을 포기한 르우벤과 갓 자손의 극히 이기적이고 세속적인 모든 것을 배설물처럼 버려야 합니다. 그리고 요단 강을 과감하게 건너 요단 서편의 삶을 살아가는 진정한 영적 이스라엘 백성들이 되시기를 축원 드립니다.

발견하게 하려 하신 하나님(사도행전 17:24-27)
브솔의 은혜(사무엘상 30:21-25)
나와 함께 깨어 있으라(마태복음 26:36-46)
내 영혼을 살게 하소서(시편 119:175-176)
새벽이슬 같은 주의 청년들(시편 110:1-7)
너희 중에 표징이 되리라(여호수아 4:1-9)
떠나지 아니한 구름과 불기둥(출애굽기 13:17-22)
겨울 전에 어서 오라(디모데후서 4:19-22)
닫고 여시는 하나님(사무엘상 1:1-11)
큰 구원을 등한히 여기지 말라(히브리서 2:1-4)
예배를 방해하는 것들(출애굽기 10:21-29)
임마누엘(이사야 7:10-14)
영광과 평화의 예수님(누가복음 2:8-14)
엔학고레의 하나님(사사기 15:14-20)

4부

나와 함께 거기에 있으라

발견하게 하려 하신 하나님

사도행전 17:24-27

24우주와 그 가운데 있는 만물을 지으신 하나님께서는 천지의 주재시니 손으로 지은 전에 계시지 아니하시고 25또 무엇이 부족한 것처럼 사람의 손으로 섬김을 받으시는 것이 아니니 이는 만민에게 생명과 호흡과 만물을 친히 주시는 이심이라 26인류의 모든 족속을 한 혈통으로 만드사 온 땅에 살게 하시고 그들의 연대를 정하시며 거주의 경계를 한정하셨으니 27이는 사람으로 혹 하나님을 더듬어 찾아 발견하게 하려 하심이로되 그는 우리 각 사람에게서 멀리 계시지 아니하도다

20대에 교통사고로 전신마비 장애가 있었으나, 장애를 잘 딛고 하반신 마비로 뉴욕 최연소 부장검사에 오른 정범진 에세이 《밥 잘 먹고 힘센 여자를 찾습니다》에 나오는 글입니다.

"내가 장애인이 되고 나서 하지 못하는 일이 몇 가지 생겼습니다.

이를테면 케이프코드의 백사장을 미친 듯이 내달리거나, 페블 비치 골프장의 그 파란 잔디 위에서 힘찬 드라이버 샷을 날리는 것 등입니다. 그 대신 장애인이 되기 전에는 꿈에도 생각하지 못하던 몇 가지 일을 훌륭하게 해내고 있습니다. 예전보다 훨씬 말을 잘하게 되었고, 훨씬 더 글을 잘 쓸 수 있게 되었으며, 무엇보다도 나 자신에 대한 믿음과 신뢰를 갖게 되었습니다. 사랑하던 연인과 헤어졌다고, 오래 다녔던 회사를 그만두었다고 슬퍼하지 마십시오. 당신은 분명히 더 멋진 사람과의 사랑을 하게 될 것이고, 더 훌륭한 직장을 얻게 될 것입니다. 잃은 것과 얻는 것이 있기에 인생은 살아볼 만한 가치가 있습니다."

본문은 사도 바울이 제2차 전도여행 시에 당시 헬라 문화의 중심지였던 아덴에서 복음을 증거한 내용입니다. 결과적 측면에서 보면 아덴에서는 다른 곳에 비해 결실을 거두지 못했습니다. 그러나 설교 자체를 실패작이라고 단정 짓는 것도 무리입니다. 바울은 모든 사람의 상황과 수준에 따라서 적절히 대처함으로써 복음을 전파하였기 때문입니다. 한 사람이라도 더 구원하기 위해 최선을 다했기 때문입니다.

본문의 설교에서는 현란한 헬라 문화에 자부심을 가진 자들에게 효과적으로 복음을 전하기 위한 바울의 배려를 엿볼 수 있습니다. 철학자들에게는 철학적 설교를 한 것입니다. 바울이 증거한 하나님은 어떤 분이신가를 발견할 수 있습니다. 하나님은 자신을 여러 가지 방법으로 계시 하셨습니다. 자연, 역사, 양심, 성경, 예수 그리스도를 통하여 하나님을 알게 하셨습니다. 발견하게 하려 하신 하나님의 음성을 듣는 은혜의 시간이 되시기를 축원 드립니다.

1. 창조주 하나님

"우주와 그 가운데 있는 만물을 지으신 하나님께서는 천지의 주재시니 손으로 지으신 전에 계시지 아니하시고"(24절).

하나님은 헬라의 많은 신들 중에 주신인 제우스처럼 여러 신 가운데 있는 신이 아니라 유일하신 분입니다. 아덴에는 약 30,000이 넘는 신들이 있었습니다. 바울은 아덴 사람들이 하나님을 그러한 신들 중에 하나로 포함하지 않도록, 하나님은 유일하신 분이며 우주와 세상 만물을 창조하신 분임을 명백하게 밝혔습니다. 이 세상에는 그 어느 것도 스스로 존재하거나 다른 것들을 존재하게 할 수 있는 것이 없습니다. 이 세상 어떤 것도 하나님과 관계없이 생겨난 것이 없고, 그와 무관하게 존재할 수 있는 것도 없습니다.

하나님은 우주와 만유를 지으신 분으로서 나무와 풀과 모든 생물에 관여하시고 인류의 생사화복을 주관하십니다. 파르테논 신전이 아무리 웅장하고 화려하다고 해도 그것은 인간이 지은 것입니다. 천지의 주재이신 하나님께서는 인간의 손으로 지은 건물이나 신전에 국한될 수가 없습니다. 하나님은 전지전능하시고 무소부재하신 분입니다. 아덴 사람들은 도시와 신전과 건물과 국가를 소유했지만, 하나님은 그들의 소유물이 될 수 없는 분입니다.

어느 임금님이 백성들의 마음을 알아보고 싶어서 밤중에 몰래 길바닥에 커다란 돌 한 개를 가져다 놓았습니다. 아침이 되자 사람들이 그 길을 지나갔습니다. 장사를 하는 사람은 돌이 가로놓여 있는 것을 보고는 "아침부터 재수 없게 돌이 길을 가로막다니!" 하고 화를 내며 옆으로 피해서 갔습니다. 관청에서 일하는 사람은 "누가 이 큰 돌을 길 한복판에 들어다 놨지?" 하고 투덜대며 지나갔습니다. 뒤이어 온 젊은이는 돌을 힐끔 보더니 빠른 걸음으로 지나가 버렸습니다. 얼마 뒤에 한 농부가 수레를 끌고 지나게 되었습니다. 돌 앞에 걸음을 멈춘 농부는 "이렇게 큰 돌이 길 한복판에 놓여 있으면 지나다니는 사람들이 얼마나 불편을 겪겠어" 하며 큰 돌을 길가로 치웠습니다. 그런데 돌이 놓여 있던 자리에 돈이 든 주머니와 편지가 있었습니다. 편지에는 "이 돈은 돌을 치운 분의 것입니다"라고 쓰여 있었습니다. 그것은 임금님이 써놓은 것입니다. 농부처럼 남의 불편을 먼저 헤아리고 덜어주려고 하면 기쁨이 찾아올 것입니다.

우리 하나님은 만물을 지으신 천지의 주재이신 분입니다. 주재(主宰)란 어떤 일을 중심이 되어 맡아 처리하는 존재를 뜻합니다. 우리는 창조주 하나님을 잘 믿고, 찬양하고, 순종하고, 섬기면 됩니다. 하나님을 대항하거나 무관심하거나 불순종하는 어리석은 사람이 아니라 잘 섬기면 됩니다. 길바닥의 불편한 큰 돌을 다른 사람이 불편하고 다칠까 봐 길가로 치우는 마음으로 살면 은혜가 임하게 됩니다. 우리가 낮아져서 섬길 때에 창조주 하나님이 보시고 만나 주십니다. 깨달음과 은혜가 충만하게 임하게 됩니다. 발견하게 하신 하나님을 잘 섬김으로 창조주 하나님의 사랑과 축복을 받으시기를 축원 드립니다.

2. 주시는 하나님

"또 무엇이 부족한 것처럼 사람의 손으로 섬김을 받으시는 것이 아니니 이는 만민에게 생명과 호흡과 만물을 친히 주시는 이심이라"(25절).

가장 은혜롭고 행복한 말씀입니다. 아덴 사람들은 신들의 영원한 기쁨과 행복을 위해서는 인간들의 희생제사가 필요하다고 생각했습니다. 그래서 그들은 신상에 음식을 갖다놓고, 옷을 입히고, 또 좋은 장소에 그 신상들을 안치시킵니다. 그러나 하나님은 무엇이 부족한 것이 없는 분이시므로 인간의 희생제사를 원하지 않습니다. 그리고 우리가 하나님께 많은 헌금과 헌물을 드린다 하여 더 많이 응답하거나 차별하지도 않으십니다.

하나님은 무엇이 필요하다 생각될 때 우리의 도움 없이 스스로 모든 것을 얻으실 수 있는 분입니다. 왜냐하면 그는 완전하고 충만하사 자신 안에서 모든 기쁨과 만족을 누리시는 유복적 속성(有福的 屬性)을 지니신 분이기 때문입니다(딤전 1:11, 6:15). 이 세상의 그 누구도 생명을 만들어 낼 수 없으며, 이 세상의 그 누구도 인간의 호흡을 한 치도 연장할 수 없습니다. 오직 하나님만이 인간의 생명과 호흡의 주인이십니다. 하나님은 사람에게 생명과 호흡과 만물을 거저 베풀고 주시는 하나님이십니다.

《탈무드》를 보면 이런 말이 있습니다.

"늙는 것을 재촉하는 네 가지가 있습니다. 그것은 두려움, 노여움, 아이, 악처입니다."

좀더 젊게 살려면 이런 부정적인 것들을 마음속에서 몰아내야 합니다. 그런데 나이가 들수록 순수함을 잃어버리고 고정관념에 휩싸여 남을 무시하려는 생각이 듭니다. 우리는 이를 부정하거나 두려워해서도 안 되지만 젊은 날을 아쉬워해서도 안 됩니다. 젊은이들이 누리고 있는 젊음을 우리는 이미 누렸으며, 그런 시절을 모두 겪었다는 사실에 만족해하며 대견스러움을 가져야 합니다.

하지만 인생이란 결국 혼자서 가는 길이므로 독립적인 존재라는 인식을 가지고 살아야 합니다. 나이가 들수록 그만큼 경륜이 쌓이므로 오히려 아집만 늘어나고 속이 좁아지는 사람도 있습니다. 이루어 놓은 일이 많다고 생각하는 사람은 자기 삶에서 성취감을 느끼며 감사하며 살아갑니다. 그런 사람은 나이가 들수록 넓은 큰마음을 갖습니다. 반면 늘 열등감에 사로잡혀 패배의식으로 세상에 대한 불평불만을 늘어놓는 사람은 작고 닫힌 마음으로 살아갑니다. 그러면 나보다 어린 약자인 사람에게 대우를 받으려 하고 편협해집니다.

나이가 들수록 더 대우받고 인정받고 싶은 마음들을 갖게 됩니다. 서로가 대우를 받으려고 하면 매사가 부대끼게 됩니다. 어떻게 살아왔든 지금의 이 삶을 기왕이면 감사하게 받아들이고 만족하며 살아야 자기 주변에 평안함이 흐릅니다. 살아온 날들이 남보다 많은 사람일수록 더 오랜 경륜을 쌓아왔으므로 더 많이 이해하고, 더 많이 배려하며, 넉넉한 마음으로 이웃과 아랫사람들을 포용함으로써 나이 듦이 얼마나 멋진지를 보여주며 살았으면 좋겠습니다.

"주름살과 함께 품위가 갖추어지면 존경과 사랑을 받는다"라는 위고의 말처럼 마음의 향기와 인품의 향기가 자연스럽게 우러나는 삶을 살았으면 좋겠습니다.

욕심을 버리고 감사해야 합니다. 섬김을 받으려고 하지 말고 모든 사람들을 섬겨야 합니다. 이해하고, 용서하고, 사랑하며, 마음을 넓혀야 합니다. 우리는 지금까지 너무 많은 은혜와 사랑을 받았습니다. 이제는 우리가 주어야 할 나이와 위치와 차례가 되었습니다. 하나님은 우리에게 생명과 호흡과 만물을 거저 주셨습니다. 이 모든 것이 하나님의 은혜이고 선물입니다. 하나님께 감사하고 하나님의 형상대로 우리도 살아야 합니다. 거저 주심으로 하나님을 발견하게 하려 하신 하나님을 믿고 섬기며 나누는 존경 받고 향기로운 성도들이 되시기를 축원 드립니다.

3. 가까이 계시는 하나님

"이는 사람으로 혹 하나님을 더듬어 찾아 발견하게 하려 하심이로되 그는 우리 각 사람에게서 멀리 계시지 아니하도다"(27절).

하나님은 모든 족속의 창조자이십니다. 전 인류는 같은 종족이며 형제입니다. 하나님은 시간과 공간의 주이십니다. 어느 민족이 일어나고 망하는 연대를 하나님은 작정하시고 모든 국경을 정하셨습니다. 시각 장애자가 더듬어 찾듯 영적으로 어두운 사람들이 하나님을 더듬어 찾아 방황하고 있습니다. 아덴 사람들은 수많은 신들을 따라다녔지만 결코 영혼의 갈급함이나 구원의 문제를 해결 받지 못했습니다. 이들이 믿고 따르던 신들은 오히려 그들을 더 깊은 절망 속으로 몰아넣었으며, 그들이 주장하는 범신론적 사랑과 불가지론과 회의론은 도리어 하나님을 올바로 만나지 못하도록 방해했습니다.

그러나 하나님의 존재를 인정하고 순종하며 사는 자들에게는 늘 함께하시고 앞길을 인도하시고 축복하십니다. 살아 계신 하나님을 만나고 인격적으로 교제함은 위대한 특권이고 생명력의 원천입니다. 하나님은 모세와 여호수아를 비롯한 믿음의 사람들과 늘 가까이 함께하셨습니다. 물과 불 가운데서도 함께하셨고, 풀무 불과 사자굴 속에서도 지키시고 함께 계셨습니다. 사람은 하나님을 떠났지만 하나님은 결코 성도들을 떠나지 않으십니다. 우리와 함께하시는 임마누엘 하나님이십니다. 세상 끝날까지 함께 계십니다.

우리의 고긴과 아픔 손에서도 함께 눈물 흘리시고, 함께 아파하십니다. 우리를 어루만지시는 따뜻함과 부드러움이 있습니다. 각 사람에게서 멀리 계시지 않고, 늘 가까이 계십니다. 이 말씀이 우리의 기쁨과 위로와 영광의 삶으로 끝까지 인도하십니다.

크리스천에게는 목숨처럼 소중히 여기고 지켜나가야 할 4가지 확신이 있습니다. 크리스천들은 이 확신을 품고 세상을 살아가다가 그 삶이 천국으로까지 이어지는 것입니다.

첫째는, 구원의 확신입니다. 예수 그리스도를 삶의 주인으로 믿고 입으로 시인하며 구원받은 성도로 살아가는 확신입니다. 그 확신이 있기에 세상 손에서 온갖 시련과 연단과 시험을 당할지라도 당당히 맞서 살아갈 수 있게 됩니다.

둘째는, 임마누엘의 확신입니다. 임마누엘이라는 말은 하나님께서 당신의 백성인 우리들과 항상 함께하신다는 약속입니다. 구약성경에 이스라엘 백성이 애굽의 종살이에서 해방되어 시나이 사막을 40년 동안 행진하던 때에, 여호와께서 낮에는 구름 기둥으로 밤에는 불기둥으로 함께하시고 이끄셨다고 했습니다. 지금 우리의 삶도 은혜의 구름 기둥과 성령의 불기둥으로 인도하십니다. 이러한 확신을 임마누엘 확신이라 일컫습니다.

셋째는, 기도 응답의 확신입니다. 크리스천들은 언제 어느 곳에서든 주인 되신 예수의 이름으로 기도드릴 때 하나님께서 응답하신다는 확신을 가지고 살아갑니다.

넷째는, 천국 소망의 확신입니다. 우리는 내일 아침 태양이 동쪽에서 떠오를 것을 믿는 믿음 이상으로, 내가 숨을 거두면 천국으로 바로 들어간다는 사실을 확신합니다. 그러기에 한 살 두 살 더 나이 들어가는 것이 기대가 됩니다. 그만큼 천국에 가까워지기 때문입니다. 이런 확신을 품고 살기에 산다는 것 자체가 즐겁고 신명이 나는 것입니다.

우리의 상황과 지역과 나이와 형편에 관계없이 하나님은 가까이 계십니다. 인간이 버리고 떠난 바로 그 자리에 하나님이 가까이 계십니다. 이제는 내가 하나님을 가까이하면 됩니다(시 73:28). 주님 오실 날이 가까이 왔고, 우리가 주님 앞으로 갈 날도 가까이 왔습니다. 하나님은 우리와 함께 계시고, 아주 가까이 계십니다. 마음 문을 열고 예수님을 영접하고 우리 인생의 운전대와 주도권을 하나님께 드린다면, 더 안전하고 평안하고 풍성하게 내 삶을 인도하실 것입니다. 가까이 계셔서 우리에게 발견되게 하려 하신 하나님을 만나고 더 가까이 다가가는 모든 성도들이 되시기를 축원합니다.

사랑하는 번동 가족 여러분!
하나님은 우리들을 사랑하시고, 기다리시며, 우리에게 발견되기를 원하십니다. 하나님을 발견하고 만나는 최고의 은혜가 임하시기를 바랍니다. 창조주 하나님, 주시는 하나님, 가까이 계시는 하나님을 믿고 찬양하며 생명을 다하여 섬기는 최고의 성도들이 되시기를 축원 드립니다.

브솔의 은혜

사무엘상 30:21-25

²¹다윗이 전에 피곤하여 능히 자기를 따르지 못하므로 브솔 시내에 머물게 한 이백 명에게 오매 그들이 다윗과 그와 함께 한 백성을 영접하러 나오는지라 다윗이 그 백성에게 이르러 문안하매 ²²다윗과 함께 갔던 자들 가운데 악한 자와 불량배들이 다 이르되 그들이 우리와 함께 가지 아니하였은즉 우리가 도로 찾은 물건은 무엇이든지 그들에게 주지 말고 각자의 처자만 데리고 떠나가게 하라 하는지라 ²³다윗이 이르되 나의 형제들아 여호와께서 우리를 보호하시고 우리를 치러 온 그 군대를 우리 손에 넘기셨은즉 그가 우리에게 주신 것을 너희가 이같이 못하리라 ²⁴이 일에 누가 너희에게 듣겠느냐 전장에 내려갔던 자의 분깃이나 소유물 곁에 머물렀던 자의 분깃이 동일할지니 같이 분배할 것이니라 하고 ²⁵그날부터 다윗이 이것으로 이스라엘의 율례와 규례를 삼았더니 오늘까지 이르니라

어떤 지질학자가 동굴 발굴작업을 하다가 이상한 것을 발견하였습니다. 그것은 약 6만 년 전의 것으로 추정되는 진달래꽃 꽃가루였습니다. 동굴의 주성분이 알칼리성이어서 진달래가 살 수도 없을 뿐 아니라, 꽃가루가 발견된 위치를 미루어 짐작해 보아도 누군가가 그 자리에 진달래꽃을 꺾어다 놓지 않는 한 도저히 진달래 꽃가루가 있을 자리가 아니었습니다. 동굴 안에서는 큰 꽃사슴 뼈와 6명 정도의 인간의 뼈도 함께 발견되었는데, 아마도 6만 년 전에 한 가족이 동물을 사냥해서 먹고 살았던 집이 아니었나 짐작됩니다.

그러면 진달래꽃은 사냥 나간 남편을 기다리던 그의 아내가 꽃을 꺾어서 장식을 했던지, 아니면 사냥 나간 남편이 허탕을 치자 미안한 마음으로 꽃을 꺾어와 아내에게 주자, 아내는 미소를 지으며 집안(동굴)을 장식하느라 눈에 잘 띄는 위치에 꽂지 않았을까요? 꽃이 사람의 마음을 기쁘게 해주는 것은 6만 년 전이나 지금이나 마찬가지일 것이라는 생각으로 그렇게 짐작을 해봅니다.

본문을 살펴보면 다윗이 아말렉 군사를 치기 위하여 군사 600명을 데리고 가다가 200명은 피곤하여 싸움에 참여할 수 없어서 브솔 시내에 머물게 했고, 400명을 거느리고 쫓아가서 전쟁에서 완벽한 승리를 거두었습니다. 어디에나 사람들이 모인 곳에는 갈등이 있습니다. 가정과 교회와 사회의 관계가 다양합니다. 전쟁에 나가서 목숨 걸고 싸운 400명과 브솔 시내에 있었던 200명과의 갈등이 표출되었습니다. 당연한 일입니다. 무엇이든지 해결이 어렵습니다. 그래서 해결이 안 되고 더 깊은 갈등을 넘어 싸움판이 되는 경우도 많습니다. 브솔 시내는 오늘의 가정과 교회와 사회의 모습입니다. 이익과 감정과 가치관이 충돌하는 사회에서 하나님의 지혜를 배우는 브솔의 은혜가 모두에게 임하시기를 축원 드립니다.

1. 쉼의 은혜입니다

"다윗이 전에 피곤하여 능히 자기를 따르지 못하므로 브솔 시내에 머물 게 한 이백 명에게 오매 그들이 다윗과 그와 함께한 백성을 영접하러 나 오는지라 다윗이 그 백성에게 이르러 문안하매"(21절).

다윗과 일행 600명은 블레셋의 싸움에서 나와 최소한 사흘 길을 걸었기 때문에 매우 피로할 수밖에 없었습니다. 낙오한 200명도 자신들의 가족들이 잡혀간 이상 아말렉과의 전쟁을 기피할 마음은 전혀 없었을 것입니다. 그들은 전의만 있을 뿐 힘은 없었습니다. 다윗은 200명을 후방 브솔 시내에 남겨 두고 아말렉을 쫓아 진보를 계속해야만 했습니다. 200명은 후방 브솔 시내에 남아 아무런 일도 하지 않은 것은 절대 아니었습니다. 전투에 직접 참여한 400명의 짐을 보관하고 기도하고 응원하고 한없이 죄스럽고 미안한 마음으로 기다렸습니다.

전투에서 돌아온 다윗이 브솔 시내의 200명에게 문안했습니다. 평강의 여부를 물어 보았다는 뜻입니다. 다윗이 전투에 참여한 400명을 대하는 그대로 낙오한 200명을 매우 호의적으로 대했다는 것입니다. 다윗은 전쟁에 나갈 수 없었던 낙오한 200명을 그들의 전장에서 반겨 주었습니다. 다윗의 공감능력은 대단하였습니다.

한 성인이 제자들과 함께 길을 갈 때였습니다. 하루는 사람들의 뼈가 산더미처럼 쌓인 곳을 지나게 되었습니다. 갑작스런 재난이 닥쳐서 많은 사람들이 죽어 간 곳이었던 것 같습니다. 살아 있을 때 부귀영화를 누리던 사람과 고생하던 사람과 예쁜 사람과 미운 사람 등 여러 모양의 사람들의 뼈가 모인 셈입니다. 누군가가 말했습니다.

브솔의 은혜(사무엘상 30:21-25)

"삶이란 참 무상한 거로구나. 죽으면 모두 같은 뼈다귀만이 남는데…."

그때 성인은 제자들에게 물었습니다.

"너희 중 누가 여기서 여자의 뼈를 가려낼 수 있겠느냐?"

모두 얼굴만 마주 보았습니다. 성인은 뼈 하나를 쳐들고 말했습니다.

"자, 여기 이 뼈는 여자의 것이다."

"선생님, 어찌 그것을 아십니까?"

"여자의 삶을 생각해 보아라. 어려서는 여자이기 때문에 남자보다 늘 못한 대접을 받는다(옛날에). 결혼하여 아기를 가지면 온몸의 양분을 아기에게 주게 된다. 아기를 낳을 땐 몸속의 많은 피들을 아기를 위해 흘린다. 젖을 먹이며 또한 자기 몸의 일부를 주는 것이다. 그러다 보면 여자의 살과 피뿐 아니라 뼈 속에 든 양분도 남아 있지 못한다. 쓰디쓴 여자의 삶은 그 뼈를 이토록 가볍고 또 검게 만들지 않느냐?"

제자들은 스승의 이야기를 들으며 자기 어머니의 고난에 찬 삶을 생각했습니다. 그리고 그 자리에 주저앉아 뜨거운 눈물을 흘렸습니다.

지금 들어도 마음 아프고 눈물 나는 이야기입니다. 어머니와 아내와 자녀들에게 더욱 잘해야 합니다. 더 이상 걸을 수 없는 피곤한 사람들을 비난하고 윽박지르는 것이 아니라 위로하고 격려해야 합니다. 인생의 낙오자들을 경멸하거나 따돌려서는 안 됩니다. 인생을 살면서 한두 번 큰 대열에서 낙오하지 않은 사람이 어디 있습니까. 낙오할 때마다 내동댕이치고 자르고 떼버리면 과연 누가 남아 있을 수 있겠습니까. 모든 사람들이 낙오자가 되고 죽게 될 것입니다.

다시 기회를 주고 힘을 주며 먹고 마실 수 있도록 일용할 양식을 공급해 주어야 합니다. 교회 안에도 과거에는 건강하게 봉사하고 충성했지만, 이제는 연세가 많아져서 힘이 없어 쉬어야만 하는 어르신들이 많습니다. 지금은 너무 어리지만 장차 큰일을 해야 하는 어린이들도 많습니다. 일시적인 실패와 실수와 고민으로 어려움 속에 있는 분들도 많습니다.

600명 가운데 200명은 33%에 해당됩니다. 세 명 가운데 한 명은 어려운 가운데 있습니다. 사회에서도 어린이와 노약자를 잘 보호하고 있습니다. 교회는 사회 이상으로 브솔 시내에 머무르고 있는 200명의 어린이와 노인과 약한 성도들을 잘 섬기고 위로해야 진정한 교회가 되고 교회다운 교회가 됩니다. 노약자들과 영적 노약자들이 마음껏 자고, 편안하게 쉬고, 안식을 얻고, 새 힘을 얻는 브솔의 은혜가 더하는 가정과 교회가 되시기를 축원 드립니다.

2. 일하는 은혜입니다

"다윗과 함께 갔던 자들 가운데 악한 자와 불량배들이 다 이르되 그들이 우리와 함께 가지 아니하였은즉 우리가 도로 찾은 물건은 무엇이든지 그들에게 주지 말고 각자의 처자만 데리고 떠나가게 하라 하는지라" (22절).

다윗과 함께 400명이 애굽 소년의 안내를 받아 아말렉 군사들을 추격하였습니다. 아말렉 군사들도 블레셋과 유다 땅에서 크게 약탈한 것을 기뻐하면서 먹고 마시며 춤을 추고 있었습니다(삼상 30:16).

다윗과 400명은 새벽부터 다음 날 저녁까지 그들을 쳐서 빼앗겼던 가족과 물건을 찾았고 많은 전리품을 챙기게 되었습니다. 400명 가운데 악한 자와 불량배들이 낙오자 200명에게는 가족만 돌려주고, 전리품은 줄 수 없다고 강하게 주장하였습니다.

극히 일부였으나 악한 자와 불량배들이 전리품을 나눌 수 없다고 주장하는 분위기에서 누구도 쉽게 나설 수 없는 상황이었습니다. 400명의 군사들이 목숨 걸고 싸운 수고는 대단합니다. 그들의 공로는 큽니다. 그러나 그 공로 때문에 자신들만 나누어 갖겠다는 것은 잘못된 생각이고 욕심입니다. 전체를 생각하지 못하는 소유욕과 이기심이 가득한 일입니다. 공로의식은 반드시 분열과 싸움을 유발합니다. 전쟁에서 나라와 민족을 위하여 싸우는 것은 은혜와 특권입니다. 공로의식이 은혜의식으로 바뀌어야 모두가 살고 하나가 되는 것입니다.

최후의 만찬을 그린 레오나르도 다 빈치(Leonardo da Vinci, 1452~1519)는 그림에서만이 아니라 의학과 과학 분야에서도 탁월한 인물이었습니다. 그러나 그의 어린 시절을 살펴보면 의외의 모습이 있었습니다. 지주인 아버지와 소작인 어머니의 사생아로 태어난 그는 어린 시절 마을 아이들로부터 왕따를 당하며 자라 대인기피증이 심하고 우울증 증세까지 있었던 아이였습니다.

이에 그는 사람들과 어울리는 것을 극도로 싫어하였고, 집 밖으로 나가는 것을 싫어하였습니다. 그래서 무슨 일이든 해보기도 전에 지레 겁을 먹고 포기하는 습관이 생겼고, 자신이 잘하는 일도 사람들 앞에서는 실수를 저지르곤 하였습니다. 그런 그가 어떻게 인류사에 빛나는 업적을 남길 수 있었을까요? 그의 할머니 덕이었습니다. 그를 맡아 키운 할머니는 어린 다 빈치가 집을 나설 때마다 귀에 대고 일러주었습니다.

"다 빈치야, 너는 무엇이든지 할 수 있어! 할머니는 너를 믿는다!"

할머니는 숨을 거두던 날까지 그 말을 하루도 거르지 않고 그에게 속삭여 주었습니다. 할머니의 이런 격려의 말을 들으며 자란 다 빈치는 대인기피증을 극복할 수 있었고, 자신에게 닥치는 온갖 시련과 역경을 극복해 나갈 수 있었습니다. 그리하여 자신의 내면에 깃들어 있던 천재성을 십분 발휘할 수 있게 되었습니다. 자라는 아이들에게는 물론 이미 자란 성인들에게도 끊임없는 위로와 격려의 말이 그를 북돋아주는 특효약이 됩니다. 다 빈치의 할머니가 어린 다 빈치에게 했던 격할을 우리들도 실천해 봅시다.

전투에 참여한 400명은 하나님의 은혜와 축복을 받은 것입니다. 그러니 하나님께 더욱 감사하고 영광을 돌려야 합니다. 거기에다 나머지 200명을 향한 넓은 마음과 배려하고 섬기는 마음이 있으면 금상첨화(錦上添花)의 사람이 되는 것입니다. 오늘의 교회를 위해서 봉사하고 헌금하며 충성하는 영육이 건강한 400명의 성도들은 더욱 감사하고 겸손하며 은혜의식으로 충만하여, 우리가 사랑으로 섬겨야 할 브솔 시내의 낙오자 200명을 더욱 위로하고 잘 섬기는 브솔의 은혜가 가정과 교회에 충만하길 축원 드립니다.

3. 나눔의 은혜입니다

"다윗이 이르되 나의 형제들이여 여호와께서 우리를 보호하시고 우리를 치러 온 그 군대를 우리 손에 넘기셨은즉 그가 우리에게 주신 것을 너희가 이같이 못하리라 이 일에 누가 너희에게 듣겠느냐 전장에 내려갔던 자의 분깃이나 소유물 곁에 머물렀던 자의 분깃이 동일할지니 같이 분배할 것이니라 하고 그날부터 다윗이 이것으로 이스라엘의 율례와 규례를 삼았더니 오늘까지 이르니라"(23-25절).

다윗이 낙오한 200명에게도 전리품을 나누어 주려 하자 악한 자와 불량배를 앞세워 강하게 반발하였습니다. 직접 전투에 참여한 400명만이 전리품을 나누어 가져야 한다는 것입니다. 물론 그들에게 공로가 있기에 그 주장에도 일리는 있습니다. 그러나 다윗은 아말렉에 대한 승리는 병사들의 능력이 아닌 하나님의 능력 때문이었기에, 브솔 시내에 있던 200명도 동일하게 나누어야 한다고 했습니다. 이러한 다윗의 공정한 분배는 성서적이고 대단히 용기가 있는 훌륭한 결정이었습니다. 이미 모세에 의해서 적용된 역사적 실례도 있습니다(민 31:27).

전쟁의 승리는 오직 하나님이 주신 것이며, 전리품도 하나님이 허락하신 것이고, 따라서 전쟁에 불참했던 용사들도 모두 하나님의 백성으로서 같은 형제라는 연대 의식에 근거하고 있습니다. 작은 전리품으로 인해서 군대와 공동체가 깨지고 분열되는 위험성을 막은 것입니다. 다윗은 하나님 마음에 합당한 결정을 하였고, 보통 사람들과 군사들이 보지 못한 먼 미래를 바라보는 영적 분별력과 깊은 통찰력이 있었습니다. 하나님의 이름 아래 모인 공동체는 나눔과 사랑과 섬김의 실천의 장이어야 합니다. 전쟁에 나가는 것은 언제나 바뀔 수 있는 것입니다.

웰빙이 단순히 '잘 먹고 잘살자'로 해석되는 것이 아니라, 삶 전체에서 생활의 질을 좀 더 높이며 몸과 마음과 일과 휴식과 가정과 사회와 나와 이웃과 공동체가 모두 함께 잘사는 것이 진정한 웰빙이라

할 수 있을 것입니다. 세계보건기구(WHO)는 "육체적인 질병뿐 아니라 정신적, 사회적 질병도 없는 상태가 건강하고 행복한 삶이다"라고 규정하고 있습니다. 최근에는 여기에 영적인 건강(spiritual health)을 추가해 심리적인 측면의 건강을 중시하는 추세입니다.

이러한 새로운 삶의 자세와 삶의 방법과 문화현상 속에서 우리가 추구해야 할 진정한 웰빙(well-being)의 삶은 나뿐만 아니라 다른 사람도 건강하고 행복해야 합니다. 나 혼자만 잘 먹고 잘사는 것이 아니라, 가까이 있는 사람도 멀리 있는 사람도 잘 먹고 잘살아야 합니다. 나도 즐거우면 다른 사람도 즐거워야 합니다. 내 집이 깨끗하려면 이웃집도 깨끗해야 합니다. 나 자신의 만족감을 위해서는 다른 사람의 만족감도 있어야 합니다. 나의 부족함을 채우기 위해서는 다른 사람의 부족함도 채워줄 줄 알아야 합니다. 나의 삶의 질을 높이려면 다른 사람의 삶의 질도 높여야 합니다. 스스로를 배려하면서 남을 배려할 줄 알아야 합니다. 자신을 귀하게 가꾸어 가면서 다른 사람도 귀하게 가꾸어 줘야 합니다. 내가 좋아하는 것을 찾아 적극적으로 달려들면서 남이 좋아하는 것도 한 번쯤 생각해 주는 것입니다.

대접을 받으려면 먼저 남을 대접해야 합니다. 육체적, 정신적, 사회적인 조화와 균형을 통하여 잘 먹고 잘사는 웰빙의 본래 의미를 찾아, 육체적 건강뿐 아니라 마음의 안정과 심신의 평온한 상태를 추구하면서도, 나와 이웃과 사회가 함께 골고루 나누어 먹고 나누어 가지며 나누어 누리는 평화(shalom)가 있는 곳에 진정한 웰빙(well-being)이 있는 것입니다.

이기심과 욕심은 가난과 분열과 전쟁과 악순환을 초래합니다. 그러나 나눔은 행복과 하나 됨과 평화와 선순환을 가져옵니다. 나눌 때의 기쁨과 존경과 축복이 밀려옵니다. 하나님이 기억하시고 책임져 주십니다. 다윗은 나눔의 삶을 실천했을 때 "그가 나이 많아 늙도록 부하고 존귀를 누리다가 죽으매 그의 아들 솔로몬이 대신하여 왕이 되니라"(대상 29:28) 하였습니다. 브솔의 나눔의 은혜가 충만한 성도와 가정과 교회가 되시기를 축원 드립니다.

사랑하는 번동 가족 여러분
브솔의 은혜가 그리운 시대입니다. 브솔의 은혜가 있어야 삽니다. 모든 성도들에게 쉼과 일함과 나눔의 브솔의 은혜가 충만하시기를 축원 드립니다.

나와 함께 깨어 있으라

마태복음 26:36-46

³⁶이에 예수께서 제자들과 함께 겟세마네라 하는 곳에 이르러 제자들에게 이르시되 내가 저기 가서 기도할 동안에 너희는 여기 앉아 있으라 하시고 ³⁷베드로와 세베대의 두 아들을 데리고 가실새 고민하고 슬퍼하사 ³⁸이에 말씀하시되 내 마음이 매우 고민하여 죽게 되었으니 너희는 여기 머물러 나와 함께 깨어 있으라 하시고 ³⁹조금 나아가사 얼굴을 땅에 대시고 엎드려 기도하여 이르시되 내 아버지여 만일 할 만하시거든 이 잔을 내게서 지나가게 하옵소서 그러나 나의 원대로 마시옵고 아버지의 원대로 하옵소서 하시고 ⁴⁰제자들에게 오사 그 자는 것을 보시고 베드로에게 말씀하시되 너희가 나와 함께 한 시간도 이렇게 깨어 있을 수 없더냐 ⁴¹시험에 들지 않게 깨어 기도하라 마음에는 원이로되 육신이 약하도다 하시고 ⁴²다시 두 번째 나아가 기도하여 이르시되 내 아버지여 만일 내가 마시지 않고는 이 잔이 내게서 지나갈 수 없거든 아버지의 원대로 되기를 원하나이다 하시고 ⁴³다시 오사 보신즉 그들이 자니 이는 그들의 눈이 피곤함일러라 ⁴⁴또 그들을 두시고 나아가 세 번째 같은 말씀으로 기도하신 후 ⁴⁵이에 제자들에게 오사 이르시되 이제는

자고 쉬라 보라 때가 가까이 왔으니 인자가 죄인의 손에 팔리느니라 ⁴⁶일어나라 함께 가자 보라 나를 파는 자가 가까이 왔느니라

"하나님이 강한 사람들을 찾으신다고 믿는다면 그것은 잘못된 신앙입니다. 하나님은 그분으로부터만 힘을 얻기 원하는 연약한 사람들을 찾으십니다. 말씀 묵상을 통해 내가 철저히 부서진 상태임을 발견하십시오. 그렇게 깨닫게 된 내 약함을 하나님께 올려 드리십시오. 그러면 당신은 하나님의 능력을 받기에 적절한 상태가 되는 것입니다. 내 능력과 지혜와 자기 의와 같은 하나님 외의 다른 무언가가 남아 있으면 우리는 그것들을 신뢰하려 들기 때문입니다. 우리 안에 하나님의 은혜를 구하는 마음 외에는 아무것도 없는 상태가 되었을 때 하나님은 그분의 능력을 허락하십니다"(젠센 프랭클린의 글).

예수님은 십자가를 앞에 두고 겟세마네 동산에서 기도하셨습니다. 겟세마네는 기드론 골짜기 너머 감람나무가 우거진 감람산 기슭에 있으며, 예루살렘의 동쪽 벽으로부터 약 1.2km 정도 떨어져 있습니다. 이 '겟세마네'라는 이름은 아랍어 명칭으로서 '기름 짜는 틀'(oilpress)의 의미를 가지고 있는데, 이곳에서 감람산의 기름을 짰기 때문에 생긴 이름입니다. 이곳은 조용하고 한적한 곳으로서 예수님과 그의 제자들이 자주 들른 곳이었습니다.

이처럼 감람기름을 짜는 곳에서 예수님은 피와 같은 땀을 짜시고 땀방울이 핏방울이 되도록 기도하셨습니다(눅 22:44). 이러한 연유로 해서 오늘 그곳에는 '땀 흘린 교회'(The chapl of the sweat)가 세워져 있습니다. 예수님의 정확한 장소 지정에 따라 여덟 제자는 어느 정도 떨어져 있게 되었고, 베드로와 야고보와 요한 세 제자는 예수님과

더욱 가까이 있게 되었으며, 그들과 조금 떨어져 예수님은 속 깊은 마음을 제자들에게 꺼내 보이지 않으시고 오직 홀로 하나님 아버지께 나아가 기도하셨습니다.

오늘의 어려운 상황에서 오직 예수님처럼 기도하는 교회와 모든 성도들이 되시기를 축원 드립니다.

1. 겸손한 기도

"조금 나아가사 얼굴을 땅에 대시고 엎드려 기도하여 이르시되 내 아버지여 만일 할 만하시거든 이 잔을 내게서 지나가게 하옵소서 그러나 나의 원대로 마시옵고 아버지의 원대로 하옵소서 하시고"(39절).

"얼굴을 땅에 대시고 엎드려 기도하여 이르시되"라고 하였습니다. 기도하시는 예수님의 자세와 모양을 설명하고 있습니다. 확실하게 그림이 그려집니다. 유대인의 기도 자세에는 서서 두 손을 들고 하는 기도(막 11:25)와 무릎 꿇어서 하는 기도(행 7:60; 엡 3:15)가 있습니다. 예수님이 얼굴을 땅에 대시고 엎드려 기도하셨다는 것은 자신을 완전히 비운 절대 겸손의 표시로서, 성부 하나님에 대한 절대적이고 적극적인 복종의 표현입니다. 더 이상 낮아지거나 겸손하거나 복종할 수 없는 태도로 기도하는 예수님의 모습에 우리는 큰 감동을 받으며, 우리 또한 예수님과 같은 자세로 기도해야 합니다. 기도의 자세뿐만 아니라 내용과 마음도 더욱 겸손해야 합니다. 아직도 남아 있고 튀어 나오는 거만과 교만의 악성 종양을 완전히 뿌리 뽑고 태워버려야 합니다.

예수전도단 국제 청소년 사역 책임 간사가 쓴 글을 읽은 적이 있습니다. 하나님이 그에게 청소년들을 양육하는 일을 맡기셨을 때에 그는 이렇게 질문했다고 합니다.

"하나님, 제 나이가 몇인데 아이들과 어울리는 사역을 하라고 하십니까?"

하나님은 그에게 이렇게 말씀하셨습니다.

"나는 나이가 몇인데 너하고 함께 사역을 하고 있겠느냐?"

그때부터 그는 청소년 사역에 헌신하며 이런 말을 남겼습니다.

"하나님이 소중하게 여기는 일을 당신도 소중히 여기라. 아무리 가치 없어 보이는 일도 군말 없이 섬기기만 하면 결과는 하나님이 알아서 하신다."

사역자들 가운데 자신이 원하는 일은 만족해하며 신나게 하지만, 계속해서 그 일을 할 수 없는 환경이 되면 방황하는 이들을 자주 봅니다. 내가 하나님이 원하시는 사역을 한 것이 아니라 자기만족을 위해 일해 온 것이 아닌가 돌아보아야 합니다.

"누구를 위해 부름을 받았는가?"라는 질문에서부터 자기 삶을 재조명해야 합니다. 사명이란 내가 하고 싶고 내 힘으로 잘할 수 있는 일에 있지 않습니다. 예수님이 돌보라고 하신 사람들을 끝까지 섬기는 것이 사명입니다. 그런 면에서 그리스도인의 사명은 각자 다릅니다. 더 소중하거나 덜 귀한 것이 없이 모두 소중한 사명입니다. 미전도 종족이 있는 선교지든 빈민을 섬기는 현장이든 깨어진 가정이든 예수님이 부르시는 그곳이 바로 사명의 현장입니다.

하나님께서 모세를 부르신 후에 "네가 선 곳은 거룩한 땅이니 네 발에서 신을 벗으라"(출 3:5) 하셨습니다. 과거의 더럽고 추하고 교만한 것으로는 하나님의 일을 할 수 없습니다. 우리는 너무 여기저기 돌아쳤습니다. 하나님이 원하시는 곳이나 일이 아니라 내가 원하는 곳에 머물렀습니다. 다 나를 위해서 모았습니다. 이익이 되면 하고, 손해가 되면 하나님의 일이라도 포기했습니다. 예수님의 제자가 되고 사역을 하기 위해서는 예수님처럼 얼굴을 땅에 대고 엎드려 기도해야 합니다. 더 겸손하게 기도해야 하나님이 보이고, 하나님의 음성을 듣게 되며, 능력이 나타나게 됩니다. 예수님처럼 겸손하게 기도하는 모든 성도들이 되시기를 축원 드립니다.

2. 시험을 이기는 기도

"시험에 들지 않게 깨어 기도하라 마음에는 원이로되 육신이 약하도다 하시고"(41절).

깨어 기도해야 하는 이유를 설명하고 있습니다. 마음에는 원이로되 육신이 약하다고 하셨습니다. 마음의 헬라어 '프뉴마'는 하나님께서 인간에게 나누어 주신 하나님의 형상입니다. 영혼과 사리를 판단할 수 있는 이성을 의미합니다. 육신적인 유혹과 충동은 마음의 선한 의지를 무참히 짓밟아 버립니다. 한순간에 모든 것을 무너뜨리고 깨뜨립니다. 이것이 모든 인간이 지닌 연약함과 유약성입니다. 닥쳐올 것이기는 하지만 자신의 어려움보다 훨씬 덜한 제자들의 어려움을 염려해 주셨던 것입니다. 마음으로는 원하지만 육신의 본성을 지닌 인간은 당면한 시험을 이기지 못합니다.

육신의 약함을 극복하기 위해서는 깨어 기도하는 길밖에는 다른 대안이 없습니다. 누구나 시험이 있습니다. 초등학교에서 취업과 승진에 이르기까지 시험이 있고 수준이 각각 다릅니다. 통과하면 실력이 향상됩니다. 그리고 또 다른 시험이 기다리고 있습니다. "사람이 감당할 시험밖에는 너희가 당한 것이 없나니 오직 하나님은 미쁘사 너희가 감당하지 못할 시험 당함을 허락하지 아니하시고 시험 당할 즈음에 또한 피할 길을 내사 너희로 능히 감당하게 하시느니라"(고전 10:13)고 하셨습니다.

각양의 시험이 있으나 시험을 이기는 무기와 길은 깨어 기도하는 것입니다. 이미 시험에 들었어도 깨어 기도하고, 시험에 들지 않기 위해서도 깨어 기도해야 합니다. 기도하지 않아도 되는 사람은 이 세상에 한 사람도 없습니다.

영국의 신학자인 존 위클리프(1324~1384)는 강직하고 진리에 대해 타협하지 않는 신앙인이었습니다. 그는 가톨릭교회의 부패한 권력을 그냥 보고만 있지 않았습니다. 면죄부 판매와 성직 매매의 문제점들을 지적했고, 성경에 명시되지 않은 교황의 권위에 대한 의문을 제기했습니다. 이런 주장은 마르틴 루터의 종교개혁보다 한두 세기를 앞선 것이었기에, 당시 영국은 물론 유럽 사회 전체에 큰 파문을 일으켰습니다. 그의 개혁적인 사상이 담긴 저작물들은 판매 금지되거나 소각되었습니다. 옥스퍼드 대학교의 교수직도 박탈당했습니다.

그렇지만 위클리프는 이런 박해에도 절대 굴하지 않았습니다. 모든 사람이 자기 나라 언어로 성경을 읽어야 한다고 주장하며 최초로 영어성경을 번역했습니다. 영국에 기독교가 전파된 지 1천여 년 만인 1382년의 일입니다. "성경이 그리스도를 전하며 구원에 필요한 모든 것을 가르치기에 성경은 성직자뿐만 아니라 모든 사람을 위해 존재한다"라는 것이 그의 주장이었습니다. 그가 번역한 영어성경을 후에 '위클리프 역 성경'이라고 불렀습니다. 하나님은 양심에 거리낌 없기를 힘썼던 위클리프의 강직함을 통해 일하셨습니다. 그는 하나님을 향한 흔들리지 않는 믿음과 꺾이지 않는 소망으로 '자국어 성경 번역'이라는 새 길을 열었습니다. 후세에 그는 '종교개혁의 새벽별'이라는 평가를 받았습니다. 하나님은 그분의 말씀에 절대 순종하는 사람을 택하시고 사용하십니다.

누구나 시험이 있습니다. 여러분에게는 지금 어떤 시험이 있습니까? 건강, 자녀, 물질, 관계, 미래, 노후… 시험 앞에서 기도하지 않으면 시험과 멸망이 되지만 기도하면 기회와 축복이 됩니다. 어떠한 상황에서도, 그럼에도 불구하고 다니엘처럼(단 6:10) 기도하시기 바랍니다. 지금 기도하면 반드시 일어나고 승리합니다. 예수님의 분부대로 깨어 기도하는 성도들이 되시기를 축원 드립니다.

3. 하나님의 원대로 하는 기도

"다시 두 번째 나아가 기도하여 이르시되 내 아버지여 만일 내가 마시지 않고는 이 잔이 내게서 지나갈 수 없거든 아버지의 원대로 되기를 원하나이다 하시고"(42절).

철저한 자기 부정과 완전한 순종만이 하나님이 원하시는 기도에 도달할 수 있습니다. 성부 하나님에 대한 성자 예수님의 절대적인 복종을 고백하고 있습니다. 이 기도는 모든 성도와 교회의 기도에 모범과 근거가 됩니다. 예수님은 이 기도를 통해서 하나님의 아들이면서도 자신이 가르친 순종의 고훈을 가장 잘 실천한 모범을 보이셨습니다. 에덴동산에서 겟세마네로 가게 되었습니다. "나의 원대로 마시옵고 아버지의 원대로 하옵소서"의 기도는 광야 같은 세상을 천국으로 바꾸셨고, 고통의 겟세마네 행로는 영광의 문이 된 것입니다.

나와 함께 깨어 있으라(마태복음 26:36-46)

가장 잘못된 기도는 아버지의 원과 뜻을 내 원과 뜻대로 하는 것이고, 가장 아름다운 기도는 나의 원과 뜻을 하나님의 원과 뜻에 정확하게 맞추는 것입니다. 우리 기도의 현주소를 스스로 점검해야 합니다. 모든 상황과 이유를 뛰어넘어 하나님의 원대로 기도해야 합니다.

돈 가방을 짊어지고 요양원에 간다고 해도 무슨 소용이 있겠습니까? 경로당 가서 학력을 자랑해 보아야 누가 알아주겠습니까? 늙게 되면 있는 사람이나 없는 사람이나 모두 똑같아 보이게 되며, 배운 사람이나 못 배운 사람이나 모두 똑같아 보입니다. 생명보험으로 병원에 가서 특실에 입원한다 해도 독방이면 무슨 소용이 있겠습니까? 버스에 타고 노인석에 앉아 어깨에 힘주고 앉아 있어도 누가 알아주겠습니까? 늙게 되면 잘생긴 사람이나 못생긴 사람이나 모두 똑같아 보입니다. 옛날에 부장 또는 사장을 안 해본 사람 없고 한때 한가락 안 해본 사람이 어디 있겠습니까?

지난날에 잘 나갔던 영화는 모두 필름처럼 지나간 옛일이고, 돈과 명예는 아침 이슬처럼 사라지고 마는 허무한 것이 되는 것입니다. 자녀가 반에서 일등 했다고 자랑했는데, 다른 친구의 자녀는 전체 수석을 했다고 하니 기가 죽었습니다. 돈 자랑을 떠들어대고 나니 은행의 비리와 증권의 폭락으로 머리 아프다고 합니다.

세계적인 갑부나 중국의 진시황은 돈이 없어 죽었습니까? 건강만 있으면 대통령 또는 천하의 갑부도 부럽지 않는 것입니다. 전분세락(轉糞世樂)이라는 말이 있는데, 즉 "개똥밭에 뒹굴어도 세상은 즐겁다"라고 했습니다. 어떻게 생각하면 이렇게 좋은 세상인데, 작은 욕심으로 지지고 볶고 싸우며 삿대질하는 우리 사회의 곳곳을 보면서, 우리는 무슨 생각을 하며 제대로 생활을 하고 있는 것일까요? 나보다 남을 위하고, 조금 손해 본다는 생각을 가지며 내가 힘이 들더라도 솔선수범하게 되면 건강과 행복이 다가온다는 마음으로 즐겁고 행복하게 살아야 합니다.

우리의 원하는 것은 대부분 일시적이고 현세적인 것입니다. 내가 원하는 것이 많고 크면 하나님이 원하시는 것이 안 보이고 안 들립니다. 하나님이 원하시는 것은 영적이고 내세적인 것입니다. 하나님이 원하는 것을 구하고 순종할 때 비로소 행복해지고 영생을 얻게 됩니다. 아버지의 뜻대로 살아야 구원과 상급이 있습니다(마 7:21-23). 우리가 원하는 대로 기도하고 행동하기에 갈등과 분쟁과 시험이 떠나지 않습니다. 이제는 하나님의 뜻과 원대로 기도하고 순종하며 하늘과 영원한 행복과 기쁨을 맛보고 사는 진정한 성도가 됩시다. 우리 모두 하나님이 원하시는 대로 기도하고 순종하는 성도와 가정과 교회가 되시기를 축원 드립니다.

사랑하는 번동 가족 여러분!

이 좋은 계절에 예수님처럼 기도하고 사명의 열매를 맺어 봅시다. 지금보다 더 많이, 그리고 깊이 기도하는 교회와 성도가 됩시다. 예수님처럼 겸손히 기도하고, 시험을 이기도록 기도하며, 하나님의 원대로 깨어 기도하시기를 축원 드립니다.

내 영혼을 살게 하소서

시편 119:175-176

175내 영혼을 살게 하소서 그리하시면 주를 찬송하리이다 주의 규례들이 나를 돕게 하소서 176잃은 양같이 내가 방황하오니 주의 종을 찾으소서 내가 주의 계명들을 잊지 아니함이니이다

톨스토이는 그리스도인으로 많은 사람에게 영향을 끼친 위대한 작가입니다. 그가 쓴 《참회록》에 실린 우화에는 인간의 모습을 이렇게 묘사합니다. 어떤 사람이 맹수를 피하려고 우물 속으로 뛰어 들어가 넝쿨에 매달렸습니다. 그런데 우물 밑바닥에는 독사가 입을 벌리고 그 사람이 떨어지기를 기다립니다. 우물 위에서는 맹수가 그를 잡아먹으려고 기다리는데, 엎친 데 덮친 격으로 그가 붙잡은 넝쿨 윗부분을 생쥐 두 마리가 갉아 먹습니다. 넝쿨은 자꾸 약해지는데, 이런 급박한 상황에서 그는 자기가 붙잡은 넝쿨 줄기에서 떨어지는

벌꿀을 빨아먹고 있었습니다.

　꿀의 단맛 때문에 밑에 독사가 있다는 것, 위에 맹수가 있다는 것, 넝쿨이 끊어지고 있다는 것을 까맣게 잊어버린 것입니다. 만약 그 줄에 매달린 사람이 하나님께 기도했다면 무엇을 간구했겠습니까? 단물이 더 나오게 해달라고 하지 않았을까요? 바로 이런 어리석은 모습이 다름 아닌 우리 모습입니다. 구원자로서의 예수 그리스도를 만나지 못하면 내 욕심, 내 소원, 내 뜻만 이루어지게 해달라고 기도하게 됩니다.

　세상에서 탐욕으로 이전투구를 벌이는 모습은 단물을 먹겠다고 싸우는 것과 같습니다. 그러나 누구든지 자기 모습을 정확하게 인식한다면, 하늘을 향해 구원의 은혜를 베풀어 달라고 부르짖을 것입니다. 일시적으로 주어지는 단물이 영원한 안식과 생명에 결코 비할 바 못 된다는 사실을 깨닫게 되기 때문입니다.

　사람의 모든 것이 귀중합니다. 몸, 물질, 삶, 관계, 정신과 영혼이 소중합니다. 특별히 영혼이 중요합니다. 시편 기자는 "내 영혼을 살게 하소서"라고 기도하였습니다. 영혼의 귀중함과 영원함을 깨달았기 때문입니다. 영적이고 성숙한 기도자의 모습입니다. 우리 모두도 영혼을 살려 달라고 기도해야 합니다. 영혼이 살아야 하나님을 찬양할 수 있고 사명을 감당할 수 있습니다. 이 간구는 오늘날 모든 성도들에게 큰 의미와 도전을 주고 있습니다.

　우리는 왜 살고 있으며, 왜 더 살기를 원하고 있습니까? 우리가 살아 있는 이유와 의미가 있어야 합니다. 종교개혁주일을 맞이하여 우리의 영혼이 살아나는 큰 역사가 있기를 축원 드립니다.

1. 찬송해야 합니다

"내 영혼을 살게 하소서 그리하시면 주를 찬송하리이다 주의 규례들이 나를 돕게 하소서"(175절).

원문을 살려 번역하면 '나의 영혼을 살리시고 하나님을 찬송하게 하소서'입니다. 시편 기자가 살기를 원하는 중요한 이유는 하나님을 찬송하기 위함이라는 사실입니다. 오늘 여기에 우리가 살아 있는 중요한 이유 중 하나는 찬양하기 위함입니다. 이사야 43장 21절은 "이 백성은 내가 나를 위하여 지었나니 나를 찬송하게 하려 함이니라"고 하셨습니다. 하나님이 놀라운 새 일을 행하셔서 그의 백성으로 구원을 체험케 하시는 목적은 그들로 하나님을 찬송하게 하기 위함이란 것입니다.

성경은 이 사실을 다음과 같이 역설적으로 표현하고 있습니다.

"죽은 자들은 여호와를 찬양하지 못하나니 적막한 데로 내려가는 자들은 아무도 찬양하지 못하리로다"(시 115:17).
"주께서 죽은 자에게 기이한 일을 보이시겠나이까 유령들이 일어나 주를 찬송하리이까"(시 88:10).

찬송은 믿음이 있고 살아 있는 자에게 주신 특권이고 은혜입니다. 찬송은 시한부적인 것입니다. 찬송할 수 있는 기회에 하나님을 많이 찬송해야 합니다. 찬송할 때에 우리의 영혼이 사는 것이고 영혼이 살아 있는 성도는 늘 찬송을 드리게 됩니다. 우리의 찬송 지수를 재어 보아야 합니다.

하루야마 시게오라는 일본인 의사가 쓴 《뇌내혁명》(A great Revolution in Brain Word)이라는 책이 있습니다. 일본 내에서 엄청난 인기를 끈 베스트셀러입니다. 저자는 교토에서 태어나 본래는 한의사였는데, 다시 동경의과대학에 입학해 1966년에 졸업하여 양의를 겸한 의학박사가 되었습니다. 《뇌내혁명》의 내용에 의하면 사람이 '싫다' 혹은 '좋다'는 생각을 하는데도 기본적인 에너지가 필요한데, 긍정적으로 생각할 때와 부정적으로 생각할 때의 단백질 분해 방법이 다르다는 것입니다.

일이 잘 안 풀리는 스트레스 상황에서도 긍정적인 마음으로 '이것은 하나의 시련이다. 내게 좋은 경험이 될 것이다'라고 긍정적으로 받아들이면 단백질 부신 피질 호르몬과 엔도르핀으로 분해된다고 합니다. 이때 부신 피질 호르몬은 육체적인 스트레스를 완화시켜주고, 엔도르핀은 정신적인 스트레스를 해소시키는 작용을 합니다.

그러나 부정적으로 생각하고 비관하거나 낙심하게 되면 단백질이 노르 아드레날린과 아드레날린이라는 독성물질로 나타나 더욱 강한 독성물질인 활성산소로 변하여 건강을 해치게 된다고 합니다. 믿음의 사람에게 '큰일 났다'는 말은 어울리지 않습니다. 아무리 큰일도 하나님 앞에는 아주 작은 일에 불과하기 때문입니다. 문제는 어려운 사건이 아니라 우리의 믿음입니다. 항상 하나님을 믿는 믿음으로 긍정적인 생각을 갖고 사는 생활이 체질화되어야겠습니다.

목회하다 보면 가끔 속상할 때도 있고 걱정스러운 문제가 발생할 때도 있습니다. 그럴 때면 저는 언제나 긍정적인 생각으로 문제를 바라보려 합니다. 아무리 큰 문제 속에도 해결책이 있고, 지나고 나면 그 일들이 자신을 돌아보는 거울이 되기도 하고, 당시는 안 된 것 같지만 더 좋은 결과였음을 깨닫게 되기 때문입니다.

내 영혼을 살게 하소서 (시편 119:175-176)

믿음의 성도는 스트레스가 있고, 큰일이 있으며, 문제가 많다고 해도 하나님을 찬송해야 합니다. 찬송하면 문제는 사라지거나 작아지지만, 염려하고 근심하면 문제는 더 많아지고 크게 다가옵니다. 찬송할 때 기적이 일어나고, 문제가 해결되며, 하늘의 기쁨을 체험하게 됩니다. 범사와 평생에 찬송함으로 영혼이 살아 있기를 축원 드립니다.

2. 겸손해야 합니다

"잃은 양같이 내가 방황하오니 주의 종을 찾으소서 내가 주의 계명들을 잊지 아니함이니이다"(176절).

"잃은 양같이 내가 방황하오니 주의 종을 찾으소서"라고 하였습니다. '잃은 양과 같은 당신의 종을 찾으소서'라는 의미입니다. 시편 기자는 자신을 잃은 양에 비유하고 있는데, 누가복음 15장에 나오는 한 마리의 잃은 양이 주는 이미지와 비슷합니다. 성경은 보호막이 없는 상황을 묘사할 때 잃은 양의 이미지를 자주 사용하고 있습니다. 양은 눈도 어둡고, 귀도 어둡고, 싸울 능력도 없으며, 빠르지도 못합니다. 짐승으로서 모든 약점을 다 가지고 있습니다. 양은 목자의 도움이 없이는 살 수 없는 존재입니다. 목자가 절대적으로 필요합니다. 목자 없는 양은 상상할 수 없습니다. 양은 부족함이 많지만 목자와 함께 있으면 풀과 물과 안전과 쉼이 동시에 해결됩니다. 그래서 양은 자기 생각이나 고집을 버리고 목자에게만 순종하면 풍요롭고 안전한 삶을 누릴 수 있습니다. 인간은 양과 같은 존재입니다. 그러나 우리의 목자 되시는 하나님만 따르고 순종하면 행복한 인생을 살게 됩니다.

　인도 출신인 '간디'가 영국에서 대학을 다니던 때의 일화입니다. 자신에게 고개를 숙이지 않는 식민지 인도 출신인 학생 '간디'를 아니꼽게 여기던 '피터스'라는 교수가 있었습니다. 하루는 간디가 대학 식당에서 피터스 교수 옆자리에 점심을 먹으러 앉았습니다. 피터스 교수는 거드름을 피우며 "이보게, 아직 모르는 모양인데, 돼지와 새가 같이 식사하는 일은 없다네" 하고 말했습니다. 그러자 간디가 재치 있게 응답하기를 "걱정하지 마세요, 교수님! 제가 다른 곳으로 날아가겠습니다"라고 했습니다.

　복수심에 약이 오른 교수는 다음 시험 때에 간디를 애먹이려고 했으나, 간디가 만점에 가까운 점수를 받자 간디에게 질문을 던졌습니다.

　"길을 걷다 돈자루와 지혜가 든 자루를 발견했다네. 자네라면 어떤 자루를 택하겠나?"

　간디가 대수롭지 않게 대답했습니다.

　"그야 당연히 돈자루죠."

　그러자 교수가 혀를 차면서 빈정댔습니다.

　"쯧쯧, 만일 나라면 돈이 아니라 지혜를 택했을 것이네."

　이에 간디가 간단히 대구했습니다.

　"뭐, 각자 부족한 것을 택하는 것 아니겠어요."

　히스테리 상태에 빠진 교수는 간디의 시험지에 '멍청이'라고 써서 돌려주었습니다. 간디가 교수에게 말했습니다.

　"교수님, 제 시험지에는 점수는 없고 교수님 서명만 있는데요."

　간디의 재치와 평화로운 마음 상태를 보여준 것입니다. 우리는 누가 욕을 하거나 비난이나 조롱을 하면 상심합니다. 이것은 대단히

내 영혼을 살게 하소서 (시편 119:175-176)

어리석은 모습입니다.

누구나 다 교만합니다. 그러나 교만하면 버림받고 멸망하게 됩니다(잠 16:18). 교만하면 가장 비참하고 불행해집니다. 교만하면 영혼이 메마르고 죽습니다. 반면 겸손하면 은혜와 사랑과 축복을 받게 됩니다. 처음부터 마지막까지 겸손해야 합니다. 건강하고, 성공하고, 풍성해도 더욱 겸손해야 합니다. 은혜 위에 은혜이고, 축복 위에 축복입니다. 겸손할 때 하나님이 보이고, 음성이 들리며, 은혜를 체험하게 됩니다. 겸손할 때 하나님을 높이고, 찬양하고, 사람들을 사랑하며, 친밀해집니다. 이제 교만한 마음을 다 버리고 겸손하게 살아서 날마다 영혼이 살아나는 은혜의 역사가 임하시기를 축원 드립니다.

3. 계명을 지켜야 합니다

"잃은 양같이 내가 방황하오니 주의 종을 찾으소서 내가 주의 계명들을 잊지 아니함이니이다"(176절).

시편 기자는 하나님의 말씀을 금과 꿀과 등과 빛에 비유했습니다. 하나님의 말씀은 가장 값지고 변함이 없습니다. 세상의 모든 것은 풀과 꽃처럼 시들고 떨어지지만 말씀은 영원토록 동일합니다. 하나님의 말씀은 어두운 밤길을 밝혀주는 횃불이나 등잔불과도 같습니다. 밤의 횃불이나 등잔불은 장애물에 걸려 넘어지는 것을 막아주고, 가파른 언덕에서 구르는 것을 방지해 줄 뿐 아니라 위험한 길로 들어서지 않도록 보호해 주는데, 인생길을 걸어가는 데 있어서 하나님의 말씀이 바로 그와 같은 역할을 한다는 의미입니다.

시편 119편 50절에 "이 말씀은 나의 고난 중의 위로라 주의 말씀이 나를 살리셨기 때문이니이다"라고 하였습니다. 하나님의 말씀은 성도에게 위로가 되며 성도의 몸과 마음과 영혼과 인생을 살리는 능력이 되십니다. 하나님의 계명을 지킬 때에 진정한 안식과 평안과 풍성한 삶을 체험하게 됩니다. 우리가 하나님의 계명을 지키면 하나님의 계명이 우리를 지켜 주시고 풍성하게 하십니다. 유태인들이 안식일을 지키니까 안식일이 유태인을 지키고 뛰어나게 하셨다고 합니다. 계명대로 살기만 하면 반드시 하나님의 사랑과 하나님의 축복을 받게 됩니다. 계명을 지킬 때 영혼이 살게 됩니다. 계명과 영혼은 비례합니다.

끼니때마다 밥을 먹지 않으려는 아이의 나쁜 버릇을 고치는 방법이 세 가지 있습니다.

첫째는, 매로 다스리는 것입니다. 부모에게 매 맞을지도 모른다는 두려움 때문에 아이가 밥을 먹긴 하지만 당연히 가장 좋지 않은 수단입니다.

두 번째 방법은, 굶기는 것입니다. 소아 정신과 의사들이 자주 권하는 방법인데, 아이가 너무 배가 고파 스스로 먹을 것을 찾을 때까지 음식을 주지 않는 것입니다.

마지막으로, 가장 지혜로운 방법이 있습니다. 바로 밥 잘 먹는 친구와 함께 생활하게 하는 것입니다. 특히 부모가 식사 시간에 밥을 잘 먹는 친구에게 관심을 보이며 칭찬해 주는 것을 보면, 자신도 칭찬받고 싶은 마음에 밥을 안 먹던 아이가 적극적으로 식사를 한다고 합니다. 영적 생활에도 이와 유사한 원리가 작용합니다. 진리의 빛을 마음에 품은 그리스도인을 보며 세상 사람들은 물을 것입니다. "특별히 행복할 만한 조건을 가진 것도 아닌데 당신이 그렇게 기쁘게 사는 이유는 무엇입니까?"

"어떻게 하면 당신처럼 하나님을 만날 수 있습니까?"

전도와 선교의 기본은 여기에서 출발합니다. 그리스도의 복음을 통해 우리가 누리고 있는 진리의 빛을 어둠 속에 있는 사람들에게 나누어 주는 것입니다. 우리의 말과 인격과 삶을 통해 주님의 빛을 찬란하게 내뿜을 때에 믿지 않던 사람들이 주님께로 나아오게 될 것입니다.

우리 모두는 하나님 말씀인 계명을 읽고, 듣고, 암송하고, 묵상하고, 전하며, 말씀대로 살아야 합니다. 특별히 기쁨으로 살아야 합니다. 더욱 기쁘게 신앙생활을 하고 범사에 웃으면서 행복하게 살아서 하나님께 영광이 되고, 다른 사람들에게 감동을 주고, 모두의 영혼을 살게 하는 은혜가 임하시기를 축원 드립니다.

사랑하는 번동 가족 여러분!

종교개혁주일에 우리 모두가 더욱 찬송하고, 겸손하며, 계명을 지킴으로 영혼이 살게 되는 축복이 임하시기를 축원 드립니다.

새벽이슬 같은 주의 청년들

시편 110:1-7

¹여호와께서 내 주에게 말씀하시기를 내가 네 원수들로 네 발판이 되게 하기까지 너는 내 오른쪽에 앉아 있으라 하셨도다 ²여호와께서 시온에서부터 주의 권능의 규를 내보내시리니 주는 원수들 중에서 다스리소서 ³주의 권능의 날에 주의 백성이 거룩한 옷을 입고 즐거이 헌신하니 새벽 이슬 같은 주의 청년들이 주께 나오는도다 ⁴여호와는 맹세하고 변하지 아니하시리라 이르시기를 너는 멜기세덱의 서열을 따라 영원한 제사장이라 하셨도다 ⁵주의 오른쪽에 계신 주께서 그의 노하시는 날에 왕들을 쳐서 깨뜨리실 것이라 ⁶뭇 나라를 심판하여 시체로 가득하게 하시고 여러 나라의 머리를 쳐서 깨뜨리시며 ⁷길가의 시냇물을 마시므로 그의 머리를 드시리로다

어느 교회 집사님 한 분이 세상을 떠나셨습니다. 그 집사님은 의사였는데 동네 사람들에게까지 존경을 받는 분이었습니다. 자연히

많은 사람이 조문을 왔습니다. 그런데 상주 되는 아들이 목사님에게 요청을 했습니다.

"저희 아버지의 교회 직분을 장로로 해주실 수 없나요?"

돌아가신 아버지의 사회적 지위를 생각할 때 교회 직분이 집사인 것이 어울리지 않는다는 생각이 들었던 모양입니다. 목사님이 곤란하다는 표정을 짓자 그는 다시 물었습니다.

"경찰이나 군인이 공을 세우고 죽으면 1계급 특진 같은 추서가 있는데, 교회에는 왜 그런 제도가 없습니까?"

교회 직분을 계급으로 인식한 극단적인 예라고 할 수 있습니다. 그런데 의외로 적지 않은 교인들이 이와 같은 인식을 갖고 있는 것을 보게 됩니다. 직분 문제로 교회에서 상처를 받았다는 사람들도 있고, 직분이 분쟁과 분열의 원인이 되기도 합니다. 이는 모두 교회 직분의 본래 정신을 잊어버린 인간적 발상에서 나온 것입니다. 직분은 하나님의 일을 하기 위한 역할 분담일 뿐 교인의 신분을 나타내기 위한 것이 아닙니다.

성경은 하나님 일을 할 때 "아무 일에든지 다툼이나 허영으로 하지 말고 오직 겸손한 마음으로 각각 자기보다 남을 낫게 여기고 각각 자기 일을 돌볼 뿐더러 또한 각각 다른 사람들의 일을 돌보아 나의 기쁨을 충만하게 하라"(빌 2:3-4)고 권합니다. 그리스도인들이 이러한 마음으로 직분을 받고 봉사에 참여할 때에 교회의 정결함과 순수성이 회복될 것입니다.

오늘 본문 3절에 '새벽이슬 같은 청년'이라고 하였습니다. 이는 여러 가지로 해석할 수 있습니다. 헌신적으로 메시아를 따르는 군사들의 수효가 많음을 비유할 수 있고, 거룩하게 장식한 청년들의 아름다움이나 광채를 표현할 수도 있고, 아무도 모르게 역사하시는 하나님의 보이지 않는 역사를 의미할 수 있습니다. 또한 이슬이 매일 새벽마다 새롭게 맺히듯이 메시아 왕국의 백성들이 나날이 새로워지며 번영과 행복을 누림을 나타내는 시적인 표현이라 할 수 있습니다.

궁극적인 의미에서 본문은 주께 헌신하는 성도들의 신선하고도 생기 있는 모습을 보여주는 말씀입니다. 우리 모두 나이와 경험과 직분과 인간적인 모습에 관계없이 모두가 영적으로 이 시대에 새벽 이슬 같은 청년들이 되시기를 축원 드립니다.

1. 거룩한 옷을 입어야 합니다

"주의 권능의 날에 주의 백성이 거룩한 옷을 입고 즐거이 헌신하니 새벽 이슬 같은 주의 청년들이 주께 나오는도다"(3절).

대적들과의 전투 시에 주의 백성들이 거룩한 전투에 임하기 위한 만반의 태세를 갖춘 거룩하고 위엄 있는 모습에 대한 설명입니다. 거룩한 제사장의 옷을 입은 것을 연상시킵니다. 하나님을 섬기는 모든 성도들이 의와 옳은 행실로 단장하는 광경을 암시하고 있습니다.

거룩에 해당되는 히브리어 '코데쉬'는 원래 분리의 개념을 가지고 있습니다. 모세가 호렙 산에서 떨기나무 불꽃을 보고 가까이 가려고 하자, 하나님은 그곳은 거룩한 땅이니 가까이 오지 말라고 하셨습니다(출 3:1-5). 하나님이 거하시는 처소인 하늘은 땅과 분리되어 있어 거룩한 곳으로 언급됩니다(신 26:15).

이와 마찬가지로 그리스도를 통하여 속죄받고 구별된 교회는 그들의 공로에 의해서가 아니라 그리스도의 공로에 의해 거룩해져서 하나님을 섬기게 되는 것입니다. 모든 성도는 어둠의 옷을 벗고 빛의 갑옷을 입어야 하고, 예수 그리스도의 옷을 입어야 합니다(롬 13:12-14).

글로리아 스타이넘은 미국의 대표적인 페미니스트 작가이자 사회운동가입니다. 1960년대와 1970년대 여성 해방과 여성의 지위 향상을 앞장서 외쳤던 그녀가 《내부로부터의 혁명》이라는 책을 냈을 때 미국 사회는 큰 충격을 받았습니다.

"나는 지금껏 외적인 혁명을 일으키기 위해 살아왔다. 그러나 그런 변화는 아무런 의미가 없다. 진정한 변화는 안으로부터의 혁명에 있다. 즉, 자기 자신이 누구인가를 찾아야 하는 것이다."

그녀의 말은 자기 인생을 지배해 왔던 가치관을 완전히 뒤집는 것이었습니다. 그리스도를 통해 새사람이 되면 안목이 바뀝니다. 새로운 세계를 향한 눈이 열려 삶의 새로운 장을 열게 됩니다. 그리스도인은 허무의 세계를 뛰어넘어 영적 세계를 발견한 사람들입니다. '빅뱅 이론'과 같이 무(無)의 폭발을 거쳐 우주가 형성되고, 모든 것이 무로 돌아간다는 세계관에 더는 머물지 않습니다.

우리는 세상을 창조하시고 역사를 주관하시는 하나님을 믿습니다. 그럴 때 비로소 하나님 나라로 향하는 신앙의 문이 열립니다. 썩어 없어질 육신뿐인 세상에서 '영원한 하나님 나라'라는 새로운 세계로 옮겨가는 이것이 진정한 변화입니다. 그래서 그리스도인은 이 세상을 살아가는 동시에 새로운 세계를 의식하며 살아가는 존재입니다. 복음을 체험한 우리는 인간의 시야에 잡히는 세상이 전부가 아님을 알리고 하나님 나라의 영광을 전해야 할 것입니다.

성도는 세상이나 죄나 어둠이나 더러움으로부터 분리된 삶을 살아야 합니다. 과거의 모든 옷을 과감히 벗어 버리고, 예수 그리스도의 거룩한 옷을 입어야 합니다. 그럴 때 죄악이 관영한 세상이지만 세속에 물들지 않고 세상을 깨끗하게 변화시키는 성도가 될 수 있습니다. 하나님이 능력을 주시고 함께하시면 불가능이 가능해집니다. 두려움이나 미련 없이 과거의 누더기와 같은 더러운 옷을 배설물처럼 벗어 버리고 거룩한 옷을 입어 이 시대의 새벽이슬 같은 주의 청년들이 되시기를 축원 드립니다.

2. 즐거이 헌신해야 합니다

"주의 권능의 날에 주의 백성이 거룩한 옷을 입고 즐거이 헌신하니 새벽이슬 같은 주의 청년들이 주께 나오는도다"(3절).

"즐거이 헌신하니"라고 하였습니다. 예수 그리스도는 영원한 제사장이십니다. 우리 또한 왕 같은 제사장들입니다(벧전 2:9). 본래 멜기세덱은 아브라함이 여러 왕들을 파하고 돌아올 때에 떡과 포도주를 가지고 나와서 축복해 주었던 하나님의 제사장이었습니다(창 14:17-20). 그런데 멜기세덱은 아비도 없고, 어미도 없고, 족보도 없고, 시작한 날도 없고, 생명의 끝도 없는 신비스러운 존재입니다. 예수 그리스도의 모습이며 그림자입니다.

멜기세덱은 본래 유대 제사장 계열에 속하지 않으면서도 대제사장이 되셨던 그리스도와 너무 닮았던 사람이었습니다(히 7:3). 그래서 그리스도를 가리켜 멜기세덱의 반차를 좇아 영원한 제사장이 되셨다고 하였습니다. 그리스도는 우리의 죄를 속량하기 위하여 자신의 몸을 단번에 드리셨습니다(히 10:12). 인간 대제사장이 해마다 드리는 제사는 불완전하고 일시적이고 부분적이지만, 예수께서 드리신 제사는 완전하고 영원하고 전체적인 다시 반복할 필요조차 없는 제사였습니다.

그러므로 우리는 하나님의 온전한 구원을 믿고 감사하며, 이 신앙으로 온몸과 마음을 바쳐서 즐거이 헌신해야 합니다. 의무감이나 제스처가 아닌 진심으로 즐겁게 헌신해야 새벽이슬 같은 주의 청년들이 되는 것입니다. 오물이나 쓰레기 같은 늙은이가 되어서는 안 됩니다.

뉴잉글랜드 감리교단의 큰 별이었던 스테판 올린은 한때 절망하고 낙심해 목회를 그만두려 했습니다. 그러던 중에 꿈을 꾸었습니다. 그는 굉장히 딱딱한 바위를 부수기 위해 있는 힘을 다해 바위에 곡괭이를 내리쳤습니다. 그러나 곡괭이만 튀어 오를 뿐 바위에는 자국이 하나도 나지 않았습니다. 몇 번 더 힘껏 내리쳤지만 흔적도 하나 나지 않았습니다. 마침내 스테판이 이제는 이 일을 더이상 하지 않을 거라고 소리치며 돌아서려는데, 어느 위엄 있는 나그네가 그에게 물었습니다.

"당신은 이 일을 하나님께 받지 않았소?"

그가 그렇다고 하자 나그네는 그런데 왜 그 일을 그만두려 하느냐고 물었습니다. 헛되다고 느꼈기 때문이라고 답하자 나그네가 다시 말했습니다.

"바위가 깨지든 깨지지 않든 당신의 의무는 바위에 곡괭이를 내려치는 것이오. 그것만이 당신 손에 달린 일이지 그 결과는 당신에게 달린 것이 아니오. 이 사실을 기억하시오."

그 후 스테판은 충성만이 그에게 요구된다는 사실을 깨닫고 다시금 사역에 전념해 큰 부흥을 경험했다고 합니다.

신앙생활을 하다 보면 낙심될 때가 있고 우리 수고가 헛수고인 것처럼 느껴질 때도 있습니다. 하나님이 떠나 계시고, 자신이 하나님께 버림받았다는 생각이 들 때도 있습니다. 그럴 때일수록 우리는 하나님께 매달려야 합니다. 당장 상황이 바뀌지 않아도 하나님 앞에 부르짖으며 충성하는 사람에게 하나님은 감당할 힘을 주십니다.

예수 그리스도께서 나 같은 죄인을 구원하시기 위해서 십자가 위에서 죽으셨습니다. 그리고 부활하셨습니다. 완전한 제사장 되시는 예수 그리스도를 위해서 죽기까지 충성해야 합니다. 우리에게 주신 사명을 즐거이 헌신하는 새벽이슬 같은 주의 청년들이 다 되시기를 축원 드립니다.

3. 주께 나와야 합니다

"주의 권능의 날에 주의 백성이 거룩한 옷을 입고 즐거이 헌신하니 새벽이슬 같은 주의 청년들이 주께 나오는도다"(3절).

이 세상의 제사장은 몇 년 동안이나 또는 일생 동안만 그 역할을 감당하였지만, 그리스도의 중보사역은 영원하므로 현재도 우리의 죄를 대속하실 수 있습니다. 그리스도의 제사장 직분은 우리 구원의 성취 여부의 관건이 되는 지극히 중요한 사건입니다. 그리스도의 중보 없이 하나님 앞에 나아갈 수 있는 사람은 아무도 없습니다. 예수 그리스도는 우리 모두의 영원한 대제사장이십니다. 우리는 주께 날마다 나와야 합니다. 주님은 우리의 죄의 문제를 해결하여 주시고, 무거운 짐을 날마다 가볍게 하십니다. 참된 쉼과 안식과 평안과 행복을 주십니다. 평생 그리고 매일 기쁨으로 주님께 나아가야 합니다. 이슬이 매일 내리듯이, 매일 하나님께 이슬처럼 나아가서 예배하고, 기도하며, 찬양하고, 영광을 돌려야 합니다. 주님은 우리를 거절하시거나 귀찮아하시지 않고, 언제나 용납하시고 기다리시며 환영하십니다. 탕자를 기다리는 아버지의 마음으로 우리를 사랑하십니다(눅 15:32).

호세 카레라스(Josep Maria Carreras i Coll, 1946. 12. 5~)는 스페인의 성악가로서 루치아노 파바로티와 플라시도 도밍고와 함께 3대 테너로 알려져 있습니다. 카레라스는 1970년 데뷔 후 '베르디 국제음악콩쿠르'에서 1위를 차지하면서 주목을 받기 시작해 '밀라노 라 스칼라 극장', '뉴욕 메트로폴리탄 오페라', '샌프란시스코 오페라', '빈 국립오페라', '바이에른 국립 오페라' 등을 누비며 세계 정상급 테너로 인정받았습니다.

그러한 그가 경희대 개교 60주년 기념 공연 차 내한하여 백혈병 환자를 위한 위문공연을 하게 됩니다. 그가 백혈병 환자들에게 남다른 애착을 갖게 된 것은, 그 자신이 인생의 절정기에 백혈병의 고난을 겪었던 경험 때문입니다. 성악가로서 그의 명성이 최고조에 달했던 1987년, 그의 나이 41세 되던 해 7월이었습니다. 유명한 오페라 '라보엠'에서 주인공 역을 맡아서 한참 신나게 연습을 하고 있던 중에 갑자기 쓰러져 병원으로 옮겨졌습니다. 급성 림프구성 백혈병이었습니다. '이제 꼼짝없이 끝나는구나' 생각하는 그에게 히스기야 왕의 이야기가 떠올라 하나님께 매달리기 시작했습니다.

"사랑의 하나님, 저에게 생명을 조금만 더 연장시켜 주시면 남은 생애는 주님을 위해 살겠습니다."

그는 강인한 정신력으로 투병생활을 시작했습니다. 머리카락이 빠지고 손톱과 발톱이 떨어져 나가는데도 찬송과 기도를 멈추지 않았습니다. 골수 이식수술과 힘든 화학치료도 믿음으로 잘 받아냈고, 마침내 그는 건강을 되찾았습니다.

　이때부터 그의 삶은 그의 것이 아니었습니다. 자신이 다시 살게 된 것은 전적으로 하나님으로부터 새 생명을 부여받은 것임을 믿고, 전 재산을 팔아서 바르셀로나에 '호세 카레라스 백혈병 재단'을 세우고 백혈병 환자들을 돌보기 시작했습니다. 그는 이 일을 위해 공연에서 얻은 수익금의 절반을 쓴다고 합니다. 호세 카레라스가 겪은 백혈병의 경험은 그의 삶의 방향을 바꾸게 했고, 그가 백혈병 환자들에게 베푸는 사랑과 관심은 그의 성악 못지않게 큰 감동을 우리에게 주고 있습니다. 그의 말대로 그는 이제 단순히 노래만 부르는 것이 아니라, 생명을 연장시켜 주신 하나님께 대한 감사와 살아 있음에 대한 기쁨을 노래하며, 백혈병 환자들에게 새 희망과 삶을 전하는 전도사로 살아가고 있습니다.

　누구든, 그리그 어떤 사람이든 하나님께 나오는 사람은 다 구원받고 쓰임을 받게 됩니다. 우상에게 나가면 죽습니다. 안 나오면 지옥 갑니다. 오직 하나님께만 나와야 죄 사함과 구원과 영생과 천국을 얻게 됩니다. 언제나, 그리고 어떠한 상황에서도 하나님께 나와야 합니다. 하나님은 언제나 만나 주시고 기다리십니다. 우리 모두를 사랑하시고 만족하게 하십니다. 계산하거나 망설이지 말고 나오면 기적을 체험하게 되고, 새로운 피조물과 작품으로 인생을 최고의 명품으로 만들어 주십니다. 주께 나와 새벽이슬 같은 주의 영적 청년들이 되시기를 축원 드립니다.

　사랑하는 번동 가족 여러분!
　이 어둡고 복잡한 세상에서 얼마나 피곤하고 힘이 드시나요? 그럼에도 불구하고 거룩한 옷을 입어야 합니다. 즐거이 헌신해야 합니다. 주께 나와야 합니다. 그리하면 전능하신 하나님께서 우리의 외모와 나이와 상황에 관계없이 새벽이슬 같은 주의 청년들로 만들어 주실 것입니다. 그와 같은 은혜가 여러분 모두에게 있기를 축원 드립니다.

너희 중에 표징이 되리라

여호수아 4:1-9

¹그 모든 백성이 요단을 건너가기를 마치매 여호와께서 여호수아에게 말씀하여 이르시되 ²백성의 각 지파에 한 사람씩 열두 사람을 택하고 ³그들에게 명령하여 이르기를 요단 가운데 제사장들의 발이 굳게 선 그곳에서 돌 열둘을 택하여 그것을 가져다가 오늘밤 너희가 유숙할 그곳에 두게 하라 하시니라 ⁴여호수아가 이스라엘 자손 중에서 각 지파에 한 사람씩 준비한 그 열두 사람을 불러 ⁵그들에게 이르되 요단 가운데로 들어가 너희 하나님 여호와의 궤 앞으로 가서 이스라엘 자손들의 지파 수대로 각기 돌 한 개씩 가져다가 어깨에 메라 ⁶이것이 너희 중에 표징이 되리라 후일에 너희의 자손들이 물어 이르되 이 돌들은 무슨 뜻이냐 하거든 ⁷그들에게 이르기를 요단 물이 여호와의 언약궤 앞에서 끊어졌나니 곧 언약궤가 요단을 건널 때에 요단 물이 끊어졌으므로 이 돌들이 이스라엘 자손에게 영원히 기념이 되리라 하라 하니라 ⁸이스라엘 자손들이 여호수아가 명령한 대로 행하되 여호와께서 여호수아에게 이르신 대로 이스라엘 자손들의 지파의 수를 따라 요단 가운데에서 돌 열둘을 택하여 자기들이 유숙할 곳으로 가져다가 거기에 두었더라 ⁹여

> 호수아가 또 요단 가운데 곧 언약궤를 멘 제사장들의 발이 선 곳에
> 돌 열둘을 세웠더니 오늘까지 거기에 있더라

어느 선교사님이 회교 국가에 갔다가 교통사고 현장을 목격했습니다. 지나가던 자전거를 친 자동차 운전자가 사고를 당한 사람에게 다가가 "괜찮으세요?"라고 물었습니다. 피해자가 의식이 없어 대답을 못하자 운전자는 "인샬라"(알라의 뜻) 하고는 떠나버렸습니다. 사고가 나도 '인샬라', 망해도 '인샬라'입니다. 알라의 일방적이고 절대적인 명령만 있고 사랑의 관계는 없습니다.

샤머니즘에는 간구만 있고 사랑의 관계는 없습니다. 사업을 시작할 때 돼지머리를 놓고 고사를 지내면서 아무도 "우리 사업이 잘되겠습니까?"라고 묻지 않습니다. 돼지머리가 뭔가 말할 것이라고 기대조차 하지 않습니다. 돼지머리로 형상화한 자기 우상을 섬기면서 '난 반드시 성공할 거야. 난 출세할 거야'라고 끊임없이 주문을 외웁니다.

그러나 기독교의 예배는 다릅니다. 하나님과의 관계입니다. 교제이고 만남입니다. "저는 하나님을 만나러 왔습니다. 말씀해 주소서" 하며 나아오는 그리스도인에게 하나님이 말씀하시는 자리가 바로 예배 현장입니다. 대표 기도가 길다고 비판만 하지 말고 설교가 길어진다고 계속 시계만 쳐다보지도 말아야 합니다. 예배 인도자가 찬양을 인도할 때 음악 감상하듯 듣고만 있지 말아야 합니다.

사람에게만 신경 쓰며 하나님 말씀을 듣고 아무런 반응도 보이지 않는다면 샤머니즘의 제사와 다름이 없습니다. 우리는 예배를 드렸다고 생각하지만 하나님이 받지 않으실 수 있습니다. 잊지 말아야

합니다. 예배는 하나님과의 사귐이요 만남입니다.

우리 주변에는 많은 역사적 유물과 기념물이 있습니다. 세워질 당시의 시대적 배경과 전설을 지니고 있습니다. 사람들은 그 기념물을 보면서 그것에 담겨져 있는 교훈을 기억하고 되새깁니다. 역사적 기념물들은 그 존재 자체로 사람들을 가르치는 스승의 역할을 합니다. 오늘 본문에도 현재의 사건을 영영히 기념하고 후세 사람들을 교훈할 역사적 기념물을 만들라는 하나님의 명령이 기록되어 있습니다. 요단강을 건넌 후에 돌 열둘을 요단강 바닥에서 가져다가 요단 서편인 가나안 땅에 세우라는 것입니다. 그렇게 하여 그 돌로 표징이 되게 하라고 하셨습니다.

표징의 히브리어 '오트'는 기념과 증거라는 뜻입니다. 열두 돌은 요단강 도하가 오직 하나님의 권능에 의한 기적과 사건임을 후대에 증거로 보여주는 증표인 것입니다. 하나님은 지금까지도 그렇게 하셨고 앞으로도 많은 표징을 보여주실 것입니다. 분명하고 체험적인 신앙을 가지고 하나님을 잘 섬기며 충성하여 다음 세대 자손들에게 가르치고 전수하는 성도들이 되시기를 축원 드립니다.

1. 광야의 하나님

"그들에게 명령하여 이르기를 요단 가운데 제사장들의 발이 굳게 선 그곳에서 돌 열둘을 택하여 그것을 가져다가 오늘밤 너희가 유숙할 그곳에 두게 하라 하시니라"(3절).

이스라엘 백성들은 요단강에 들어서기까지 40년 동안 광야 생활을 하였습니다. 아무것도 할 수 없는 광야에서 40년 동안 하나님께서 매일 매일 만나와 메추라기를 내려 주셨습니다. 한 번도 모자라거나 늦거나 부족하거나 굶긴 일이 없었습니다. 정확하고 풍성하였습니다. 더운 낮에는 구름 기둥으로, 추운 밤에는 불기둥으로 정확하고 완전하게 인도하셨습니다. 바위에서 물이 나게 하시어 목마르지 않고 시원하게 하셨습니다. 옷이나 신발이 닳지 않도록 신비스러운 기적을 베풀어 주셨습니다. 전적인 하나님의 공급과 인도와 은혜인 것입니다. 인간의 노력과 공로는 아무것도 없습니다. 다 거저 주시는 은혜였습니다.

톨스토이 작품《마귀와 빵 한 조각》에 이런 내용이 나옵니다.

주인공 농부는 일하다 지치면 싸온 빵 한 조각을 먹고 힘을 내어 다시 열심히 일합니다. 마귀들이 그를 타락시킬 전략을 짭니다. 어느 날 농부가 빵을 먹으려고 보니 빵이 없습니다. 누가 훔쳐 간 것입니다. 그런데 농부는 자기보다 더 힘든 사람이 있는 모양이라며 자신은 한 끼 안 먹어도 되니 그가 먹고 회복되면 좋겠다고 말합니다. 이 일로 대장에게 혼이 난 마귀 졸병은 고민 끝에 좋은 방법을 찾습니다. 농부에게 수확의 풍성함을 준 것입니다. 가뭄 때든 홍수 때든 소출이 풍성하자 농부는 갑작스러운 풍요에 어찌할 바를 모릅니다. 이때 마귀 졸병이 곡식으로 술을 만들라고 권하자 그는 술을 빚고 혼자 한 잔씩 마십니다. 이번엔 친구들을 불러 함께 마시라고 권합니다. 마침내 농부가 술에 취하자 그 안에 있던 더러운 죄악이 다 나옵니다. 마귀 대장이 졸병에게 어떻게 성공했느냐고 묻자 졸병은 '농부에게 필요한 것보다 조금 더 넉넉하게 주었을 뿐'이라고 답합니다. 잘될 때 조심해야 합니다.

시련과 어려움 속에서는 자신을 더 살피고 하나님 앞에 더 가까이 가며 겸손하고 진실해집니다. 그런데 하나님의 은혜로 걱정과 근심이 없는 바로 그때에, 세상에서 이 정도면 성공했다고 우쭐해지는 바로 그때가 가장 위험합니다. 인생의 승리에 대한 도취와 교만 속에는 바로 몰락의 DNA도 함께 숨어 있기 때문입니다.

하나님의 은혜를 크게 기억하고, 감사하고, 찬양하며, 후손들에게 가르쳐야 합니다. 감사의 열두 돌을 세워서 지난날 광야 인생에서 인도하시고 풍족하게 공급해 주신 광야의 하나님을 섬기고 찬양해야 합니다. 우리는 과거 하나님과 부모님과 사람들의 은혜를 쉽게 잊어버립니다. 은혜를 잊으면 반드시 불평과 원망이 나오게 됩니다. 열두 돌을 세워서 평생 하나님의 은혜와 사랑에 감사하고 찬양하며 후손들에게 가르치는 표징이 되시기를 축원 드립니다.

2. 요단강의 하나님

"그들에게 이르기를 요단 물이 여호와의 언약궤 앞에서 끊어졌나니 곧 언약궤가 요단을 건널 때에 요단 물이 끊어졌으므로 이 돌들이 이스라엘 자손에게 영원히 기념이 되리라 하라 하니라"(7절).

각 지파에서 한 사람씩 열두 사람을 택하여 요단강에서 열두 돌을 취하여 기념비를 세우도록 하였습니다. 언약궤를 멘 제사장들이 요단강 가운데 굳게 섰을 때 강물이 갈라졌고 강바닥은 말랐습니다. 그리하여 온 이스라엘 백성들은 무사히 요단강을 건널 수 있었습니다. 제사장들의 죽으면 죽으리라는 순교적 순종으로 기적이 일어나게 된 것입니다. 각 지파가 한 개씩 취한 것은 이스라엘 백성들의 일치성을 보여주는 것입니다. 초자연적인 하나님의 역사로 흐르던 요단 물이 멈추었고, 강바닥은 마른 땅이 되어 모든 이스라엘 백성들이 안전하게 건너게 되었습니다.

광야에서 40년간 놀라운 기적을 베푸셨던 바로 그 하나님이 흐르는 요단강의 물을 멈추게 하셨고, 마른 땅을 만드셨습니다. 과거에도 은혜와 사랑을 베푸셨던 하나님은 지금도 여러 가지 기적으로 성도들을 사랑하시고, 보호하시며, 인도하십니다. 요단강에서 하나님이 역사하셨음을 기억하고, 그것을 후손들에게 전해 주라고 열두 돌을 요단강 가운데와 가나안 땅에 세우게 하신 것입니다.

수돗물이 귀하던 시절엔 우물이나 샘터에서 두레박으로 물을 길어 올려 썼습니다. 그러다 좀 더 발전해 펌프로 물을 길었습니다. 펌프에서 물을 퍼 올리는 원리가 아주 신기합니다. 평소에는 펌프가 바짝 말라 있지만, 그 안에 한 바가지 정도의 물을 붓고 딸깍딸깍 계속해서 펌프질을 하면 깊은 지하에서부터 물이 콸콸 솟아납니다. 그때 사용하는 한 바가지의 물을 '마중물'이라고 합니다. 아마도 많은 물을 마중하러 나서는 물이라고 해서 '마중물'이라고 한 것 같습니다.

지하수가 아무리 많이 있어도 이 마중물이 없으면 펌프로 물을 퍼 올릴 수 없습니다. 하나님의 일을 하는 데도 누군가 '마중물' 같은 역할을 해야 합니다. 누군가 작은 걸음으로 마중을 나가면 하나님의 창대한 역사가 시작됩니다. 그런 사람은 한 해 농사의 종자와 같습니다. 농사꾼은 아무리 가난하고 먹을 것이 없어도 씨감자를 먹지 않습니다. 그만큼 종자가 중요합니다. 교회가 건축을 하거나 구제를 할 때에, 어려운 형편에도 힘에 넘치는 헌신을 해서 종자돈을 내놓는 사람이 있습니다. 과부의 두 렙돈 같은 헌금이 촉매제가 되어 교인들의 마음이 모이고 운동력이 생겨 하나님의 큰 사업이 이루어집니다. 이러한 부흥의 흐름을 만들어 내는 마중물이 되기를 소망하십시오. 내가 먼저 하나님을 찬송하고 예배하는 부흥의 불씨가 될 때에 하나님의 은혜가 성령의 바람과 함께 솟아날 것입니다.

요단강의 물이 흐르고 있는데, 언약궤를 멘 제사장들에게 요단강으로 들어가라고 하셨고 제사장들은 이에 순종하였습니다. 순종할 때 기적은 일어나고 순종만큼 기적은 일어납니다. 왜 기적이 일어나지 않습니까? 불순종 때문이며 순종이 부족하기 때문입니다. 요단강의 물을 멈추고 마른 땅이 되게 하신 하나님은 지금도 역사하십니다. 우리가 제사장들처럼 언약궤를 메고 요단강으로 들어가면 됩니다. 죽기까지 순종하고 기도하면 됩니다. 지금도 하나님은 우리와 함께 계시고 도와주시고 끝까지 동행하십니다. 하나님의 명령에 절대 순종한 제사장들처럼 순종하고 기도하는 마중물이 되어 여러분을 통하여 하나님의 표징이 나타나기를 축원 드립니다.

3. 가나안의 하나님

"이스라엘 자손들이 여호수아가 명령한 대로 행하되 여호와께서 여호수아에게 이르신 대로 이스라엘 자손들의 지파의 수를 따라 요단 가운데에서 돌 열둘을 택하여 자기들이 유숙할 곳으로 가져다가 거기에 두었더라 여호수아가 또 요단 가운데 곧 언약궤를 멘 제사장들의 발이 선 곳에 돌 열둘을 세웠더니 오늘까지 거기에 있더라"(8-9절).

요단강은 가나안으로 들어가는 관문입니다. 광야를 지나 가나안으로 들어가는 최대 장애입니다. 요단강을 건넌 이스라엘을 향하여 요단강에서 수집한 열두 개의 돌을 세우게 하심은 하나님이 가나안 전체를 주셨다는 언약의 표징입니다. 힘써 마련한 아름다운 집에 자신의 문패를 부착하는 의미입니다. 가나안 정복의 시작입니다. 가나안 땅을 이스라엘에게 주신다는 하나님의 보증입니다. 확실한 하나님의 약속의 표징입니다. 따라서 기념비는 이스라엘 백성이 유숙한 길갈에 12개와 제사장들의 발이 섰던 요단강 중앙에 12개로 24개가 세워졌던 것입니다.

이중 표징 행위로서 사건의 확실성과 중대성을 시사한 요단강 가운데 세워진 열두 돌은, 비록 보이지는 않지만 이스라엘 백성들의 마음 가운데 세워진 것과 같은 효과를 거두어, 요단강을 볼 때마다 그 사실을 생각나고 기억하게 하실 것입니다. 아브라함과 이삭과 야곱에게 주신다고 약속하신 가나안 땅을 하나님이 주셨음을 뜻합니다. 언약과 약속을 지키시는 하나님이십니다. 하나님이 말씀하시면 가장 적절한 하나님의 때에 반드시 성취됩니다. 인간의 마음과 눈과 기억은 쉽사리 사라지기 때문에 24개의 돌을 세워서 하나님의 하나님 되심을 영원히 기억하고, 섬기며, 후손들에게 가르치라는 하나님의 보이는 교훈입니다. 기념비는 보이는 말씀이고, 보이는 하나님이십니다.

2세기 초에 소아시아의 한 지방을 다스리는 플리니라는 로마의 총독이 있었습니다. 플리니는 뇌물 받기를 좋아하고 폭정을 일삼았습니다. 이 모습을 보다 못한 한 기독교인이 찾아와 플리니의 잘못을 조목조목 따지며 제대로 통치할 것을 권유했습니다. 기독교인의 직언을 들은 플리니는 큰 화를 내며 "감히 총독에게 이따위 말을 하는 너를 이 지역에서 추방시킬 수도 있다"라고 했습니다.

"그래도 상관이 없습니다. 모든 땅이 하나님의 것이니 저는 집을 잃지 않습니다."

"나는 당장 너를 죽일 수도 있다."

"인간은 누구나 죽습니다. 그러나 나에게는 부활의 약속이 있습니다. 생명은 빼앗을 수 있어도 영생은 빼앗을 수 없습니다."

"도저히 못 참겠군, 그렇다면 너의 가족까지 모두 죽여 버리겠다."

"총독 각하, 저의 가정은 모두 저와 같은 믿음과 신앙을 갖고 있습니다. 각하가 방금 하신 협박들은 저희에겐 아무것도 아닌 일들입니다."

크리스천의 담대함에 당황한 플리니는 결국 그를 돌려보냈습니다.

몇 해 전 시내 식당에 갔는데, 옆방의 손님들이 시끄럽게 이야기를 나누고 있었습니다. 식당 직원에게 옆방에 조용히 해달라는 요청을 전해 달라 부탁했습니다. 그랬더니 직원이 "교회 다니는 사람들이라 원래 시끄럽고 우리가 얘기해도 듣지 않을 겁니다"라고 말하는 것이었습니다. 순식간에 불편함은 부끄러움으로 변했습니다. 어쩌다 그리스도인이 시끄럽고 무례한 사람이 됐을까요. 우리끼리 기분 좋고, 우리끼리 행복하고, 우리끼리 아무 일이 없으면 된다는 식으로 생각하는 습관이 교인들에게 당연한 것으로 배어든 것은 아닐까요.

교회 밖에서 그리스도인은 품격 있는 성품을 갖추어야 합니다. 덕스러운 성품이 뒷받침되지 않으면 우리가 예수의 복음을 훼손할 수도 있습니다. 예수 믿는 사람은 예의 바르고 친절하다는 좋은 소문이 생기면 좋겠습니다. 아직 예수를 모르는 사람들은 먼저 믿은 자의 행실과 성품을 중요하게 고려할 수밖에 없습니다. 오늘 베푸는 작은 친절이 복음의 문을 여는 기회가 될 수 있습니다. 시끄럽고 불편한 이웃이 아니라 친절하고 예의 바른 그리스도인으로 빛을 발합시다. 오늘 만나는 이웃을 친절한 얼굴로 대하는 것은 복음의 사명을 감당하는 것입니다.

가나안에 들어선 우리 성도들은 가나안 백성답게, 그리고 구원받은 성도답게 살아야 합니다. 하나님의 표징이 되어야 합니다. 하나님의 영광을 나타내야 합니다. 서로 섬기고 사랑하는 영적 가나안 백성으로 살아서 어디서나, 그리고 누구에게나 하나님의 표징으로 살아가시기를 축원 드립니다.

사랑하는 번동 가족 여러분

인간은 자주 변하고 인생은 짧지만, 하나님은 어제나 오늘이나 영원토록 동일하신 분입니다(히 13:8). 광야와 요단강과 가나안 땅에 함께하시는 하나님이십니다. 우리 삶에 열두 돌을 세워서 감사하고 찬양하고, 다음 세대에 복음을 전하는 살아 움직이는 하나님의 표징으로 살아가는 성도들이 되시기를 축원 드립니다.

떠나지 아니한 구름과 불기둥

출애굽기 13:17-22

¹⁷바로가 백성을 보낸 후에 블레셋 사람의 땅의 길은 가까울지라도 하나님이 그들을 그 길로 인도하지 아니하셨으니 이는 하나님이 말씀하시기를 이 백성이 전쟁을 하게 되면 마음을 돌이켜 애굽으로 돌아갈까 하셨음이라 ¹⁸그러므로 하나님이 홍해의 광야 길로 돌려 백성을 인도하시매 이스라엘 자손이 애굽 땅에서 대열을 지어 나올 때에 ¹⁹모세가 요셉의 유골을 가졌으니 이는 요셉이 이스라엘 자손으로 단단히 맹세하게 하여 이르기를 하나님이 반드시 너희를 찾아오시리니 너희는 내 유골을 여기서 가지고 나가라 하였음이더라 ²⁰그들이 숙곳을 떠나서 광야 끝 에담에 장막을 치니 ²¹여호와께서 그들 앞에서 가시며 낮에는 구름 기둥으로 그들의 길을 인도하시고 밤에는 불기둥을 그들에게 비추사 낮이나 밤이나 진행하게 하시니 ²²낮에는 구름 기둥, 밤에는 불기둥이 백성 앞에서 떠나지 아니하니라

오래전에 고든 맥도날드가 쓴 《하나님이 축복하시는 삶》이란 책을 읽었습니다. 저자는 이 책에서 영혼의 질(質)에 대해 이야기합니다. 상품에 품질이 있는 것처럼 영혼에도 질이 있다는 것입니다. 이 영혼의 질이 바로 '영성'이라고 그는 표현했습니다. 그러면서 "당신은 어떤 노인이 되고 싶은가?"라는 질문을 던집니다. 그 질문에 대한 대답으로 그의 머릿속에 맨 처음 떠오른 단어는 '감사와 찬송'이었다고 합니다. 감사와 찬송을 탁월한 영성의 핵심이라고 본 것입니다.

예수님 역시 하나님께 늘 감사와 찬송을 드리는 생애를 사셨습니다. 사도 바울도 범사에 감사하라고 권면했을 뿐 아니라 감옥에서도 찬송하는 본을 보였습니다. 완벽한 정의는 없지만 저는 "영성이란 성령님 안에서 말씀을 통해 예수님을 닮아 가는 삶이다"라고 정의하고 싶습니다. 영성이란 영혼 중심에 하나님을 모시고, 하나님의 인도를 받고, 하나님과 동행하는 삶을 의미합니다.

영성은 세상에 살면서도 세상에 속하지 않으며, 환경을 초월해서 예수님이 말씀하신 풍성한 삶을 사는 것을 의미합니다. 다시 말해 찬송의 영성이야말로 성숙한 영혼의 표지라고 할 수 있습니다. 찬송의 영성을 갖기 위해 힘쓰십시오. 인생의 밝은 면을 보십시오. 아직도 남아 있는 것과 할 수 있는 것을 생각하십시오. 내 안에 감추어진 보화이신 예수님으로 인해 찬송할 줄 아는 사람이 되십시오. 찬송은 축복의 문을 여는 열쇠입니다.

오늘은 추수감사주일입니다. 감사의 이유가 우리 자신이나 물질에 있는 것이 아니라 하나님께 있는 것입니다. 우리의 모든 것은 하나님의 은혜이며 축복입니다. 우리는 감사와 찬송을 회복해야 합니다. 그리하면 모든 것이 아름답고 감사할 것입니다. 이스라엘 백성들을 구름 기둥과 불기둥으로 인도하신 하나님께서, 광야와 같은 세상을 사는 우리들도 그렇게 여기까지 인도하셨음을 감사하고 찬송해야 합니다. 평생, 그리고 컴사에 하나님께 감사와 찬송으로 충만한 인생과 가정과 교회가 되시기를 축원 드립니다.

1. 인도하시는 하나님

"바로가 백성을 보낸 후에 블레셋 사람의 땅의 길은 가까울지라도 하나님이 그들을 그 길로 인도하지 아니하셨으니 이는 하나님이 말씀하시기를 이 백성이 전쟁을 하게 되면 마음을 돌이켜 애굽으로 돌아갈까 하셨음이라"(17절).

애굽에서 가나안으로 가는 지름길은 블레셋의 해안 도시 가사(GaZa)를 통하는 지중해안의 길입니다. 이 길은 약 4일 정도밖에 걸리지 않는 가까운 거리입니다. 그러나 이 길에는 당시 철기 문화를 배경으로 강력한 세력을 형성했던 호전적인 블레셋 족속이 기다리고 있었습니다. 그런데 이스라엘 백성들은 430년 동안 노예 생활을 하다가 갑자기 출애굽했기 때문에 체계적이고 조직적인 정비가 안 된 상태였습니다. 전쟁을 치를 마음과 군사적인 준비가 없었습니다. 다섯 개의 큰 도시 국가들인 (가사, 아스글론, 아스돗, 가드, 에그론) 막강한 블레셋 군대와 맞부딪치면 낙심하고 다시 애굽으로 돌아갈 소지가 충분하였습니다. 하나님은 이것을 방지하기 위하여 6배나 먼 광야 길로 그들을 인도하신 것입니다.

《백설 공주》는 미국의 영화 제작사인 월트 디즈니사가 창립 초기에 만든 장편 만화 영화입니다. 지금은 디즈니사가 최대 영화 제작사지만, 그들이 처음부터 흥행에 성공한 것은 아니었습니다. 특히 초창기에는 기술 부족 등의 이유로 손실이 컸습니다. 《백설 공주》는 디즈니사가 재정적 어려움 속에서 일종의 모험을 걸고 만든 작품입니다. 《백설 공주》에는 아주 인상적인 장면이 있습니다. 일곱 난쟁이가 광산에서 일을 하는데 힘들어하기보다는 신나게 노래를 부르며 일합니다. 난쟁이라면 장애를 가진 사람들인데, 그들은 매우 힘겨운 광산 일을 하며 이렇게 멋진 노래를 부릅니다.

"일할 때 휘파람을 불라. 즐거운 노래를 부르라. 네가 일하는 곳에 변화가 오리라."

힘들고 어려운 상황에 있는 것처럼 보이는 이들이 기쁜 마음으로 부르는 노래에는 사람들의 고정 관념을 뒤집어 놓는 통쾌함이 있습니다. 사실 이 한 장면이 월트 디즈니의 정신을 대변합니다. 그들은 "또 손해를 볼지도 모르는 위험을 감수하고 왜 계속 영화를 만드는가?"라는 세간의 질문에 이렇게 답했습니다.

"아무리 힘든 상황에 있는 사람도 마음먹기에 따라 얼마든지 행복하게 일할 수 있다는 사실을 증명해 보이기 위해서입니다."

하물며 그리스도인은 구원의 기쁨으로 날마다 감사하며 찬양할 수 있는 존재가 아닙니까? 우리가 부르는 기쁨의 노래를 듣고 모든 사람이 하나님의 권능과 사랑을 알게 될 것입니다.

사람의 상식과 고정관념을 뛰어넘는 생각이 있습니다. 하나님의 길과 생각은 인간의 것과는 비교할 수 없이 높은 것입니다(사 55:8-9). 광야 길은 멸망이 아닌 연단과 성숙과 안전과 축복인 것입니다. 인간이 깨닫지 못할 뿐입니다. 당장은 광야길이 멀고 더디고 험해도, 그 길은 유익과 승리의 길입니다. 모세가 이스라엘의 위대한 지도자가 되고, 요셉이 애굽의 총리 자리에 오르기까지는 수많은 아픔과 고난과 억울함이 있었으나 합력하여 유익을 이루게 하셨습니다(롬 8:28).

우리는 눈에 보이는 현실의 편안함에 도취되지 말고, 비록 현실은 고달프고 힘들고 어려워도 궁극적으로 우리를 유익하고 영광의 길로 인도하시는 하나님을 믿고 신뢰할 때 반드시 승리하게 됩니다. 더 좋고 영광스럽게 인드하시는 하나님께 감사하고 찬송하는 성도들이 되시기를 축원 드립니다.

2. 찾아오시는 하나님

"모세가 요셉의 유골을 가졌으니 이는 요셉이 이스라엘 자손으로 단단히 맹세하게 하여 이르기 를 하나님이 반드시 너희를 찾아오시리니 너희는 내 유골을 여기서 가지고 나가라 하였음이더라"(19절).

요셉은 430년 전의 이스라엘 사람으로 애굽을 다스렸던 총리였습니다. 그런데 그가 110세에 죽으면서 언젠가 가나안 땅으로 이장(移葬)하라고 유언을 하였습니다. 당시 요셉의 시신은 고대 애굽 귀족들의 장례법을 따라 방부 처리된 채 미라로 보존되었던 것으로 추측됩니다(창 50:26). '찾아오시리니'의 원뜻은 '기억하고 방문한다'는 뜻으로 하나님께서 이스라엘 조상들과의 언약을 잊지 않으시고, 그것을 이루시기 위해 친히 이스라엘에 찾아오실 것을 뜻합니다(창 50:24).

약 350년 전 일찍이 아브라함에게 약속했던(창 15:13-16) 출애굽과 가나안 회복을 굳게 믿고 임종 시 후손들에게 부탁했던 요셉의 유언입니다(창 50:25). 진정 요셉은 믿음으로 가나안 땅을 바라보았던 것입니다(히 11:22). 그리하여 마침내 가나안 정복 후 요셉의 해골은 그 믿음의 소원대로 가나안 땅 세겜에 평안히 묻히게 되었습니다(수 24:32). 하나님은 말씀하신 그대로 이루시고 행하십니다. 하나님의 모든 말씀은 바로 그때가 되면 정확하게 이루어집니다. 그래서 말씀을 믿고 순종하는 것입니다.

    목회를 하며 여러 교회를 다녀보면 깜짝 놀랄 때가 많습니다. 교회 안의 장로님들, 권사님들, 믿음 좋다는 성도들 중 인격이 겸비되지 않은 사람이 많기 때문입니다. 가슴 아픈 일입니다. 언젠가 어느 집사님과 대화를 나누며 정말 기뻤던 적이 있습니다. 그 집사님이 자기 남편을 이렇게 평가했기 때문입니다.

    "남편이 교회에 다니며 정말 많이 달라졌어요. 굉장한 다혈질이라 감정 통제가 전혀 안 되었거든요. 그런데 예수님을 영접하고 신앙이 성숙해진 후로 그런 모습이 사라졌어요."

    바로 이런 사람이 교회 지도자가 되어야 합니다. 사람이니 연약한 부분이 있고, 당연히 화가 날 수 있습니다. 화가 나는 것은 정상입니다. 그러나 감정까지도 통제해 주시도록 하나님께 주도권을 내어 드리는 것이 중요합니다. 직분을 받고 교회 일에 얼마나 열심을 내느냐 하는 것도 중요하지만, 그보다 더 중요한 것은 그가 하나님의 영향력 아래 있느냐 하는 것입니다.

    목에 있는 대로 힘주고 큰소리를 내다가, 뭔가 어려운 일을 만나면 아무런 대안도 제시하지 못하는 사람이 있습니다. 그런가 하면 묵묵히 겸손하게 섬기면서 성령의 지혜로 문제를 수습하는 사람도 있습니다. 하나님의 영향력 아래 있으면서 성령의 능력이 나타나기를 바라는 이것이 바로 섬기는 자의 모습이어야 합니다.

    우리 모두는 이 땅에 사는 동안 하나님의 일에 충성을 다해야 합니다. 하나님이 부르시는 그 순간까지 순종해야 합니다. 하나님은 한 번도 우리를 떠나시거나 버리지 않으십니다. 언제나 함께 계시는 임마누엘의 하나님이십니다. 지금부터 영원까지 함께 계시는 분입니다. 오늘 우리의 상황과 삶의 현장이 각각 다릅니다. 건강과 경제와 가족과 관계가 다양합니다. 하나님은 우리의 모든 것을 아시며 도우십니다. 실망하고 떠나는 하나님이 아니라 힘들고 어려울수록 함께하시고 찾아오시는 분입니다. 요셉과 함께하셨고, 요셉의 유골을 가나안으로 옮길 수 있도록 찾아오시는 하나님을 굳게 믿고, 감사하고, 찬양하는 성도들이 되시기를 축원 드립니다.

3. 진행하시는 하나님

"여호와께서 그들 앞에서 가시며 낮에는 구름 기둥으로 그들의 길을 인도하시고 밤에는 불기둥을 그들에게 비추사 낮이나 밤이나 진행하게 하시니 낮에는 구름 기둥, 밤에는 불기둥이 백성 앞에서 떠나지 아니하니라"(21-22절).

이스라엘 민족을 출아굽 시키신 하나님께서는 그들이 약속의 땅 가나안에 도착할 때까지 계속 인도하셨습니다. 특별히 "앞에서 가시며"라는 구절은 하나님께서 친히 '구름 기둥과 불기둥'으로 인도하심을 강조하는 말입니다. 구름 기둥과 불기둥은 서로 다른 별개의 두 기둥이 아니라 한 기둥이 이중적인 현상으로 나타난 것입니다(출 14:24). 낮에는 시원한 구름 기둥으로 사막의 뜨거운 햇빛과 열기와 질병으로부터 지켜 주시고, 밤에는 찬란한 불 모양(민 9:15-16)으로 추위나 동물과 사람과 외부의 침입으로부터 보호하신 것입니다. 하나님의 초자연적 성격을 지닌 가시적인 여호와의 형태로 나타난 여호와의 기둥이었습니다.

이 기둥의 모습은 여호와의 군대인 이스라엘 백성의 진정한 통솔권자는 오로지 여호와뿐이심을 선포하는 행위입니다. 구름 기둥과 불기둥은 택한 백성을 인도하시는 여호와의 지팡이이며, 여호와의 지휘봉(홀, 笏)이었습니다. 구름 기둥과 불기둥은 출애굽 사건 직후부터 나타나 광야 생활 40년 동안 나타났고, 가나안 입성 이후에는 나타나지 않았습니다. 구름 기둥과 불기둥이 광야 생활 동안 갑자기 중단되거나 바뀌거나 분명치 않았다면 이스라엘 백성의 가나안 입성은 불가능했을 것입니다. 끝까지, 그리고 목적을 이루기까지 진행하게 하시는 하나님이십니다.

해마다 적자를 면치 못하는 회사가 있었습니다. 더 이상은 안 되겠다 싶어 원인을 조사하게 되었습니다. 조사 결과 실무를 보는 사원들의 얼굴은 하나같이 죽을상을 하고 있고, 또 매일같이 간부급 직원들이 아래 사원들에게 호통만 치더랍니다. 그래서 상사에게 물었습니다.

"혹시 아래 사람들에게 칭찬해 본 적이 있습니까?"

상사가 답하기를 "말도 마십시오. 칭찬할 일이 있어야 칭찬을 할 거 아닙니까?"라고 했습니다. 매일같이 혼나기만 한 직원들은 눈치만 보느라 업무의 능률이 전혀 오르지 않았던 것입니다.

반대로 해마다 흑자를 내는 회사가 있습니다. 이 회사 또한 흑자의 원인을 조사하게 되었습니다. 조사 결과 실무를 보는 사원들은 항상 미소를 머금고 있고, 상사와 부하 직원 할 것 없이 서로 칭찬을 아끼지 않는다는 것입니다. 상사의 칭찬이 사기를 높여서 업무 성과가 높아질 수밖에 없었던 것입니다. 누구나 한 번쯤 자신이 한 일이나 의견에 대해 칭찬 혹은 기분 좋은 답변을 들어본 적이 있을 것입니다. 조용히 눈을 감고 그때 느꼈던 기분을 다시 상상해 보시기 바랍니다. 지금 생각해도 입가에 미소가 지어지고, 가슴과 머리를 꽉 채우는 기분 좋은 기운이 느껴질 것입니다.

그만큼 칭찬은 대단히 긍정적 위력을 지니고 있습니다. 칭찬에 대해 인색해하지 않으면 좋겠습니다. 그리고 인색해도 안 됩니다. 그냥 잘한 일에 '잘했다' 이 한마디면 충분합니다. 우리 한국인에겐 '신바람'이라는 것이 있습니다. 한국인은 좀 특이합니다. 기분이 좋고 신바람이 나면 자신의 능력을 훨씬 뛰어넘어 120~130%를 발휘합니다. 그 대신 기분이 상했을 땐 능력의 70%밖에 발휘하지 못한다고 합니다.

우리에게는 일과 생업과 사명이 있습니다. 또한 꿈과 소망과 비전이 있습니다. 하나님께서 구름 기둥과 불기둥으로 우리의 길을 인도하시고, 낮이나 밤이나 모든 일을 진행하게 하십니다. 우리를 떠나지 않으십니다. 잘되고 완성하도록 진행하게 하시는 하나님을 찬양하며 감사하는 성도들이 되시기를 축원 드립니다.

사랑하는 번동 가족 여러분!

오늘은 추수감사주일입니다. 우리를 인도하시고, 찾아오시며, 진행하게 하시는 하나님께 감사하고 찬양해야 합니다. 감사와 찬양의 이유가 나에게 있거나 세상적인 것에 있지 않습니다. 하나님께 있습니다. 이스라엘 백성들에게서 떠나지 않은 구름 기둥과 불기둥이 여러분과 늘 함께하시고, 여러분의 길을 인도하시기를 축원 드립니다.

겨울 전에 어서 오라

디모데후서 4:19-22

[19]브리스가와 아굴라와 및 오네시보로의 집에 문안하라 [20]에라스도는 고린도에 머물러 있고 드로비모는 병들어서 밀레도에 두었노니 [21]너는 겨울 전에 어서 오라 으불로와 부데와 리노와 글라우디아와 모든 형제가 다 네게 문안하느니라 [22]나는 주께서 네 심령에 함께 계시기를 바라노니 은혜가 너희와 함께 있을지어다

고대 그리스인들은 노동을 축복으로 보지 않았습니다. 아리스토텔레스는 "굳이 일을 하지 않아도 살아갈 능력이 되는 상태야말로 진정 가치 있는 삶의 첫 번째 요건"이라고 했습니다. 그리스 철학자들은 인간이 일상의 일에서 벗어나 사색과 명상에 충실할 수 있으면 신의 경지에 이를 수 있다고 본 것입니다. 그들은 노동을 최상의 삶을 가로막는 장애물로 치부했습니다. 게다가 그들은 이 땅에 사

는 한 노동이 필수적이라는 점을 잘 알고 있었지만, 모든 일이 동등하다고 생각하지는 않았습니다. 몸이 아니라 정신에 관련된 일이 더 고상하다고 믿었습니다.

그러나 성경의 시각은 전혀 다릅니다. 손으로 하는 일이든 머리로 하는 일이든 모든 일은 인간의 존엄성을 상징하는 증표로 봅니다. 창세기 1장에서는 오로지 사람만이 '일', 곧 직무를 맡았습니다. 식물과 동물은 그저 '충만하고 번성하라'는 명령을 받았을 뿐인데 유독 인간은 명확하게 일을 부여받았습니다. '세상을 정복하고 다스리라'는 지시를 받았습니다. 인간은 창조주의 형상대로 지음 받았기에 창조 세계를 관리하는 청지기 역할을 맡게 된 것입니다. 그러므로 일 자체가 존엄할 뿐 아니라 모든 종류의 일이 고귀합니다.

인간은 하나님이 맡기신 일을 하도록 지음 받았으며, 지위나 급여와 상관없이 일은 인류에게 존엄성을 부여합니다. 크리스천이라면 누구나 자신이 하는 일을 통해 하나님의 창조와 개척사역에 동참한다는 확신과 만족을 누릴 수 있어야 할 것입니다.

세상에는 많은 일이 있습니다. 헤아릴 수 없을 만큼 다양하고 변화합니다. 선한 일도 있고, 악한 일도 있습니다. 사람의 일도 있고, 하나님의 일도 있습니다. 우리 모두는 하나님이 맡겨주신 일에 충성하다가 하나님이 부르시면 자랑스럽게 그분 앞에 서야 합니다. 모든 일은 신성하며 하나님의 영광을 위하여 해야 합니다. 어떠한 일이기보다는 어떤 자세와 태도로 하느냐가 중요합니다. 다섯 달란트나 두 달란트보다는 '착하고 충성된 자세'가 더욱 중요합니다.

사도 바울은 디모데에게 "너는 겨울 전에 어서 오라"고 하였습니다. 재촉하는 이유는 지중해 전역에서 겨울철(10월부터 4월 사이)에는 파도가 높아 항해하기 어려웠기 때문이며, 또한 자신의 죽음이 얼마

남지 않았음을 알고 있었기 때문입니다.

우리 모두가 하나님이 맡겨 주신 사명을 겨울 전에 잘 감당하여, 인생의 겨울이 되어 하나님이 오라고 하시면 미련 없이 자랑스럽게 하나님께로 달려가는 이 시대의 사도 바울이 다 되시기를 축원 드립니다.

1. 인생의 겨울이 옵니다

"너는 겨울 전에 어서 오라 으불로와 부데와 리노와 글라우디아와 모든 형제가 다 네게 문안하느니라"(21절).

어느덧 여름과 가을이 가고 겨울이 되었습니다. 누구나 겨울이라는 계절이 가을 다음에 반드시 온다는 것을 압니다. 의심하거나 겨울이 안 오는 기적을 바라는 사람은 없습니다. 마찬가지로 인생의 겨울이 옵니다. 어린이와 청년기와 장년기를 지나 노년기가 옵니다. 황혼과 늙음과 은퇴와 질병이 누구에게나 찾아옵니다. 아무리 도망을 가고 피해도 언젠가는 바로 눈앞에 와 있습니다. 놀라고 섬찟합니다. 겨울을 피할 수는 없지만 건강하고 행복하게 잘 지내면 됩니다.

미국의 영적 각성을 불러일으켰던 부흥사이자 설교자인 조나단 에드워즈가 먼 여행을 떠나는 딸 메리와 사위에게 이런 편지를 썼습니다.

"먼 곳으로 떠나는 네가 죽을 수도 있고, 위험한 병을 얻을 수도 있고, 너의 위험을 듣기 전에 이미 내가 무덤에 있을 수도 있을 것이다. 그러나 내가 가장 관심을 갖는 것은 너의 영혼에 관한 것이란다.

비록 네가 우리와 멀리 떨어져 있더라도 하나님은 어디에나 계시는 분이니, 우리는 하나님이 항상 너를 보고 계신다는 것으로 만족한단다. 네가 하나님의 인도하심을 따르며 하나님의 은혜 안에 거한다면, 부모인 우리가 너와 멀리 떨어져 있는 것은 아무 문제가 되지 않는단다. 나는 네가 우리와 떨어져 있지 않은 대신 하나님과 멀리 떨어져 사는 것보다는, 차라리 네가 수백 마일 떨어져 있더라도 성령에 의해 하나님께 가까이 가는 것을 항상 원한단다."

여러분은 멀리 떠나는 자녀의 앞날을 생각하며 이런 편지를 쓸 수 있겠습니까? 그러나 이것은 떠나고 떠나보내는 이 사이에 줄 수 있는 가장 큰 축복의 메시지입니다. 하나님을 사랑할 때 오는 안식이 얼마나 큰 축복인지는 경험해 본 사람만 압니다. 언젠가 우리는 자녀를 떠나거나 떠나보내야 할 순간을 맞게 됩니다. 그럴 때 하나님을 사랑하기 때문에 자원해서 그분의 명령을 행하라고, 하나님을 사랑하기 때문에 삼가라고 말해 주는 부모가 최고의 부모입니다. 그것이 자녀에게 줄 수 있는 최고의 메시지입니다.

누구에게나 겨울이 반드시 옵니다. 빨리 올 수도 있고 늦게 올 수도 있습니다. 그러나 1%도 예외 없이 누구에게나 반드시 옵니다. 이때 우리는 피하거나 놀라지 말아야 합니다. 적극적이고 긍정적으로 맞아야 합니다. 인생의 겨울은 하나님의 놀라운 선물입니다. 전도서의 말씀대로 영원을 사모하며 기쁘게 선을 행하고, 먹고, 마시고, 일하고, 낙을 누리는 것이 하나님의 선물임을 깨닫고 인생의 겨울에, 그리고 겨울을 향하여 살아야 합니다(전 3:11-13). 더욱 건강하고 행복하고 믿음과 사명을 위해 살아가는 성도들이 되시기를 축원 드립니다.

2. 겨울 전에 화목합시다

"브리스가와 아굴라와 및 오네시보로의 집에 문안하라 에라스도는 고린도에 머물러 있고 드로비모는 병들어서 밀레도에 두었노니 너는 겨울 전에 어서 오라 으불로와 부데와 리노와 글라우디아와 모든 형제가 다 네게 문안하느니라"(19-21절).

바울 주위에는 다양한 사람들이 있습니다. 복음과 목회를 위해 함께 일했던 분들입니다. 살다 보면 사람이 몰려올 때고 있고, 썰물처럼 빠져나갈 때도 있습니다. 알 수 없는 것이 사람이고 사람의 마음입니다. 대표적인 사람은 브리스가와 아굴라입니다. 이들은 본도(pontus) 출신으로 로마에 살았으나, 글라우디오 황제의 반(反) 유대주의 정책으로 쫓겨나 고린도에 머물게 되었습니다. 이들은 장막 제조업자로 바울과 동업하였으며(행 18:1-3), 바울의 전도 여행에 동행하였습니다(행 18:18).

그들은 바울의 동역자로서 활동하였을 뿐만 아니라 생명을 바칠 만큼 헌신적으로 바울을 도왔습니다(롬 16:3-4). 브리스가와 아굴라의 이름이 신약성경에 여섯 번 나타납니다. 본문에는 9명의 이름이 나오는데, 모두가 사도 바울과 함께 복음을 위해 충성하였던 헌신적인 사람들입니다.

살아 있는 것은 아름답습니다. 그리고 가장 아름다운 삶은 함께 사는 삶입니다. 사람과 사람이, 사람과 짐승과 새가, 사람과 꽃과 나무가 함께 어우러져 살 때 세상은 얼마나 아름답겠습니까. 함께 살기 위해서는 끊임없는 노력을 해야 합니다. 모든 존재하는 것들은 삶을 저해하는 요인들을 갖고 있기 때문입니다. 그런 요인들로 인해 이미 함께하지 못하고 서로 간에 경계와 적대감이 형성되어 있습니다.

화해의 노력이 필요합니다. 인간과 인간의 화해, 인간과 자연의 화해가 이루어지면 새로운 관계가 형성될 희망이 있습니다. 공존하는 법을 배워야 합니다. 본질적인 공존은 없습니다. 서로를 위한 공존이 필요합니다. 한 마리의 송사리를 키울 수 없는 바다는 사멸된 바다입니다. 송사리가 죽으면 바다도 사멸됩니다. 바다가 있음으로 송사리도 있습니다. 송사리는 바다를 고마워해야 합니다. 바다의 고마움을 모르는 송사리는 사멸된 것입니다. 사멸된 송사리는 어차피 바다를 필요로 하지 않습니다. 바다는 송사리를 위해 있고, 송사리는 바다를 위해 있습니다. 한 마리의 송사리를 위함이 바다를 위함입니다. 한 마리의 송사리가 잘 자랄 수 있게 함이 바다를 바다 되게 합니다. 공존의 윤리가 존재의 윤리요, 공존의 논리가 존재의 논리입니다.

함께 사는 세상이 우리 모두가 바라는 세상이어야 합니다. 함께 살려면 서로 도와야 합니다. 도움은 가진 것을 주는 것입니다. 아무리 없는 자라도 가진 것이 있습니다. 도움은 인간 존재의 모습입니다. 도움은 아름다운 것이지만 생에 대한 경외가 없는 도움은 오히려 추하게 됩니다. 도움은 그 자체가 목적이고 수단이 될 수는 없습니다. 도움이 수단이 되던 벌써 타락했다는 증거입니다.

사람은 사람 앞에서 사람과 함께 사람입니다. 사람은 사람 앞에서 사람입니다. 사람은 사람과 함께 사람입니다. 사람을 보지 못하면 아직 사람이 아닙니다. 사람을 만나지 못하면 아직 사람이 아닙니다. 사람을 존중하지 않으면 아직 사람이 아닙니다. 사람을 사랑하지 않으면 아직 사람이 아닙니다.

여러분 주위에는 몇 명의 사람들이 있습니까? 함께 예배드리고 기도하고 봉사하는 사람들은 누구입니까? 그들과 화목하게 잘 지내고 있습니까? "예물을 제단 앞에 두고 먼저 가서 형제와 화목하고 그 후에 와서 예물을 드리라"(마 5:24)고 하셨습니다. 예배나 일보다 먼저 사람들과 화목해야 합니다. 서로 화목하게 지내는 분들이 몇 분이나 됩니까? 원수는 몇 명입니까? 인생의 겨울 전에 모든 사람들과 화목하게 지내시기를 축원 드립니다.

3. 겨울 전에 사명을 완수합시다

"나는 주께서 네 심령에 함께 계시기를 바라노니 은혜가 너희와 함께 있을지어다"(22절).

이 말씀은 편지의 종결 부분에서 일상적으로 쓰이는 축복문입니다. "너희"는 디모데에게 소속된 교회 공동체를 말합니다. 바울은 본 절에서 "네 심령"이라는 디모데 개인에 대한 축복에서 "너희"라는 디모데가 속한 교회에 대한 축복으로 확대하고 있습니다. 이것은 바울이 이 편지를 디모데 개인 한 사람뿐만 아니라 교회 모든 사람들에게 쓰고 있음을 나타냅니다.

인생의 겨울이 되었을 때에 사랑하는 사람들과 모든 공동체를 향하여 축복을 선포하는 것은 참으로 행복한 일입니다. 인생 끝에 싸우고, 미워하며 저주하는 경우가 너무 많습니다. 나와 다르고 내 편이 아니면 '사탄 마귀'라고 정리하고 저주하는 사람들도 많습니다. 자신이 불법을 행하고도 하나님은 자신의 편이라고 하면서 모든 사람을 저주하는 판단력을 상실한 사람들이 너무도 많습니다.

싸우고 다투면 사명을 제대로 감당할 수 없습니다. 우리의 싸움은 혈과 육이 아닌 '악의 영'인 사탄과의 싸움입니다(엡 6:12). 다윗은 맏형 엘리압과 싸우지 않고 블레셋의 장수 골리앗과 싸운 것입니다. 형제와 싸우는 사람은 이미 사탄에게 패한 사람입니다.

아내와 살고 있던 가난한 농부가 집을 떠나 다른 마을에 가서 돈을 벌어오기로 했습니다. 예전 우리네 머슴살이와 같은 것입니다. 아내를 떠나기 전 농부와 아내는 서로를 향한 믿음을 지키자고 굳게 약속했습니다. 집을 떠난 농부는 이십 일을 걸려 어느 마을에 도착했습니다. 그리고 어느 부잣집에서 20년을 일하기로 했습니다. 농부는 주인에게 20년 동안 자신의 월급을 저축해 두기를 부탁했습니다. 드디어 20년이 차서 농부는 주인에게 자신의 돈을 달라고 했습니다. 그러자 주인이 둘 중에 한 가지를 선택하라는 제안을 내놓았습니다.

'20년간 번 돈을 가져갈 것인가, 아니면 세 가지 삶의 지혜를 들을 것인가'를 선택하라는 것입니다. 이틀 동안 고민한 농부는 20년간 번 돈 대신 세 가지 삶의 지혜를 듣기로 했습니다. 주인은 미소를 지으며 조목조목 세 가지 삶의 지혜를 말해주었습니다.

"첫째로, 인생에서 지름길을 택하지 말게. 그러면 대가를 크게 치르고 큰 손해를 볼 수도 있네."

"둘째로, 과하게 호기심을 가지지 말게. 과한 호기심은 다칠 수도 있다네."

"셋째로, 화가 났을 때 절대로 무언가를 결정하지 말게. 그렇지 않으면 끝없는 후회를 하게 된다네."

주인은 그에게 빵 세 덩어리를 주며 말했습니다.

겨울 전에 어서 오라(디모데후서 4:19-22)

"첫 번째와 두 번째의 빵은 집에 돌아가는 길에 먹고, 세 번째 빵은 집에서 먹게나!"

농부는 주인에게 감사하며 길을 떠났습니다. 첫째 날에 그는 그가 어디로 가는지 물어보는 여행자를 만났습니다. 농부는 대답했습니다.

"20년의 노동을 끝내고 집으로 가는 중입니다. 그런데 20일이나 걸린답니다."

여행자가 말했습니다.

"제가 5일밖에 걸리지 않는 더 빠른 지름길로 안내해 주겠습니다."

농부는 지름길을 택했습니다. 그런데 갑자기 그는 주인이 해줬던 첫 번째 조언이 떠올랐습니다. 농부는 지름길 대신 긴 여정을 선택했습니다. 그래서 그는 노상강도의 공격을 피할 수 있었습니다. 밤이 되어 농부는 마을로 들어갔습니다. 그리고 하룻밤을 머물기로 했습니다. 그가 잠을 자고 있을 때 큰 울음소리가 그를 깨웠습니다. 무슨 소리인지 궁금해져서 그는 일어나서 문을 조금 열었습니다. 하지만 주인이 해줬던 두 번째 조언이 떠올랐습니다. 그래서 다시 잠을 청했습니다. 다음 날 아침 집주인은 그에게 말했습니다.

"호랑이가 밤에 마을로 내려왔습니다. 그래서 모두 문을 단단히 잠그고 있었지요. 무사하셔서 다행입니다."

농부는 20일이 걸려 집에 도착했습니다. 집에는 불이 켜져 있었습니다. 부푼 마음으로 그는 창문 쪽으로 다가갔습니다. 집안을 들여다보는 순간 기쁨이 충격과 분노로 변했습니다. 그의 아내가 다른 남자를 껴안고 있었기 때문입니다. 증오가 그의 마음을 지배했고, 그는 달려가서 둘을 죽이고 싶었습니다. 하지만 그는 주인이 해준 세 번째 조언을 기억했고 자신을 억제했습니다. 그날 밤 그는 헛간에서 잠을 잤습니다. 해가 떠오르자 그는 마음을 진정하고 생각했습니다.

'주인에게 돌아가서 일을 다시 구하고, 아내와 그의 애인을 죽이지 말자.'

하지만 돌아가기 전에 아내에게 자신은 항상 믿음을 잃지 않았다고 말하기로 했습니다. 그가 문을 두드렸을 때 아내는 문을 열고 그의 품에 안겨왔습니다. 그는 아내를 거칠게 밀어내며 슬프게 말했습니다.

"나는 항상 믿음을 가졌는데 당신은 나를 배신했어!"

"아니에요!"

아내가 강하게 머리를 저었습니다.

"나는 어젯밤에 당신과 한 남자가 함께 있는 것을 보았단 말이요!"

농부가 말했습니다.

"그 남자는 우리 아들이에요!"

아내가 대답했습니다.

"당신이 떠날 때 저는 임신 중이었고, 우리 아들은 스무 살이 되었어요!"

그 말을 들은 농부는 아내를 껴안았습니다. 그리고 부부와 아들은 마지막 남을 빵을 먹기 위해 마주 앉았습니다. 농부가 빵을 자르니 그 속에는 그가 20년 동안 번 돈과 이자에 해당하는 금덩어리가 들어 있었습니다.

누구나 많은 고난과 유혹이 있습니다. 그러나 사명이 분명한 사람은 모든 것을 견디고 이깁니다. 사명은 생명보다 강합니다(행 20:24). 하나님이 주시는 영광은 고난과 비교할 수 없습니다(롬 8:18).

우리 모두는 하나님이 주신 사명을 위해 사는 사람들입니다. 사느라고 딴 곳에 정신 팔지 말고, 겨울 전에 사명을 완수하는 성도가 되시기를 축원 드립니다.

사랑하는 번동 가족 여러분!
인생의 겨울이 오기 전에 믿음을 잘 지키고 모든 사람들과 화목하며 사명을 잘 완수하는 성도들이 되시기를 축원 드립니다.

닫고 여시는 하나님

사무엘상 1:1-11

¹에브라임 산지 라마다임소빔에 에브라임 사람 엘가나라 하는 사람이 있었으니 그는 여로함의 아들이요 엘리후의 손자요 도후의 증손이요 숩의 현손이더라 ²그에게 두 아내가 있었으니 한 사람의 이름은 한나요 한 사람의 이름은 브닌나라 브닌나에게는 자식이 있고 한나에게는 자식이 없었더라 ³이 사람이 매년 자기 성읍에서 나와서 실로에 올라가서 만군의 여호와께 예배하며 제사를 드렸는데 엘리의 두 아들 홉니와 비느하스가 여호와의 제사장으로 거기에 있었더라 ⁴엘가나가 제사를 드리는 날에는 제물의 분깃을 그의 아내 브닌나와 그의 모든 자녀에게 주고 ⁵한나에게는 갑절을 주니 이는 그를 사랑함이라 그러나 여호와께서 그에게 임신하지 못하게 하시니 ⁶여호와께서 그에게 임신하지 못하게 하시므로 그의 적수인 브닌나가 그를 심히 격분하게 하여 괴롭게 하더라 ⁷매년 한나가 여호와의 집에 올라갈 때마다 남편이 그같이 하매 브닌나가 그를 격분시키므로 그가 울고 먹지 아니하니 ⁸그의 남편 엘가나가 그에게 이르되 한나여 어찌하여 울며 어찌하여 먹지 아니하며 어찌하여 그대의 마음이 슬프냐 내가 그대에게 열 아들보다 낫지 아니

하냐 하니라 ⁹그들이 실로에서 먹고 마신 후에 한나가 일어나니 그 때에 제사장 엘리는 여호와의 전 문설주 곁 의자에 앉아 있었더라 ¹⁰한나가 마음이 괴로워서 여호와께 기도하고 통곡하며 ¹¹서원하여 이르되 만군의 여호와여 만일 주의 여종의 고통을 돌보시고 나를 기억하사 주의 여종을 잊지 아니하시고 주의 여종에게 아들을 주시면 내가 그의 평생에 그를 여호와께 드리고 삭도를 그의 머리에 대지 아니하겠나이다

최근에 나온 책 중에 폴 트립의 《경외》라는 책이 있습니다. 이 책의 부제는 '뒤틀린 삶을 바로잡는 힘'입니다. 그 책에 이런 내용이 나옵니다.

"물질에 대한 집착, 일중독, 폭식과 비만, 간음 등 삶에서 부딪히는 모든 문제의 근원은 하나입니다. 바로 우리가 하나님을 경외하지 않는다는 것입니다."

지금 전 세계적으로 겪고 있는 혼란과 혼미와 끔찍한 도덕적 타락의 근원적 출발이 하나라는 것입니다. 하나님을 두려워하지 않는 것, 즉 하나님을 경외하지 않는 것. 바로 여기서부터 이런 뒤틀림이 시작되었습니다. 그렇기 때문에 하나님에 대한 경외의 회복이 뒤틀린 삶을 바로잡는 힘이라고 이야기합니다. 하나님을 경외할 때에 우리는 하나님의 은혜를 입어 하나님의 뜻과 방식을 따라 살아갈 수 있습니다.

하나님 뜻대로 살아가는 것이 바로 창조 질서를 회복하는 것입니다. 그렇게 살아갈 때에 우리는 하나님의 긍휼을 경험할 수 있습니다. 그래서 하나님을 향한 경외의 마음은 곧 하나님의 긍휼을 받는 인생의 특징이기도 합니다. 마음 중심에 하나님이 왕으로 살아 계십

니까? 그 하나님을 두려워하며 살고 있습니까? 말씀과 기도를 통해 내 마음 안에 영적 자각이 일어나고 있다면, 이를 악물고 하나님에 대해 잃어버린 경외심을 회복해야 합니다.

오늘의 본문은 유명한 말씀입니다. 자식이 없는 한나가 하나님께 기도하고 통곡함으로 사무엘을 얻은 말씀입니다. 뒤틀린 삶을 바로잡는 힘은 하나님께 기도하는 것입니다. 기도만이 살 길이고, 문제가 해결되고, 놀라운 응답을 받게 됩니다. 여러 가지로 국가적, 교회적, 사회적, 가정적, 신앙적으로 막히고 뒤틀린 것들이 많지만, 한나처럼 간절히 기도하여 최고의 사무엘을 받기를 바랍니다. 인생의 모든 것을 닫고 여시는 하나님께 기도하여 새로운 인생이 시작되시기를 축원 드립니다.

1. 자식이 없는 한나

"그에게 두 아내가 있었으니 한 사람의 이름은 한나요 한 사람의 이름은 브닌나라 브닌나에게는 자식이 있고 한나에게는 자식이 없었더라"(2절).

엘가나에게 두 아내가 있었습니다. 브닌나는 자식이 있었습니다. 브닌나는 '진주, 보석, 산호'의 뜻을 지닌 이름입니다. 히브리 여성의 이름은 보석이나 꽃이나 동물의 이름과 관련된 것이 많습니다. 브닌나에게 최소한 2명 이상의 자녀가 있었음을 나타냅니다. 그런데 한나는 자식이 없었습니다. 한나는 '사랑스러움, 은혜스럽다'는 뜻으로 히브리 사회에서 흔히 발견되는 이름입니다. 그러나 특별히 여기서 이 이름은 한나가 자식이 없었음에도 불구하고 남편의 많은 사랑을 받았고, 후일에 하나님의 은혜까지도 많이 입었다는 사실과 잘 부합

되는 이름입니다.

그러나 초기에는 아들을 낳지 못함으로 인해 많은 번민과 소외감에 휩싸일 수밖에 없었습니다. 왜냐하면 이스라엘 사회에서는 자녀의 출산을 특별히 하나님의 은총을 입은 증거로 삼은 반면, 자식이 없는 것은 하나님의 징계나 저주의 결과로 간주했기 때문입니다. 그런데 본문 5절에 보면 "여호와께서 한나에게 임신하지 못하게 하시니"라고 하였습니다. 일정 기간 동안 한나가 잉태하지 못한 것은 사라, 리브가, 라헬, 마노아의 아내와 같은 하나님의 적극적인 섭리로 말미암은 일이었습니다. 하나님은 하나님의 뜻과 계획에 따라 친히 모태(母胎)를 주관하시는 분입니다. 성경에는 잉태하지 못하던 여인이 하나님의 능력과 경륜에 의해 자녀를 낳은 예가 많습니다.

리더십의 세계적인 권위자인 존 맥스웰 목사님이 한 목회자 세미나에서 말씀을 전했습니다. 강사는 모두 세 명으로 맥스웰 목사님은 마지막 날 강의를 맡았습니다. 앞서 두 강사가 자신들의 목회 성공 비결에 대해 열변을 토했습니다. 그렇게 성공에 대한 말씀을 많이 들었는데도 세미나에 참석한 목사님들의 얼굴은 어둡기만 했습니다. 그날 저녁 맥스웰 목사님은 자신이 어떤 내용을 전해야 참석자들에게 유익을 줄 수 있을지 하나님께 기도했습니다. 그때 하나님이 떠오르게 하신 것이 있었는데 그것은 바로 '실패'였습니다.

맥스웰 목사님은 고민에 빠졌습니다.

'이분들이 내 실패 이야기를 들으러 온 것이 아니지 않은가? 성공한 것만을 말해도 은혜가 될까 말까 한데⋯.'

솔직히 자신의 실패 경험을 드러내는 것이 부끄럽고 싫었지만 하나님 뜻에 순종하기로 했습니다. 맥스웰 목사님은 다음 날 강의에서 자신이 사역하며 저지른 이런저런 실수와 구차한 실패담을 말했습니다. 그러자 얼마 되지 않아 참석자들이 웃음을 참지 못하며 얼굴이 밝아지기 시작했습니다. 실수하면서도 하나님께 쓰임 받을 수 있다는 것을 깨닫고 위로받은 것입니다. 약한 것을 기뻐하는 것은 정말 중요한 자질입니다. 그것은 겸손하고 포기하지 않는 사람이 되었다는 말이기 때문입니다.

성공과 실패의 여부보다 그것을 들어 쓰시는 하나님을 바라볼 때에 기쁨의 열매를 함께 맛보게 될 것입니다. 모든 것을 다 갖춘 사람은 없습니다. 다만 교만해서 부족을 모를 뿐입니다. 모든 것의 공급자는 하나님이십니다. 이미 주신 것을 감사하고 누리는 삶을 살아야 합니다. 자식이 없었던 한나처럼, 우리의 부족으로 인해서 하나님께 겸손하고 더욱 기도하는 성도가 되시기를 바랍니다. 없는 것 때문에 하나님께 불평하고, 원망하고, 좌절하며, 열등감에 빠지는 비참한 삶을 살아가는 사람이 아니라 어떠한 상황에서도 자족하고, 감사하고, 찬양하며, 기도하는 이 시대의 한나가 되시기를 축원 드립니다.

2. 기도하고 통곡하는 한나

"한나가 마음이 괴로워서 여호와께 기도하고 통곡하며 서원하여 이르되 만군의 여호와여 만일 주의 여종의 고통을 돌보시고 나를 기억하사 주의 여종을 잊지 아니하시고 주의 여종에게 아들을 주시면 내가 그의 평생에 그를 여호와께 드리고 삭도를 그의 머리에 대지 아니하겠나이다" (10-11절).

한나의 적수인 브닌나가 한나를 심히 격분하게 하여 괴롭게 하였다고 하였습니다(6절). 브닌나는 한나를 슬프게 하고, 약올리고, 충동질하고, 화나게 했습니다. 브닌나가 자식이 없는 한나를 하나님으로부터 버림받은 여자로 보고 온갖 방법으로 괴롭혔음을 나타내는 말입니다. 이로 인하여 한나는 울고, 먹지 아니하며, 슬퍼하였습니다(8절). 열 아들보다 낫다는 남편 엘가나의 말도 위로가 되지 않았습니다.

한나는 자기를 무시하고 괴롭히는 브닌나를 상대하지 않았습니다. 브닌나와 싸우거나 다투지 않은 것은 놀라운 지혜이며 신앙인 것입니다. 이런 상황에서는 브닌나와 싸우지 않기가 쉽지 않고, 싸우면 그 불행의 늪에서 나올 수 없습니다. 한나는 브닌나를 상대한 것이 아니라 하나님께 통곡하면서 기도하였습니다. 싸우면 기도를 못합니다. 기도하면 싸우지 않습니다. 한나는 브닌나를 선택한 것이 아니라 하나님과 기도를 선택하였습니다. 또한 한나는 하나님께 간절히 기도하는데, 영적 분별력이 없는 엘리 제사장은 포도주를 끊으라고 했습니다. 그러나 그녀는 엘리와 다투거나 그를 무시하지 않고 예의를 다하였고, 통곡하며 기도하였습니다. 한나는 기도를 방해하는 수많은 강을 건너고 산을 넘어 응답의 목적지에 이르게 되었습니다.

베트남에서 '박항서 열풍'이 불었습니다. 박항서 감독이 이끄는 23살 이하 베트남 축구 대표팀이 동남아시아 국가로선 최초로 아시아 축구 대회 결승에 진출했기 때문입니다. 베트남은 국제축구연맹(FIFA) 랭킹이 112위인 약체라고 합니다. 베트남 언론은 베트남 돌풍의 원동력이 박 감독의 리더십이라고 입을 모았답니다. 박 감독은 2017년 10월 베트남과 2년 계약을 체결하며 성인 대표팀과 U-23 대표팀을 지도하였지만, 베트남 축구 팬들은 유럽이나 남미가 아닌 아시아의 감독을 데려왔다며 불만을 터뜨렸다고 합니다.

그러나 그는 '2018 아시아축구연맹 U-23 챔피언십'에서 베트남이 준우승을 차지하게 했고, 베트남 정부는 박 감독뿐 아니라 선수단 전원에게 훈장을 수여했습니다. 귀국할 때는 공항에서부터 엄청난 인파가 몰려 카퍼레이드가 늦어졌고, 훈장을 수여하려던 총리는 5시간을 기다려야 했다고 합니다. 그는 취임 기자회견에서 "나를 선택한 베트남 축구에 내가 가진 축구 인생의 모든 지식과 철학, 그리고 열정을 쏟아 붓겠다"라고 했는데, 짧은 기간에 베트남에서 축구 영웅이 되었습니다. 박 감독은 베트남 축구는 체력과 기술의 문제가 아니라 포지션에 대한 이해 부족과 경기 운영의 미숙이라고 판단하고 새로운 포지션과 전술로 대표팀의 체질을 확 바꿔 놓았답니다.

박 감독은 선수들에게 자신감도 심어주었다고 합니다. 단점보다는 근면성과 성실성, 예의 바름, 배움에 대한 진지한 태도, 책임의식, 애국심, 자존감 등 장점을 계속 언급했으며 이길 수 있는 마음가짐을 주었다고 합니다. 그의 이런 긍정적인 마인드는 신앙에서 기원했을 것입니다.

그는 독실한 신앙인이라고 합니다. 그의 아내는 교회의 권사이고, 부부는 예수님을 의지하고 겸손히 기도에 매달렸다고 합니다. 베트남에 갈 때에도 기도하며 준비했다고 합니다. 깊은 신앙심으로 선수단을 이끌고, 늘 기도하며 하나님을 의지한 지도자였다고 합니다. 원정경기 2-3시간 전에는 휴대전화로 교인들에게 기도를 부탁했답니다. 그는 베트남에서도 교회에 열심히 출석한다고 합니다. 아침에 눈을 뜨면 하나님께 "초심을 잃지 말게 해주세요"라고 기도한다고 합니다.

우리는 인생과 신앙을 방해하는 브닌나와 엘리와 싸우지 말고, 통곡하며 오직 하나님께만 기도해야 합니다. 다니엘과 그의 세 친구가 사자굴과 풀무 불 앞에서도 기도하고 하나님만 섬겼을 때 하나님이 건져주시고 높여 주신 것처럼, 지금의 여러 가지 어려운 상황 속에서도 오로지 통곡함으로 기도하여 응답 받는 이 시대의 한나가 되시기를 축원 드립니다.

3. 사무엘을 낳은 한나

"한나가 임신하고 때가 이르매 아들을 낳아 사무엘이라 이름하였으니 이는 내가 여호와께 그를 구하였다 함이더라"(삼상 1:20).

한나는 인생을 괴롭게 하는 브닌나를 넘고, 술꾼으로 알고 포도주를 끊으라고 하는 엘리의 성벽을 뛰어넘었습니다. 엘리 제사장의 "평안히 가라 이스라엘의 하나님이 네가 기도하여 구한 것을 허락하시기를 원하노라"는 응답을 받고, 집에 가서 음식을 먹고 얼굴에 다시는 근심 빛이 없이 남편 엘가나와 동침하여 사무엘을 낳게 되었습니다.

사무엘의 뜻은 '하나님께서 들으셨다'는 의미입니다. 사무엘의 출생이 하나님의 기도 응답이라는 고백입니다. 믿음으로 구하면 하나님이 반드시 응답하십니다. 한나는 서원한 그대로 사무엘의 평생을 하나님께 드렸습니다(삼상 1:28). 또한 한나는 하나님으로부터 세 아들과 두 딸을 선물로 받았습니다(삼상 2:21). 하나님은 태의 문을 닫기도 하시고 여시기도 합니다. 하나님이 바다의 고기를 막으시면 한 마리도 잡지 못하지만, 하나님이 여시면 두 배에 가득한 고기를 잡게 되는 것입니다(눅 5:1-11).

모든 주권이 하나님께 있습니다. 모든 것이 인간이나 나의 손에 있는 것으로 착각하여 교만하고 건방 떠는 모습을 보여서는 안 됩니다. 하나님이 주신 선물로 인하여 하나님이 안 보이거나 교만해서는 안 됩니다.

오래전 한경직 목사님의 이야기입니다. 영락교회에서 집사로 충성하던 부부가 미국에 이민 가서 열심히 신앙생활을 하다 보니 하나님이 물질의 축복을 많이 주셨습니다. 이들이 20년 만에 한국에 와서 목사님을 뵙고 눈물 흘리며 봉투 하나를 내놓고 이렇게 말했습니다.

"영락교회에 다닐 때 목사님은 하나님의 말씀으로 저희를 양육해 주셨습니다. 저희가 이민 가서 믿음을 지키며 작은 일에 충성했더니 하나님이 이렇게 복을 주셨습니다. 여기 작은 물질을 가져왔는데 하나님의 영광을 위해 사용해 주십시오."

그들이 돌아간 후 봉투를 열어 보니 9억 원이라는 큰돈이 들어 있었습니다. 목사님은 그 돈을 벽장 속에 잘 보관하셨습니다. 다음 날 생각지 않은 손님이 찾아왔습니다. 교회를 개척하는 목회자 부부였습니다. 교회 건축 부지를 매입하다 재정적 어려움에 빠진 상황을 나누었습니다. 절박한 그들의 형편이 안쓰러워 목사님은 9억 원을 그들에게 건네셨습니다. 이 돈에 대한 사연을 전해 주며 이렇게 말씀하셨습니다.

"이것을 가져가서 부채를 갚고 신실하게 목회하시오. 한 영혼이 천하보다 귀하니 한 영혼을 내 몸처럼 사랑하시오."

그 부부는 감사와 감격의 눈물을 흘리며 돌아가 부채를 갚았고, 한 영혼을 귀하게 여기는 그 교회는 놀랍게 부흥했습니다. 하나님이 귀히 여기시는 좋은 대접받기보다 대접하며, 거저 받은 은혜를 하나님과 사람에게 되돌려 드리기를 기뻐합니다. 하나님은 하나님께 드리는 것을 값지게 여기는 사람을 축복하십시오. 오늘날은 이런 교인과 목사가 그리운 시대입니다.

　우리 자신과 건강과 물질과 직분과 모든 것을 하나님과의 서약대로 드리고 쓰는 것이 귀합니다. 기도할 때와 응답 받았을 때가 동일해야 합니다. 한나처럼 살기만 하면 사무엘과 3남 2녀를 받게 됩니다. 하나님의 선물 때문에 망가지거나 타락해서는 안 됩니다. 더욱 감사하고, 기도하고, 충성하는 이 시대의 한나가 되시기를 축원 드립니다.

　사랑하는 번동 가족 여러분!
　절대주권은 하나님께 있습니다. 이것이 믿음이고 신앙입니다. 자식이 없는 한나, 기도하고 통곡한 한나, 사무엘을 낳은 한나입니다. 한나의 이름이 우리의 이름이 되기를 바랍니다. 모든 것을 닫고 여시는 하나님을 한나처럼 잘 섬기는 성도들이 되시기를 축원 드립니다.

큰 구원을 등한히 여기지 말라

히브리서 2:1-4

¹그러므로 우리는 들은 것에 더욱 유념함으로 우리가 흘러 떠내려가지 않도록 함이 마땅하니라 ²천사들을 통하여 하신 말씀이 견고하게 되어 모든 범죄함과 순종하지 아니함이 공정한 보응을 받았거든 ³우리가 이같이 큰 구원을 등한히 여기면 어찌 그 보응을 피하리요 이 구원은 처음에 주로 말씀하신 바요 들은 자들이 우리에게 확증한 바니 ⁴하나님도 표적들과 기사들과 여러 가지 능력과 및 자기의 뜻을 따라 성령이 나누어 주신 것으로써 그들과 함께 증언하셨느니라

김연아 선수가 피겨 스케이팅 세계 최정상에 오르게 된 데에는 안무가 데이비드 윌슨 코치의 공이 컸다고 합니다. 윌슨 코치가 김연아 선수를 처음 만났을 때에 김 선수는 승부욕이 가득한 탓에 심각하고 긴장된 표정을 떨치지 못한 모습이었다고 합니다. 그런 표정

으로 무슨 춤을 추겠나 싶을 정도였다고 합니다.

그러다 보니 동작이 힘은 있어도 부드러움이 없었습니다. 그래서 그는 일단 무작정 즐기라고 조언을 했습니다. 함께 농담을 하고 긴장을 해소해 주기 위해 모든 노력을 기울였습니다. 그렇게 계속 즐겁게 연습을 하던 김연아 선수 안에 응어리진 어떤 것이 풀린 것처럼 자연스러운 표정이 나왔다는 것입니다.

그 후의 결과는 우리 모두가 아는 바와 같습니다. 김 선수는 누구보다 여유롭고 아름다운 표정으로 연기를 하는 세계적인 스타가 되었습니다. 훗날 윌슨 코치는 말했습니다.

"저는 단지 그녀 스스로가 즐기는 법을 터득하도록 도왔을 뿐입니다."

그리스도인은 주님이 이미 허락하신 승리를 믿고 불멸의 기쁨을 누리는 존재입니다. 세상 사람과는 달리 환경의 지배를 받지 않기에 무엇을 하든지 기뻐하고 즐거워할 수 있습니다. 그저 이를 악물고 '주님이 언제 오시나…' 하면서 악으로 버티며 기다리는 삶이 되어서는 안 됩니다. 주 안에서 즐거워하고 믿음 안에서 우리에게 주신 승리를 기쁨으로 바라보는 진취적이고 적극적인 태도를 갖추어야 할 것입니다.

본문 3절에 "우리가 이같이 큰 구원을 등한히 여기면 어찌 그 보응을 피하리요"라고 하였습니다. "큰 구원"은 율법을 통해 주시는 작은 구원과 대조됩니다. 천사를 통하여 주신 율법의 구원도 순종치 않았을 때 보응을 받았거든, 아들을 통하여 주시는 큰 구원을 등한히 하면 하나님의 더 큰 보응을 어떻게 피하겠느냐는 것입니다.

구약의 구원이란 병과 기근과 원수에게서의 해방을 뜻하는 현세적이고 일시적인 구원입니다. 그러나 신약의 구원은 성자 예수 그리스도의 대속으로 죄 사함을 받고 하나님의 자녀가 되어 영원한 천국에 이르는 영적이고 내세적인 완전한 구원입니다. 세상에서의 작은 구원 때문에 큰 구원을 등한히 여겨서는 안 됩니다. 이 땅에서 큰 구원을 얻은 성도로서 당당하게 살아가시기를 축원 드립니다.

1. 떠내려가지 말아야 합니다

"그러므로 우리는 들은 것에 더욱 유념함으로 우리가 흘러 떠내려가지 않도록 함이 마땅하니라"(1절).

천사의 중재를 통해 받은 율법보다는 그리스도를 통한 계시는 율법보다 더 우월하고 온전한 복음입니다. 그리스도께서는 모든 천사보다 우월하시며, 전해주신 복음 또한 온전하므로 그리스도인은 더욱더 복음을 상고해야 합니다. '흘러 떠내려갈까'의 헬라어 '파라뤼오멘'은 '흘러가다, 반지가 손가락에서 빠져나가다'의 의미로 복음에 대한 부주의로 인해서 진리를 잃어버리는 것을 의미합니다.

성도가 복음의 진리라는 안전한 항구에서 떠나 위험하게 되는 것을 나타냅니다. 사람이 조심하지 않으면 눈에 미끄러집니다. 음식물을 잘못 먹으면 기관지로 들어가듯이 아주 조심하라는 뜻입니다. 흘러 떠내려가는 것은 죽음을 의미합니다.

통나무는 파도를 따라 떠내려갑니다. 그러나 배는 물결을 헤치고 전진합니다. 누군가가 그 배 안에서 배를 조정하고 있기 때문입니다. 오늘날도 원수 마귀 사탄은 성도들로 하여금 정신없게 만들어 사망의 바다로 떠내려가게 합니다. 때론 교회와 많은 성도들이 한꺼번에 죄악으로 떠내려갑니다. 떠내려가면서도 취해 있기 때문에 정신이 없는 것입니다.

　암 전문의이자 자신도 말기 암 환자였던 강남 세브란스 암센터의 이희대 소장은 암 환자들이 죽음에 이르는 과정에 대해 다음과 같이 말했습니다.

　"자신이 암에 걸렸다는 것을 알면 두려움이 골수를 녹입니다. 그래서 면역력이 급격히 떨어집니다. 암이 사람을 죽이는 게 아니라 절망과 두려움이 사람을 죽이는 것이죠. 그래서 저는 암 환자들에게 실낱 같은 희망이라도 남아 있다면 붙들어야 한다고 말합니다. 면역력을 떨어뜨리지 않기 위해 절대 절망해서는 안 되는 것이죠."

　두려움에 사로잡히면 생존율이 낮아진다는 유명한 실험도 있습니다. 햇빛이 전혀 들지 않는 어두운 곳에 가둔 쥐는 3분을 채 못 견디고 죽었습니다. 하지만 그 안에 작은 구멍을 뚫고 한 줄기 빛을 비춰 주었더니 36시간이 넘도록 쥐가 살아 있었다는 것입니다. 칠흑같이 어두운 곳에 갇힌 쥐가 죽은 원인은 빛의 부족이나 체력의 소진도 아니었습니다. 쥐는 스스로 만든 절망과 두려움 때문에 죽은 것입니다.

　살아가다 보면 질병과 고난과 대적으로 인해 두려움에 사로잡힐 때가 있습니다. 그럴 때 이 세상을 창조하신 하나님이 우리와 함께 하신다는 것을 기억해야 합니다. 하나님의 능력은 무한하시고, 그 하나님이 우리를 사랑하신다는 것을 믿고 그분께 피해야 합니다. 하나님은 그분을 신뢰하고 사랑하는 사람을 절대 버리지 않으십니다.

　하나님께서 은혜로 주신 큰 구원과 믿음과 교회와 직분에서 떠내려가는 경우가 많습니다. 스스로 원망과 불평으로 떠내려가기도 하고, 사람으로 인한 시험 때문이기도 하고, 여러 가지 두려움과 공포로 인하여 흘러 떠내려갑니다. 배후에는 사탄이 조절을 하고 박수를 치고 있습니다. 예수 그리스도께서 십자가에서 죽으심으로 우리를 구원하신 큰 구원을 믿고 꽉 붙들어야 합니다. 조금도 의심하지 말아야 하고, 작은 것들과 일시적인 것들과 결코 바꾸어서는 안 됩니다. 에서나 가룟 유다처럼 어리석은 선택을 하여 영원히 후회하는 성도가 있어서는 안 됩니다. 큰 구원을 꽉 붙들고, 세상적이고 일시적인 것으로 인하여 지옥으로 흘러 떠내려가는 영원한 실수를 범하는 성도들이 하나도 없으시기를 축원 드립니다.

2. 말씀의 약속입니다

"천사들을 통하여 하신 말씀이 견고하게 되어 모든 범죄함과 순종하지 아니함이 공정한 보응을 받았거든 우리가 이같이 큰 구원을 등한히 여기면 어찌 그 보응을 피하리요 이 구원은 처음에 주로 말씀하신 바요 들은 자들이 우리에게 확증한 바니"(2-3절).

하나님은 말씀으로 천지를 창조하셨고 말씀으로 계시하십니다. 하나님 말씀이 곧 하나님이십니다. 하나님의 말씀 안에 모든 하나님의 약속과 뜻과 계획이 다 들어 있습니다. 하나님이 말씀하시면 말씀 그대로 됩니다. 하나님 말씀은 변경이 없으며 더하거나 빼는 법이 없습니다. 하나님을 믿는 사람을 구원하시는 큰 구원은 하나님의 말씀이며 인간을 향한 약속입니다. 인간이 말씀에 불순종하면 공정한 심판을 받게 되지만 영원한 처벌이 아닌 일시적인 것입니다.

누구나 믿고 회개하기만 하면 반드시 용서하시고 구원하십니다. 큰 구원을 받은 성도는 작은 것에 의해서 구원이 변경되지 않습니다. 어느 누구도 하나님의 구원에서 빼앗을 자가 없습니다. 하나님은 약속을 끝까지 지키시는 신실하신 분이며, 그러한 권위와 권세와 능력이 있으신 분입니다. 하나님께서 예수 그리스도를 통하여 구원을 이루셨기에, 구원이 궁극적으로 하나님에 의해서 완성되는 것입니다. 예수님으로부터 직접 말씀을 들은 사도들을 포함해서 복음을 들은 모든 사람들이 구원을 받게 됩니다. 하나님의 말씀은 영원한 진리이고, 구원의 복음의 확실성을 뜻합니다. 큰 구원은 변함없는 하나님의 약속입니다.

《나는 정직과 성실로 미국을 정복했다》라는 책이 있습니다. 미국 철강 회사의 한국인 회장이 쓴 자서전입니다. 부제가 재미있는데 'No Money, No English'입니다. 말 그대로 돈도 없고 영어도 못하는 사람이 미국에 가서 큰 성공을 거둔 이야기입니다. 백영중 회장이 세운 '패코 스틸'은 경량 철골 생산 분야에서 최고 기업이 되었고, 그는 1999년 미국에서 '올해의 기업인상'을 수상했습니다. 한국을 방문해 인터뷰를 하던 중에 그는 자신의 성공 비결을 이렇게 정리했습니다.

"낯선 이국땅에서 제가 성공할 수 있었던 것은 우선 하나님이 사랑으로 돌봐 주신 덕분입니다. 다음으로는 그 하나님의 교훈을 따라 매사에 성실히 임한 것을 들 수 있습니다."

그는 난관에 부딪혔을 때 성경에서 교훈을 얻었다고 덧붙였습니다.

"어려움이 생길 때마다 물건을 더 팔겠다고 생각하기보다는, 기도와 말씀 속에서 고객의 필요를 알아 가고자 했습니다. 그리고 성실하게 그 필요에 응하려고 노력했습니다. 그러자 점차 고객들이 이런 성실함을 알아주었습니다. 하나님은 이렇게 저를 고난에서 건져 주셨습니다."

하늘나라에 소망을 둔 사람은 결코 세상의 사소한 것 때문에 탄식하지 않습니다. 앞이 코이지 않는 상황에서도 절망하지 않고 오늘을 충실히 사는 사람에게 하나님은 도움과 피난처가 되십니다. 어려운 일을 겪을 때에도 불평하지 않고 하나님을 의지할 때에 하나님이 준비하신 열매를 풍성히 거둘 수 있을 것입니다.

시편 기자는 "이 말씀은 나의 고난 중의 위로라 주의 말씀이 나를 살리셨기 때문이니이다"(시 119:50)라고 하였습니다. 또한 "여호와여 주는 나의 등불이시니 여호와께서 나의 어둠을 밝히시리이다"(삼하 22:29)라고 하였습니다.

하나님의 말씀은 등불이고, 위로이며, 생명입니다. 우리의 신앙은 하나님의 말씀을 믿는 것이고 붙드는 것입니다. 하나님의 큰 구원은 말씀의 약속입니다. 그래서 의심하지 않으며, 여러 가지 어려운 과정에서도 반드시 그대로 이루어집니다. 인격적이고 점잖은 사람도 자기가 한 말과 약속을 지킵니다. 하물며 하나님은 약속을 파기하거나 능력이 없어서 지키지 못하시는 분이 아닙니다. 말씀 속에 약속하신 큰 구원을 믿고 충성하는 성도들이 되시기를 축원 드립니다.

3. 성령님의 선물입니다

"하나님도 표적들과 기사들과 여러 가지 능력과 및 자기의 뜻을 따라 성령이 나누어 주신 것으로써 그들과 함께 증언하셨느니라"(4절).

큰 구원은 사도들과 하나님 말씀과 더불어 성령님도 증언하신 것입니다. 하나님의 증거하시는 방법은 표적과 기사와 능력 있는 일들과 성령을 주심으로 확실케 하신 것입니다. 성령 자체를 성도에게 보내주심은 더 큰 은혜이고, 은사이며, 선물입니다. 구약시대에 성령은 특수한 사람에게 특수한 목적으로 임시적으로 보내주셨으나, 오순절 이후 성령은 만민에게 보편적으로 임하게 된 것입니다(욜 2:28).

성령은 믿는 자에게 오셔서 그리스도의 진리를 확증해 주시고, 하나님의 자녀가 되어 구원받은 확증을 주시는 것입니다. 성령을 주격으로 보아, 여러 가지 능력은 믿음의 분량대로 각 사람에게 성령께서 나눠주신 은사입니다. 하나님의 뜻에 따라 성령께서 그리스도인에게 부어 주시는 은사입니다. 성령님은 큰 구원을 받도록 역사하시고, 큰 구원을 받은 성도들이 사명을 다하도록 함께하시며, 지혜와 능력을 베풀어 주십니다. 늘 옆에서 상담하시고, 위로하시며, 함께하십니다(파라클레토스). 성령님 자체가 최고의 은사이고, 선물이며, 축복입니다. 값으로 계산할 수 없고 누구도 결코 보답할 수 없는 최고의 선물이기에, 우리는 감사하고 찬양할 뿐입니다.

하늘이, 별이, 저녁놀이 날이면 날마다 저리도 찬란히 열려 있는데도 우리는 그냥 지나쳐 버립니다. 대신 우린 너무 슬픈 것들만 바라보며 살고 있습니다. 너무 언짢은 것들만 보고 살고 있습니다. 그리고 속이 상하다 못해 분노하고 좌절하며 자포자기까지 합니다. 희망도 없는 그저 캄캄한 날들만 지켜보고 있습니다. 하지만 세상이 원래 어려운 것은 아닙니다. 어렵게 보기 때문에 어렵습니다. 그렇다고 물론 쉬운 것도 아닙니다.

우리가 어떻게 보느냐에 따라 달라집니다. 반 컵의 물은 반이 빈 듯 보이기도 하고 반이 찬 듯 보이기도 합니다. 비었다고 울든지 찼다고 웃든지, 그건 자기 자유요 책임입니다. 비바람 치는 캄캄한 날에도 저 시커먼 먹구름장을 꿰뚫어볼 수 있는 여유의 눈이 있다면, 그 위엔 찬란한 태양이 빛나는 평화스런 나라가 보일 것입니다. 세상은 보는 대로 있습니다. 어떻게 보느냐는 자신의 책임입니다.

　뇌사자 각막 하나를 구입하려면 1억이랍니다. 눈 두 개를 갈아 끼우려면 2억이 들고, 신장을 바꾸는 데는 3천만 원, 심장을 바꾸는 데는 5억 원, 간 이식하는 데는 7천만 원, 팔다리가 없어 의수와 의족을 끼워 넣으려면 더 많은 돈이 든답니다.

　지금 두 눈을 뜨고, 두 다리로 건강하게 걸어 다니는 사람들은 약 51억이 넘는 재산을 지니고 다니는 것입니다. 도로 한가운데를 질주하는 어떤 자동차보다 비싸고 훌륭한 두 발 자가용을 가지고 세상을 활보하고 있다는 기쁨을 우리는 잊지 말아야겠습니다. 갑작스런 사고로 앰뷸런스에 실려갈 때 산소 호흡기를 쓰면 한 시간에 36만 원을 내야 합니다. 눈, 코, 입을 갖고 두 다리로 걸어 다니면서 공기를 공짜로 마시고 있다면 하루에 860만 원을 버는 셈입니다.

　우리는 51억짜리 몸에 하루에 860만 원씩을 공짜로 받을 수 있으니 얼마나 감사한 일입니까? 그런데 우리가 늘 불행하다고 생각하는 이유는 욕심이 많아서 그렇습니다. 감사하지 못하는 사람에게는 기쁨이 없다고 합니다. 기쁨이 없다는 이야기는 결국 행복하지 않다는 말입니다. 감사하는 사람만이 행복을 움켜쥘 수 있고, 감사하는 사람은 행복이라는 정상에 올라가 있다고 생각합니다.

　우리의 형편과 처지는 각각 다릅니다. 그러나 성령님의 임재와 인도와 충만함을 받는 성도와 가정과 교회는 축복입니다. 그러나 성령님의 임재가 없다면 이는 불행이며 비극입니다. 큰 구원을 받은 성도는 가장 행복한 사람입니다. 큰 구원이 임하는 가정과 교회가 되어야 합니다. 큰 구원은 어느 개인이나 국가나 힘이나 돈으로 살 수 없습니다. 오직 예수 그리스도를 믿는 믿음으로만 가능합니다. 큰 구원을 누리는 성도와 가정과 교회와 민족이 되시기를 축원합니다.

사랑하는 번동 가족 여러분!
어느덧 겨울이 되었고 연말이 되었습니다. 장소와 시기를 초월하여 구원은 가장 중요합니다. 이 땅의 모든 백성들을 구원하기 위해서 오신 예수 그리스도를 영접하는 큰 구원의 역사가 이루어지기를 바랍니다. 어떠한 유혹이나 세력에도 떠내려가지 말아야 합니다. 큰 구원의 약속의 말씀과 성령님의 선물이 가득한 성도와 교회가 되시기를 축원 드립니다.

예배를 방해하는 것들

출애굽기 10:21-29

²¹여호와께서 모세에게 이르시되 하늘을 향하여 네 손을 내밀어 애굽 땅 위에 흑암이 있게 하라 곧 더듬을 만한 흑암이리라 ²²모세가 하늘을 향하여 손을 내밀매 캄캄한 흑암이 삼 일 동안 애굽 온 땅에 있어서 ²³그동안은 사람들이 서로 볼 수 없으며 자기 처소에서 일어나는 자가 없으되 온 이스라엘 자손들이 거주하는 곳에는 빛이 있었더라 ²⁴바로가 모세를 불러서 이르되 너희는 가서 여호와를 섬기되 너희의 양과 소는 머물러 두고 너희 어린 것들은 너희와 함께 갈지니라 ²⁵모세가 이르되 왕이라도 우리 하나님 여호와께 드릴 제사와 번제물을 우리에게 주어야 하겠고 ²⁶우리의 가축도 우리와 함께 가고 한 마리도 남길 수 없으니 이는 우리가 그중에서 가져다가 우리 하나님 여호와를 섬길 것임이며 또 우리가 거기에 이르기까지는 어떤 것으로 여호와를 섬길는지 알지 못함이니이다 하나 ²⁷여호와께서 바로의 마음을 완악하게 하셨으므로 그들 보내기를 기뻐하지 아니하고 ²⁸바로가 모세에게 이르되 너는 나를 떠나가고 스스로 삼가 다시 내 얼굴을 보지 말라 네가 내 얼굴을 보는 날에는 죽으리라 ²⁹모세가 이르되 당신이 말씀하신 대로 내가 다시는 당신의 얼굴을 보지 아니하리이다

유명인이나 권력자가 불의와 부정을 저지르면 온 신문과 방송이 관련 소식을 연일 머리기사로 내놓습니다. 그럴 때마다 그들이 아무도 모르리라 생각하며 은밀한 중에 했던 일과 말이 그대로 녹화나 녹음이 되어 온 세상에 드러납니다. 그런 것을 보면 세상이 참으로 무섭다는 생각이 듭니다. 그러나 사실 드러나는 것보다 드러나지 않은 채 넘어가는 죄와 사건이 훨씬 더 많습니다.

고백하건대, 제 마음속에도 드러나기만 하면 사람들 앞에 설 수 없을 정도의 부끄러운 죄들이 가득 있습니다. 그 죄악들을 사람에게는 숨길 수 있을지 몰라도 하나님 앞에서는 결코 숨길 수 없습니다. 그분 앞에서는 은밀한 곳에서 행해진 모든 불의와 죄악이 드러납니다. 게다가 하나님의 심판은 세상의 그 어떤 권력으로도 막을 수 없습니다. 그런데 예수님이 어떤 힘으로도 능으로도 해결할 수 없는 우리의 치명적인 죄와 허물을 단번에 사해 주셨습니다. 그분이 십자가에 달려 돌아가심으로 진홍같이 붉은 우리 죄가 흰 눈같이 깨끗하게 씻긴 것입니다.

하나님이 예수님을 통해 주신 이 십자가의 복은 그 어떤 복과도 바꿀 수 없고 비교할 수 없는 복입니다. 자기 죄와 잘못을 아는 사람은 이 은혜가 얼마나 큰지 압니다. 십자가에 나타난 하나님의 사랑과 그 놀라운 사죄 은총을 깨닫고, 그에 보답하려는 마음을 가지고 사는 사람에게 더욱 은혜 충만한 삶이 주어질 것입니다.

우리는 하나님의 놀라우신 구원과 사랑을 감사하여 예배를 드립니다. 그러나 사탄과 마귀는 다양한 유혹과 방법으로 예배를 방해합니다. 애굽 전역에 내려진 여러 가지 재앙으로 바로의 강퍅한 마음이 변한 것이 아닙니다. 바로가 약속한 내용에는 철저히 계산적이고 간교한 조건이 숨어 있었습니다.

우리는 바로가 제시한 이스라엘 백성들을 보내줄 것이라는 약속과 그 약속에 덧붙여진 조건을 유념해서 살펴봄으로써 영적인 교훈을 얻어야 합니다. 바로가 제시한 그 조건은 성도에 대한 사탄과 마귀의 유혹입니다. 사탄의 간악한 궤변인 것입니다. 바로의 조건에 숨어 있는 예배의 방해 요소를 살펴봄으로써, 이 시간 모두가 은혜 받고 신앙과 인생의 승리자가 되시기를 축원 드립니다.

1. 이 땅에서 제사를 드리라는 유혹

"바로가 모세와 아론을 불러 이르되 너희는 가서 이 땅에서 너희 하나님께 제사를 드리라"(출 8:25).

바로는 파리 재앙으로 인하여 모세와 아론을 불러 애굽에서 하나님께 제사를 드리라고 하였습니다. 그런데 이스라엘 백성은 죄악의 땅 애굽을 떠나 약속의 땅 가나안에서 살기를 원하였습니다. 바로가 이 땅에서 하나님께 제사 드리라는 것은, 이스라엘의 완전한 해방을 약속한 것이 아니라 이스라엘을 영원히 노예화하려는 숨겨진 조건부 약속이었습니다. 하나님은 무소부재(無所不在)하시고, 중심을 보시는 하나님이시기에(삼상 16:7) 어디서나 예배를 드려도 된다는 것이 바로의 속임수입니다.

성도는 하나님을 경배할 때 지금 머물고 있는 애굽과 같은 죄악의 자리에서 완전히 떠나야 합니다(시 1:1). 죄악의 처소라면 모세처럼 "그리함은 부당하니이다"(출 8:26)라고 거절하는 용기가 있어야 합니다. 예배를 드리며 죄악의 자리인 애굽에 머물러 있는 것은 거룩하신 하나님을 모독하는 행위입니다. 죄악의 도시 소돔에서 살았던 롯이 서서히 참 신앙을 잃었던 교훈을 깊이 새겨야 합니다.

바로의 말은 제사와 예배를 드리고 하나님을 섬기되 죄악의 땅에 영원히 머물라는 사탄의 속임수입니다. 예배드리는 성도는 모든 죄와 악과 오만한 것과의 관계를 과감하게 끊고, 죄악의 자리인 애굽을 배설물처럼(빌 3:8) 버려야 합니다. 이 시간 우리 모두가 새롭게 하나님을 바라보며 출발하는 예배의 승리자가 될 수 있기를 축원 드립니다.

2. 너무 멀리 가지는 말고 제사를 드리라는 유혹

"우리가 사흘 길쯤 광야로 들어가서 우리 하나님 여호와께 제사를 드리되 우리에게 명령하시는 대로 하려 하나이다 바로가 이르되 내가 너희를 보내리니 너희가 너희의 하나님 여호와께 광야에서 제사를 드릴 것이나 너무 멀리 가지는 말라 그런즉 너희는 나를 위하여 간구하라"(출 8:27-28).

모세가 바로에게 사흘 길쯤 광야로 들어가서 제사를 드리겠다는 것은 시내 산을 가리킵니다. 그 일은 일찍 하나님께서 명령하신 것이기에 모세나 아론이 마음대로 변경할 수도 없고, 바로의 명령에 의해 정정할 것도 아니었습니다. 오직 하나님이 명령하신 바로 그 장소에서 제사할 뿐입니다. 이것이 신앙의 기준인 것입니다. 여기에 대하여 바로의 "너무 멀리 가지는 말라"는 유혹이 있습니다. 이는 동방의 국경지대를 염두에 두었을 것이고, 거기서는 온전한 제사가 되지 않으며, 어느 때든지 애굽 군이 추격해 와서 이스라엘 백성을 애굽으로 데리고 갈 수 있는 거리였습니다.

"나를 위하여 기도하라"는 말은 바로가 신앙으로 돌아와서 하는 말은 아닙니다. 다만 급하고 당면한 재앙을 제거해 달라는 뜻입니다. 바로의 대답은 단순히 화를 면하려는 속임수였습니다. 바로가 여호와의 절대성과 유일성을 인정해서 한 말이라기보다는, 다신교적 종교관을 지닌 그가 또 하나의 신에 불과하다고 여긴 여호와의 도움을 얻고자 하는 이기주의적인 마음에서 요청한 것이었습니다. 파리 떼가 이 땅에서 어서 물러가도록 너희 신께 기도 좀 하라는 뜻입니다. 이것은 진정한 회개의 말이 아니라 재앙의 고통을 면해 보고자 하는 임시방편이었습니다. 하나님을 인격적인 하나님이 아닌 도구적인 신으로 생각한 것입니다.

바로는 자신이 제시한 애굽 땅에서 제사 드리라는 조건이 거절되자 "너무 멀리 가지 말라"고 하였습니다. 좀 더 신축성 있는 조건을 내세웠습니다. 엄밀히 말해서, 이것 또한 바로의 간계로 언제든지 군사를 보내어 이스라엘을 다시 잡아들이려는 속임수입니다. 잠시 보내지만 영원한 노예로 삼으려는 간계입니다.

우리는 '적당히'라는 말에 매력을 느낍니다. 신앙과 세상을 적당히 혼합하고 타협하며 살고 있습니다. 이것이 현명한 현대인의 처세로 받아들여집니다. 그러나 이러한 삶은 "너무 멀리 가지 말라"는 바로의 교묘한 조건을 받아들인 타협적인 행위입니다. 이러한 자들은 교묘한 사탄의 생각에 미혹된 불쌍한 사람입니다. 멸망의 나락으로 떨어져 가고 있는 가련한 사람입니다. 어떤 때는 믿음의 사람이고, 어떤 때는 사탄의 종으로 변신하여 영적 위안과 세상적 쾌락을 동시에 추구하는 영적 간음자로 살고 있습니다. 신앙에서 회색지대나 양다리나 적당히란 있을 수 없습니다. 여호수아의 말처럼 "너희가 섬길 자를 오늘 택하라 오직 나와 내 집은 여호와를 섬기겠노라"
(수 24:15)는 냉엄한 결단이 필요합니다. "너무 멀리 가지 말라"는 사탄
의 타협을 뿌리치고, 오로지 하나님만 섬기고 예배하는 예배에 승리
하는 교회와 성도들이 되시기를 축원 드립니다.

3. 장정만 가서 제사를 드리라는 유혹

"모세가 이르되 우리가 여호와 앞에 절기를 지킬 것인즉 우리가 남녀노
소와 양과 소를 데리고 가겠나이다 바로가 그들에게 이르되 내가 너희
와 너희의 어린아이들을 보내면 여호와가 너희와 함께함과 같으니라 보
라 그것이 너희에게는 나쁜 것이니라 그렇게 하지 말고 너희 장정만 가
서 여호와를 섬기라 이것이 너희가 구하는 바니라 이에 그들이 바로 앞
에서 쫓겨나니라"(출 10:9-11).

모세는 바로에게 "우리가 남녀노소와 양과 소를 데리고 가겠나이
다"라고 하였습니다. 바로는 "너희 장정만 가서 여호와를 섬기라"고
하면서 모세와 아론을 쫓아버렸습니다. 바로는 여호와께 제사한다
는 구실로 백성을 유인하려는 악한 계획이라고 하였습니다. 바로는
메뚜기 재앙을 포함한 여덟째 재앙과 백성의 고초를 잊었고, 오직
자신의 고집만 내세우는 폭군이었습니다. "너희 장정만 가서 여호와
를 섬기라"는 바로의 말은 세 번째 회유책이고 유혹입니다. 종교적
의식은 남자의 일이니 장정만 가라는 것입니다.

그러나 종교적 의식은 국민적 축제로 애굽에서도 이런 경우 부녀
자도 같이 참여한 것을 바로는 알고 있었습니다. 이스라엘 백성의
목적은 하나님께 제사하는 동시에 애굽에서 해방되어 하나님이 주

신 가나안으로 가는 것이었습니다. 남자인 장정만 가고 부녀자를 남겨두면 그들은 곧 돌아와야 할 것입니다. 부인과 가족과 자녀를 떼어놓고 오래 떨어져 있거나 가나안으로 갈 장정들은 없을 것입니다.

오늘날도 여자와 어린아이들과 재산을 볼모로 남겨 두라는 사탄의 계책입니다. 사탄은 신앙생활은 부모와 어른들만 하라는 것입니다. 어린이와 자녀들은 집과 학교와 학원과 그들이 원하는 곳에 남겨두고 어른들이나 예배하고 제사를 드리라는 것입니다. 그런데 오늘날 바로의 말처럼 사탄의 계략이 맞아들어가고 있습니다. 아이들과 자녀들은 남겨두고 있습니다. 교회와 예배가 어른 위주로 되어가고 있습니다.

청년과 어린이가 교회를 떠나고 있고, 집과 학원에 남겨두고 있습니다. 신앙의 대가 끊어지고 있고, 다음 세대가 아닌 다른 세대(삿 2:10)가 되어 가고 있습니다. 장정만이 아닌 잃어버린 부녀를 찾아 하나님께 제사하고 예배함으로 예배에 승리하는 교회와 성도들이 되시기를 축원 드립니다.

4. 양과 소를 두고 제사를 드리라는 유혹

"바로가 모세를 불러서 이르되 너희는 가서 여호와를 섬기되 너희의 양과 소는 머물러 두고 너희 어린 것들은 너희와 함께 갈지니라"(출 10:24).

아홉 번째 흑암 재앙으로 바로는 모세를 불러서 양과 소는 두고 모두 가서 제사하라고 하였습니다. ① 애굽에서 제사하라 ② 너무 멀리 가지 말라 ③ 장정만 가라 ④ 우양은 두고 가라는 단계로 발전했고, 바로에 대한 모세의 태도는 시종여일했습니다.

신앙과 유혹의 계속적인 씨름이었습니다. 바로는 너무 짙은 흑암에 견딜 수 없어 모세를 궁중으로 오라고 해서 타협을 시도하였습니다. 양과 소를 머물러 둔다면 제물 없는 제사를 드릴 수 없고, 재물이 있는 곳에 그들은 곧 돌아오게 되어 이스라엘 백성의 출애굽은 실패하고 마는 것입니다. 모세는 바로에게 당당하게 애굽 땅에 한 마리도 남길 수 없다고 이별을 통보하였습니다. 모세는 바로에게 마지막 장자 재앙을 예고하였고, 회담은 완전히 결렬되었습니다.

오늘날 사탄은 마음껏 제사를 드리고 예배를 드리되 양과 소는 두고 드리라고 합니다. 물질과 재산은 하나님께 드릴 수 없다는 것입니다. 시간도 사람도 봉사도 모든 것은 하나님께 드리되 양과 소와 같은 물질과 재산만은 안 된다고 움켜쥐고 드리지 못하는 성도들이 있는 것입니다.

물질을 드리지 못하거나 아까워하는 예배나 신앙생활은 또 다른 신이나 종교를 섬기는 것입니다. 재물이 있는 곳에 마음도 몸도 따라가는 것입니다. 모든 재물도 하나님이 주신 것이고 선물이기에, 양과 소와 더불어서 제사하고 예배드리는 승리자들이 되시기를 축원드립니다.

사람마다 인생의 전성기가 있습니다. "당신 인생의 전성기는 언제였습니까?"라고 물어보면, 어떤 이는 20대의 젊음이 넘칠 때라고 말하는 이도 있고, 또 어떤 이는 지금이라고 하기도 하고, 대부분은 아직 안 왔다고 말합니다. 전성기라는 것은 가장 좋은 때입니다. 속칭 가장 잘 나갈 때입니다. 그러나 하나님의 사람들의 전성기는 언제일까요? 바로 '전도'하고, '성경' 읽고, '기도'할 때 전성기가 옵니다. 전도와 성경과 기도의 앞글자를 따면 '전성기'가 됩니다. 바로 진정한 전성기는 복음을 전하고, 하나님의 말씀인 성경을 늘 가까이 하고 기도하는 생활을 하면 반드시 주님이 주시는 전성기가 이루어질 것입니다.

다른 것에서 전성기를 찾을 것이 아니라, 하나님 안에서 주어지는 전성기가 최고의 전성기가 됩니다. 하나님은 전도하고 성경 읽고 기도하는 하나님의 사람에게 최고의 전성기를 주십니다.

구약성경 전도서에 보면(전 3:1-8) 범사에 때가 있다고 했습니다. 할 수 있을 때가 있고, 할 수 없을 때가 있습니다. 해야 할 때가 있고, 하지 말아야 할 때가 있습니다. 이것을 구분하지 못하면 민망한 일을 당할 수도 있습니다. 사랑도 섬김도 봉사도 나눔도 때가 있는 것입니다. 그러나 그때를 놓치면 할 수 있는 기회마저 잃어버리게 됩니다.

저는 늘 두 가지 관점에서 생각하고 일하려고 합니다.

첫째는, 영혼이 기뻐할 일을 하자는 것입니다. 육신이 기뻐하는 일이 아니라 영혼이 기뻐하는 일을 해야 합니다. 육신이 만족하는 것이 아니라 영혼이 만족하는 것입니다.

둘째는, 그 일을 지금 당장 하는 것입니다. 'right now'(나잇 나우).

그러나 우리 안에서는 항상 다음에 하라고 하고, 미루게 합니다. 영혼이 기뻐하고 좋아할 일이라면 지금 당장 해야 합니다. 오늘 전도하고, 성경 읽고, 기도하십시오. 지금 'right now' 하십시오. 인생의 전성기를 맞게 될 것입니다. 사랑을 말해야 할 사람이 있습니까? 지금 사랑한다고 말하십시오. 누군가에게 고마움을 표해야 할 사람이 있습니까? 지금 right now 하십시오. 그러면 반드시 인생이 훨씬 풍성해질 것입니다.

사랑하는 번동 가족 여러분!

여러분은 평생 예배드리고, 교회 안에서 죽도록 봉사하고 충성하셨습니다. 너무나 귀하고 존귀한 분들입니다. 남은 생애도 지금처럼 사시기 바랍니다. 예배의 실패는 신앙과 인생의 실패이고, 예배의 승리는 신앙과 인생의 승리입니다.

오늘도 바로와 같은 사탄은 이 땅에서 너무 멀리 가지 말고, 정정만, 양과 소는 두고 제사를 드리라고 유혹하고 있습니다.

오늘 우리의 예배와 신앙 속에 세속주의와 타협주의와 자녀와 다음 세대는 세상에 맡기고, 물질과 황금만능주의에 빠져 예배를 망치고 있지는 않습니까? 무엇이 우리의 예배를 방해하고 있는지 잘 점검하고 회개하여 예배의 회복과 승리가 있기를 축원 드립니다.

임마누엘

이사야 7:10-14

¹⁰여호와께서 또 아하스에게 말씀하여 이르시되 ¹¹너는 네 하나님 여호와께 한 징조를 구하되 깊은 데에서든지 높은 데에서든지 구하라 하시니 ¹²아하스가 이르되 나는 구하지 아니하겠나이다 나는 여호와를 시험하지 아니하겠나이다 한지라 ¹³이사야가 이르되 다윗의 집이여 원하건대 들을지어다 너희가 사람을 괴롭히고서 그것을 작은 일로 여겨 또 나의 하나님을 괴롭히려 하느냐 ¹⁴그러므로 주께서 친히 징조를 너희에게 주실 것이라 보라 처녀가 잉태하여 아들을 낳을 것이요 그의 이름을 임마누엘이라 하리라

인생 줄의 맨 끝자락에서 바라본 지난 일생은 턱없이 짧고 짧습니다. 월터라는 사람은 70세를 넘어설 때 이렇게 말했습니다.

"내 인생의 내리막길은 서른 살부터 시작되었습니다. 관절에 통증이 오고, 세포 즈직이 말라 버립니다. 부러진 뼈가 빨리 붙지 않고,

늘어난 인대의 회복이 너무 느립니다. 맵고 자극적인 음식을 먹으면 속이 편치 않습니다. 탄력 있고 멋졌던 피부가 쪼글쪼글해졌고, 강렬한 욕망도 다 사그라졌습니다. 한 달에 한 번 정도 알던 사람이 죽었다는 소식을 듣습니다."

지금까지 걸어왔던 인생길을 돌아보니 얼마나 세월이 빨리 지나갔는지요! "인생은 풀과 같다"고 시편 기자는 말합니다. 풀도, 꽃도, 나무도 각자 독특한 아름다움을 뽐내지만 세월이 지나면 아무도 기억하지 않습니다.

우리 인생살이에 의미가 있다면 그것은 하나님의 '영원하신 사랑'(헤세드)이 부여될 때입니다. 그 사랑은 우리를 양육하시는 사랑이고, 우리를 걱정하시는 사랑이며, 장차 어느 날엔가 우리를 위해 오시는 사랑입니다. 우리는 하나님께 애지중지 보살핌을 받는 삶 속에서 충만한 의미를 얻습니다. 그 인생은 하나님께 기쁨을 더해 드리기 위해 사용될 때 더욱 충만해집니다. 사람의 인생은 짧지만 하나님의 사랑과 은혜는 영원합니다. 인생의 단명함과 하나님의 영원함이라는 대조적 사실을 깊이 깨달을수록 하나님을 더욱 찬양할 수밖에 없습니다.

구약에는 예수 그리스도에 대한 예언이 많이 나타나 있습니다. 예수님께서도 "내가 너희와 함께 있을 때에 너희에게 말한 바 곧 모세의 율법과 선지자의 글과 시편에 나를 가리켜 기록된 모든 것이 이루어져야 하리라 한 말이 이것이라"(눅 24:44)고 말씀하시며, 구약성경이 자신에 대해 증거하고 있음을 확증하셨습니다.

이 말씀에서 '모세의 율법과 선지자의 글과 시편'은 구약성경 전체를 가리키는 말입니다. 유대인들은 전통적으로 구약성경을 그렇게 불렀습니다. 구약성경이 메시아, 곧 예수 그리스도에 대해 증거하고 있음에 대해서는 많은 성경 구절이 증거하고 있습니다.

약 1400년 동안 기록된 구약성경에는 메시아의 본성, 생애, 사역, 대속적 죽음에 관한 예언이 직접적으로 350여 회, 간접적으로는 450여 회나 나타나 있습니다. 성경 기록의 가장 큰 목적은 메시아의 속죄 사역을 통한 인류의 구원을 제시하기 위함입니다. 모든 계시의 중심은 예수 그리스도이십니다.

그런데 구약 중에서도 이사야서에는 장차 오실 메시아에 관한 예언이 아주 풍부하게 기록되어 있습니다. 그 대표적인 장이 7, 8, 9, 11, 42, 49, 53, 61장입니다. 그래서 많은 사람들은 이사야서를 구약의 복음서라고 부릅니다. 구약성경 전체가 그리스도를 증거하고 있지만, 이사야서에는 예언의 빈도와 깊이에 있어서 다른 성경보다도 더 풍성하기 때문입니다. 오늘 이사야서의 말씀을 통해서 임마누엘의 예수 그리스도를 만나는 거룩한 성탄 주일이 되시기를 축원 드립니다.

1. 하나님을 만나야 합니다

"여호와께서 또 아하스에게 말씀하여 이르시되 너는 네 하나님 여호와께 한 징조를 구하되 깊은 데에서든지 높은 데에서든지 구하라 하시니" (10-11절).

기원전 722년 북이스라엘의 멸망은 남유다에게도 큰 영향을 끼쳤습니다. 군사적으로 늘 위협이 되었던 북이스라엘의 멸망은 남유다에게 오히려 더 강한 앗수르의 위협 앞에 그대로 노출되어 더 큰 부담이 되었습니다. 북이스라엘이 멸망하기 직전의 유다 왕은 아하스였습니다. 반(反)앗수르 연합 세력에 가담하지 않았던 유다는 즉각적인 재난을 피할 수는 있었으나, 아하스 왕은 앗수르의 디글랏 빌레셀 3세에게 막대한 금과 은과 함께 사절단을 보내서 보호를 요청하였습니다.

이러한 상황에서 유다의 경제 상태는 몹시 피폐하였습니다. 대부분의 영토는 주변의 에돔에게 빼앗겼으며, 앗수르에게 바칠 조공 때문에 성전 금고는 바닥이 났습니다(왕하 16:7-8). 이런 상태에서 선지자 이사야를 통하여 아하스에게 말씀하셨습니다. 여호와께 '한 징조를 구하라'는 것이었습니다.

징조란 어떤 이적이나 예언이나 상징적인 행위를 가리킵니다. 깊은 데는 음부를 뜻하고, 높은 데는 천상을 뜻합니다. 징조를 구하되 음부의 일이나 천상의 일이라도 구하라는 뜻입니다. 하나님의 능력은 음부에서 천국에까지 미치기 때문입니다.

하나님은 아하스 왕의 마음이 앗수르 쪽으로 기울어졌으나 포기하지 않으시고 하나님의 음성을 들려주셨습니다. 아하스의 생각과 판단을 바꾸어 하나님께로 돌이키고 돌아올 수 있는 최후의 기회를 주신 것입니다. 계속 만나시기를 요청하시는 사랑의 하나님의 모습을 보여주고 있습니다.

전 미국 대통령 지미 카터는 퇴임 후 더 인기가 좋았습니다. 그는 퇴임 후 전 세계 분쟁 지역을 다니며 평화 유지에 크게 기여했고, '사랑의 집짓기 운동'(해비타트)에 부부가 적극 참여해 가난한 이들을 위해 많은 집을 지어 주었습니다. 그런 그가 2015년 8월, 자신이 암에 걸렸고 암세포가 이미 뇌와 여러 장기에 퍼졌다는 사실을 밝혔습니다. 사실상 사형 선고를 받은 셈인데, 이 사실을 발표하는 그의 표정이 너무도 평온해 거기 모인 기자들을 놀라게 했습니다.

그는 지난날의 삶에 대해 감사하며 "내 생명은 하나님 손 안에 있습니다. 어떤 결과든 감사히 받아들일 것입니다"라고 말했습니다. 기자 회견 후 사흘이 지난 주일에 그는 변함없이 30년 동안 섬기던 교회학교 강단에 섰습니다. 그는 강의를 듣기 위해 모인 사람들과 농담까지 하는 여유를 보이며 '사랑과 용서'에 대해 가르쳤습니다. 앞으로 얼마를 더 살지 모르지만 교회학교 교사 일을 계속할 것이라고 한 그의 행보는 미국 사회에 큰 울림을 주었습니다. 카터 전 대통령은 어떻게 임박한 죽음 앞에서도 이처럼 평온을 유지할 수 있었을까요? 생명의 주관자요 창조주이신 하나님에 대한 믿음과 영원한 하늘나라에 대한 소망이 그에게 있었기 때문입니다. 이것이 죽음 앞에서도 감사하며 끝까지 '생명의 삶'을 누리고 많은 사람에게 선한 영향을 끼치며 살 수 있는 비결입니다.

유다 왕 아하스를 버리지 않으시고 끝까지 만나기를 원하시는 하나님께서는, 임마누엘 되시는 예수 그리스도를 통해 우리 모두를 한 사람씩 인격적으로 만나기를 원하십니다. 임마누엘 되시는 예수 그리스도를 통해서 하나님을 만나는 성탄절이 되어 평생 하나님과 동행하는 성도들이 되시기를 축원 드립니다.

2. 하나님을 구해야 합니다

"아하스가 이르되 나는 구하지 아니하겠나이다 나는 여호와를 시험하지 아니하겠나이다 한지라"(12절).

하나님을 시험하는 것은 불신앙의 표적으로 간주되었습니다(출 17:17). 그러므로 아하스는 표면적으로는 신앙인처럼 경건하게 보였으나 사실은 그와 반대입니다. 그는 벌써 자신의 계획이 서 있었던 것입니다. 그것은 앗수르 군과 동맹하여 아람과 이스라엘의 연합군을 격퇴하는 계획이었습니다. 이에 아하스는 경건을 가장하여 이사야를 통한 하나님의 제안까지도 거절한 것입니다. 그것은 불순종과 불신앙의 가장 가증한 형태였습니다.

경건을 가장하여 하나님까지도 속이려는 이중 음모였습니다. 참으로 어리석고 추한 작태를 보여주고 있습니다. 앗수르 때문에 하나님과의 만남도 거절하고 무엇이든지 구하라는 하나님의 요구도 거절하였습니다.

아하스는 하나님보다 앗수르를 의지하였고, 앗수르 때문에 하나님이 보이지도 않았고 음성도 거절한 것입니다. 하나님을 안 믿으려고 작정을 한 것입니다. 의도적으로 하나님을 거역하여 성령 모독과 거역의 죄를 지은 것입니다(마 12:31-32).

미국의 유명한 플라스틱 회사 사장이던 스탠리 탐의 이야기입니다. 처음 플라스틱 회사를 인수했을 때에 그는 이런저런 어려움을 겪다가 결국 부도를 냈습니다. 깊은 좌절감 속에서 허우적거리던 그는 어느 날 새벽에 교회를 찾아갔습니다. 그리고 이렇게 하나님 앞에서 하소연을 했습니다.

"하나님! 제가 십일조 생활을 안 했습니까? 주일 성수를 안 했습니까? 나름대로 성경도 열심히 읽었는데 왜 제 사업을 무너지게 두셨습니까?"

그렇게 기도하던 중 그는 이러한 하나님의 음성을 들었습니다.

"그러나 너는 그 사업을 한 번도 내게 맡기지 않았다. 또한 사업에 대해 내게 묻거나 의논하지도 않았다."

스탠리는 청지기로서 자기 사업이 아닌 하나님 사업을 해야 함을 깨달았습니다. 하나님의 도우심을 구하며 다시 뜨겁게 기도하는데 머릿속에 그림 하나가 떠올랐습니다. 그가 예수님 팔을 붙들고 물 위를 걷는 모습이었습니다.

"그렇습니다. 하나님이 제 손을 붙들어 주시면 저도 얼마든지 다시 일어설 수 있습니다."

다시 회사를 세운 그는 주식의 51%를 선교 헌금으로 바치고 자신은 49%만 갖기로 했습니다. 나중에는 아예 주식 전체를 드리고 자신은 월급을 받는 사장이 되었는데 회사는 점점 번창했습니다. 하나님은 자기 백성을 버리지 않으시고 그 거룩한 팔로 구원하시는 분입니다. 근원의 능력이 되신 그분께 모든 것을 맡겨 보십시오. '하나님을 향한 전적인 믿음이 있느냐 없느냐'가 일의 성패는 물론 한 사람의 평생을 좌우합니다.

오늘 우리의 앗수르는 무엇입니까? 자신과 건강과 물질과 세상적인 것입니다. 이것들 때문에 기도하지 못하고, 겸손하지 못하며, 헌신을 드리지 못하고 있습니다. 이것까지 다 내려놓아야 합니다. 그리고 하나님 앞에 무릎을 꿇어야 합니다. 우리는 너무 돌아다니고 있습니다. 앗수르를 의지하고 찾아다니고 있습니다. 우리가 좋아하는 앗수르가 너무 많습니다. 그러면 결코 성공할 수 없습니다. 하나님을 구하고 하나님께 구해야 삽니다. 임마누엘 되시는 예수 그리스도를 만나고, 최고의 선물을 주시는 하나님께 더욱 은혜를 구하는 임마누엘 신앙을 갖게 되시기를 축원 드립니다.

3. 하나님을 떠나지 말아야 합니다

"이사야가 이르되 다윗의 집이여 원하건대 들을지어다 너희가 사람을 괴롭히고서 그것을 작은 일로 여겨 또 나의 하나님을 괴롭히려 하느냐 그러므로 주께서 친히 징조를 너희에게 주실 것이라 보라 처녀가 잉태하여 아들을 낳을 것이요 그의 이름을 임마누엘이라 하리라"(13-14절).

아하스의 불신앙은 그에게만 문제가 아니라 다윗의 집 전체에 막대한 손해를 끼쳤습니다. 아하스의 불신앙으로 인해 다윗 왕가가 전체적으로 타락하고 징계를 받게 되었습니다. 사람을 모독하고 하나님을 모독하였습니다. 아하스는 하나님의 징조를 거절하였으나 하나님은 일방적으로 징조를 주셨습니다. 아하스의 거절이 하나님의 계획을 막거나 변경시키지는 못하였습니다. 메시아 탄생의 큰 예언으로 확정되었습니다.

"처녀가 잉태하여 아들을 낳을 것이요 그의 이름을 임마누엘이라 하리라."

예언의 내용은 아람과 북이스라엘의 멸망을 예고하는 것으로 위협적이라야 할 터인데, 이 이름은 오히려 위로를 줍니다. 이 예언의 초점은 장차 오실 메시아라는 것입니다. 임마누엘이 이사야의 예언의 주제가 되었습니다. 임마누엘은 메시아 그리스도의 신분과 사역을 대언하는 이름입니다. 메시아는 신인(神人)으로 하나님과 인간의 중보자가 되십니다. 그에게서 하나님은 자신을 인간에게 계시하시고, 그를 통해 인간을 하나님께 나아갈 수 있게 하십니다. 그 안에서 하나님은 인간과 같이 계시는 것입니다. 임마누엘은 하나님이 우리와 함께 계신다는 뜻입니다(마 1:23). 하나님은 그의 백성을 버리지 않으시고 언제나 함께 계십니다. 지금도 함께 계시고 장차 천국에서도 영원히 함께 계시는 분입니다.

미국의 어느 대학에서 있었던 일입니다. 사회학과 교수가 학생들에게 과제물을 주었습니다. 그것은 볼티모어의 유명한 빈민가로 가서 그곳에 사는 청소년 200명의 생활환경을 조사하는 일이었습니다. 조사를 마친 뒤 학생들은 그 청소년들의 미래에 대한 평가서를 써냈습니다. 평가서의 내용은 모두 동일했습니다.

"이 아이들에겐 전혀 미래가 없다. 아무런 기회도 주어지지 않기 때문이다."

그로부터 25년이 지난 뒤에 또 다른 사회학과 교수가 우연히 이 연구 조사를 접하게 되었습니다. 그래서 그는 학생들에게 그 200명의 청소년들이 25년이 지난 지금은 어떤 삶을 살고 있는지 추적 조사하라는 과제를 주었습니다. 학생들의 조사 결과에는 놀라운 사실이 밝혀졌습니다. 사망을 하거나 다른 지역으로 이사를 간 20명을 제외하고는 나머지 180명 중에서 176명이 건실한 인생을 살고 있었던 겁니다. 상류층이라고 분류할 수 있는 직업도 상당수가 되었습니다. 교수는 놀라서 그들을 한 사람씩 만나 직접 물어보았습니다.

"당신이 성공할 수 있었던 가장 큰 이유는 무엇입니까?"

대답은 한결같았습니다.

"교회학교 여선생님이 한 분 계셨지요."

그 여교사가 아직도 생존해 있다는 사실을 알게 되었습니다. 교수는 수소문 끝에 그 여교사를 찾아가서 물었습니다.

"도대체 어떤 기적적인 교육 방법으로 빈민가의 청소년들을 이처럼 성공적인 인생으로 이끌었습니까?"

늙었지만 아직도 빛나는 눈을 간직한 그 여교사가 작은 미소를 지었습니다. 그리고는 이렇게 말하는 것이었습니다.

"그것은 정말 간단한 일이었어요. 난 그 아이들에게 하나님 말씀을 가르치며 진심으로 사랑했답니다."

세상과 사람은 우리를 떠나지만 하나님은 언제나 '임마누엘' 하십니다. 결코 떠나지 않으시는 신실하신 하나님이십니다. 두려워하거나 낙심하지 말아야 합니다. 우리는 혼자가 아니라 든든한 하나님이 함께 계십니다. 하나님은 우리의 아버지가 되시고, 우리는 하나님의 자녀입니다(레 26:12; 계 21:6-7). 임마누엘의 하나님을 믿고 담대하고 힘있게 살아가시기를 축원 드립니다.

사랑하는 번동 가족 여러분!

오늘은 성탄주일입니다. 하나님은 이 땅에 최고의 선물로 독생자 예수님을 보내주셨습니다. 예수 그리스도는 우리 생애에 최고의 선물이고, 행운이고, 축복이며, 영생이십니다. 그러므로 이 성탄에는 예수 그리스도를 우리에게 보내주신 하나님을 만나고, 구하며, 떠나지 말아야 합니다. 성탄주일에 최고로 예수 그리스도를 기뻐하고, 경배하고, 영광 돌리는 교회와 가정과 성도들이 되시기를 축원 드립니다.

영광과 평화의 예수님

> **누가복음 2:8-14**
>
> ⁸그 지역에 목자들이 밤에 밖에서 자기 양 떼를 지키더니 ⁹주의 사자가 곁에 서고 주의 영광이 그들을 두루 비추매 크게 무서워하는지라 ¹⁰천사가 이르되 무서워하지 말라 보라 내가 온 백성에게 미칠 큰 기쁨의 좋은 소식을 너희에게 전하노라 ¹¹오늘 다윗의 동네에 너희를 위하여 구주가 나셨으니 곧 그리스도 주시니라 ¹²너희가 가서 강보에 싸여 구유에 뉘어 있는 아기를 보리니 이것이 너희에게 표적이니라 하더니 ¹³홀연히 수많은 천군이 그 천사와 함께 하나님을 찬송하여 이르되 ¹⁴지극히 높은 곳에서는 하나님께 영광이요 땅에서는 하나님이 기뻐하신 사람들 중에 평화로다 하니라

감사는 하나님을 향한 믿음입니다. 감사할 수 있는 상황에서 감사하는 것은 쉽습니다. 그러나 감사할 수 없는 상황에서 감사하는 것은 생각만큼 쉽지 않습니다. 거기에는 믿음이 필요합니다. 모든 상

황 가운데서 나와 함께하시며 내게 가장 좋은 것을 주기 원하시는 하나님을 신뢰할 때 감사할 수 있습니다. 이것이 은혜 받은 성도의 모습입니다.

은혜란 내가 받을 자격이 없음에도 불구하고 무조건적으로 하나님 편에서 과분하게 채워 주시는 것을 말합니다. 그 은혜를 체험한 사람만이 진정으로 감사할 수 있습니다. 마르틴 루터는 "마귀의 세계에는 감사가 없다"라고 했습니다. 마귀가 감사하는 것을 보았습니까? 마귀는 늘 불평불만으로 가득 차 있습니다. 감사는 하나님을 향한 믿음입니다. 감사는 기적입니다. 불평과 불만과 걱정과 근심이 몰아치는 상황에서도 나를 만드신 전능자를 바라보고 신뢰한다면, 은혜에 은혜가 더해지고 감사에 감사가 더해질 것입니다. 바로 그런 성도가 되시기를 바랍니다.

우리에게는 여러 가지 감사가 있습니다. 감사만 해도 다 할 수 없습니다. 특별히 하나님이 인간이 되어 이 땅에 오셔서 나 같은 죄인을 구원하시고, 지옥에 갈 나를 천국 백성으로 만들어 주심에 크게 감사해야 합니다. 오늘 성탄절에는 영광과 평화의 왕으로 오신 예수님께 더욱 감사하고 찬양하시기를 바랍니다. 아기 예수님을 바라볼 때 근심과 걱정과 원망과 불평은 다 사라지고, 감사와 찬송으로 충만한 시간과 일생이 되시기를 축원 드립니다.

1. 충성된 사람

"그 지역에 목자들이 밤에 밖에서 자기 양 떼를 지키더니 주의 사자가 곁에 서고 주의 영광이 그들을 두루 비추매 크게 무서워하는지라"(8-9절).

당시 유대사회의 여러 가지 직업들 중에서 목자라는 직업은 아주 천시되었습니다. 일반 사람들은 목자들을 믿을 수 없는 사람들이라고 생각했습니다. 목자들이 하는 일이란 유대인의 규례에 의하면 부정한 일로 간주되었습니다.

이 이야기를 살펴볼 때 명백한 것은, 복음이 맨 먼저 그 당시에 사회적으로 천대를 받던 사람들에게 전해졌다는 사실입니다. 누가는 누가복음에서 이 사실을 여러 번에 걸쳐 강조하고 있습니다. 목자들은 자기 일에 충성된 사람들이었습니다. "밤에 밖에서 자기 양 떼를 지키더니"라고 하였습니다. 밤을 새워가면서 양 떼를 지켰습니다.

밖에서 여러 경이 교대로 밤을 새워 도둑이나 다른 짐승들로부터 양 떼를 지키며 보호하는 행동을 묘사합니다. 팔레스타인 지방에서 목자들은 4월부터 11월까지 양 떼를 밖에서 방목하였으며, 겨울철에도 날씨가 춥지 않을 때에는 종종 방목을 했습니다.

그런데 한밤중에 주의 사자가 곁에 서고, 주의 영광이 그들을 두루 비추자 크게 무서워하였습니다. 그때 놀라고 무서워하지 않을 사람은 없을 것입니다. 순수하고 착한 목자들이었습니다. 하나님의 영광은 찬란한 빛의 모습으로 드러납니다. 하나님의 임재를 상징합니다(세키나). 매우 희고 밝게 빛나는 구름의 형태를 띠고 나타나는 것으로 구약성경의 여러 곳에서 언급되고 있습니다(출 24:16; 사 6:1-3).

나이가 들면 어김없이 얼굴에 쭈글쭈글 주름살이 생깁니다. 주름살은 오랜 세월 동안 천천히 만들어집니다. 주름살은 두 가지 종류가 있습니다. 웃어서 생긴 주름살이 있고, 찡그려서 생긴 주름살이 있습니다. 그것은 누구든지 한번 보면 그냥 쉽게 구별할 수 있습니다. 어떤 주름살이 만들어지든 전적으로 각 개인의 마음대로입니다. 주름살은 하루아침에 단숨에 만들어지지 않습니다. 오랜 세월 동안 지은 표정에 따라 저절로 생기기 때문입니다. 그러므로 '나는 잘 웃었는데 왜 찌그러진 주름살이 생겼을까?' 하는 말은 통하지 않습니다. 그리고 그 주름살에 대한 책임은 모두 본인에게 있습니다.

누구나 열심히 일을 해야만 됩니다. 목자들이 밤을 새워가면서 양 떼를 잘 지키다가 하나님의 영광을 보고 천사들을 만난 것처럼, 여러분이 무슨 일을 하든지 목자들처럼 충성되기를 바랍니다. 이왕이면 인상 쓰면서 억지로가 아니라 웃으면서 기쁨으로 충성하기를 바랍니다. 자신의 일과 가정과 교회와 사회에서 웃으면서 일하는 천사가 되시기를 바랍니다. 더욱 충성된 이 시대의 목자들이 되어 영광과 평화의 예수님을 영접하는 성도들이 되시기를 축원 드립니다.

2. 믿음의 사람

"천사가 이르되 무서워하지 말라 보라 내가 온 백성에게 미칠 큰 기쁨의 좋은 소식을 너희에게 전하노라 오늘 다윗의 동네에 너희를 위하여 구주가 나셨으니 곧 그리스도 주시니라"(10-11절).

천사를 통해 전달된 복음의 메시지는 이스라엘의 민족적 울타리를 넘어 세계 만민에게 전달되었습니다. 유대 백성에게 복음의 기쁜 소식이 전달된 것은 그들을 통해 온 인류에게 전달하게끔 하고자 함이었습니다. 좋은 소식이란 그리스도의 탄생 소식을 가리킵니다. 그리스도께서 이 땅에 오신 사실 자체가 기쁜 소식이며, 그리스도의 전 생애는 곧 복음이라 할 수 있었습니다. 메시아는 다윗의 동네인 베들레헴에서 탄생할 것이라고 예언되었습니다. 베들레헴을 다윗의 동네로 간접적으로 표현한 것은, 메시아의 오심과 관련된 모든 약속들을 기억나게 하고, 그와 관련된 예언의 성취를 암시하기 위함입니다. 예수님께서 죄악에 찌든 세상과 인류를 구원하기 위해 오신 분임을 뜻합니다.

예수님이 구주이시고 그리스도 주라는 것입니다. 예수님은 영원 전부터 그리스도와 주로 예정되었으며(엡 1:4; 골 4:3), 영광과 찬송과 경배를 받으실 하나님의 신분임에도 불구하고 죄와 죽음의 문제를 해결하기 위해 성육신하셨으며, 성령의 기름 부음을 받은 자로서 자기 백성들을 위한 왕과 제사장과 선지자의 역할을 감당하신 것입니다.

10년 이상 일한 회사에서 정리 해고를 당한 사람이 있었습니다. 처음엔 배신감 때문에 힘들었지만 곧 남는 게 시간이니 누군가를 돕자고 마음먹었습니다. 단기 선교를 가자는 제안을 받고 그는 난생처음 선교를 떠났습니다. 회사 다닐 때는 너무 바빠서 다른 사람에게 신경 쓸 여유가 없었지만, 이제는 주변 사람들과 환경을 찬찬히 살피게 되었습니다.

그러자 해야 할 일이 여기저기서 보였습니다. 그중에서도 짐을 챙기고 옮기는 일이 자기가 가장 잘할 수 있는 일이라는 생각이 들었습니다. 단기 선교 기간 중 그는 매번 짐을 챙기고 들어 옮기는 일에 마음을 다해 헌신했습니다. 그런 그를 눈여겨본 사람이 있었습니다. 그 사람은 성실하고 헌신적인 그를 자신의 형이 경영하는 회사에 추천했고, 그는 선교에서 돌아온 지 얼마 안 되어 그 회사 임원으로 취직했습니다. 이것이 흘러가는 시간을 건져 올리는 비결입니다. 얼마든지 게으를 수 있는데 뜻심을 다해 살고, 무성의하게 할 수 있는 일에 정성을 다하는 것이 시간을 건지는 일입니다.

우리 모두는 언젠가 반드시 자신의 전 인생을 판단 받을 때가 이릅니다. 하나님 앞에서 우리가 살아온 시간을 결산하고 설명해야 할 때가 있다는 것을 기억해야 시간을 허비하지 않습니다. 하루하루 성령 충만함으로 그리스도와 동행하며 사는 것이 하나님이 기뻐하시는 시간 사용법입니다. 예수님이 나의 구주이시며, 그리스도 주님이심을 믿어야 합니다. 믿음으로 살면 하나님께서 모든 인생을 책임져 주십니다. 예수님의 탄생과 구원 사역을 믿음으로 영광과 평화의 예수님을 영접하고 찬양하는 성도들이 되시기를 축원 드립니다.

3. 찬송의 사람

"홀연히 수많은 천군이 그 천사들과 함께 하나님을 찬송하여 이르되 지극히 높은 곳에서는 하나님께 영광이요. 땅에서는 하나님이 기뻐하신 사람들 중에 평화로다 하니라"(13-14절).

두세 사람의 증거로도 어떤 사실의 진정성을 입증할 수 있었거니와(마 18:16), 여기서는 수많은 천군과 천사들이 함께한 목소리로 하나님을 찬양하며 하나님의 아들을 증거하고 있습니다. 그리스도의 탄생이 하나님께 영광이 되는 것은 하나님의 영원하신 신성과 영광이 그리스도 안에 충만히 거하고, 또한 그를 통해 확연히 나타나기 때문입니다. 그리스도의 구속 사역을 통해 수많은 사람들이 찬양과 경배로 하나님께 영광과 존귀를 돌릴 것이기 때문입니다.

하나님이 그 영원하신 섭리에 따라 인생과 세상 만물을 향해 이루고자 하신 계획을 그리스도를 통해 완수하시게 되기 때문입니다. 땅에서는 평화라고 하였습니다. 그리스도의 오심이 땅에서는 기뻐하심을 입은 사람들 중에 평화인 것은, 그리스도의 중재와 대속으로 인해 하나님과 사람들 간에 막혔던 장벽이 제거되고 화해가 이루어지기 때문입니다.

그리스도를 모르는 자들은 본질상 진노의 자식으로서 하나님과 원수 관계에 놓여 있음으로 늘 불화와 다툼의 수렁에서 허덕이지만, 하나님과 근본적 화해를 이룬 사람은 세상이 알지 못하는 놀라운 평강을 선물로 소유하게 됩니다. 그리스도의 역사로 말미암아 세상의 모든 죄악이 제거되고 화목하며, 구원이 임하게 됩니다.

이상혁 선교사는 2003년에 미국 인디언 부족인 호피 족을 섬겼습니다. 척박하고 소외된 인디언 마을에서 한국인 선교사가 사역하기란 쉬운 일이 아니었습니다. 토착 종교를 강하게 신봉하고, 기독교에 대한 반감이 뿌리 깊은 인디언들의 가슴속에 복음을 심기 위해서는 넘어야 할 장벽이 무척 높았습니다.

이 선교사는 처음엔 인디언들을 무식하고 어리석다고 생각하며 그들에게 복음을 전했습니다. 그러자 그들은 이 선교사의 말을 전혀 받아들이지 않았습니다. 아무 결실을 보지 못한 후에 십자가 앞에 무릎 꿇은 그는 인디언들을 무시했던 교만을 철저히 회개했습니다. 그리고 자신의 힘으로 사역하려던 생각을 내려놓고 눈물로 기도하며 하나님의 방법을 구했습니다.

오랜 시간의 헌신 끝에 마침내 부족 선교 역사 320년 만에 처음으로 교회가 세워졌고, 인디언 선교센터까지 건립했습니다. 그는 이렇게 고백했습니다.

"내가 하나님을 10% 의지했을 때 하나님은 10%만 책임져 주셨습니다. 내가 하나님을 50% 의지했을 때 하나님은 50%를 책임져 주셨습니다. 그러나 내가 하나님을 100% 의지했을 때 하나님은 3,000%, 6,000%, 10,000%로 채워 주셨습니다."

자기 자신이 아닌, 자기가 소유한 황금이 아닌, 자기가 추구하는 권력이 아닌 오직 십자가에서 죽음을 이기신 예수 그리스도를 의지하고 하나님께 100% 순종할 때, 우리는 진정으로 세상을 변화시키는 하늘의 능력을 경험하게 될 것입니다. 우리 모두는 온 인류를 구원하시기 위해 인간의 모습으로 가장 낮은 곳에 오신 예수 그리스도를 높이 찬양하고 경배해야 합니다. 우리 모두가 천군 천사가 되어 찬양합시다. 찬양하는 천군 천사가 됩시다.

오늘은 참으로 기쁜 날입니다. 하늘에는 영광이요 땅에서는 평화이신 아기 예수님이 오신 날입니다. 평화의 왕으로 이 땅에 오신 예수님을 경배하고 찬양하는 우리 모두가 될 수 있기를 축원 드립니다.

사랑하는 번동 가족 여러분!

오늘은 인류와 우리 각자에게 최고의 날입니다. 우리 모두 목자들처럼 충성과 믿음과 찬송의 사람들이 됩시다. 이 놀라운 은혜를 하나님께 찬송하며 많은 사람들에게 전파하는 여러분 모두에게 성탄의 은혜가 넘치시기를 축원 드립니다.

엔학고레의 하나님

사사기 15:14-20

¹⁴삼손이 레히에 이르매 블레셋 사람들이 그에게로 마주 나가며 소리 지를 때 여호와의 영이 삼손에게 갑자기 임하시매 그의 팔 위의 밧줄이 불탄 삼과 같이 그의 결박되었던 손에서 떨어진지라 ¹⁵삼손이 나귀의 새 턱뼈를 보고 손을 내밀어 집어들고 그것으로 천 명을 죽이고 ¹⁶이르되 나귀의 턱뼈로 한 더미, 두 더미를 쌓았음이여 나귀의 턱뼈로 내가 천 명을 죽였도다 하니라 ¹⁷그가 말을 마치고 턱뼈를 자기 손에서 내던지고 그곳을 라맛 레히라 이름하였더라 ¹⁸삼손이 심히 목이 말라 여호와께 부르짖어 이르되 주께서 종의 손을 통하여 이 큰 구원을 베푸셨사오나 내가 이제 목말라 죽어서 할례 받지 못한 자들의 손에 떨어지겠나이다 하니 ¹⁹하나님이 레히에서 한 우묵한 곳을 터뜨리시니 거기서 물이 솟아나오는지라 삼손이 그것을 마시고 정신이 회복되어 소생하니 그러므로 그 샘 이름을 엔학고레라 불렀으며 그 샘이 오늘까지 레히에 있더라 ²⁰블레셋 사람의 때에 삼손이 이스라엘의 사사로 이십 년 동안 지냈더라

조선 시대에 김수팽과 홀어머니가 사는 집은 초라하고 낡은 초가 삼간이었습니다. 가난한 형편 때문에 집을 수리하는 데 돈을 쓸 수가 없어 김수팽의 어머니는 흔들리는 대들보와 서까래를 직접 고쳐 가며 살아야 했습니다. 어느 무더운 여름날, 김수팽의 어머니가 집의 기둥을 고치는 중이었습니다. 땀을 뻘뻘 흘리며 기둥 밑을 호미로 파고 있었는데, 기둥 밑에서 돈이 가득 든 항아리가 나오는 것이었습니다.

거금을 본 김수팽의 어머니는 욕심이 생겼습니다. 기와집과 비단옷과 기름진 음식에 대한 욕심이 아니었습니다. 이 돈이 있으면 가난한 홀어머니 밑에서 주경야독하며 고생하는 아들이 걱정 없이 하고 싶은 공부만 하게 할 수 있었기 때문입니다. 하지만 김수팽 어머니는 돈 항아리를 다시 땅에 묻었습니다. 이후 김수팽이 과거에 급제하여 벼슬길에 올랐을 때 어머니는 아들에게 그 돈 항아리에 관해 처음 입을 열었습니다.

"그 돈을 가졌으면 몸은 편히 살았을지는 몰라도 요행으로 얻은 돈으로 얻은 편안에 무슨 복락이 있겠느냐? 나는 오히려 내 자식이 요행이나 바라고 기뻐하는 게으름뱅이가 되는 것이 더 무섭고 두려웠다. 그런 염치없는 돈에 손을 대지 않았기에 오늘 같은 날이 온 것 같구나."

어머니의 뜻에 마음 깊이 감동한 김수팽은 이후 청렴하고 충직한 관리로서 사람들에게 존경받는 청백리가 되었습니다. 노력하지 않고 뜻하지 않은 공짜 돈을 얻는 것보다 성품과 행실이 높고 맑으며 탐욕이 없음을 뜻하는 청렴(淸廉)을 자녀들에게 중요한 덕목으로 가르쳤으면 좋겠습니다.

사사 시대에 사사로서 삼손의 활약이 두드러지게 되자, 블레셋 사람들은 삼손을 붙잡기 위해 그의 동족 이스라엘에게 핍박을 가했습니다. 블레셋의 핍박을 견디다 못한 이스라엘 백성은 삼손을 붙잡아 블레셋 사람들에게 넘겨주려고 삼손을 결박한 채로 레히까지 끌고 왔습니다. 이를 본 블레셋 사람들은 환호성을 지르며 열광했습니다.

하지만 그 기쁨도 잠시뿐이었습니다. 삼손은 굵은 줄을 끊고 나귀 턱뼈로 천 명을 죽이는 놀라운 일을 행하였습니다. 이러한 본문의 내용은 오늘을 사는 우리 성도들에게 중요한 교훈을 주고 있습니다.

2018년도 송년 주일에 하나님께서 여러분 모두에게 은혜와 안식과 회복과 평강의 축복을 베풀어 주시기를 축원 드립니다.

1. 인생 블레셋

"삼손이 레히에 이르매 블레셋 사람들이 그에게로 마주 나가며 소리 지를 때 여호와의 영이 삼손에게 갑자기 임하시매 그의 팔위의 밧줄이 불탄 삼과 같이 그의 결박되었던 손에서 떨어진지라"(14절).

엄청난 힘을 소유한 삼손은 마치 어린양처럼 순순히 동족에게 포박되어 블레셋 사람들 앞에까지 끌려갔습니다. 삼손이 대적할 대상이 동족이 아닌 블레셋 족속임을 분명히 자각하고 있었기 때문입니다. 그런데 블레셋 사람들은 삼손이 결박된 채 오는 모습을 보고서 기뻐 어쩔 줄을 몰라 합니다. 블레셋은 외국인과 나그네와 이주자의 땅이란 뜻입니다. 팔레스타인 서남 해안 지역입니다. 에그론에서 남으로 애굽 강에 이르는 비옥한 땅에 정착한 이방 민족입니다.

가나안의 원주민 역할을 했던 강력한 해양 민족입니다. 주요 5대 성읍으로는 가사, 아스돗, 아스글론, 가드, 에그론이 있습니다. 블레셋 족속들은 다곤 신과 아스다롯 신과 바알세붑을 숭배하였습니다. 블레셋 족속들은 아브라함 시대와 출애굽 시대와 가나안 정복 시대와 사사 시대와 사울과 다윗과 분열왕국 시대에도 이스라엘을 늘 괴롭혔습니다. 마침내 바벨론의 느부갓네살에 의해 완전히 멸망하여 단지 '펠라스타인'이란 이름만을 인류 역사에 남긴 채 역사의 무대에서 사라지게 되었습니다.

원하지 않는 일을 두려움까지 극복하면서 할 필요는 없습니다. 반대의 경우도 있습니다. 간절히 원하는 데도 두려움 때문에 포기하는 것은 어리석은 일입니다. 원한다면 당당히 맞서 싸워야 합니다. 용기 있는 자에게 행운이 따르며, 운명은 당신의 태도에 따라서 바뀔 수도 있습니다. 대부분의 사람들은 원대한 꿈을 갖고 있으면서도 그것을 이루기 위한 마음가짐은 미미합니다.

"두려움을 극복하고 싶다면 생각만 하지 말고 밖으로 나가 움직이고 행동하라."

미국 작가 데일 카네기(Dale Carnegie)의 말입니다.

절약은 우리들이 살아가는 데 꼭 필요한 요소 중에 하나입니다. 하지만 절약하지 않아도 될 것까지 절약하는 사람들이 있습니다. 무엇인가를 배우는 데도 수십 번 생각하고 망설이는 사람들이 바로 그런 사람입니다. 배우기 위해 투자하는 돈은 절대 아까운 것이 아닙니다. 배움에 투자해서 얻은 전문성이 당신의 성공에 지름길이 됩니다.

"젊은이들이 해야 할 일은 돈을 모으는 것이 아니라 그것을 사용하여 쓸모 있는 사람이 되기 위한 지식을 모으는 것이다."

헨리 포드(Henry Ford)의 말입니다.

우리는 두려워할 필요가 없습니다. 당당하게 나가서 행동해야 합니다. 행동하면 두려움은 사라집니다. 쓸모 있는 목표를 위해서 투자하고 과감하게 행동해야 합니다. 우리 주위에는 언제나 크고 힘든 인생 블레셋이 있습니다. 어쩌면 인생 끝까지 따라 붙을 것입니다. 거머리나 진드기처럼 괴롭힐 것입니다. 그러나 블레셋에 항복해서도 안 되고 함께 있어도 안 됩니다. 블레셋은 반드시 싸워서 정복해야 할 악한 존재입니다.

지금 여러분을 힘들고 어렵게 하며 괴롭히는 인생 블레셋은 무엇인가요? 하나님께 기도하여 하나님이 주시는 힘과 능력으로 인생의 대적 블레셋을 당당히 물리치는 은혜가 충만하시기를 축원 드립니다.

2. 인생 라맛 레히

"그가 말을 마치고 턱뼈를 자기 손에서 내던지고 그곳을 라맛 레히라 이름하였더라 삼손이 심히 목이 말라 여호와께 부르짖어 이르되 주께서 종의 손을 통하여 이 큰 구원을 베푸셨사오나 내가 이제 목말라 죽어서 할례 받지 못한 자들의 손에 떨어지겠나이다 하니"(17-18절).

여호와의 성령의 권능이 갑자기 역사하실 때 사태는 완전히 바뀌었습니다. 3,000명의 동족에게 결박되었던 삼손은 무적의 용사로 종횡무진하게 뛰면서 블레셋인을 쓰러뜨렸고, 승전의 함성을 부르던 블레셋인은 사색이 되어 도주했던 것입니다.

삼손은 단신으로 나귀의 새 턱뼈로 1천 명의 적을 죽였습니다.

'새 턱뼈'는 죽은 지 오래되지 않은 것으로 탄력이 있는 뼈를 가리킵니다. 보잘것없는 물건이 성령의 도구로 큰 역사를 이룬 것입니다. 패자가 순간적으로 바꾸어지고, 승자 삼손은 승리의 감사를 이행시 (couplet)로 읊었습니다.

"나귀의 턱뼈로 한 더미 두 더미를 쌓았음이여, 나귀의 턱뼈로 내가 천 명을 죽였도다."

삼손은 단신으로 1천 명을 죽인 과한 활동과, 당시 맥추기인 여름 더위로 인해 극한 갈증에 거의 탈진 상태가 된 것입니다. 그가 이 위기에서 살 길은 기도밖에 없었습니다. 그는 기도하기를 지금까지 주의 그릇으로 이 큰 구원의 역사를 이루셨는데, 이제 갈증으로 죽으면 할례 받지 못한 블레셋인의 손에 빠질 것이라고 호소한 것입니다.

블레셋 사람 1천 명을 죽인 나귀 턱뼈를 자기 손에서 내던지고, 그곳을 라맛 레히라 이름하였습니다. 턱뼈의 산이라는 뜻입니다. 심히 목말라 죽게 되었다는 뜻입니다.

가장 갖고 싶은 것 한 가지를 구하라고 하면 당신은 무엇을 구하겠습니까? 많은 사람은 돈이 최고이고, 돈이면 안 되는 일이 없다고 말합니다. 실제로 돈의 위력은 정말 대단합니다. 돈으로 환자의 생명을 연장하고, 감옥에 들어가게 된 사람도 꺼내는 것을 많이 봤습니다. 자본주의 사회에서는 돈 많은 사람이 새로운 귀족이요, 양반이라는 생각이 듭니다. 또 어떤 사람은 권력이 더 좋다고 합니다. 권력이 있으면 대기업을 좌지우지할 수도 있습니다. 그래서 많은 재벌이 권력자에게 비자금을 바치기도 했습니다.

요즘 청소년들은 외모를 제일로 생각하는 경향이 있습니다. 외모가 뛰어나면 방송에 나가 인기를 얻을 수 있기 때문입니다. 광고 출연을 하면 돈도 많이 붙고 대중에게 선망의 대상이 되어 그야말로 꿈 같은 삶을 살게 됩니다. 문제는 이런 것들을 소유하면 혹시 잃어버리거나 빼앗길까 봐 노심초사하며 염려하게 된다는 것입니다. 그래서 성경은 그 무엇보다 값지고 보배롭고 힘 있는 지혜를 구하라고 합니다.

지혜가 무엇인지 잘 이해가 안 될 경우에는 지혜라는 말에 예수님을 대입해 보면 이해하기 쉽습니다. 예수님을 얻으면 하나님의 사랑과 보호 안에서 모든 복과 구원의 기쁨을 누리게 됩니다(잠 4:6; 고전 1:30 참조). 예수님 안에 참된 평강과 생명이 있음을 알고, 언제나 예수님을 귀하게 생각하며 따르는 것이 가장 지혜로운 삶입니다(골 2:3).

인생은 라맛 레히입니다. 큰 업적을 이루었으나 목이 말라 죽을 지경이 됩니다. 모든 사람들이 인생의 목이 말라 죽을 지경입니다. 누구도 예외는 없습니다. 소유하면 소유할수록 더욱 목마릅니다. 기도해야 합니다. 하나님만이 답입니다. 하나님 외에는 결코 답이 없습니다. 해결할 길이 없습니다. 여러분의 인생 '라맛 레히'에서 하나님 앞에 무릎 꿇고 기도하기를 바랍니다. 기도하면 살고, 안 하면 블레셋의 먹이가 됩니다. 인생의 라맛 레히에서 하나님께 기도하여 승리하는 성도들이 되시기를 축원 드립니다.

3. 인생 엔학고레

"하나님이 레히에서 한 우묵한 곳을 터뜨리시니 거기서 물이 솟아나오는지라 삼손이 그것을 마시고 정신이 회복되어 소생하니 그러므로 그 샘 이름을 엔학고레라 불렀으며 그 샘이 오늘까지 레히에 있더라"(19절).

목말라 죽기 직전의 삼손의 기도를 들으신 하나님이 "한 우묵한 곳을 터뜨리시니 거기서 물이 솟아나온지라"라고 하였습니다. 하나님께서는 나귀 턱뼈와 같은 모양의 뾰족한 절벽 사이 구멍에서 물이 흘러나오게 하여 삼손의 갈증을 해갈해 주셨습니다. 하나님께서 바위를 가르셔서 물이 흘러나오게 한 사건은 성경에 여러 번 기록되어 있습니다(출 17:6; 민 20:8). 그 사건들은 모두 하나님께서 천지의 창조주이심을 입증하는 기적들입니다.

삼손이 던진 턱뼈가 있는 곳에서 샘이 터졌습니다. '엔학고레'는 '부르짖은 우물'이라는 뜻으로 삼손의 부르짖음에 하나님께서 응답하여 주신 우물이라는 뜻입니다. 엔학고레의 하나님이십니다. 부르짖음을 들으시고 응답하시는 하나님이십니다. 목말라 죽어 가는 삼손을 시원한 샘으로 살리시는 하나님이십니다. 라맛 레히를 엔락고레로 바꾸시는 하나님이십니다. 삼손은 이때 라맛 레히의 대승리 후에 이스라엘의 사사로 역사하여 20년 동안 지냈습니다. 하나님이 역사하시면 언제 어디서나 어떠한 상황에서도 엔학고레의 샘이 터져 나오는 것입니다.

1900년대 초반에 미국 남부 지역에 땅콩 풍년이 들었습니다. 그런데 너무 많은 땅콩이 생산되어 공급은 많은데 수요가 없는 상태가 되었습니다. 땅콩 재배 농가들이 전부 망할 지경이었습니다. 면화 대신 땅콩을 심도록 주장한 농학자 조지 워싱턴 카버 박사는 그 소식을 듣고 죄책감을 느꼈습니다. 그는 아침 일찍 산에 올라 이렇게 원망하듯 외치며 기도했습니다.

"오, 주님. 도대체 왜 이 우주를 창조하셨습니까?"

그러자 주님이 말씀하셨습니다.

"네가 감당하지 못할 질문은 그만하고 너의 상황에서 정말 필요한 것을 물어보아라."

숙연해진 그는 다시 기도했습니다.

"주님, 왜 땅콩을 심게 하셨습니까?"

그 질문을 마음에 품고 산을 내려온 그는 실험실로 돌아갔습니다. 그리고 연구에 연구를 거듭했고 땅콩버터, 땅콩오일, 땅콩 구두약을 포함해 105가지의 식용품과 200가지의 실용품을 만들 수 있었습니다. 미국 남부 지역 농가들이 살아났음은 물론입니다.

이처럼 우리가 질문하면 주님은 바른 방향을 제시해 주십니다. 하나님의 사람들은 질문 기도를 통해 전쟁에서 승리했습니다. 같은 장소에서 같은 적과 싸울지라도 자기 생각대로 하지 않고 주님께 먼저 질문했을 때에 주님은 그들이 생각지 못한 전략을 주셨습니다.

질문 기도는 특급 전략입니다. "너는 범사에 그를 인정하라 그리하면 네 길을 지도하시리라"(잠 3:6)는 말씀처럼, 주님께 질문하는 것은 주님을 인정하는 것입니다. 주님을 인정할 때에 그분이 바른 방향을 제시해 주실 것입니다.

오늘날 여러분의 라맛 레히가 엔학고레가 되기를 바랍니다. 하나님을 믿고 기도하면 자신과 가정과 교회와 인생의 문제와 고통 속에서도 반드시 샘이 솟아나는 엔학고레의 역사가 나타납니다. 이는 사람의 말이 아닌 하나님의 약속이며 능력입니다. 하나님은 승리하지 못할 일이 없으십니다. 엔학고레의 하나님을 믿고 찬양하며, 주님을 겸손하게 섬기시기를 축원 드립니다.

사랑하는 번동 가족 여러분!

오늘은 송년주일입니다. 한 해 동안 너무 수고하셨습니다. 하나님이 기억하시고 큰 상으로 보답하실 것입니다. 인생 블레셋과 인생

라맛 레히는 누구에게나 있습니다. 하나님을 믿고 간절히 기도하여 인생과 신앙의 엔학고레의 역사가 계속되시기를 축원 드립니다.

22번째 설교집

여호와의 나무 같은 성도

1판 1쇄 인쇄 _ 2019년 3월 25일
1판 1쇄 발행 _ 2019년 3월 30일

지은이 _ 김정호
펴낸이 _ 이형규
펴낸곳 _ 쿰란출판사

주소 _ 서울특별시 종로구 이화장길 6
편집부 _ 745-1007, 745-1301~2, 747-1212, 743-1300
영업부 _ 747-1004, FAX 745-8490
본사평생전화번호 _ 0502-756-1004
홈페이지 _ http://www.qumran.co.kr
E-mail _ qrbooks@gmail.com / qrbooks@daum.net
한글인터넷주소 _ 쿰란, 쿰란출판사
등록 _ 제1-670호(1988.2.27)
책임교열 _ 최진희·신영미

ⓒ 김정호 2019 ISBN 979-11-6143-239-7 93230

책값은 뒤표지에 있습니다.
이 출판물은 저작권법에 의해 보호를 받는 저작물이므로 무단 복제할 수 없습니다.
파본(破本)은 구입처에서 교환해 드립니다.